Einschränkung der unternehmerischen Entscheidungsfreiheit durch Arbeitnehmervertreter im deutsch-amerikanischen Vergleich

Studien zum Arbeitsrecht und zur Arbeitsrechtsvergleichung

Herausgegeben von Manfred Weiss und Spiros Simitis

Band 18

PETER LANG

Frankfurt am Main · Berlin · Bern · Bruxelles · New York · Oxford · Wien

Carolin Siegrist

Einschränkung der unternehmerischen Entscheidungsfreiheit durch Arbeitnehmervertreter im deutsch-amerikanischen Vergleich

PETER LANG
Internationaler Verlag der Wissenschaften

Bibliografische Information der Deutschen Nationalbibliothek
Die Deutsche Nationalbibliothek verzeichnet diese Publikation in der Deutschen Nationalbibliografie; detaillierte bibliografische Daten sind im Internet über <http://www.d-nb.de> abrufbar.

Zugl.: Frankfurt (Main), Univ., Diss., 2006

D 30
ISSN 1615-4606
ISBN 978-3-631-56384-7

www.peterlang.de

Meinen Eltern

Vorwort

Die vorliegende Arbeit hat im Wintersemester 2006 der rechtswissenschaftlichen Fakultät der Johann Wolfgang Goethe-Universtiät in Frankfurt als Dissertation vorgelegen. Sie entstand auf der Grundlage der während des LL.M-Studiums an der New York University im Jahr 2000 gewonnenen Einblicke in das amerikanische Recht.

Im Zentrum der Arbeit steht die Frage, ob die unternehmerische Entscheidungsfreiheit in den USA und in Deutschland in vergleichbarer Weise eingeschränkt ist. Diese Frage mag überraschen angesichts der Verschiedenheit der Akteure, Institutionen und Instrumente der Arbeitnehmervertretung in beiden Ländern. Doch geht es bei der Untersuchung nicht darum, Ähnlichkeit und Verschiedenheit der institutionellen Arrangements in beiden Ländern herauszuarbeiten. Vielmehr sollen durch einen funktionalen Vergleich der Systeme hierzulande gängige und in der Reformdiskussion als Argumentationsmuster eingesetzte Vorurteile entlarvt werden.

Für die Veröffentlichung konnten Rechtsprechung und Literatur bis Mai 2006 berücksichtigt werden. Sehr zu danken habe ich meinem Doktorvater, Herrn Prof. Dr. Dres. h.c. Manfred Weiss, der während seiner Gastprofessur an der New York University im Jahr 2000 durch wertvolle Anregungen den Grundstein für diese Arbeit lieferte und die Arbeit auch weiterhin betreute. Mein besonderer Dank gilt auch Herrn Prof. Dr. Otto Ernst Kempen, der die Arbeit mit vielen weiterführenden Hinweisen begleitete und das Zweitgutachten erstellte.

Großer Dank gilt auch Samuel Estreicher, Director of the Center for Labor and Employment Law, New York University, Clyde Summers, Jefferson B. Fordham Professor of Law, Emeritus, Risa Lieberwitz, Associate Professor & Chair of the Department of Collective Bargaining, Labor Law and Labor History, Cornell University, Harry Katz, Dean of the School of Industrial and Labor Relations and Professor of Collective Bargaining, Cornell University, Lowell Turner, Professor & Chairperson of International & Comparative Labor and Professor of Collective Bargaining, Cornell University, Ken Margolies, Director of Organizing Programs of the Department International Labor Relations Extension NYC, Cornell University, James A. Gross, Professor of Labor and Labor Arbitration at the School of Industrial and Labor Relations, Cornell University, Lee Adler, Senior Extension Associate at the School of Industrial and Labor Relations, Cornell University und Stephen Rechner, Präsident der Gewerkschaft

UCATS (New York City). Sie ermöglichten mir durch intensive Diskussion der Thesen meiner Arbeit intime Einblicke in das amerikanische „Collective Bargaining“.

Zu Dank verpflichtet bin ich auch der Johann Wolfgang Goethe-Universtiät für die finanzielle Unterstützung der Arbeit durch die Gewährung des Graduiertenstipendiums.

München, im Dezember 2007 Dr. Carolin Siegrist, LL.M.

Inhaltsverzeichnis

Abbildungsverzeichnis

A. Einleitung

Eines der Themen, welches seit vielen Jahrzehnten die politische Diskussion prägt, ist die Forderung, die Einschränkung der unternehmerischen Entscheidungsfreiheit durch Gewerkschaften, Betriebsräte und Arbeitnehmer im Aufsichtsrat zu reduzieren. Insbesondere die Welle von Kosteneinsparungen, Effizienzsteigerungen und Rationalisierungen, die durch die Verschlechterung der internationalen Wettbewerbsposition von Unternehmen in der Bundesrepublik ausgelöst wurde, hat die Annahme hervorgerufen, der Arbeitsmarkt in Deutschland sei zu streng reguliert. Tarifautonomie und Rechte des Betriebsrats seien eine Belastung der unternehmerischen Freiheit und damit ein „Hemmschuh“[1] für schnelle Erfolge. Um einer Benachteiligung des Standorts Deutschland entgegenzuwirken, sei eine Lockerung arbeitsrechtlicher Bestimmungen unausweichlich. Gewerkschaftsfreundlichen Tendenzen wird eine ungünstige psychologische Wirkung auf die Unternehmerschaft nachgesagt mit der Konsequenz der vermehrten Abwanderung von Unternehmen ins Ausland.[2]

Der folgende Beitrag zur Rechtswissenschaft soll der Frage „Wie viel Entscheidungsfreiheit verbleibt Unternehmen in Deutschland?“ unter dem Blickwinkel eines Vergleichs mit dem Land nachgehen, dem man gemeinhin eine aus Unternehmersicht vorbildliche arbeitsrechtliche Lage nachsagt, weil das Arbeitsrecht auf dem Prinzip der Privatautonomie beruhe und im Wesentlichen unreguliert sei. Gemeint ist das Recht der Vereinigten Staaten von Amerika.

Obwohl das Schrifttum zu den Grenzen der Mitbestimmung der Arbeitnehmer umfangreich ist,[3] findet die Thematik des direkten Rechtsvergleichs mit den USA keine wesentliche Beachtung.[4] Normen des amerikanischen Rechts werden herangezogen, um zu demonstrieren, wie gut es den Arbeitnehmern in Deutschland

---

1 *Gentz*, FS für Schaub, 205; *Martens*, RdA 1989, 164, 165.

2 Handelsblatt.com vom 9.11.2004 (zuletzt aufgerufen 11.11.2005): „Wirtschaft will Mitbestimmung deutlich einschränken“.

3 Siehe statt vieler: *Wiedemann*, Unternehmensautonomie und Tarifvertrag, RdA 1986, 231-241, *Vollmer*, JA 1978, 53, 54 m.w.N.

4 Einige rechtsvergleichende Hinweise zum Zusammenhang von Unternehmerfreiheit und Tarifvertragsrecht finden sich in folgenden Stellungnahmen: *Biedenkopf*, Verhandlungen 46. DJT, 162 f., *Wiedemann*, RdA 1986, 233; *Hanau/Thüsing*, ZTR 2001, 4; *Summers*, RdA 1979, 257; *Summers*, 69 Chi.-Kent. L. Rev. 129, 135 (1993); *Summers*, RdA 1979, 257 ff.

geht. Ein rechtsvergleichender Ausblick zeigt, dass auch in dem Land, dem eine „Hire-and-Fire-Mentalität" nachgesagt wird, die Begriffe „Management Prerogatives" und „Managerial Discretion" die Forderungen der Arbeitgeber beherrschen und dass die Frage, in welchem Land Unternehmern ein größeres Maß an Entfaltungsfreiheit verbleibt, nicht so einfach zu beantworten ist, wie es nach allgemeiner Meinung scheint.

Die vorliegende Analyse orientiert sich an der Leitfrage der Existenz und Funktionsweise von Institutionen zur Einschränkung der unternehmerischen Entscheidungsfreiheit. Ergänzt durch empirische Untersuchungen soll bewertet werden, in welchem Land tatsächlich mehr unternehmerische Entscheidungsfreiheit bleibt.

Der Schwerpunkt liegt auf dem Vergleich der gewerkschaftlichen Befugnisse. Zum einen, weil in den USA allein die Gewerkschaften die Arbeitnehmer vertreten und diese daher einen direkten Ansatz zum Vergleich bieten. Zum anderen, weil die Gewerkschaften in Deutschland die Institution sind, die sich aufgrund des Instruments Arbeitskampf dem Arbeitgeber am wirkungsvollsten in den Weg stellen kann. Ohne an dieser Stelle zu viel vorwegzunehmen, darf bereits die verblüffende Erkenntnis angekündigt werden, dass die durch die Gewerkschaften mitbestimmungspflichtigen Themen in den USA nicht nur auf den ersten Blick weiter reichen als in Deutschland. Arbeitgeber müssen etwa die Fragen des „Subcontracting"[5] und der Betriebsverlegung[6] in den USA vor einer Entscheidung mit der Gewerkschaft verhandeln.[7]

Die Untersuchung geht allerdings über den Vergleich der gewerkschaftlichen Befugnisse hinaus. Zum einen werden auch die weiteren Ebenen der Einflussnahme der Arbeitnehmer in Deutschland, die Mitbestimmung auf Betriebs- und auf Unternehmensebene, mit in die Betrachtungen einbezogen. Zum anderen werden nicht nur die Mitbestimmungsbefugnisse (im weitesten Sinn) als solche untersucht, sondern auch weitere Umstände, die eine Durchsetzung der Interessen erschweren oder erleichtern, zum Beispiel die Möglichkeiten des Arbeitskampfs oder der Erlangung von Rechtsschutz. Ferner werden neben den rechtlichen Möglichkeiten auch die tatsächlichen Strategien der Arbeitnehmervertreter in die Untersuchung miteinbezogen. Eine Konzentration auf die Rechtslage ließe sich zwar damit rechtfertigen, dass die Arbeitswelt hierdurch maßgeblich beeinflusst wird.[8] Es gibt jedoch zahlreiche Möglichkeiten, auf den Verhandlungsgegner

5 *Fibreboard Paper Products Corp. v. NLRB,* 379 U.S. 203 (1964).
6 *McLoughlin Manufacturing Corp.,* 164 N.L.R.B. 140 (1967).
7 LAG Hamm v. 31.5.2000, NZA-RR 2000, 535.
8 So auch *Rebhahn,* NZA 2001, 763, 764.

Druck auszuüben, bei denen der Blick auf die Gesetzeslage zu kurz greifen würde.

Ein Rechtsvergleich darf die Untersuchung niemals aus ihrem kulturellen und sozialen Zusammenhang lösen. „Comparison in labor law presents nearly insuperable problems because it ultimately reaches into comparison of social structures and attitudes.“[9] Die jeweiligen Regelungen sind stets von der nationalen Kultur und dem Wertesystem abhängig. Das Ziel dieser Arbeit kann deshalb nicht in die Empfehlung sein, Regelungen des jeweils anderen Systems zu übernehmen. Der Vergleich soll vielmehr dazu beitragen, Charakteristika, Schwächen und Stärken beider Systeme zu erkennen und durch die neue Perspektive auch unser eigenes System besser zu verstehen. Es wird im Rahmen dessen aufgezeigt, wie sehr sich zwei Rechtssysteme, die aufgrund ihrer unterschiedlichen Institutionen auf den ersten Blick verschiedener nicht sein könnten, bei funktionaler Betrachtung ähneln.

Im Einzelnen verläuft der Gang der Untersuchung wie folgt:

In Kapitel B. werden die Systeme der kollektiven Interessenvertretung der Arbeitnehmer in beiden Ländern einander in institutioneller Hinsicht gegenüber gestellt. Näher betrachtet werden insbesondere die Begründung der Kollektivpartnerschaften zwischen den Arbeitnehmern und der jeweiligen Institution, die sie vertritt.

In Kapitel C. erfolgt eine Eingrenzung der Themenbereiche, an denen die Institutionen der Arbeitnehmervertretung die Möglichkeit der Beteiligung haben (gegenständliche Reichweite der Mitbestimmung = „Ob“ der Beteiligung). Es handelt sich dabei um den Schwerpunkt der Untersuchung, denn hier wird festgestellt, bei welchen Fragen die Arbeitnehmer im jeweiligen System der Vertretung überhaupt Einfluss auf unternehmerische Entscheidungen nehmen können.

In Kapitel D. wird der gegenständlichen Reichweite der Mitbestimmung die Art und Weise des Zusammenwirkens zwischen Arbeitgeber- und Arbeitnehmervertretern („Wie“ der Beteiligung) gegenübergestellt. Verglichen werden insbesondere die Aspekte des Verhandlungsanspruchs und des Bestehens von Informationsrechten gegenüber der Arbeitgeberseite.

In Kapitel E. werden die Möglichkeiten der Institutionen der Arbeitnehmervertretung zur Druckausübung auf die Arbeitgeberseite, insbesondere durch das Mittel des Arbeitskampfs, untersucht.

In Kapitel F. erfolgt ein Vergleich der Rechtsschutzmechanismen, die den Institutionen der Arbeitnehmervertretung in beiden Ländern zur Verfügung stehen, um ihre Ansprüche auf Beteiligung an unternehmerischen Entscheidungen durchzusetzen.

---

9 *Fahlbeck*, 15 Berkeley J. Emp. & Lab. L. 307, 308 (1994).

In Kapitel G. wird schließlich die reale Ausgestaltung von Kollektiv-, insbesondere von Tarifverträgen, in beiden Ländern verglichen. Neben der in den vorherigen Kapiteln untersuchten Möglichkeiten der Mitbestimmung an Unternehmensentscheidungen ist es die tatsächliche Ausgestaltung eines Kollektivvertrags, die Arbeitgeber in ihrer Entscheidungsfreiheit beschränkt.

Kapitel H. fasst die Ergebnisse der Arbeit zusammen.

B. Institutionen der Arbeitnehmervertretung

Einer der größten strukturellen Unterschiede zwischen dem deutschen und dem amerikanischen System der Arbeitnehmervertretung ist die nicht vorhandene Teilung der Institutionen in den Vereinigten Staaten: Während die Arbeitnehmer in Deutschland von den Gewerkschaften auf überbetrieblicher und dem Betriebsrat sowie den Arbeitnehmern im Aufsichtsrat auf betrieblicher bzw. Unternehmensebene vertreten werden, obliegt diese Aufgabe in den Vereinigten Staaten ausschließlich den Gewerkschaften.[10]

I. Deutschland

Gewerkschaften, Betriebsräte und Arbeitnehmer im Aufsichtsrat sind in Deutschland wesentliche Bestandteile des ausdifferenzierten Systems der Interessenvertretung der Arbeitnehmer. Die Wahrnehmung der sozialen und wirtschaftlichen Interessen auf dem Gebiet des Arbeitsmarktes obliegt den Gewerkschaften, die Gewährleistung der partiellen Selbstentfaltung innerhalb des betrieblichen Arbeitsverbundes durch Beteiligung an den personellen, sozialen und wirtschaftlichen Folgeproblemen unternehmerischer Entscheidungen obliegt den Betriebsräten, und die Unternehmensmitbestimmung dient der Beteiligung an den zentralen unternehmerischen Planungs-, Leitungs- und Organisationsentscheidungen.[11]

1. Gewerkschaften

Die Freiheit des Menschen als zentrale Voraussetzung einer demokratischen Verfassungsordnung bildet den Angelpunkt der Tarifautonomie.[12] Die Gewerkschaften sollen die abhängig Beschäftigten in die Lage versetzen, sich gleichberechtigt an der Gestaltung der Arbeits- und Wirtschaftsbedingungen zu beteiligen. Aufgrund des wirtschaftlichen Ungleichgewichts am Arbeitsmarkt kann die Privatautonomie der Arbeitnehmer in diesem Bereich die notwendige Selbstbe-

10 Vgl. zu diesem Unterschied aus amerikanischer Sicht *Summers*, 58 Tul. L. Rev. 1409, 1414 f. (1984).

11 Vgl. zu den Ebenen der Arbeitnehmervertretung insb. *Kempen*, RdA 1994, 148.

12 *Kempen/Zachert*, Tarifvertragsgesetz, Grundlagen, Rn. 60.

stimmung infolge wirtschaftlicher Unabhängigkeit nicht hinreichend verwirklichen. Der einzelne Arbeitnehmer benötigt ein effektives wirtschaftliches Druckmittel, um der Marktmacht des Unternehmers, die sich aus der Verfügungsbefugnis über die Arbeitsplätze ergibt, standhalten zu können.

a. Begründung der Kollektivpartnerschaft und repräsentierter Arbeitnehmerkreis

Die formalen Grundlagen des Tarifsystems sind im Tarifvertragsgesetz niedergelegt. Es bestimmt u.a. in § 2 TVG, dass mögliche Vertragsparteien eines Tarifvertrages Gewerkschaften, einzelne Arbeitgeber sowie Vereinigungen von Arbeitgebern sein können. Hinzu kommt die Tariffähigkeit von Spitzenorganisationen (§ 2 Abs. 3 TVG).

Die Regelung der Tariffähigkeit des einzelnen Arbeitsgebers dient dazu, die kollektive Koalitionsfreiheit dadurch zu gewährleisten, dass die Gewerkschaft auf jeden Fall einen Tarifvertragspartner findet.[13] Der Arbeitgeber verliert seine Tariffähigkeit auch nicht durch Eintritt in den Arbeitgeberverband. Firmentarifverträge dienen einer betriebsnahen Tarifpolitik und die darin vereinbarten Leistungen sind auch erstreikbar.[14] Obgleich die Bedeutung von Tarifverträgen, bei denen der einzelne Arbeitgeber Partei ist, wächst, ist in Deutschland noch immer der Flächentarifvertrag, den eine Gewerkschaft mit einem Arbeitgeberverband abschließt, am weitesten verbreitet. Der Prozentsatz der Firmentarifverträge übersteigt nahezu in keiner Branche die 10 %-Marke.[15] Ihre Bedeutung muss deshalb gesamtwirtschaftlich gesehen als gering bewertet werden.

Rechtsprechung und Lehre haben im Laufe der Zeit Merkmale herausgearbeitet, die gegeben sein müssen, um von Gewerkschaften und Arbeitgebervereinigungen i.S.d. § 2 TVG zu sprechen.[16] Erforderlich sind freie Bildung der Koalition, Unabhängigkeit vom Staat, demokratische Organisation, Bestehen auf Dauer, Tarifwilligkeit, Gegnerreinheit, Gegnerunabhängigkeit und Überbetrieblichkeit. Organisationen, bei denen diese Voraussetzungen vorliegen, bzw. einzelne Arbeitgeber können Tarifverträge abschließen.

Voraussetzung der Bindung an den Kollektivvertrag ist zum einen Tarifgebundenheit, d.h. die Mitgliedschaft bei einem der vertragsschließenden Verbände (§ 3 Abs. 1 TVG), sofern nicht der Arbeitgeber selbst Partei des Tarifvertrages ist. Ergänzend ergibt sich aus § 4 Abs. 1 TVG das Erfordernis der beiderseitigen

---

13 ErfKomm-*Schaub*, § 2 TVG Tarifvertragsparteien, Rn. 23.

14 Auch wenn der Arbeitgeber einem Verband angehört, vgl. BAG v. 10.10.2002, AP Nr. 162 zu Art. 9 GG Arbeitskampf.

15 IAB-Betriebspanel, 9. Welle West/6. Welle Ost, www.boeckler.de/cps/rde/xchg/SID-3D0AB75D-68237243/hbs/hs.xsl/564_21316.html, aufgerufen am 12.11.2005.

16 Statt vieler MünchArbR-*Löwisch/Rieble*, § 255, Rn. 1-34.

Tarifgebundenheit, sofern der Tarifvertrag nicht nach § 5 TVG allgemeinverbindlich erklärt worden ist.

Zum anderen ist Voraussetzung der Bindung an den Tarifvertrag, dass das Arbeitsverhältnis in den räumlichen, zeitlichen, betrieblichen, fachlichen und persönlichen Geltungsbereich des Tarifvertrags fällt (§ 4 TVG). Dies hängt von der sich aus der Satzung ergebenden Tarifzuständigkeit der Tarifparteien ab. In der Regel sind die Verbände heute nicht nach der Berufszugehörigkeit (Fachtarif), sondern an ganzen Wirtschaftszweigen orientiert (Industrieverbandsprinzip), so dass in einer Branche nur eine Gewerkschaft für alle Beschäftigten zuständig ist. Unabhängig von der ausgeübten Tätigkeit werden so alle Arbeitnehmer eines Betriebs vom selben Tarifvertrag erfasst. Die Breite des fachlichen Zuschnitts fällt sehr unterschiedlich aus. Die Tarifverträge für die Metallindustrie umfassen gleich mehrere Branchen, z.B. Fahrzeugbau, Maschinenbau, Elektroindustrie, Luft- und Raumfahrt, während sich die Lederindustrie in vier verschiedene Tarifbereiche untergliedert.[17]

b. Statistik

Die unter der größten gewerkschaftlichen Dachorganisation DGB zusammengeschlossenen Gewerkschaften haben ca. 7,7 Millionen Mitglieder, was einem Organisationsgrad von 22 % entspricht. Der Organisationsgrad in den einzelnen Branchen ist sehr unterschiedlich. Am höchsten ist er in den traditionellen Industrien Stahl, Bergbau, Metall, am geringsten in den Dienstleistungsbranchen.

Mittels des Instruments der Allgemeinverbindlichkeitserklärung kann die bindende Wirkung der Tarifverträge auch auf die nicht tarifgebundenen Arbeitnehmer ausgedehnt werden. Von den rund 61.800 als gültig in das Tarifregister eingetragenen Tarifverträgen sind derzeit 464 allgemeinverbindlich.[18] Die größte Bedeutung haben Vergütungstarifverträge (16 % der allgemeinverbindlich erklärten Tarifverträge), gefolgt von Manteltarifverträgen (14 %). Die meisten Allgemeinverbindlicherklärungen gelten für Tarifverträge des Baugewerbes (35 %), des Bereichs Entsorgung, Reinigung und Körperpflege (13 %) und des Handels (12 %). In den alten Bundesländern arbeiten in den Branchen mit allgemeinverbindlichen Tarifverträgen rund 5,5 Millionen Beschäftigte, darunter 1,2 Millionen, für die eine Bindung erst durch Allgemeinverbindlichkeitserklärung entsteht.[19]

---

17 Vgl. www.boeckler.de/cps/rde/xchg/SID-3D0AB75D-68237243/hbs/hs.xsl/564 213 16. html, aufgerufen am 12.11.2005.

18 BMI, Verzeichnis der für allgemeinverbindlich erklärten Tarifverträge, Stand: 1. Januar 2005.

19 Ebd.

Im Jahr 2004 waren 61 % der abhängig Beschäftigten in Westdeutschland an einen Branchentarifvertrag gebunden und 7 % an einen Firmentarifvertrag. Dieser – im Vergleich zum Organisationsgrad – hohe Prozentsatz der Tarifbindung resultiert aus einzelvertraglichen Bezugnahmen[20] auf die jeweils geltenden Tarifverträge. Es ist in der Praxis üblich, im Arbeitsvertrag auf den jeweils geltenden Tarifvertrag eines bestimmten Wirtschaftszweigs zu verweisen. Bei weiteren 16 % der Beschäftigten waren die Arbeitsbedingungen eng an die geltenden Tarifverträge angelehnt.

Tarifbindung 2004 West
- Beschäftigte in %-

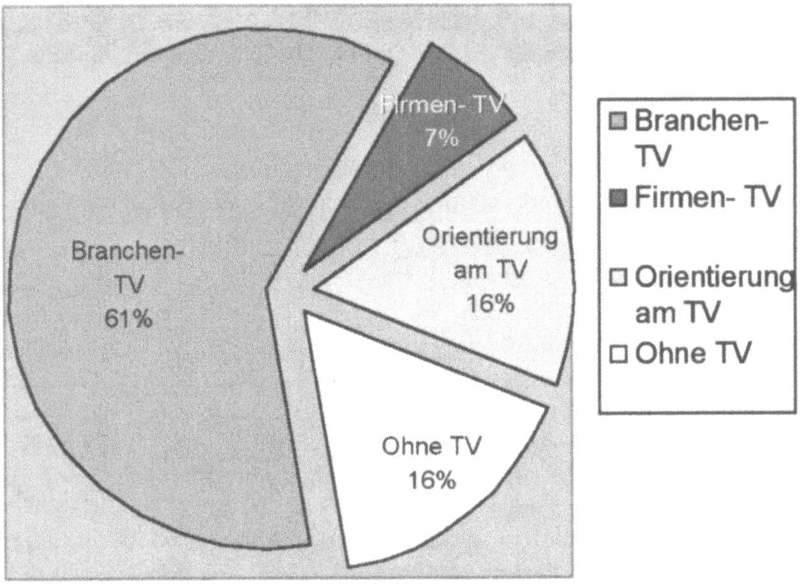

20 Wird auf einen bestimmten, genau definierten Tarifvertrag in der zur Zeit der Bezugnahme geltenden Fassung verwiesen, spricht man von einer statischen Verweisung. Änderungen des Tarifvertrags wirken sich daher nur dann aus, wenn der Tarifvertrag normativ, d. h. aufgrund beiderseitiger Tarifgebundenheit von Arbeitgeber und Arbeitnehmer, gilt. In allen anderen Fällen bleiben die zum Inhalt des Arbeitsvertrags gewordenen Tarifvertragsregelungen unverändert bestehen. Hingegen liegt eine so genannte dynamische Verweisung vor, wenn auf den jeweils geltenden Tarifvertrag eines bestimmten Wirtschaftszweigs Bezug genommen wird (kleine dynamische Verweisung) oder ganz allgemein auf den jeweils für den Betrieb geltenden Tarifvertrag (große dynamische Verweisung).

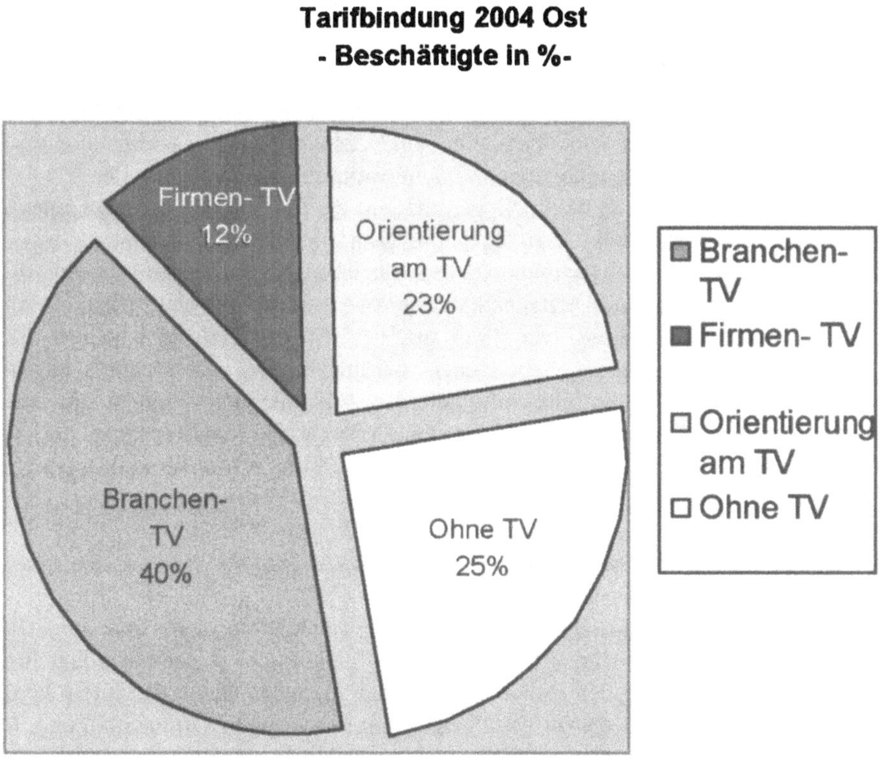

Abbildung 1: Tarifbindung Ost / West 2004[21]

2. Betriebsräte

Während die Tarifparteien die sozialen und wirtschaftlichen Interessen der Arbeitnehmer auf dem Gebiet des Arbeitsmarktes wahrnehmen, gewährleistet der Betriebsrat auf der Grundlage bereits geschlossener Arbeitsverträge eine sekundäre betriebliche Binnenordnung zur freien beruflichen Entfaltung.[22] Die Fremdbestimmung des Betriebsverhältnisses wird durch Mitbestimmungsvorbehalte relativiert. Aufgrund der Tatsache, dass die Privatautonomie mit dem Abschluss

21 IAB-Betriebspanel, WSI Tarifarchiv 2004, im Internet auf der Homepage des Instituts für Arbeitsmarkt- und Berufsforschung: www.betriebspanel.iab.de, aufgerufen am 12.11.2005.

22 Vgl. insb. *Kempen*, RdA 1994, 148.

des Arbeitsvertrags grundsätzlich ausgeübt ist, geht es im Rahmen der Betriebsverfassung gerade nicht um die Wiederherstellung der freien Selbstbestimmung des Arbeitnehmers. Vielmehr steht eine Lockerung seiner (bereits privatautonom legitimierten) Abhängigkeit im Mittelpunkt.[23] Ziel ist nicht die Regelung der gegensätzlichen Interessen von Arbeitgeber und Arbeitnehmer, sondern eine Angleichung des vorausgesetzten gemeinsamen Produktionsinteresses beider.[24]

Die Betriebsautonomie hat im Gegensatz zur Tarifautonomie keine ausdrückliche verfassungsrechtliche Grundlage. Ihre grundrechtlichen Fundamente ergeben sich aus ihrer Zweckbestimmung. Die Betriebsverfassung dient der Zuordnung der Arbeitgeber- und Arbeitnehmerinteressen an beruflicher Entfaltung im betrieblichen Arbeitsprozess. Die durch Art. 12 GG geschützte arbeitsvertragliche Organisationsmacht des Arbeitgebers berührt hierbei die ebenfalls durch Art. 12 GG geschützte Entfaltungsfreiheit der Arbeitnehmer.[25] Indem die Betriebsverfassung somit den Schutz der konkurrierenden Grundrechtspositionen aus Art. 12 GG verfahrensförmig realisiert, wird sie durch die Berufsfreiheit direkt grundrechtlich legitimiert.[26]

a. Begründung der Kollektivpartnerschaft und repräsentierter Arbeitnehmerkreis

Infolge des Gleichheitsgrundsatzes (§ 75 Abs. 1 BetrVG) muss der Innenbereich des Arbeitsverhältnisses für alle Arbeitnehmer einheitlich geregelt werden. Im Gegensatz zur Regelung des Außenverhältnisses durch die Gewerkschaften fehlt es deshalb bei der Betriebsverfassung an einer freiwilligen Gruppenbildung.[27] Das Betriebsverfassungsgesetz nimmt die tatsächliche arbeitsorganisatorische Verbundenheit der Arbeitnehmer im Betrieb auf und schafft verbindlich für alle einen Schutz vor der Willkür des Arbeitgebers.[28] Betriebsräte sind Vertreter der gesamten Belegschaft. Voraussetzung dafür ist, dass der Betriebsrat von der Mehrheit der Arbeitnehmer gewählt wird (§§ 1, 7, 14 BetrVG).

---

23 *Kempen*, RdA 1994, 150.

24 Vor Einführung der betrieblichen Mitbestimmung sowie in betriebsratslosen Betrieben übernahm bzw. übernimmt § 315 BGB diese Funktion (Bindung des Weisungsrechts des Arbeitgebers an „billiges Ermessen"). Die betriebliche Mitbestimmung ergänzt somit den Grundrechtsschutz, indem der Betriebsrat an der Leistungsbestimmung teilnimmt.

25 *Kempen*, AuR 1996, 343.

26 *Kempen*, FS für Schaub, 363.

27 *Kempen*, RdA 1994, 151.

28 *Rieble*, RdA 1996, 152.

b. Statistik

Betriebsräte bestehen derzeit in Deutschland in rund 11 % der Betriebe mit etwa 48 % der Beschäftigten. Die Verbreitung von Betriebsräten hängt eng mit der Betriebsgröße zusammen. Bezogen auf Betriebe mit 21 und mehr Beschäftigten existiert in rund 37 % der Betriebe mit ca. 66 % der Beschäftigten ein Betriebsrat.[29] Ungefähr drei Viertel von ihnen sind Mitglieder der DGB-Gewerkschaften. 2002 befanden sich 8 % der privatwirtschaftlichen Betriebe ab fünf Beschäftigten in der Situation, dass sowohl ein Branchentarifvertrag galt als auch ein Betriebsrat bestand.[30]

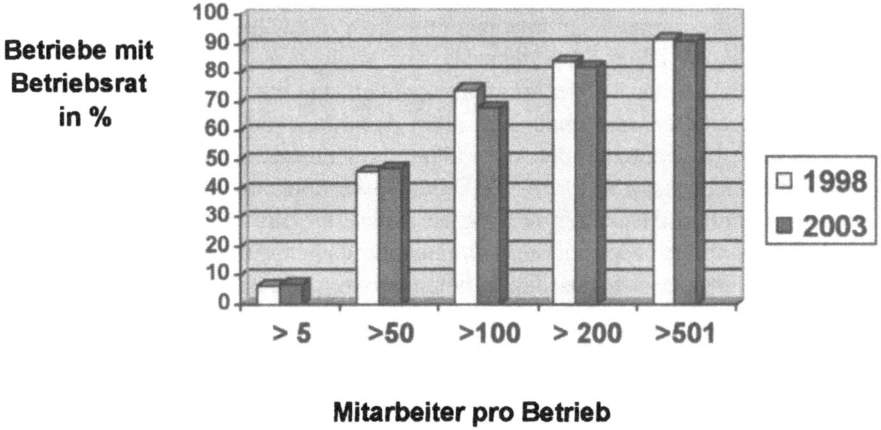

Abbildung 2: Verbreitung von Betriebsräten nach der Betriebsgröße[31]

3. Arbeitnehmervertreter in Unternehmensorganen

Die unternehmerische Mitbestimmung zielt auf die Beteiligung der Arbeitnehmer an den zentralen unternehmerischen Planungs-, Leitungs- und Organisationsentscheidungen und spielt sich innerhalb der Unternehmensorgane und nicht innerhalb eigener Belegschaftsorgane ab. Im Gegensatz zur Einwirkung von außen durch die Institutionen der Gewerkschaften und der Betriebsräte wirken die Arbeitnehmer im Aufsichtsrat an der internen Willensbildung der Unternehmensor-

29 IAB, Ergebnisse aus dem Betriebspanel: Betriebsrat und Tarifbindung: Wie ist es um die quantitative Basis des dualen Systems der Interessenvertretung bestellt?

30 Ebd.

31 *Ellguth*, WSI-Mitteilungen 2003, 194, 195.

gane mit.[32] Dies geschieht allerdings nicht durch eine Beteiligung an der eigentlichen Führung des Unternehmens, sondern durch eine Beteiligung im kontrollierenden Organ des Aufsichtsrats.

a. Begründung der Kollektivpartnerschaft und repräsentierter Arbeitnehmerkreis

Es gibt vier gesetzliche Systeme der Unternehmensmitbestimmung. Für Kapitalgesellschaften des Bergbaus und der Eisen und Stahl erzeugenden Industrie mit wenigstens 1000 Arbeitnehmern gilt das Montanmitbestimmungsgesetz. Für herrschende Unternehmen eines Konzerns, die selbst nicht die Voraussetzungen für die Anwendung des Montanmitbestimmungsgesetzes erfüllen, aber mindestens ein montanmitbestimmtes Unternehmen mit nicht unter 2000 Arbeitnehmern beherrschen oder die einen Montanumsatz von wenigstens 20 % des Konzernumsatzes erzielen, gilt das Mitbestimmungsergänzungsgesetz vom 7.8.1956. Für alle Kapitalgesellschaften mit mehr als 2000 Arbeitnehmern gilt das Mitbestimmungsgesetz. Die Mehrzahl der mitbestimmten Unternehmen unterliegt dem Betriebsverfassungsgesetz von 1952. Es findet Anwendung auf Aktiengesellschaften und Kommanditgesellschaften auf Aktien sowie für alle Gesellschaften mit beschränkter Haftung, Versicherungsvereine auf Gegenseitigkeit und Genossenschaften mit jeweils mehr als 500 Arbeitnehmern. Mitbestimmung in Unternehmensorganen gibt es also nicht in Unternehmen, deren Träger ein Einzelkaufmann, eine Personengesellschaft, eine Stiftung oder ein Verein ist.

Den Systemen ist gemeinsam, dass sie der betroffenen Gesellschaft bei Vorliegen der Voraussetzungen das System der Mitbestimmung „aufstülpen“[33], ohne dass sich die Arbeitnehmer dafür oder dagegen entscheiden könnten. Die Gesetze unterscheiden sich vor allem nach der Intensität der Mitbestimmung und dem Gewerkschaftseinfluss.[34] Am intensivsten ist die Mitbestimmung in Montanunternehmen, am schwächsten in kleineren Kapitalgesellschaften. Maßgeblich hierfür ist insbesondere die unterschiedliche Anzahl der Sitze der Arbeitnehmer im Aufsichtsrat (siehe hierzu im Detail Kapitel C). Die Entscheidungen des Aufsichtsrats betreffen alle Arbeitnehmer des Unternehmens, d.h. die Arbeitnehmervertreter repräsentieren die gesamte Belegschaft.

b. Statistik

Die praktische Bedeutung des Mitbestimmungsergänzungsgesetzes ist gering. In der jetzigen Fassung unterliegt kein einziges Unternehmen diesem Gesetz. Eben-

---

32 *Hromadka/Maschmann,* § 15 I.3., Rn. 6.
33 KassHdb-*Klinkhammer*, 8.1, Rn. 11.
34 Vgl. den Überblick bei *Hromadka/Maschmann,* § 15 II. 2. a), Rn. 13.

so ist die Relevanz des Montanmitbestimmungsgesetzes mit der Senkung der Bergbau, Eisen- und Stahlerzeugung stark zurückgegangen. Die Zahl der Unternehmen, die der Montanmitbestimmung unterliegen, war bis zur Wiedervereinigung auf 31 gesunken.[35] Infolge der Wiedervereinigung stieg sie auf 46 an.[36] Die größte Bedeutung hat das Mitbestimmungsgesetz von 1976. Die Zahl der Unternehmen, die ihm unterliegen, wird von der Hans Böckler-Stiftung für das Jahr 2004 mit 746 angegeben.[37] Die Zahl der unter das Betriebsverfassungsgesetz 1952 fallenden Kapitalgesellschaften beträgt 3.500[38]. 1996 beschäftigten in Deutschland 705 Unternehmen, die dem Mitbestimmungsgesetz unterlagen, 5,2 Mio. Menschen.

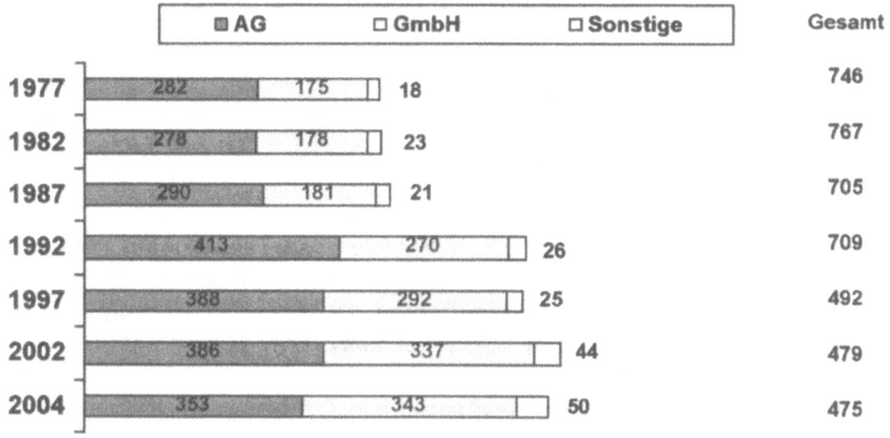

Abbildung 3: Unternehmensmitbestimmung – Entwicklung 1997-2004[39]

35 *Bertelsmann Stiftung/Hans-Böckler-Stiftung*, Mitbestimmung und neue Unternehmenskulturen, Bilanz und Perspektiven, 43.

36 Die drei größten Konzerne, die in ihrer Spitze der Montanmitbestimmung unterliegen, sind die Thyssen AG, die Mannesmann AG und die Ruhrkohle AG. Sie haben jeweils zwischen 80.000 und 100.000 Beschäftigte. Die Ruhrkohle AG beschäftigte 1996 noch 64.000 Arbeitnehmer im Bergbau.

37 Zur Erklärung dieser Grafik vgl.: *Bertelsmann Stiftung/Hans-Böckler-Stiftung*, Mitbestimmung und neue Unternehmenskulturen, Bilanz und Perspektiven, 47, 48.

38 FAZ v. 4.11.2004, Nr. 258: Die Mitbestimmung auf dem Prüfstand, 18.

39 Arbeitspapier des DGB, Mitbestimmung, Ein Gewinn für Deutschland und Europa, S. 6. Veröffentlicht: www.dgb.de/themen/themen_a_z/ abisz_doks/m/mb_gewinn. pdf/view?showdesc=1, aufgerufen am 12.11.2005.

II. USA

Die formalen Grundlagen der US-amerikanischen Arbeitnehmervertretung sind im National Labor Relations Act[40] (NLRA), niedergelegt, einem 1935 verabschiedeten umfassenden Bundesgesetz zur Regelung der kollektiven Arbeitsbeziehungen einschließlich des Arbeitskampfes. Nach seinem Hauptinitiator wird er auch Wagner Act genannt. Durch den Labor Management Relations Act (LMRA, auch: Taft Hartley Act) wurde er 1947 wesentlich geändert und ergänzt.

1. Gewerkschaften

In § 8 (5) NLRA wird die Verpflichtung des Arbeitgebers statuiert, mit Arbeitnehmervertretern in Tarifverhandlungen einzutreten.

a. Begründung der Kollektivpartnerschaft und repräsentierter Arbeitnehmerkreis

Im Gegensatz zu Deutschland kann eine Arbeitnehmerorganisation nicht allein dadurch, dass sie den Status einer Gewerkschaft hat, mit dem Arbeitgeber verhandeln. Sie muss zudem im Betrieb als Vertreterin der Arbeitnehmer anerkannt sein. Es steht dem Arbeitgeber frei, eine Gewerkschaft als zuständige Vertreterin der Mehrheit der Arbeitnehmer anzuerkennen. Ist dies nicht der Fall, ist eine Zertifizierung durch das National Labor Relations Board erforderlich. Das National Labor Relations Board ist eine Bundesbehörde, der maßgeblich die Aufgabe zukommt, das Arbeitsrecht in Anwendung und Auslegung des National Labor Relations Acts zu entwickeln.[41] Das National Labor Relations Board hat seinen Sitz in Washington und unterhält 34 Regionalbüros in den anderen Bundesstaaten. Die Entscheidungen werden von einem Komitee gefällt, das aus fünf Mitgliedern besteht, die vom Präsidenten der USA für fünf Jahre ernannt werden; es nimmt funktional rechtsprechende Aufgaben wahr. Nach der Rechtsprechung des Supreme Court hat das National Labor Relations Board in erster Linie die Auf-

---

40 Der Anwendungsbereich des National Labor Relations Act umfasst das Staatsgebiet der USA und die dazugehörigen Territorien. Ausländische Arbeitgeber sind wegen des Territorialitätsprinzips vom Geltungsbereich des Gesetzes erfasst, wenn sie ein Unternehmen in den USA betreiben und nicht aufgrund besonderer Vorschriften von der Geltung des NLRA ausgenommen sind, z.B. nach dem International Organization Immunities Act, 22 U.S.C. 288 (1988). Vgl. *Thau/Pusch*, Arbeitsrecht in den USA, 123, Rn. 373.

41 *Beth Israel Hospital v. NLRB*, 437 U.S. 483 (1978).

gabe, das Arbeitsrecht in Anwendung und Auslegung des NLRA zu entwickeln.[42] In den USA gibt es keine arbeitsrechtliche Fachgerichtsbarkeit.

Der Antrag einer Gewerkschaft auf Anerkennung als Arbeitnehmervertreterin setzt den Nachweis der Unterstützung von wenigstens 30 % der Arbeitnehmer einer Verhandlungseinheit voraus. In der durch das National Labor Board beaufsichtigten Wahl steht das Wahlrecht allen Arbeitnehmern der Verhandlungseinheit zu, die während des Lohnabrechnungszeitraums vor dem Wahltag und am Wahltag bei dem Arbeitgeber beschäftigt sind. Kann die Gewerkschaft in der dann durchgeführten Wahl die Mehrheit der abgegebenen Stimmen in einer Verhandlungseinheit auf sich vereinen, ernennt das National Labor Relations Board die Gewerkschaft zur Vertreterin der Verhandlungseinheit. Der National Labor Relations Act verpflichtet die ernannte Gewerkschaft, alle Arbeitnehmer der Verhandlungseinheit („bargaining unit"), auch die Nichtorganisierten, zu vertreten (§ 9 (a) NLRA). Der Kreis der aus dem Tarifvertrag Berechtigten wird also nicht durch das Verbandsprinzip, welches das deutsche Tarifrecht prägt, sondern durch das Mehrheitsprinzip bestimmt.[43]

Zur Bestimmung der geeigneten Verhandlungseinheit („appropriate bargaining unit") muss eine Interessengemeinschaft („community of interest"[44]) bestehen. Die Abgrenzung einzelner „bargaining units" ist schwierig.[45] Als Kriterien werden u.a. die Anzahl der Wochenstunden, Zahlungsmodalitäten, der Tätigkeitsbereich, Auswechselbarkeit der Arbeitnehmer, die bislang ausgeübte Tarifpraxis oder ein gemeinsamer Vorgesetzter herangezogen.[46] Die Gewerkschaften wünschen sich zum einen große Einheiten, um ihren Einfluss zu stärken, zum anderen plädieren sie aber häufig auch für kleine Einheiten, um bei den Organi-

42 *Beth Israel Hospital v. NLRB*, 437 U.S. 483 (1978).

43 *Houde Engineering Corp.*, 1 N.L.R.B. 35 (1934): „Die Mehrheitsregel stimmt mit den grundsätzlichen Traditionen der amerikanischen Demokratie überein, welche die Vertretung, die von einer Mehrheit gewählt wurde, ermächtigt, für das ganze Volk zu sprechen." Vgl. zu den Argumenten der Einführung des Verbandsprinzips in das amerikanische Recht („Instituting Members Only") ausführlich *Summers*, 47 Cath. U.L. Rev. 791, 802 (1998).

44 *Kalamazoo Paper Box Corp.*, 136 NLRB 134, 40 L.R.R.M. 1715 (1962); *NLRB v. Crockett-Bradley, Inc.*, 523 F.2d 449, 450 (5th Cir. 1975).

45 *Thau/Pusch* weisen darauf hin, dass Arbeitgeber oft erfolgreich versuchen, ihren Betrieb dadurch, dass sie mehrerer Arbeitnehmergruppen gegeneinander ausspielen, gewerkschaftsfrei zu halten. Dies ist möglich, wenn die Interessen der Arbeitnehmer einer Verhandlungseinheit unterschiedlich sind, weil ein Tarifvertrag für alle Arbeitnehmer gilt, sobald die Gewerkschaft gewählt ist. Siehe *Thau/Pusch*, Arbeitsrecht in den USA, 136, Rn. 412.

46 *Getman/Pogrebin/Gregory*, 31. Eine Gewerkschaft vertritt zum Beispiel alle Arbeitnehmer an einem oder mehreren Standorten oder nur Arbeitnehmer einer bestimmten Fachabteilung (z.B. nur Fahrer).

sationsbemühungen ihre Energie auf eine kleine Gruppe von Arbeitnehmern konzentrieren zu können. Demgegenüber spricht aus Sicht des Arbeitgebers für kleine Verhandlungseinheiten, dass durch sie die Gewerkschaftsrepräsentanz gering gehalten wird, während für eine große Gruppe das Interesse spricht, in allen Niederlassungen gleiche Anstellungsbedingungen gewährleisten zu können. Der Supreme Court hat hierzu ausgeführt: „Wie immer die Entscheidung über die richtige Abgrenzung einer Gruppe ausfällt, wird entweder die eine oder die andere Seite begünstigt."[47] Besteht zum Beispiel eine Kette aus fünf Restaurants in der gleichen Stadt, kann eine auf diesen Standort beschränkte Gruppe eine Verhandlungseinheit bilden.[48]

Arbeitgebervereinigungen spielen in den Vereinigten Staaten als mögliche Tarifvertragspartei keine Rolle.[49] Dies zeigt schon § 2 (5) NLRA, in dem zwar „labor organizations" im Sinne des Gesetzes als Organisationen, die mit dem Arbeitgeber über die Interessenwahrnehmung der Arbeitnehmer verhandeln, definiert werden,[50] nicht aber auch Arbeitgebervereinigungen. Kleinere Unternehmen versuchen beim Abschluss von Tarifverträgen allerdings zusammen zu agieren, um ein Gegengewicht zu den häufig bundesweit zusammengeschlossenen Gewerkschaften zu bilden.

Obgleich in den USA überwiegend einzelne Arbeitgeber Tarifverträge mit Gewerkschaften abschließen, wäre die Benutzung des Ausdrucks „Haustarifvertrag" irreführend, wenn man vom deutschen Verständnis ausgeht. Die amerikanischen Gewerkschaften sind nach dem Berufsverbandsprinzip organisiert, im Gegensatz zu deutschen Gewerkschaften, die mehrheitlich nach dem Industrieverbandsprinzip organisiert sind. Tarifverträge gelten in der tariflichen Realität überwiegend für sehr kleine „bargaining units", die häufig nicht einmal einen ganzen Betrieb erfassen.[51] Nach statistischen Erhebungen des Bureau of Labor Statistics sind nur 10 % der tarifgebundenen Arbeitnehmer von Tarifverträgen erfasst, die für mehr als 1000 Arbeitnehmer gelten. Tarifverträge, die mehrere Verhandlungseinheiten eines Unternehmens erfassen, finden sich vor allem in Be-

---

47 *NLRB v. Action Automotive, Inc. U.S.*, 105 S.Ct. 984 (1985).

48 *NLRB v. Metropolitan Life Ins. Co.*, 380 U.S. 438 (1965).

49 Zu den Gründen im Detail vgl. *Biedenkopf*, Unternehmer und Gewerkschaft im Recht der Vereinigten Staaten von Amerika, 131-134.

50 Der Begriff „labor organization" wird in § 2 (5) des NLRA definiert als „jegliche Organisation jedweder Art sowie sämtliche Stellen, Arbeitnehmervertretungskomitees oder -pläne, an denen Arbeitnehmer teilnehmen und die ganz oder teilweise zu dem Zweck bestehen, mit Arbeitgebern über Beschwerden, Arbeitsstreitigkeiten, Löhne, Tarife, Beschäftigungszeiten oder Arbeitsbedingungen zu verhandeln".

51 *Fahlbeck*, 15 Berkeley J. Emp. & Lab. L. 307, 318 (1994).

trieben der industriellen Fertigung und Produktion. Industrieweite Verhandlungen finden vor allem in der Automobil-, Stahl- und Reifenindustrie statt.

b. Statistik

Die Entwicklung der amerikanischen Gewerkschaften ist durch eine gewerkschaftsfeindliche Einstellung der Arbeitgeber und durch einen stetig abnehmenden Organisationsgrad der amerikanischen Arbeitnehmer geprägt.[52] Während 1945 noch 36,6 % der Arbeitnehmer gewerkschaftlich organisiert waren, waren es 1983 nur noch 20,1 %, 2002 noch 13,3 % und 2004 12,5 %.[53] Auf 13,8 % der Arbeitnehmer ist ein Tarifvertrag anwendbar.[54]

Der Organisationsgrad verteilt sich sehr unterschiedlich auf verschiedene Branchen. Am höchsten ist er im öffentlichen Dienst, dort sind (seit 1983 konstant) 37,2 % der Arbeitnehmer organisiert, in der Privatwirtschaft dagegen nur 8,2 %.

In der Privatwirtschaft ist der Organisationsgrad am höchsten im Transportwesen (Organisationsgrad: 26,2 %), dem folgt das Bauwesen (Organisationsgrad: 16 %), der Bereich Medien (Organisationsgrad: 13,6 %) und der Bereich Produktion (13,5 %).[55] Im Vergleich der Staaten haben seit dem Beginn der Einzelerfassung der Bundesstaaten (1995) vier Bundesstaaten einen Organisationsgrad von über 20 %: New York (24,6 %), Hawaii (23,8 %), Alaska (22,3 %), Michigan (21,9 %).

---

52 Übersicht über die Entwicklung zwischen 1945 und 1990 bei *Europäisches Gewerkschaftsinstitut*, Gewerkschaften und Arbeitsbeziehungen in den USA und Kanada, 74. Ausführlich zu den historischen Wurzeln des feindseligen Verhältnisses zwischen Arbeitgebern und Gewerkschaften in den USA auch *Summers*, 16 Comp. Lab L. 467, 469 (1995); a.A. *Morris*, 8 Admin. L. J. Am. U. 517, 527 (1994).

53 Homepage des United States Department of Labor, Bureau of Labor Statistics: Union affiliation of employed wage and salary workers by selected characteristics, www.bls.gov/news.release/union2.t01.htm, aufgerufen am 12.11.2005.

54 Ebd. Zu den Ursachen des abnehmenden Organisationsgrades ausführlich *Morris*, 8 Admin. L. J. Am. U. 517, 533 (1994); *Fahlbeck*, 15 Berkeley J. Emp. & Lab. L. 310, 1994.

55 United States Department of Labor, Union Members Summary, 21. Januar 2004, www.bls.goc/cps, aufgerufen am 15.10.2005.

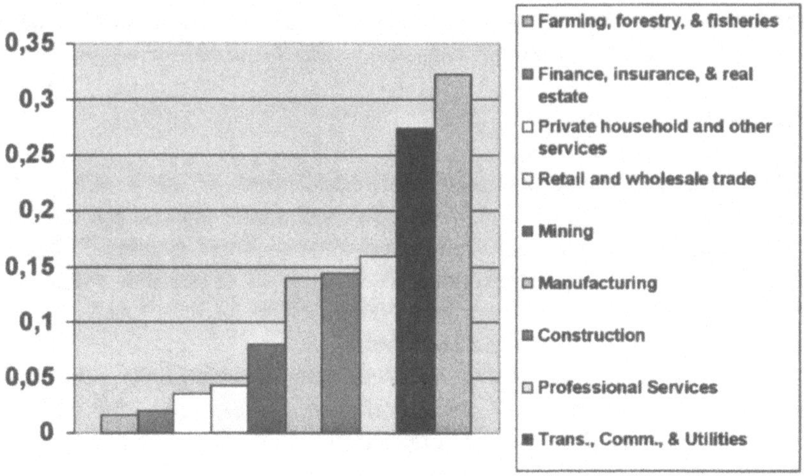

Abbildung 4: Organisationsgrad der amerikanischen Gewerkschaften nach Industrien, 2002[56]

Tarifliche Vereinbarungen, welche Arbeitnehmer verpflichten, die Gewerkschaft zu unterstützen,[57] sind nach dem National Labor Relations Act begrenzt zulässig. „Closed shop clauses"[58], nach welchen nur Mitglieder der verhandelnden Gewerkschaft eingestellt werden dürfen, sind unzulässig (§ 8 (a) (3) NLRA). Ausdrücklich zulässig sind dagegen „union shop clauses", die zum Inhalt haben, dass neu eingestellte Personen nach Ablauf einer Frist von 30 Tagen Mitglieder werden müssen. Damit wird der Forderung der Unternehmer Rechnung getragen, ihre Arbeitskräfte aus dem freien Markt beziehen zu können. § 14 (b) NLRA ermächtigt allerdings die Staaten, „union shop clauses" zu verbieten. Hiervon ha-

56 *Mayer*, Union Membership Trends in the United States, 2004.

57 Das gesetzliche Erfordernis des Mehrheitsstatus der Gewerkschaft in der Verhandlungseinheit führt dazu, dass die Gewerkschaft die fortlaufende Unterstützung der Mehrheit der Arbeitnehmer benötigt, um diese zu repräsentieren. Durch die laufende Neueinstellung von Nichtmitgliedern kann der Unternehmer die Mehrheitsverhältnisse jederzeit zum Nachteil der Gewerkschaft abändern. Dem lässt sich durch Zwangsmitgliedschaften entgegenwirken. Vgl. zu den einzelnen Formen der unter dem Begriff „union security" zusammengefassten Regelungsmöglichkeiten zur Sicherung der Gewerkschaftsmitgliedschaft der Arbeitnehmer: *Biedenkopf*, Unternehmer und Gewerkschaft im Recht der Vereinigten Staaten von Amerika, 79, 80.

58 Bis 1947 stellte der „closed shop" die gebräuchlichste Form der Zwangsmitgliedschaft dar (*McClure*, Betriebliche Mitbestimmung der Arbeitnehmer in den USA, 170). Durch den Taft Hartley Act 1947 wurde er untersagt.

ben bislang 22 Staaten Gebrauch gemacht.[59] In diesen so genannten „right to work states" sind „agency shop clauses", welche nicht organisierte Arbeitnehmer verpflichten, einen dem Mitgliederbeitrag entsprechenden Betrag an die Gewerkschaft zu zahlen, zulässig.[60] Der Beitrag ist in Höhe und Fälligkeit den Beitragszahlungen der Mitglieder angeglichen. So wird sichergestellt, dass den Nichtorganisierten nicht nur die Vorteile der Repräsentation durch die Gewerkschaft zugute kommen, sondern dass sie auch die Unkosten mittragen.[61] In der Regel wird der Arbeitgeber im Rahmen eines „agency shop" verpflichtet, nicht zahlende Arbeitnehmer zu entlassen.

Die Unternehmen versuchen mit allen Mitteln, eine gewerkschaftliche Organisation ihrer Belegschaft zu verhindern. Unter dem Stichwort der „Antigewerkschaftsstrategie" engagieren immer mehr Unternehmen Berater, die gewerkschaftliche Erfolge bei betrieblichen Anerkennungswahlen verhindern sollen.[62]

2. Komitees

Die Einstufigkeit der Arbeitnehmervertretung wurde in der Geschichte des amerikanischen Labor Law zum Teil durchbrochen. In den 1920er- und 30er-Jahren wurden in den Vereinigten Staaten Betriebsausschüsse als Teile so genannter Arbeitnehmerbeteiligungspläne nach kontinentaleuropäischem Vorbild gebildet. Doch es zeigte sich, dass die Mehrheit der Unternehmer die Beteiligungspläne nutzten, um die Organisationsbestrebungen der Arbeitnehmer zu konterkarieren, indem sie sie in vom Arbeitgeber beherrschte Betriebsgewerkschaften umwandelten (so genannte „company unions"[63]), die unter ihrem Einfluss standen und von ihnen finanziert wurden, weshalb sie eher die Interessen des Arbeitgebers als diejenigen der Arbeitnehmer unterstützten. Hiergegen kämpften die Gewerkschaften erfolgreich an:

---

59 Alabama, Arizona, Arkansas, Florida, Georgia, Idaho, Iowa, Kansas, Louisiana, Mississippi, Nebraska, Nevada, North Carolina, North Dakota, Oklahoma, South Carolina, South Dakota, Tennessee, Texas, Utah, Virginia, Wyoming.

60 *Douglas,* Labor Law, 329.

61 *McClure* bezeichnet den Beitrag treffend als „Solidaritätszuschlag". Siehe *McClure,* Betriebliche Mitbestimmung der Arbeitnehmer in den USA, 169.

62 Weitere Ausführungen zu diesem Thema im Abschnitt B. III. dieser Arbeit. Vgl. auch *Waldman,* 19 Conn. J. Int'l L. 689, 697; *Europäisches Gewerkschaftsinstitut,* Gewerkschaftsbeziehungen in den USA und Kanada, 41.

63 Siehe zu diesem Thema zum Beispiel *Biedenkopf,* Unternehmer und Gewerkschaft im Recht der Vereinigten Staaten von Amerika, 23, 44; *Summers,* 8 Comp. Lab. L. 333, 338 (1999).

In § 9 NLRA wurde den Gewerkschaften das Alleinvertretungsrecht eingeräumt. Der National Labor Relations Act von 1935 erklärt in § 8 (a)(2) NLRA, es sei eine „unfair labor practice", wenn der Arbeitgeber die Gründung oder Verwaltung einer „labor organization" beherrschte, sich in sie einmischte oder wenn er einer solchen Organisation finanzielle oder sonstige Unterstützung leiste. Der Begriff „labor organization" wird in § 2 (5) des NLRA definiert als „jegliche Organisation jedweder Art sowie sämtliche Stellen, Arbeitnehmervertretungskomitees oder -pläne, an denen Arbeitnehmer teilnehmen und die ganz oder teilweise zu dem Zweck bestehen, mit Arbeitgebern über Beschwerden, Arbeitsstreitigkeiten, Löhne, Tarife, Beschäftigungszeiten oder Arbeitsbedingungen zu verhandeln".[64] Die Definition ist vom Kongress bewusst weit gewählt worden, um sämtliche Formen der Arbeitnehmerorganisationen mit einzubeziehen.[65]

Obgleich sich die Gewerkschaften bis heute erfolgreich gegen die Zulässigkeit von betrieblichen Arbeitnehmervertretungen gewehrt haben, gibt es in zahlreichen Betrieben „Komitees", zum Teil inspiriert durch Arbeitnehmerbeteiligungsmodelle aus Europa oder Japan.[66] Trotzdem kann nicht von einer zweistufigen Arbeitnehmervertretung die Rede sein, weil derartige Komitees nur dann zulässig sind, wenn ihnen die Kernelemente der Arbeitnehmervertretung fehlen. So entsteht ein Konflikt mit § 8 (a) (2) NLRA nicht, wenn dem Komitee Funktionen übertragen werden, die sonst Vertreter der Geschäftsleitung ausüben.[67] Es fehlt dann an einem „Verhandeln zwischen Arbeitgeber und einer Arbeitnehmergruppe" i.S.d. § 2 (5) NLRA, weil derartige Teams Teil der Arbeitgebersphäre sind.[68] Weiterhin kann der Arbeitgeber Komitees gründen, deren Funktion die Sammlung von Ideen, nicht aber die Unterbreitung von konkreten Vorschlägen

---

64 „The term 'labor organization' means any organization of any kind, or agency or employee representation committee or plan, in which employees participate and which exists for the purpose, in whole or in part, of dealing with employers concerning grievances, labor disputes, wages, rates of pay, hours of employment, or conditions of work."

65 Siehe *Henssler/Frik*, NZA 2003, 586, 589. Die Ablehnung eines Änderungsvorschlages, der es den Arbeitgebern erlauben sollte, ein Arbeitnehmerkomitee zu gründen und mit ihm Gegenstände gegenseitiger Interessen zu diskutieren einschließlich der Beschwerden, Löhne, Beschäftigungszeiten und anderer Arbeitsbedingungen, durch den Kongress im Jahre 1947 machte die Ernsthaftigkeit des Regelungsanliegens des § 8 (a) (2) i.V.m. § 2 (5) NLRA noch einmal deutlich.

66 Vgl. zu dieser Thematik die ausführliche Darstellung bei *Henssler/Frik*, NZA 2003, 586-593.

67 *Crown Cork & Seal Company, Inc.*, 334 N.L.R.B. 92 (2001).

68 *General Foods*, 231 N.L.R.B. 1232 (1977).

ist oder deren Recht auf Unterbreitung von Vorschlägen sich auf Einzelfälle beschränkt.[69]

III. Stellungnahme

Die vergleichende Betrachtung der Begründung der Kollektivpartnerschaft und des repräsentierten Arbeitnehmerkreises ist sehr aufschlussreich für die Untersuchung der Einschränkung der unternehmerischen Entscheidungsfreiheit.

1. Begründung der Kollektivpartnerschaft

Sehr unterschiedlich ist die Entstehung der Kollektivpartnerschaft insbesondere im Vergleich deutscher und amerikanischer Gewerkschaften.

a. Deutsche und amerikanische Gewerkschaften

Einer der gravierendsten Unterschiede im Hinblick auf die Entstehung der Kollektivpartnerschaft beruht auf dem im amerikanischen Recht vorherrschenden Prinzip der Vertretung des Kollektivs im Vergleich zur Vertretung einzelner Arbeitnehmer in Deutschland. Während in Deutschland grundsätzlich jede Gewerkschaft gegenüber einem beliebigen Arbeitgeber oder Arbeitgeberverband die Forderung auf Abschluss eines Tarifvertrags geltend machen und bei Vorliegen der Voraussetzungen streiken kann, sofern nur ein Arbeitnehmer im Betrieb Mitglied der Gewerkschaft ist, ist dies in den USA den im Betrieb vertretenen Gewerkschaften vorbehalten. Sämtliche noch zu erörternden rechtlichen Instrumentarien zur Einschränkung der unternehmerischen Entscheidungsfreiheit kommen für amerikanische Gewerkschaften dann nicht zum Tragen, wenn ihnen eine Etablierung im Betrieb nicht gelingt. *Summers* bezeichnet das betriebliche Wahlverfahren deshalb als „life and death struggle“[70] der Gewerkschaften.

Ein amerikanischer Arbeitgeber hat es deshalb leichter als ein deutscher Arbeitgeber, Einschränkungen durch Gewerkschaften komplett zu vermeiden. Das Überspringen der 50 %-Hürde ist für die amerikanischen Gewerkschaften eine nicht unerhebliche Hürde.[71] Dies verdeutlicht die folgende Statistik, die zeigt,

---

69 *E.i. du Pont de Nemours & Co.*, 311 N.L.R.B. 893 (1993).
70 *Summers*, 66 Chi.-Kent. L. Rev. 531, 533 (1990).
71 Vgl. hierzu insb. *Bronfenbrenner*, 50 Ind. & Lab. Rel. Rev. 195, 197 f. (1997).

dass nur ca. 50 % der Zertifizierungsverfahren zugunsten der Gewerkschaften ausgehen.

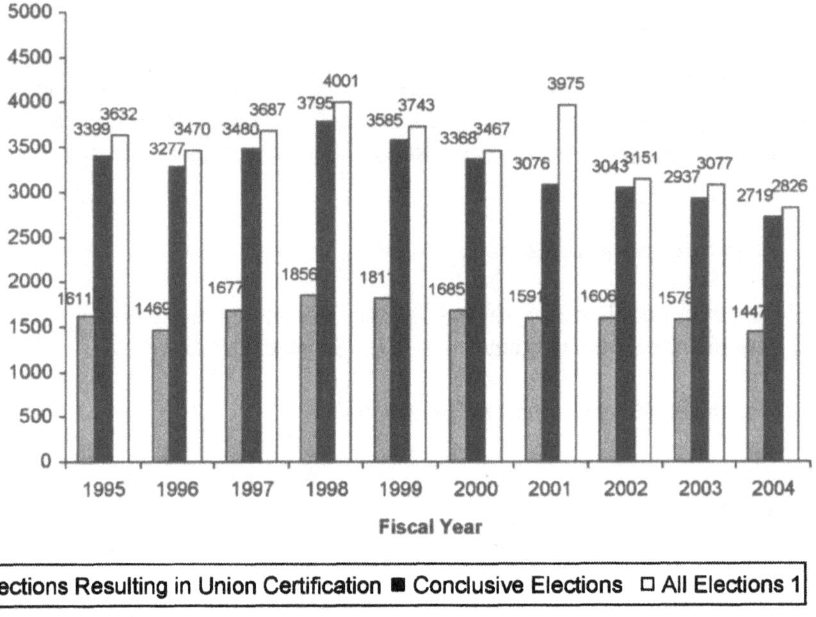

Abbildung 5: Ergebnisse von Zertifizierungsverfahren 1995-2004[72]

Die Schwierigkeit, eine Wahl zu gewinnen, hängt mit verschiedenen Faktoren zusammen. Zum einen ist die Anerkennung der Gewerkschaft im Betrieb an zahlreiche behördliche Verfahrensschritte[73] geknüpft, sofern der Arbeitgeber die Gewerkschaft nicht freiwillig als Repräsentantin anerkennt. Der damit verbundene Zeitaufwand wird von den Arbeitgebern in der Regel genutzt, um mit aufwendigen Kampagnen die gewerkschaftlichen Organisationsbemühungen zu konterkarieren. Berater, die Arbeitgebern bei gewerkschaftsfeindlichen Kampagnen zur Seite stehen, sind unter dem Begriff „union busters" bekannt. Es handelt sich um Unternehmensberater, deren Spezialität die Einschüchterung von gewerkschaftlich tätigen Arbeitnehmern ist. Bei Tagessätzen von 1.000 bis 1.500 $ pro Bera-

72 Sixty-Ninth Annual Report of the NLRB, 17.
73 Siehe Abschnitt B. II. 1. a. dieser Arbeit.

ter[74] lassen sich Unternehmen den „Krieg“[75] gegen die Gewerkschaften schnell einmal mehrere hunderttausend Dollar kosten. Der Erfolg des „union busting“ spiegelt sich in dem unterschiedlichen Repräsentationsgrad von öffentlichem Dienst (37,2 %), wo „union busting“ quasi nicht existiert,[76] und Privatsektor (8,2 %) wider.

Bei der Bekämpfung des „collective spirit“ unter den Arbeitnehmern[77] gehen die Arbeitgeber auch über die Grenzen des rechtlich Zulässigen hinaus. Es werden Lügen über Gewerkschaften verbreitet und Druck auf die einzelnen Arbeitnehmer ausgeübt, nicht für die Gewerkschaft abzustimmen. *Ken Margolies*, Lehrer an der School of Industrial and Labor Relations an der Cornell University, beschreibt die Situation wie folgt:

> *„They [management] call in people they think they can scare. They say for example 'Ken: You are going to vote against the union tomorrow. If you do not, we will fire you. And of course we will deny we said this. The way we are going to know what you did is we are going to tell you how to put your X in the box. Your X has to go outside the box. If we do not see an X like that we will know you did not do it and we will fire you.' Then they will tell a different worker 'You have to fill in the No-box. And if we do not see a box filled in we will fire you.' If you can prove that you can get a new election. But people are too afraid to tell it, because of the threat to get fired."*[78]

Eine häufig angewandte Strategie ist es auch, Vorarbeiter mit psychologischen Tricks auf die Seite des Managements zu ziehen, in der Hoffnung, dass diese eine antigewerkschaftliche Stimmung unter ihren Kollegen verbreiten.[79] In der amerikanischen Literatur findet sich deshalb sogar der Vorschlag, dem Ein-

---

74 Siehe *Levitt,* Confessions of a Union Buster, 5.

75 Sehr gut illustriert werden die Schwierigkeiten gewerkschaftlicher Organisationsbemühungen und die Thematik des „union busting“ in dem amerikanischen Film „Bread & Roses“ (2000).

76 *Kate Bronfenbrenner*, 3 U. Pa. J. Lab. & Emp. L. 385, erörtert statistische Daten, nach denen sich im öffentlichen Dienst ein Viertel der Arbeitgeber der Wahl einer Gewerkschaft im Betrieb nicht entgegenstellen und nur 8 % sich aggressiver Antigewerkschaftskampagnen bedienen.

77 *Levitt,* Confessions of a Union Buster, 2: „The enemy was the collective spirit.“ Vgl. auch *Summers,* 66 Chi.-Kent. L. Rev. 531, 533.

78 Gespräch mit der Verfasserin dieser Arbeit am 18. Mai 2005.

79 *Levitt* beschreibt die Strategie eines „union busters“ aus eigener Erfahrung: „The entire campaign will be run through your foremen. [..] I will make the foremen feel they have post doctorate degrees in labor relations. [..] Once they see it my may, the foremen will gladly join the war.“ Confessions of a Union Buster, 10. Ebsenso *Penney,* Workers Against Unions, 92.

satz von Vorgesetzten während des Wahlverfahrens gesetzlich einen Riegel vorzuschieben.[80]

Jeder achte Arbeitnehmer, der trotz Einschüchterungsversuchen für eine Gewerkschaft stimmt, wird aus diesem Grund vom Arbeitgeber entlassen.[81] Solche Kündigungen werden dadurch erleichtert, dass sich der Arbeitgeber selbst dann, wenn die Nichtwiedereinstellung gewerkschaftliche Rechte des Arbeitnehmers in besonderer Weise verletzt, dennoch darauf berufen kann, dass er seine Entscheidung auch getroffen hätte, wenn der Arbeitnehmer in anderer Weise abgestimmt hätte.[82] Die Tragweite der antigewerkschaftlichen Maßnahmen der Arbeitgeber wird durch das nachfolgende Schaubild auf Seite 41 deutlich.

Auch auf legalem Weg ist es nicht allzu schwer, Arbeitnehmer zu demotivieren und zu überzeugen, eine einmal gewählte Gewerkschaft wieder abzuwählen. *Ken Margolies*[83] berichtete zum Beispiel von einem Unternehmen, das zehn Fabriken in den USA besaß. In Tennessee wurde eine Gewerkschaft als Vertreterin der Arbeitnehmer gewählt. Der Arbeitgeber stimmte zu, die Pensionen der Arbeitnehmer um 10 % zu erhöhen. In allen anderen Fabriken erhöhte er sie um 15 %. Das ist zulässig, weil die Gewerkschaft nicht für die Arbeitnehmer in den anderen 9 Fabriken verhandelt.[84] Nur knapp 30 % der Arbeitgeber versuchen mit weniger als fünf verschiedenen Taktiken, die Arbeitnehmer von der Wahl einer Gewerkschaft abzuhalten.[85]

Darüber hinaus ermöglicht das Prinzip der Vertretung aller Arbeitnehmer eines „bargaining units" durch eine Gewerkschaft den Arbeitgebern, durch erfolgreiches Ausspielen mehrerer Arbeitnehmergruppen, den Betrieb gewerkschaftsfrei zu halten. Dies ist immer möglich, wenn die Interessen der Arbeitnehmer einer Verhandlungseinheit unterschiedlich sind, denn ein Tarifvertrag gilt für alle Arbeitnehmer der Verhandlungseinheit, unabhängig davon, ob sie der Gewerkschaft angehören. Die mehrheitliche Wahl der Gewerkschaft durch die Arbeitnehmer wird durch die Förderung unterschiedlicher Meinungen unter den Arbeitnehmern verhindert.

---

80 *Joyce*, 135 U. Pa. L. Rev. 453, 454.

81 *Summers*, 8 Comp. Lab. L. 333, 336, 337 (1987); *Bronfenbrenner/Hickey*, Rebuilding Labor, 38.

82 *Mt. Healthy City Board of Education v. Doyle*, 429 U.S. 274 (1977).

83 Lehrer an der School of Industrial and Labor Relations an der Cornell University, im Gespräch mit der Verfasserin dieser Arbeit am 18. Mai 2005.

84 Ähnliche Strategien beschreibt *Bronfenbrenner/Hickey*, Rebuilding Labor, 38.

85 Ebd.

Employer Interference by the Numbers	
Employers that illegally fired least one worker for union activity during organizing campaigns:	25 percent
Employers that hire consultants to help them fight union organizing drives:	75 percent
Employers that force employees to attend one-on-one anti-union meetings with managers:	78 percent
Employers that force employees to attend mandatory anti-union presentations:	92 percent
Employers that threaten to call the Immigration and Naturalization Service during organizing drives that include undocumented employees:	52 percent
Companies that threaten to close the plant if the union wins the election:	51 percent
Companies that actually close their plants after a successful union election:	1 percent
Union elections workers win when the employer does not threaten to close:	51 percent
Union elections workers win when the employer does threaten to close or move:	38 percent
Workers in 1998 who won cases proving they had been illegally discriminated against for engaging in legally protected union activity:	24,000
Nonunion workers who say they want to join a union:	42 million
Share of U.S. workers who belong to unions:	13.5 percent
Share of U.S. workers who would be in unions if workers could choose freely:	44 percent

Sources: U.S. Trade Deficit Review Commission; Uneasy Terrain, The Impact of Capital Mobility on Workers, Wages and Union Organizing, by Kate Bronfenbrenner, September 6 2000; Unfair Advantage: Workers' Freedom of Association in the United States Under International Human Rights Standards, Human Rights Watch, 2000; What Workers Want, Richard B. Froeman and Joel Rogers, ILB Press; „A Proposal to American Labor" Richard Freeman and Joel Rogers, The Nation, June 24, 2002.

Abbildung 6: Methoden der Einflussnahme der Arbeitgeber auf Zertifizierungswahlen[86]

Für das Ziel der Arbeitgeber, die Arbeitnehmer gegen die Wahl einer Gewerkschaft einzunehmen, arbeitet auch die kulturelle Identität, die in den Vereinigten Staaten auf der Idee des Individualismus gründet. Eigenverantwortung und Freiheit werden hoch geschätzt. Diese Ideale vertragen sich nicht mit dem Gedanken der kollektiven Repräsentation durch eine Gewerkschaft.[87] *Clyde Summers*[88] fasst dies mit den Worten

86 http://www.aflcio.org/joinaunion/how/upload/employerinterference.pdf, aufgerufen am 12.11.2005.

87 Ebenso *Tigges*, Schwindende Macht, FAZ v. 26.7.2005, 11.

88 Jefferson B. Fordham Professor of Law, Emeritus, University of Pennsylvania Law School, Philadelphia, im Gespräch mit der Verfasserin dieser Arbeit am 23. Mai 2005. Ebsenso *Risa Lieberwitz*, Associate Professor & Chair of the Department of Collective Bargaining, Labor Law and Labor History, School of Industrial and Labor

„In America no one has responsibility for someone else"

zusammen. Unterstützer der Gewerkschaften werden zuweilen als „schäbige Außenseiter",[89] „Kommunisten"[90], „Labor Bosses"[91] beschimpft. Gewerkschaften haben deshalb nicht nur gegen den Widerstand der Arbeitgeber, sondern auch gegen den Widerstand der Arbeitnehmer anzukämpfen. *Stephen Rechner*, Präsident der Gewerkschaft UCATS, Local 3882, (New York City), verweist zudem darauf, dass sich viele Arbeitnehmer nicht mit der Arbeiterklasse identifizieren, selbst wenn sie in absoluter Armut leben. Es bestehe ein starker Glaube an die Möglichkeit sozialen Aufstiegs und die Neigung der Arbeitnehmer, ihren sozialen Status nicht anzuerkennen.

„People always identify with wealthy people in this country."[92]

Risa Lieberwitz[93] sieht Anzeichen für diese Tendenz in der amerikanischen Rechtsterminologie: Die Abwehr gegen den Gedanken des kollektiven Zusammenschlusses zeige sich in der Differenzierung zwischen „Labor Law" und „Employment Law". Beide werden in den USA als unterschiedliche Themen betrachtet, für die es – anders als in Deutschland mit dem „Arbeitsrecht" – keinen übergreifenden Begriff gibt.

Ein weiterer Erklärungsansatz für die Abwehr von Organisationsbemühungen ist die Annahme, der Fokus auf die Arbeiterklasse sei durch die Figur des „Konsumenten" ersetzt worden – eine Entwicklung, die in einer stetigen Abnahme der Rechte der Arbeitnehmer resultiere:

Relations, Cornell University, Ithaca: „Most people do not see the ideological background of collectivism."

89 *Levitt*, Confessions of a Union Buster 1, 11.

90 *Waldmann*, 19 Conn. J. Int'l L. 689, 701 (2004).

91 Ebd.

92 Gespräch mit der Verfasserin dieser Arbeit am 17. Mai 2005: „I used to live in this tenement up on 95 street. The place was horrible, it was my first apartment in NY City, I was making the minimum wage, the city was flat on his back in the 1970ies, it was not the land of 3000 apartments. It was a horrible place with bugs and no bathrooms, but it was cheap. And there were these elderly people who lived in the building and they were dressed in rags. And I got friendly with several of them. And I suddenly asked them 'Do you consider yourself middleclass?' And they said 'Yes.' And to my way of thinking they were living in absolute poverty. And yet these people living in poverty to my way of thinking, they thought they were middle class and they would go to the poles and vote that way. This is why people do not want to accept the idea of being represented by a union."

93 *Risa Lieberwitz*, Associate Professor & Chair of the Department of Collective Bargaining, Labor Law, and Labor History. Dept. of Collective Bargaining, Cornell University, im Gespräch mit der Verfasserin dieser Arbeit am 25. Mai 2005.

„The freedom to choose, to obtain credit, to shop at all hours on any and every day, to have virtually anything delivered directly to one's door, with little waiting, and to generally be granted what appears to non-Americans as an absurd and unnecessary degree of 'convenience' with respect to all phases of retail trade [leads to] a steady inflation of the social rights granted to the consumer."[94]

Im Ergebnis fehlt es an einer übergreifenden Tendenz unter den Arbeitnehmern, sich gewerkschaftlich zu organisieren.

Schließlich behindern sich die unterschiedlichen Gewerkschaften in dem Wettbewerb um die Mehrheit der Stimmen zum Teil selbst.[95] Nach Durchführung einer Wahl kann eine erneute Wahl für die konkrete Verhandlungseinheit oder einen Teil davon erst nach Ablauf eines Jahres durchgeführt werden (29 U.S.C. § 159 (c) (3) NLRA). Für den Fall, dass die Arbeitnehmer sich gegen eine Repräsentation entschieden haben, hat der Arbeitgeber also ein Jahr „Schonfrist" vor Organisationsbestrebungen und Tarifverhandlungen.

Häufig konzentrieren sich die Gewerkschaften im „Kampf" gegen die Arbeitgeber auch zu sehr darauf, Politiker finanziell zu unterstützen, von denen sie sich Hilfe erhoffen, anstatt das Geld und die Kraft in Pro-Organisierungskampagnen anzulegen.[96] *Stephen Rechner*[97] beschreibt dies wie folgt:

„We were going to try to fight management in congress by lobbying, by making contributions to political candidates that were friendly to us. And what we have not yet learned is that we do not have the money to outstand corporate America. Whatever we are going to spend, they are going to spend twice as much. Personally I think one of the reasons why we are in decline is that we spend so many of our recourses trying to fight back congress from corporate America when we should have spent that money organizing workers into unions."[98]

Damit gibt es eine Vielzahl von Faktoren, die es den Arbeitgebern in den Vereinigten Staaten ermöglichen, die mehrheitliche Wahl einer Gewerkschaft durch die Arbeitnehmer einer Verhandlungseinheit zu verhindern. Die 50 %-Hürde eröffnet die Möglichkeit, komplett zu verhindern, dass eine Beziehung mit

94 *Fantasia/Voss*, Hard Work, 27.

95 Dies ist immer weniger der Fall bei Gewerkschaften, die in der gemeinsamen Dachorganisation „American Federation of Labor – Congress of Industrial Organization" (IFL-CIO) organisiert sind. Die IFL-CIO hat in den 1980er-Jahren Regelungen aufgestellt, die anderen Gewerkschaften eine Intervention verbieten, sobald eine Gewerkschaft in einem Betrieb eine Organisationskampagne gestartet hat.

96 Vgl. hierzu *Tigges*, Schwindende Macht, FAZ v. 26.7.2005, 11; ebenso *Arthur Cheliotes*, Präsident der Gewerkschaft Communications Workers of America, im Gespräch mit der Verfasserin dieser Arbeit am 18. Mai 2005.

97 Präsident der Gewerkschaft UCATS, Local 3882 (New York City),

98 Im Gespräch mit der Verfasserin dieser Arbeit am 17. Mai 2005.

der Gewerkschaft entsteht, die dieser das Recht gibt, Forderungen zu stellen und sie durch Arbeitskampf oder sonstige Druckmittel zu unterstreichen. Hat es eine Gewerkschaft geschafft, das Zertifizierungsverfahren zu gewinnen, so greifen Arbeitgeber häufig zum Mittel der Betriebsverlegung, um sich der Vertretung der Arbeitnehmer durch die Gewerkschaft wieder zu entledigen. *Harry Katz*[99] hat einen der wenigen Fälle beschrieben, in dem dies aus tatsächlichen Gründen nicht möglich war:

> *„In Las Vegas the unions organized the hotel workers at these big casinos. There are like 75000 organized workers there and 25 years ago it was almost zero. It is a private sector, but those are very big casinos. And they are stuck there; they cannot take the casinos to Arizona or China. So there are certain circumstances which make them similar between typical private and public non profit employers. The success of the union has been aided by these economic circumstances that they are stuck and that they are part of very big bureaucratic organizations that are very concerned about stability."*

Werbung für die Gewerkschaften und Organisationsbemühungen haben in den Vereinigten Staaten also eine noch essenziellere Bedeutung als in Deutschland, weil die Gewerkschaften ohne eine Stimmenmehrheit in der Verhandlungseinheit nicht einmal für ihre Mitglieder die Möglichkeit haben, Arbeitsbedingungen auszuhandeln. Sofern im folgenden Ergebnisse bezüglich der Einschränkung der unternehmerischen Entscheidungsfreiheit in den USA festgestellt werden, gelten diese nur für die Betriebe, in denen eine Gewerkschaft vertreten ist.

b. Deutsche Betriebsräte und amerikanische Gewerkschaften

Eine ähnliche tarifrechtliche Situation wie in den Vereinigten Staaten liegt im Hinblick auf die Begründung der Kollektivpartnerschaft im deutschen Betriebsverfassungsgesetz vor. Ein Betriebsrat muss von einer Mehrheit der Arbeitnehmer gewählt werden, um die Vertretungsaufgabe wahrnehmen zu können (§§ 1, 7, 14 BetrVG). Allerdings ist die Hürde wesentlich niedriger als für die Gewerkschaften in den USA. Die Bestellung des Wahlvorstandes für die Betriebsratswahl setzt nur eine Mehrheit der in der Betriebsversammlung nach § 17 Abs. 2 BetrVG anwesenden Arbeitnehmer voraus. Auch in einem 500-Mann-Betrieb können also theoretisch 6 von 10 anwesenden Arbeitnehmern einen Wahlvorstand für den Betriebsrat bestellen.

Zudem gehen die Arbeitgeber in Deutschland nicht in der amerikanischen Radikalität gegen die Gründung von Betriebsräten vor. Zwar gibt es Einzelfälle,

99 *Harry Katz,* Dean der School of Industrial and Labor Relations, Cornell University, Ithaca, im Gespräch mit Der Verfasserin dieser Arbeit am 25. Mai 2005.

in denen die Wahl durch gezielte Beeinflussung vonseiten der Arbeitgeber konterkariert wird. So hat laut *Ver.di* die Hamburger Drogeriekette *Budnikowsky* Druck auf die Arbeitnehmer ausgeübt, von der Wahl eines Betriebsrats abzusehen.[100] 21 Kollegen trafen sich zu einer Info-Veranstaltung von *Ver.di*. Der Geschäftsführer reagierte mit der Ankündigung, dass ein Betriebsrat ca. 30 bis 35 Arbeitsplätze koste, weil jährlich ca. 1.000.000,00 Euro für die bezahlte Freistellung von Betriebsratsmitgliedern, für Schulungen, Raumkosten, Sachkosten, Reisekosten, arbeitszeitliche Mehrbelastung von Nichtbetriebsratsmitgliedern etc. eingespart werden müssten. Zudem würde das Unternehmen die Flexibilität verlieren, schnell auf Situationen im Markt reagieren zu können. Die so informierten Beschäftigten sprachen sich gegen die Gründung eines Betriebsrats aus. Ebenso habe *Lidl* wiederholt die Betriebsratswahl verhindert, indem auch noch am letzten Tag vor der Versammlung von der Geschäftsleitung darauf hingewirkt wurde, dass niemand von den Beschäftigten erscheinen solle.[101] Seit Bekanntmachung der Betriebsratswahl habe der Verkaufsleiter in der Filiale Tag für Tag darauf hingewirkt, dass die Beschäftigten ihre Meinung in Sachen Betriebsratswahl änderten. Zu nennen sind auch die spektakulären Versuche der Verhinderung des Betriebsrats bei SAP: Lange hatte sich das Management von SAP gegen Bestrebungen zur Gründung eines Betriebsrats gewehrt. Man sah die SAP-Kultur durch einen von außen bestimmten Betriebsrat gefährdet.[102] Auch die SAP-Mitarbeiter lehnten die Wahl eines Betriebsrats mit einer Mehrheit von über 90 % ab. Bevor drei Mitarbeiter mit Unterstützung der IG-Metall die Betriebsratsgründung per Gericht erzwingen konnten, ging der SAP-Vorstand im März 2006 in die Offensive, um seinerseits die Gründung eines Betriebsrats einzuleiten.

Trotzdem gibt es in Deutschland noch keinen der amerikanischen Vorgehensweise ähnlichen Trend zur systematischen Umgehung der betrieblichen Mitbestimmung. So führen Wissenschaftler am Institut der deutschen Wirtschaft aus:

> *„Die Unternehmen sind bestrebt, ab einer gewissen Firmengröße kollektive Lösungen zu finden. Betriebsräte und Firmenleitungen haben schließlich ein gemeinsames Interesse – beide wollen, dass der Laden läuft."*[103]

---

100 *Geisler/Mester*, Ver.di: Chefs nutzen Jobangst aus, Abendblatt.de, Ausgabe vom 15. Juli 2005, aufgerufen am 1.10.2005.

101 So *Dagmar Rüdenburg* von Ver.di München, siehe www.labournet.de/branchen/dienstleistung/eh/lidlmfire.pdf, aufgerufen am 12.11.2005. Bericht vom 15. Juli 2005 (15.9.2005).

102 Vgl. Handelsblatt vom 24.01.2006, http://www.handelsblatt.com/pshb/fn/relhbi/sfn/buildhbi/cn/GoArt!200012,201197,1022947/SH/0/depot/0/, aufgerufen am 16.6. 2006.

103 *Geisler/Mester*, Ver.di: Chefs nutzen Jobangst aus, Abendblatt.de, Ausgabe vom 15. Juli 2005, aufgerufen am 1.10.2005.

In einer 2000 veröffentlichten Studie des Handelsblatts gaben 90 % der befragten Manager aus Unternehmen mit über 5000 Beschäftigten an, dass sich die Arbeitnehmermitbestimmung in Deutschland bewährt habe.[104]

Durch umfangreiche kündigungsschutzrechtliche Vorschriften in § 15 Abs. 1-3a KSchG und § 103 BetrVG sind die Initiatoren der Gründung eines Betriebsrats sowie der Betriebsrat selber im Vergleich zu amerikanischen Arbeitnehmern auch besser geschützt.

c. Arbeitnehmervertreter im Aufsichtsrat und amerikanische Gewerkschaften

Im Unterschied zu den anderen Institutionen der Arbeitnehmervertretung, sowohl in Deutschland als auch in den USA, basiert die Vertretung der Arbeitnehmer auf Unternehmensebene nicht auf der freien Entscheidung der Arbeitnehmer. Keine Seite – weder die Arbeitgeber noch die Arbeitnehmer – hat die Möglichkeit, auf die Existenz der Mitbestimmung Einfluss zu nehmen, weil die Arbeitnehmervertretung im Aufsichtsrat bei Vorliegen der Voraussetzungen per Gesetz angeordnet wird. Es handelt sich bei den Mitbestimmungsgesetzen um zwingendes Recht, das auch nicht durch Tarifvertrag abbedungen oder geändert werden kann.[105]

2. Repräsentierter Arbeitnehmerkreis

Ein wesentlicher Unterschied zwischen dem amerikanischen und dem deutschen Tarifsystem wird durch die Bindung der Arbeitnehmer an die Tarifverträge begründet, also den durch Gewerkschaften repräsentierten Personenkreis. Während ein Tarifvertrag in den USA für alle Arbeitnehmer in einer Verhandlungseinheit gilt, unabhängig von ihrer gewerkschaftlichen Mitgliedschaft, werden in Deutschland nur die Gewerkschaftsmitglieder an den Vertrag gebunden. Die Bedeutung der allgemeinverbindlichen Tarifverträge ist gering, wie weiter oben[106] aufgezeigt wurde.

Dieser Unterschied wird jedoch dadurch überkompensiert, dass Tarifverträge in Deutschland in der Praxis meist unterschiedslos auch auf Nichtorganisierte angewendet werden und dass nach der Organisationszugehörigkeit gar nicht gefragt wird. Die Differenz zwischen dem Organisationsgrad und der Tarifbindung

---

104 Handelsblatt Nr. 223 vom 22.10.2000, 3.

105 *Hromadka/Maschmann*, § 15 II. 5., Rn. 23.

106 Siehe Kapitel B.I.1.b. dieser Arbeit.

macht dies deutlich: 22 % der Arbeitnehmer sind Mitglied einer Gewerkschaft, für ca. 61 % gilt ein Flächentarifvertrag.[107]

Einer der wichtigsten Gründe für die standardisierten Verweisungen auf den aktuell geltenden Tarifvertrag in Arbeitsverträgen ist der Wunsch der Arbeitgeber, einen Anstieg der Gewerkschaftsmitgliederzahlen zu verhindern.

In der Praxis kommt dem Tarifvertrag in Deutschland damit eine Leitfunktion auch im Verhältnis zu Außenseitern zu,[108] die weit über die Bedeutung der amerikanischen Tarifverträge hinausgeht. Denn durch das vorherrschende Industrieverbandsprinzip wird vom Geltungsbereich eines Tarifvertrags stets der ganze Betrieb erfasst. Wendet der Arbeitgeber den Tarifvertrag auf alle Arbeitnehmer an, die dem Geltungsbereich des Tarifvertrags unterfallen, also potenziell vom Tarifvertrag erfasst werden, so sind die tariflichen Regelungen auf weit mehr Arbeitnehmer anwendbar, als es bei den amerikanischen „bargaining units" der Fall ist. Durch diese etablierte, wenn auch nicht gesetzlich vorgesehene Anwendung der Tarifnormen auf einen Großteil der Beschäftigten werden deutsche Arbeitgeber in quantitativ größerem Ausmaß durch Tarifnormen gebunden als amerikanische Arbeitgeber.

Die Vertretung deutscher Arbeitnehmer durch den Betriebsrat ähnelt der amerikanischen Vertretung durch eine Gewerkschaft insofern, als alle Arbeitnehmer des Betriebs unterschiedslos, d.h. unabhängig davon, ob sie für den Betriebsrat gestimmt haben oder nicht, durch diesen repräsentiert werden. Die Vertretung der Arbeitnehmer auf Unternehmensebene geht zahlenmäßig weit über die Vertretung der Arbeitnehmer einer Verhandlungseinheit in den USA hinaus, weil alle Arbeitnehmer einer Gesellschaft (bzw. eines Konzerns) vertreten werden.

3. Vielfalt der Tariflandschaft

Die Tariflandschaft in den USA weist im Vergleich zu Deutschland eine größere Vielfalt auf.

Das ergibt sich aus der dortigen punktuellen Verhandlung der Gewerkschaften im Hinblick auf einzelne Verhandlungseinheiten, der in Deutschland Verhandlungen für ganze Industriezweige gegenüberstehen. Denn die Begrenzung der Vertretungsmacht der Gewerkschaften auf ein „bargaining unit", gekoppelt mit der großen Bedeutung der Facharbeitergewerkschaften in den USA, führt da-

107 *Waldmann*, 19 Conn. J. Int'l L. 689, 704 (2004), drückt hierüber ihre Verwunderung aus: „Shockingly, almost 70 % of all employees in Germany are covered by collective bargaining agreements. This leads to a standardization of wages throughout entire industries and regions."

108 Siehe *Lieb*, Arbeitsrecht, § 6, Rn. 512, 166.

zu, dass viele Gewerkschaften eine Vielzahl von Tarifverträgen mit einem Arbeitgeber für die im Unternehmen vertretenen Berufsgruppen abschließen können.[109] Maßgeblich ist, wie viele „bargaining units“ im Betrieb durch das National Labor Relations Board definiert werden. Auf Betriebsebene können mehrere „bargaining units“ bestehen, die jeweils durch eine andere Gewerkschaft vertreten werden. So sind in der Regel die „production workers“ in einer anderen Gewerkschaft als die Büroarbeiter, die in der „Office and Professional Employees Union“ (OPEIU) organisiert sind, die Türsteher sind in der „Service Employees International Union“ (SEIU), Dienstmädchen, Köche und andere Essensbedienstete in der „Hotel Employees and Restaurant Employees Union“ (HERE) organisiert. Obgleich die Frage „One union, one contract, one company“ innerhalb der amerikanischen Gewerkschaftsbewegung seit Längerem diskutiert wird und drei der führenden Arbeitnehmerorganisationen im Streit über eine Strategie zur Überwindung der Krise der Gewerkschaften aus dem Dachverband der AFL-CIO[110] ausgetreten sind, haben sich die Befürworter dieses Grundsatzes nicht durchsetzen können.

Demgegenüber sind deutsche Arbeitgeber häufig mit einer Gewerkschaft und einem Tarifvertrag pro Betrieb konfrontiert. Denn das Bundesarbeitsgericht löst sowohl Fälle von Tarifkonkurrenz als auch von Tarifpluralität nach dem Grundsatz der Tarifeinheit. Dieser besagt, dass für das einzelne Arbeitsverhältnis immer nur die Bestimmungen eines Tarifvertrages derselben Partei gelten dürfen und dass im Betrieb die Tarifanwendung einheitlich erfolgen muss.[111] Auf Konzern- oder Unternehmensebene können auch in Deutschland mehrere Tarifverträge mit unterschiedlichen Gewerkschaften zur Anwendung kommen. So sind im Deutsche-Bahn-Konzern insgesamt acht Gewerkschaften vertreten. Wie bereits erwähnt, ist der deutsche Arbeitgeber nur mit einem Betriebsrat konfrontiert, der alle Arbeitnehmer des Betriebs vertritt.

Weiterhin werden durch das Prinzip des Flächentarifs nicht nur einzelne Betriebe, sondern ganze Industrien von einem Tarifvertrag erfasst.

In den Branchen, in denen die Gewerkschaften in den USA stark sind, resultiert hieraus für den amerikanischen im Vergleich zum deutschen Arbeitgeber ein größerer organisatorischer Aufwand, weil er mit mehreren Gewerkschaften und

---

109 Eine ausführliche und kritische Würdigung dieses Umstands im Vergleich mit Europa findet sich bei *Fantasia/Voss*, Hard Work, 23, 24.

110 Das Bündnis ist vor fünfzig Jahren aus dem Zusammenschluss der American Federation of Labor (AFL) und des Congress of Industrial Organizations (CIO) hervorgegangen.

111 BAG v. 14. 6. 1989, AP Nr. 16 zu § 4 TVG Tarifkonkurrenz; v. 5. 9. 1990, AP Nr. 19 zu § 4 TVG Tarifkonkurrenz; v. 20. 3. 1991, AP Nr. 20 zu § 4 TVG Tarifkonkurrenz.

mehreren Tarifverträgen konfrontiert ist. Er kann dadurch in verschiedenen Niederlassungen mit verschiedenen Anstellungsbedingungen konfrontiert sein, was nicht nur die Verwaltung erschwert, sondern auch das Potenzial für Missstimmung und Unzufriedenheit der Arbeitnehmer über die Unterschiede in Leistungen und Nebenleistungen erhöht.[112]

Weiterhin resultiert eine größere Vielfalt der amerikanischen Tariflandschaft aus dem Erfordernis der 50-%-Hürde, die es den Arbeitgebern erleichtert, Gewerkschaften entgegenzuarbeiten. In den Bereichen, in denen der Organisationsgrad gering ist, ist die Wahrscheinlichkeit, dass Arbeitnehmer eine Gewerkschaft als Repräsentantin wählen, gering. Wird sie nicht gewählt, gibt es keinen Tarifvertrag. Insofern gewinnt in den USA der niedrige Organisationsgrad der Arbeitnehmer eine noch größere Bedeutung als in Deutschland. Selbst wenn der Organisationsgrad hoch ist, kann es dem Arbeitgeber in einzelnen Betrieben gelingen, durch geschickte Manipulation der Arbeitnehmer eine Wahl der Gewerkschaft zu verhindern. Die Folge sind breite gewerkschaftsfreie Landstriche. Das Institut der Allgemeinverbindlicherklärung existiert im amerikanischen Arbeitsrecht nicht. Demgegenüber ist es in Deutschland nicht erforderlich, dass sich Arbeitnehmer für das Aktivwerden der Gewerkschaft aussprechen, und es ist üblich, dass Tarifverträge in der ganzen Branche angewandt werden, unabhängig davon, ob der einzelne Arbeitnehmer organisiert ist.

Die Vielfalt der amerikanischen Tariflandschaft resultiert weiterhin in stärker voneinander abweichenden Arbeitsbedingungen in den USA im Vergleich zu Deutschland. Dabei sind die Unterschiede des Arbeitsschutzes zwischen den gewerkschaftlich repräsentierten Gebieten und den nicht gewerkschaftlich repräsentierten Gebieten größer als in Deutschland. Denn während in Deutschland viele Arbeitsbedingungen gesetzlich garantiert sind, ist ein solcher gesetzlicher Mindestschutz in den Vereinigten Staaten nicht vorhanden. Angefangen von einem fehlenden staatlichen Gesundheitssystem über das Fehlen der gesetzlich vorgesehenen Lohnfortzahlung im Krankheitsfall bis zum nicht gesetzlich garantierten Urlaubsgeld sind die amerikanischen Arbeitnehmer durch den Gesetzgeber wesentlich schlechter geschützt. Die Garantie all dieser für uns selbstverständlichen Regelungen hängt allein von der Verhandlungsmacht der Gewerkschaften ab.

Für die Vereinigten Staaten von Amerika kann daher keine generelle Aussage über die Einschränkung der unternehmerischen Entscheidungsfreiheit getroffen werden. Die im Rahmen dieser Arbeit gefundenen Ergebnisse im Hinblick auf die rechtlichen Instrumentarien gelten für die Bereiche, in denen eine Gewerkschaft Arbeitnehmer repräsentiert.

---

112 Siehe zum ganzen *Gould*, Einführung in das Arbeitsrecht der USA, 50.

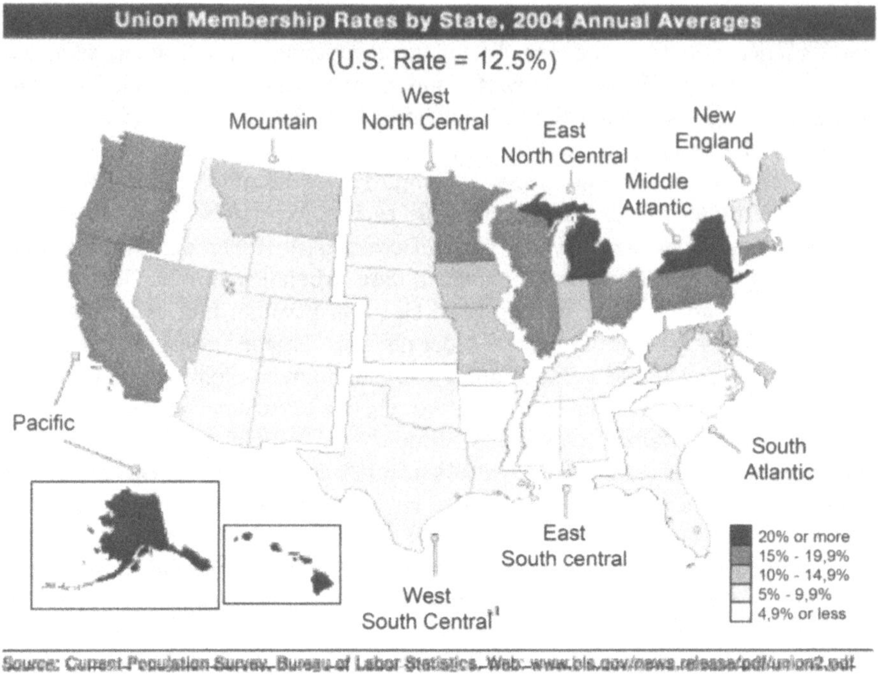

Abbildung 7: Organisationsgrad US-amerikanischer Gewerkschaften nach Staaten[113]

113 Veröffentlicht: www.infoplease.com/ipa/A0882960.html, aufgerufen am 12.11. 2005.

C. „Ob“ der Beteiligung an Unternehmensentscheidungen

Die Reichweite der Arbeitnehmerbeteiligung an Unternehmensentscheidungen, also die Frage, ob und bei welchen Themen die Arbeitnehmervertreter beteiligt werden, steht im Mittelpunkt der vorliegenden Arbeit. Denn erst wenn geklärt ist, für welche Bereiche die Institutionen der Arbeitnehmervertretung nach dem Willen des jeweiligen Gesetzgebers verantwortlich sind, *ob* sie überhaupt – wie auch immer – Einfluss nehmen dürfen, schließen sich die weitergehenden Themen der Verhandlungsmodalitäten, der Ausübung von Druck, des Rechtsschutzes – also die Frage, *wie* sie beteiligt werden – an.

I. Deutschland

In Deutschland ist die Frage des „Ob“ der Beteiligung für die Institutionen Gewerkschaften, Betriebsräte und Aufsichtsrat getrennt zu untersuchen.

1. Gewerkschaften

Das Institut der Tarifautonomie hat in Deutschland einen sehr hohen Rang. Sie ist grundgesetzlich durch Art. 9 Abs. 3 GG abgesichert. Einigkeit zwischen Arbeitgeber- und Arbeitnehmerseite über ihre Reichweite besteht häufig in den Bereichen, in denen es um die Regelung arbeitsrechtlicher Folgewirkungen von unternehmerischen Entscheidungen geht – hier wird die tarifliche Regelungsbefugnis überwiegend bejaht – oder wenn es um wirtschaftliche Entscheidungen geht, die keinen Bezug zu den Arbeitsverhältnissen aufweisen, wie zum Beispiel bei der Ausgestaltung eines Produkts oder der Bestimmung des Produktpreises – hier wird die tarifliche Regelungsbefugnis verneint.

Meinungsverschiedenheiten bestehen bei den Fragestellungen, die beide Seiten gleichermaßen betreffen. Das ist häufig der Fall, weil in der Wirtschaftspraxis die unternehmerischen Planungs- und Sachentscheidungen in der Regel Auswirkungen auf die Personalplanung des Unternehmens haben und weil umgekehrt das Unternehmen Personalkosten als wesentlichen Faktor in die Planung und in die Gestaltung seiner Organisation und seines Arbeitsablaufs einbeziehen muss.

In dieser „Grauzone“[114] unternehmerischer Entscheidungen werden immer wieder Überlegungen zu einer Ausdehnung des tarifpolitischen Themenspektrums in Richtung auf unternehmerische Entscheidungen angestellt, insbesondere auf Investitions- und Standortentscheidungen, Personalpolitik sowie Technikentwicklung und -einsatz, wenn ein Zusammenhang zwischen diesen Entscheidungen und den Arbeitsbedingungen nicht ausgeschlossen werden kann.[115] Es ist problematisch, erst dann die Zuständigkeit der Tarifparteien zu bejahen, wenn sich unmittelbare Auswirkungen auf die Rechtsposition der Arbeitnehmer abzeichnen, weil sie dann möglicherweise als „unumstößliches Datum“[116] akzeptiert werden müssen. Andererseits kann gegen eine Festlegung unternehmerischer Sachentscheidungen sprechen, dass Unternehmen im Rahmen ihrer marktwirtschaftlichen Konkurrenzbedingungen gezwungen sein können, ihre Pläne rasch den Änderungen der Marktdaten anzupassen.

In der Lösung des Konflikts sind sich sowohl Rechtsprechung[117] als auch die überwiegenden Stimmen in der Literatur[118] in der Hinsicht einig, dass den betroffenen Unternehmen ein Spielraum verbleiben muss, um sich als Unternehmer wirtschaftlich frei zu entfalten. Höchst unklar ist jedoch die Frage, welche Ausmaße dieser Spielraum annehmen darf und soll.

a. Rechtlicher Rahmen und Grundlagen

Die Bestimmung des gesetzlichen Rahmens, innerhalb dessen sich die Antworten eingrenzen, wird der Analyse der Ausdehnung des unternehmerischen Autonomiebereichs vorangestellt.

---

114 So beschreibt sie *Wiedemann*, RdA 1986, 231, 238.

115 *Janßen/Lang*, Arbeit 2000, 195, 217; *Hoss*, Runder Tisch für die Umwelt, Die Zeit 1990, 28.

116 *Weyand*, AuR 1991, 65, 70.

117 Wie das Bundesverfassungsgericht mehrfach ausgesprochen hat, ist ein „angemessener Spielraum zur Entfaltung der Unternehmerinitiative unantastbar“, vgl. BVerfG v. 14.10.1970, E 29, 260, 267.

118 Nur eine von gewerkschaftsnahen Autoren vertretene Mindermeinung will die Tarifautonomie generell auf die Gestaltung der unternehmerischen Entscheidungen ausdehnen, bis hin zur Zwangsausübung gegen das Unternehmen, damit es eine Produktion wieder aufnimmt, vgl. *Däubler*, Grundrecht auf Mitbestimmung, 328 ff.; *Hensche*, AuR 2004, 443, 448: „Keinesfalls lässt sich ihm [dem Koalitionsauftrag, Anm. der Verfasserin] eine wie auch immer bestimmte Zone vereinbarungsfreier, also „autonomer“ Unternehmenspolitik entnehmen.“ „Das Bild getrennter Sphären – hier strategische Planung, da operative Umsetzung – mag die unterschiedliche Ausgestaltung von Mitbestimmungsrechten begründen und illustrieren, in der unternehmerischen Realität ist es ein Mythos.“ Siehe auch *Wohlgemuth*, Staatseingriff und Arbeitskampf, 70.

aa. Schutz der Unternehmerrechte: Artt. 12, 14 GG

Die Unternehmerfreiheit ist durch die Verfassung geschützt. Obgleich sie in Art. 12 GG nicht ausdrücklich erwähnt wird und das Bundesverfassungsgericht sie im Mitbestimmungsurteil[119] im Zusammenhang mit Art. 12 GG nicht explizit nennt, sondern in einem späteren Kammerbeschluss nur von der „unternehmerischen Betätigung" und der „unternehmerischen Entscheidungsfreiheit" spricht,[120] ist allgemein anerkannt, dass bestimmte Aspekte unternehmerischer Entscheidungsfreiheit nicht der Privatautonomie nach Art. 2 Abs. 1 GG zuzuordnen sind, sondern den Schutz des Art. 12 Abs. 1 GG genießen.[121] Ein angemessener Spielraum zur Entfaltung der Unternehmerfreiheit im Sinne freier Gründung und Führung von Unternehmen ist unantastbar.[122]

Grundsätzlich erfasst werden von der Unternehmerfreiheit nicht nur kleine und mittlere, sondern auch Großunternehmen. Da bei Letzteren der personale Grundzug des Grundrechts weit gehend verloren geht, ist der Schutz des Art. 12 GG jedoch erheblich abgeschwächt.[123]

Ergänzt wird der verfassungsrechtliche Schutz der arbeitgeberischen Leitungs- und Dispositionsbefugnis durch die Eigentumsgarantie (Art. 14 Abs. 1 GG). Beide Grundrechte sind funktionell aufeinander bezogen.[7] Art. 14 GG umfasst das Eigentum der Unternehmensträger am Unternehmen (eingerichteter und ausgeübter Gewerbebetrieb) unabhängig davon, ob dieser Unternehmensträger eine natürliche Person, eine Personengesellschaft oder eine Kapitalgesellschaft ist. Art. 14 GG schützt zum einen die Substanz des Eigentums und zum anderen die unternehmerische Verfügungs- und Leitungsmacht.[124] Die Reichweite des Schutzes durch die Eigentumsgarantie ergibt sich aus der Bestimmung von Inhalt und Schranken des Eigentums. Das Bundesverfassungsgericht hat in dem Mitbestimmungsurteil deutlich gemacht, dass die Befugnis des Gesetzgebers zur Inhalts- und Schrankenbestimmung umso weiter geht, je mehr das Eigentumsobjekt in einem sozialen Bezug und in einer sozialen Funktion steht.[125] Das grundsätzli-

---

119 BVerfG v. 1.3.1979, E 50, 290, 363.
120 BVerfG v. 18.12.1985, NJW 1986, 1601.
121 BAG v. 3.4.1990, E 64, 284, 286; *Hanau/Thüsing*, ZTR 2001, 1.
122 BVerfG v. 14.10.1970, E 29, 260, 267; v. 1.3.1979, E 50, 290, 366; LAG Hamm v. 31.05.2000, NZA-RR 2000, 536.
123 BVerfG v. 1.3.1979, E 50, 290, 363.
124 BVerfG v. 1.3.1979, E 50, 290, 341, 352.
125 BVerfG v. 1.3.1979, E 50, 290, 340: Maßgeblich hierfür sei der in Art. 14 Abs. 2 GG Ausdruck findende Gesichtspunkt, dass Nutzung und Verfügung in diesem Fall nicht ausschließlich innerhalb der Sphäre des Eigentümers blieben, sondern Belage anderer Rechtsgenossen berührten.

che Gebot einer am Gemeinwohl orientierten Nutzung umfasst auch die Rücksichtnahme auf den Nichteigentümer, also auf den Arbeitnehmer.

Der Schutz der Berufsfreiheit und der Eigentumsgarantie überschneiden sich grundsätzlich nicht.[126] Art. 14 GG erstreckt sich nur auf den konkreten Bestand an Rechten und Gütern, betrifft aber nicht die unternehmerische Betätigung zu einer bestimmten Zeit.[127] Ist die Freiheit der individuellen Erwerbs- und Leistungsfähigkeit betroffen, so ist der Schutzbereich des Art. 12 GG berührt. Wird die Innehabung und Verwendung vorhandener Vermögensgüter betroffen, kommt der Schutz des Art. 14 GG in Betracht.[128] In der Regel kommt Art. 14 GG als Prüfungsmaßstab neben Art. 12 GG nicht in Betracht, weil in der Zukunft liegende Chancen und Verdienstmöglichkeiten für das Unternehmen zwar von erheblicher Bedeutung sind, jedoch nicht dem geschützten Bestand des Unternehmens i.S.d. Art. 14 GG zuzuordnen sind.[129]

bb. Schutz der gewerkschaftlichen Rechte: Art. 9 Abs. 3 GG

Die in Art. 9 Abs. 3 GG verbürgte Koalitionsfreiheit ist als Gegengrundrecht der organisierten Arbeitnehmerschaft zum arbeitgeberischen Grundrecht aus Artt. 12, 14 GG konzipiert. Neben den Einzelnen (individuelle Koalitionsfreiheit) sind Grundrechtsträger des Art. 9 Abs. 3 GG auch die Koalitionen selbst (kollektive Koalitionsfreiheit). Geschützt wird im Rahmen Letzterer zum einen der Bestand der Koalitionen, d.h. diejenigen Tätigkeiten, die auf die Sicherung des Mitgliederbestandes bzw. den Ausbau abzielen, zum anderen die Betätigung, die das Grundgesetz mit den Worten „Wahrung und Förderung der Arbeits- und Wirtschaftsbedingungen“ beschreibt.[130] Die dogmatische Ableitung dieser Verfassungsgarantie soll im weiteren Verlauf nicht vertieft, sondern als herrschende Doktrin zugrunde gelegt werden.

Konfliktpotenzial im Hinblick auf eine Kollision mit der Unternehmerfreiheit birgt insbesondere die Betätigungsgarantie. Sie umfasst das Recht, die Arbeits-

---

126 Es gibt Grenzfälle, in denen der Schutzbereich beider Grundrechte betroffen sein kann, wenn eine in erster Linie berufsregelnde Maßnahme wegen ihrer Schwere in die Substanz eines Gewerbebetriebes eingreift und erdrosselnde Wirkung hat, Maunz/Dürig/Herzog-*Papier*, Artikel 14, Rn. 208.

127 BVerfG v. 18.12.1985, AP BetrVG 1972 § 87 Arbeitszeit Nr. 15, II 2 der Gründe.

128 BVerfG v. 16.3.1971, E 30, 292, 334 f. Art. 14 GG schützt das Erworbene, d. h. das Ergebnis der Betätigung, wohingegen Art. 12 GG den Erwerb, d. h. die Betätigung selbst, schützt, BAG v. 21.6.2000, NZA 2001, 271.

129 Das Bundesarbeitsgericht hat bisher zur Verletzung des Arbeitgebergrundrechts aus Art. 14 Abs. 1 GG nur einmal Stellung genommen, BAG v. 5.12.1958, AP Nr. 1 zu § 4 TVG Ausgleichskasse (ablehnend).

130 BVerfG v. 26.5.1971, E 28, 295, 304.

und Wirtschaftsbedingungen durch freie Vereinbarungen zwischen Arbeitnehmervereinigungen und Arbeitgebern zu regeln, was seit dem Beschluss des Ersten Senats vom 6. Mai 1964[131] mit dem Begriff der „Tarifautonomie“ umschrieben wird.[132]

Als Komplementärgrundrecht zur Tarifautonomie wird weiterhin die so genannte Koalitionsmittelgarantie[133] garantiert, d.h. die Freiheit der Wahl der Mittel, welche die Koalitionen für die Erreichung eines Tarifvertrages für erforderlich halten. Dies gilt insbesondere für Arbeitskampfmaßnahmen,[134] wodurch die Gewerkschaften in die Lage versetzt werden, den Arbeitgeber durch Produktions- und Ertragseinbußen sowie den Verlust von Marktanteilen unter wirtschaftlichen Druck zu setzen.

Bei der Konkretisierung dessen, was im Einzelnen geschützt ist, greift das Bundesverfassungsgericht auf unterschiedliche Ansätze zurück. Wiederholt hat es ausgeführt, die Verfassung garantiere die Tätigkeit der Koalitionen nicht schrankenlos, sondern nur in einem Kernbereich.[135] Dieser umfasse diejenigen Betätigungen, die zur Erreichung des in Art. 9 Abs. 3 Satz 1 GG genannten Zwecks unabdingbar sind (so genannte Unerlässlichkeitsformel)[136] bzw. den Bereich, der nicht zum Schutz von Rechten Dritter Schranken gezogen sind (Abwägungsformel)[137]. Die Kernbereichslehre hat das Bundesverfassungsgericht 1991 aufgegeben.[138] Der Grundrechtsschutz soll sich stattdessen auf alle Verhaltensweisen erstrecken, die koalitionsspezifisch und für den Schutz kollidierender

---

131 BVerfG v. 11.6.1958, E 8, 18, 28.

132 BVerfG v. 18.11.1954, E 4, 96, 106; v. 11.6.1958, E 8, 18, 26; v. 30.11.1965, E 19, 303, 313; v. 19.10.1966, E 20, 312, 319 f.; v. 26.5.1970, E 28, 295, 204; v. 1.3.1979, E 50, 290, 367; Art. 9 Abs. 3 GG enthält damit eine so genannte Einrichtungsgarantie zu Gunsten eines Tarifvertragssystems, *Lieb*, Arbeitsrecht, § 5, Rn. 442.

133 BVerfG v. 26.6.1991, EzA Art. 9 GG Arbeitskampf Nr. 97.

134 BAG v. 12.9.1984, AP Nr. 81 zu Art. 9 GG Arbeitskampf, Ls. 2; BAG v. 10.9.1985, AP Nr. 86 zu Art. 9 GG Arbeitskampf; v. 27.6.1989, AP Nr. 113 zu Art. 9 GG Arbeitskampf.

135 BVerfG v. 17.2.1981, E 57, 220, 245; v. 1.3.1979, E 50, 290, 368.

136 BVerfG v. 14.4.1964, E 17, 319, 333; v. 26.5.1970, E 28, 295, 304; v. 18.12.1974, E 38, 281, 305.

137 BVerfG v. 30.11.1965, E 19, 303, 322; v. 26.5.1970, E 28, 295, 306; v. 1.3.1979, E 50, 290, 368.

138 BVerfG v. 26. Juni 1991, E 84, 212 ff.: Indes will der 1. Senat des BVerfG dies nicht so verstanden wissen, als sei er von der früheren Rechtsprechung des BVerfG abgerückt. Es werde nur eine Klarstellung vorgenommen, die durch die Missverständnisse, zu denen die früheren Entscheidungen geführt hatten, veranlasst wurde, BVerfG v. 14.11.1995, E 93, 352, 360.

Rechte der Arbeitnehmer erforderlich sind.[139] Der Kernbereich bezeichnet lediglich die Grenze, bis zu welcher der Gesetzgeber tarifliche Regelungen beeinflussen oder untersagen kann.[140] Das Grundrecht räumt den geschützten Personen und Vereinigungen nicht einen inhaltlich unbegrenzbaren Handlungsspielraum ein, sondern es ist Sache des Gesetzgebers, die Tragweite der Koalitionsfreiheit dadurch zu bestimmen, dass er die Befugnisse der Koalitionen im Einzelnen ausgestaltet und näher regelt.[141] Ein solches, die Tarifautonomie des Art. 9 Abs. 3 Satz 1 GG konkretisierendes Gesetz ist das Tarifvertragsgesetz.

Das Grundrecht des Art. 9 Abs. 3 GG enthält keinen Gesetzesvorbehalt. Eine Berücksichtigung der unternehmerischen Freiheit gemäß Artt. 12, 14 GG erfolgt deshalb im Rahmen der grundrechtsimmanenten Schranken des Art. 9 Abs. 3 GG.[142]

cc. Ausgleich der Rechtspositionen

Die Antwort auf die Frage, wie die beiden Grundrechte im Konfliktfall zum Ausgleich gebracht werden, wird an dem Merkmal der „tariflichen Regelbarkeit" aufgehängt.

(1) Aufhänger: „Tarifliche Regelbarkeit"

Dass die Abgrenzung zwischen den Bereichen der unternehmerischen Entscheidungsfreiheit und den gewerkschaftlichen Rechten auf die Bestimmung dessen hinausläuft, was Gegenstand einer Tarifregelung sein kann,[143] nicht jedoch auf die Frage der Reichweite der Arbeitskampffreiheit, mag zunächst Erstaunen hervorrufen. Denn nur bei einem Verbandstarifvertrag können einzelne Arbeitgeber bereits durch die Reichweite der tariflichen Regelbarkeit und nicht erst durch einen Arbeitskampf in grundrechtlich geschützten Bereichen beschränkt werden, weil die Tarifpolitik des Verbandes die Interessen einzelner Mitglieder zu Lasten

---

139 BVerfG v. 26.6.1991, E 84, 212, 229.

140 So auch BAG v. 3.4.1990, E 64, 284.

141 Ebd.; BAG v. 27.6.1989, E 62, 171 ff.

142 Nach den allgemeinen Grundsätzen der verfassungsimmanenten Schranken können Grundrechte und andere Rechtsgüter, die mit Verfassungsrang ausgestattet sind, Art. 9 Abs. 3 GG nach den Grundsätzen der praktischen Konkordanz einschränken.

143 BAG GS v. 28.1.1955, AP Nr. 1 zu Art. 9 GG Arbeitskampf; *Säcker*, Arbeitsrecht der Gegenwart, Bd. 12, 17, 55; *Seiter*, Streikrecht und Aussperrungsrecht, 482 m.w.N.

einer anderen Gruppe von Mitgliedern unberücksichtigt lässt.[144] Beim Abschluss eines Firmentarifvertrags hingegen kann jegliche vereinbarte Regelung als Ausdruck des arbeitgeberseitigen Rechts der Grundrechtsausübung durch Grundrechtsverzicht[145] angesehen werden, solange der Arbeitgeber nicht durch einen Arbeitskampf unter wirtschaftlichen Druck gesetzt wird.[146] Demgegenüber kann man bei einem Verbandstarifvertrag bei für den Arbeitgeber nachteiligen Regelungen nicht ohne Weiteres von einem zulässigen Grundrechtsverzicht ausgehen.

Die überwiegende Ansicht ist dennoch überzeugt, dass auch bei Firmentarifverträgen die Erörterung der unternehmerischen Entscheidungsfreiheit nicht anhand der Bestimmung des Bereichs der Arbeitskampffreiheit, sondern anhand der Bestimmung der tariflichen Regelbarkeit erfolgt. Es wird angenommen, dass alles, was Gegenstand einer Tarifregelung sein kann, gegenüber einer tariffähigen Partei auch mittels eines Arbeitskampfes erzwingbar sein muss. Die Bereiche der tariflichen Regelbarkeit und der Arbeitskampffreiheit werden also sowohl bei Verbands- als auch bei Firmentarifverträgen als identisch angesehen.[147]

Dieser Ansicht wird entgegengehalten, bei Firmentarifverträgen sei eine sinnvolle Weiterentwicklung und Entfaltung des Instituts Tarifvertrag nur möglich, wenn nicht zwischen erkämpfbaren und freiwilligen Tarifregelungen unterschieden würde. Es könnte andernfalls ermöglicht werden, Beschränkungen der Unternehmerfreiheit, für die der Arbeitskampf nicht freigegeben sei, auf der tariflichen Ebene zu verhandeln. Gegenstände aus dem Bereich der Arbeits- und Wirtschaftsbedingungen, die der Entscheidung des Unternehmers vorbehalten seien, müssten nicht notwendig tariflicher Regelbarkeit entzogen werden. Nach dieser Ansicht sind bei Firmentarifverträgen die erkämpfbaren Fragestellungen von den

---

144 Die Unternehmerfreiheit kleinerer Gruppen von Mitgliedern kann beschnitten werden, damit ein anderes Ziel, das anderen Mitgliedern mehr nützt, realisiert werden kann. So zu Recht auch *Hanau/Thüsing*, ZTR 2001, 52.

145 *Stern*, Staatsrecht III/2, § 86 II 4: Weil die Grundrechte ihrem Träger zur Ausübung nach seinem eigenen Ermessen zugeordnet sind, berechtigen sie ihn grundsätzlich auch dazu, sie nicht auszuüben und sich ihrer zu entäußern. In welchem Umfang ein Grundrechtsverzicht eine Grundrechtsbeeinträchtigung ausschließt, variiert von Grundrecht zu Grundrecht. Bei den Grundrechten des Art. 12 GG und Art. 14 GG schließt eine ausreichend und freiwillig abgegebene Einwilligung die Grundrechtsbeeinträchtigung regelmäßig aus. Als Grenze der Veräußerlichkeit ist anerkannt, dass der Verzicht nicht erzwungen sein darf.

146 *Buchner*, DB 2001, Beil. Nr. 9, 1, 7.

147 Seit dem Beschluss des Großen Senats des BAG v. 28.1.1955, AP Nr. 1 zu Art. 9 GG Arbeitskampf, wird von einer gegenseitigen Bezogenheit von Tarifautonomie und Arbeitskampf ausgegangen; siehe BVerfG v. 1.3.1979, E 50, 290; 371, v. 26.6.1991, E 84, 212, 225; v. 2.3.1993, E 88, 103, 114; ebenso *Säcker*, Arbeitsrecht der Gegenwart, Bd. 12, 17, 55; *Seiter*, Streikrecht und Aussperrungsrecht, 482 m.w.N.

tariflich regelbaren Fragestellungen verschieden. Die Reichweite der unternehmerischen Entscheidungsfreiheit hängt nach dieser Ansicht bei Firmentarifverträgen nicht von der tariflichen Regelbarkeit, sondern von der Reichweite des Rechts zum Arbeitskampf ab.

Im Rahmen der vorliegenden Untersuchung muss der Streit über eine mögliche Differenzierung zwischen Verbands- und Firmentarifverträgen nicht entschieden werden. Denn ob außerhalb der erkämpfbaren Regelungen auch freiwillig tarifliche Absprachen vereinbart werden können, ist keine Frage der Einschränkung der unternehmerischen Entscheidungsfreiheit durch Gewerkschaften. Entsprechend der überwiegenden Ansicht wird deshalb die Reichweite der unternehmerischen Entscheidungsfreiheit im Rahmen der tariflichen Regelbarkeit erörtert.

(2) Dogmatik des Ausgleichs

In dogmatischer Hinsicht ist ein Ausgleich zwischen den Bereichen der unternehmerischen Entscheidungsfreiheit und der Tarifautonomie auf verschiedene Weise möglich. Da die grundrechtlich geschützte Freiheit der Unternehmensautonomie in den Bestimmungen der Art. 12 Abs. 1 Satz 2 und Art. 14 Abs. 1 Satz 2 und Absatz 2 GG ihre Schranken findet, läuft eine Bestimmung der Weite der Unternehmerfreiheit auf die Frage hinaus, inwieweit die auf die Beschränkung der unternehmerischen Entscheidungen ausgerichteten Tarifverträge durch diese Schrankenziehung legitimiert sind.

Zum einen kann ein Ausgleich der Rechtspositionen auf einer unmittelbaren Grundrechtsbindung der Tarifvertragsnormen fußen.[148] Nach dieser Ansicht gilt

148 Eine verbreitete Meinung in der Literatur, u. a. *Biedenkopf*, Grenzen der Tarifautonomie, 72 f.; *Gamillscheg*, Grundrechte, 103 f.; *Wiedemann/Stumpf*, TVG, Einl., Rn. 57, und eine langjährige Rechtsprechung (zuerst BAG v. 15.1.1955, AP Nr. 4 zu Art. 3 GG, dann ständige Rechtsprechung, zuletzt BAG v. 13.11.1985, AP Nr. 136 zu Art. 3 GG. Seit 1964 wird diese nicht mehr begründet, wie *Wertenbruch* festgestellt hat, Anm. zu BAG v. 15.1.1964, AP Nr. 87 zu Art. 3 GG) gehen von einer unmittelbaren Bindung der Tarifverträge an die Grundrechte aus. Tarifverträge seien Gesetze im materiellen Sinn, weil sie für die Tarifgebundenen auf der Grundlage der §§ 1 Abs. 1, 4 Abs. 1 TVG Rechtsnormen für ihre Mitglieder setzen. So im Anschluss an BAG v. 15.1.1955, AP Nr. 4 zu Art. 3 GG; *Biedenkopf*, Tarifautonomie, 72, 73; *Galperin*, FS für Erich Molitor, 143, 157; *Gamillscheg*, Grundrechte, 103; *Hinz*, Tarifhoheit, 158; *Hueck-Nipperdey*, Arbeitsrecht, II 1, § 19 II, 373; *Wiedemann/Stumpf*, Einl., Rn., 57., *Rieble*, ZTR 1993, 54, 59. Zum Teil wird dies mit dem Gedanken verbunden, dass es sich bei der Rechtsetzungsmacht des Tarifvertrages um eine Delegation staatlicher Rechtsetzungsmacht handelt, die folglich ebenfalls grundrechtlich gebunden sein müsse, nemo plus iuris: *Küchenhoff*, FS für Nipperdey, Bd. II, 317, 340. Ein anderer Ansatz stellt auf die Tatsache ab, dass Tarif-

für die Tarifvertragsparteien Art. 1 Abs. 3 GG, d.h. es besteht eine direkte Bindung der Tarifparteien an Art. 12 Abs. 1 GG.[149] Dieser unmittelbaren Grundrechtsbindung wird entgegengehalten, dass der Abschluss eines Tarifvertrags keine staatliche Rechtsetzung sei. Lese man Art. 1 Abs. 3 GG im Zusammenhang mit Art. 1 Abs. 1 GG, wonach der Schutz der Menschenwürde Verpflichtung aller staatlichen Gewalt ist, so könne eine unmittelbare Grundrechtsbindung der Tarifparteien nicht in Betracht kommen.[150] Die normative Wirkung rechtfertige nicht, Tarifregeln als Rechtsquelle der staatlichen Rechtsetzung gleichzusetzen.[151] Zudem habe der Staat nicht eigene Rechtsetzungsmacht delegiert, sondern Entfaltungsraum für private Rechtsregeln belassen und eröffnet.[152] Eine Bindung der Tarifparteien an die unternehmerische Freiheit besteht nach dieser Ansicht entsprechend den Grundsätzen der mittelbaren Grundrechtsbindung.[153] Der objektive Rechtsgehalt der Grundrechte entfaltet sich über die einfachen Gesetze, insbesondere durch verfassungskonforme Auslegung der Vorschriften des

---

parteien wie der staatliche Gesetzgeber in die Rechtspositionen der Tarifunterworfenen eingreifen und damit über diese Rechtsmacht ausüben können. Mit den Tarifparteien stehe dem Bürger damit eine dem Staat vergleichbare Macht gegenüber, vor der er in vergleichbarer Weise geschützt werden, *Reuter*, ZfA 1978, 1, 35.

149 In der Rechtsprechung ließ der 4. Senat erstmals in einer Entscheidung des Bundesarbeitsgerichts im Jahre 1999 ausdrücklich offen, ob die Tarifvertragsparteien an die Grundrechte gebunden sind: BAG v. 5.10.1999, ZTR 2000, 272; ebenso BAG v. 30.8.2000, AuR 2000, 382.

150 *Dürig*, *Maunz/Dürig/Herzog*, Art. 1 Abs. 3 GG, Rn. 101; *Dieterich*, Grundrechtsbindung von Tarifverträgen, FS für Günter Schaub, 120 f.; *Zöllner/Loritz*, Arbeitsrecht, § 7 III; eine Spielart der Lehre von der „mittelbaren Grundrechtsbindung", der sich der 7. Senat des BAG jüngst angeschlossen hat, ist die Annahme, die Grundrechte enthielten nicht nur gegen den Staat gerichtete Abwehrrechte, sondern auch das Gebot, sich schützend vor den Bürger zu stellen, wenn Dritte in ihre Rechte und Rechtspositionen eingreifen – „Schutzgebotsfunktion der Grundrechte": BAG v. 25.8.1998, AP Nr. 11 zu § 1 TVG Tarifverträge: Luftfahrt.

151 *Käppler*, NZA 1991, 745, 749; Kempen/Zachert-*Kempen*, Grundlagen, Rn. 123; MünchArbR-*Richardi*, § 10, Rn. 26.

152 *Käppler*, Tarifvertragliche Regelungsmacht, NZA 1991, 745, 749.

153 Wurde diese seitens des Bundesverfassungsgerichts ursprünglich mit dem Wort „Ausstrahlungswirkung" umschrieben, BVerfG v. 15.1.1958, E 7, 198 (Lüth), hat es mittlerweile deutlicher gemacht, wie es sich diese Ausstrahlung der Grundrechte in das Zivilrecht vorstellt. Es geht davon aus, dass die Grundrechte neben der Abwehrfunktion gegenüber staatlicher Gewalt auch eine Schutzfunktion haben. Aus dieser erwächst eine Schutzpflicht zugunsten derjenigen Grundrechtsträger, deren Freiheiten nicht durch hoheitliche Eingriffe, sondern durch andere Grundrechtsträger bedroht sind. BVerfG v. 7.2.199, E 81, 242, 256; so auch *Dieterich*, FS für Günter Schaub, 117, 124; MünchArbR-*Richardi*, § 10, Rn. 32; *Singer*, ZfA 1995, 611, 626; *Käppler*, NZA 1991, 745, 748.

§ 1 Abs. 1 und § 4 Abs. 2 TVG durch den Einfluss der Grundrechte auf das Arbeitskampfrecht.[154]

Der Streit um mittelbare oder unmittelbare Grundrechtsbindung darf nicht überbewertet werden. Nach allgemeiner Ansicht in Rechtsprechung und Literatur[155] ist Grundlage und Ausgangspunkt für die Bestimmung der Reichweite der tariflichen Mitbestimmungskompetenz der in Art. 9 Abs. 3 GG geschützte Koalitionszweck. Der Zuständigkeitsbereich der Koalitionen für die „Wahrung und Förderung der Arbeits- und Wirtschaftsbedingungen" steckt also stets als äußerste Grenze der Tarifautonomie den grundrechtlich geschützten Umfang tariflicher Regelungsmöglichkeiten ab und ist somit Ausgangspunkt der Zulässigkeitsprüfung gewerkschaftlicher Aktivität.

Nach beiden Ansichten ist zudem die verfassungsrechtliche (Artt. 9, 12, 14 GG) und die einfachgesetzliche Ebene zu prüfen, denn unabhängig von der Frage mittelbarer oder unmittelbarer Grundrechtsbindung ist anerkannt, dass die Reichweite tariflicher Regelbarkeit weiterhin in den Vorschriften des Tarifvertragsgesetzes durch den Gesetzgeber einfachgesetzlich geregelt worden ist.[156] Unterschiedlich ist lediglich die logische Reihenfolge der Prüfung der geschützten unternehmerischen Entscheidungsfreiheit. Sofern die Tarifparteien innerhalb ihres allgemeinen verfassungsrechtlichen Herrschaftsbereichs (Arbeits- und Wirtschaftsbedingungen) Regelungen für die tarifunterworfenen Arbeitnehmer und Arbeitgeber treffen, ist bei unmittelbarer Grundrechtsbindung die Unternehmensautonomie des Arbeitgebers gemäß Artt. 12, 14 GG direkt als Grundrecht im Bereich der Arbeits- und Wirtschaftsbedingungen (Art. 9 Abs. 3 GG) von den Tarifvertragsparteien zu respektieren, während bei mittelbarer Grundrechtsbindung die Vorschriften des Tarifvertragsgesetzes im Licht der konfligierenden, den Arbeitgeber schützenden verfassungsrechtlichen Vorschriften der Art. 9 Abs. 3 GG und Art. 12 Abs. 1 GG auszulegen sind. Bei sachbezogener Vorge-

---

154 *Müller*, Berufsfreiheit, 237 ff.; MünchArbR-*Richardi*, § 10, Rn. 22 ff.; *Wiedemann*, Bindung der Tarifnormen an Grundrechte, 29 ff.; *Schwarze*, ZTR 1996, 1 ff.

155 Siehe *Scholz*, Koalitionsfreiheit, 43 ff.; *Rüthers*, Tarifmacht, 14; *Kempen/Zachert*, TVG, Einleitung, Rn. 86, 89: so genannte „Innenschranke" der Tarifautonomie; *Loritz*, Tarifautonomie, 64; *Weyand*, Tarifvertragliche Mitbestimmung, 70; *Säcker/Oetker*, Tarifautonomie, 35 mit weiteren zahlreichen Nachweisen.

156 Statt vieler *Säcker/Oetker*, Tarifautonomie, 34 m.w.N. Zu einem anderen Ergebnis gelangen nur diejenigen Ansichten, welche die tarifvertragliche Regelungsbefugnis als Ausübung einer verfassungsunmittelbaren Autonomie bewerten (so genannte Integrationstheorie), das Begriffspaar der Arbeits- und Wirtschaftsbedingungen also als einzige sachlich-gegenständliche Schrankenbestimmung ansehen. Gleichwohl ignorieren auch die Repräsentanten dieser Theorie nicht völlig die durch § 1 Abs. 1 TVG bestehenden Bindungen für die Tarifvertragsparteien, so *Däubler*, Grundrecht auf Mitbestimmung, 193.

hensweise sollte die Unterscheidung zwischen mittelbarer und unmittelbarer Grundrechtsbindung keine Unterschiede in der praktischen Rechtsanwendung hervorbringen.

(3) Arbeits- und Wirtschaftsbedingungen i.S.d. Art. 9 Abs. 3 GG

Lange Zeit hat sich das Bundesarbeitsgericht nur mit den grundrechtlichen Grenzen des Tarifvertrags[157] oder zum Teil nur mit den einfachgesetzlichen Grenzen auseinander gesetzt, nicht jedoch mit der sich aus dem Begriffspaar der „Arbeits- und Wirtschaftsbedingungen" ergebenden Regelungsbefugnis. Es legte zum Beispiel dar, dass Regelungen, die durch das Tarifvertragsgesetz gedeckt sind, auch nach Art. 9 Abs. 3 GG zulässig seien und könnten folglich nicht unzulässig in die Berufsfreiheit des Arbeitgebers eingreifen können.[158] Es definierte also den Schutzbereich des Art. 9 Abs. 3 GG einfachgesetzlich nach Maßgabe des Tarifvertragsgesetzes.[159] Erst die Entscheidung vom 3. April 1990,[160] bei der es um die Frage ging, ob die Festsetzung der Personalbemessung[161] eine tariflich regelbare Angelegenheit ist, machte eine Auseinandersetzung mit dem Regelungsbereich der Tarifparteien für das Bundesarbeitsgericht unumgänglich, weil die vorgetragenen Einwände der Klägerin sich in erster Linie gegen die tarifvertragliche Normsetzungskompetenz richteten.

---

157 So in BAG v. 13.6.1983, AP Nr. 1 zu § 1 TVG Tarifverträge: Druckindustrie.

158 So in BAG v.14.10.1997, AP Nr. 155 zu § 1 TVG Tarifverträge: Metallindustrie, und in BAG v. 26.4.1990, AP Nr. 57 zu Art. 9 GG.

159 Mit dem verfassungsmäßigen Verhältnis zwischen Grundrechten und einfachem Recht ist dies nicht vereinbar. Aus Art. 1 Abs. 3 GG ergibt sich eine klare Normenhierarchie der Rechtsquellen im Verhältnis der Grundrechte zu einfachem Recht. Das Tarifvertragsgesetz kann deshalb ebenso wenig zur Schutzbereichsbestimmung des Art. 9 Abs. 3 GG beitragen wie sonstiges einfaches Recht. Ebenso wie das Bundesarbeitsgericht geht auch das Landesarbeitsgericht Hamm (v. 31.5.2000, NZA-RR 2000, 535, 536) davon aus, dass sich der Umfang der Regelungsbefugnis der Tarifparteien sich aus dem Tarifvertragsgesetz ergebe.

160 BAG v. 3.4.1990, AP Nr. 56 zu Art. 9 GG.

161 Personalbemessung ist das Verfahren, das der Ermittlung und Festlegung der Zahl der Arbeitsposten dient, die erforderlich sind, um bestimmte Aufgaben unter Beachtung der dienstlichen bzw. betrieblichen Erfordernisse und der gerechten und gleichmäßigen Belastung der Arbeitskräfte zu erfüllen, *Dohmen*, Die Dienstanweisung für die Personalbemessung bei den Ämtern der Deutschen Bundespost, Jahrbuch des Postwesens, 1972, 174. Ausgehend von den tatsächlichen Gegebenheiten, insbesondere in Bezug auf den zu bewältigenden Arbeitsanfall, wird der zur Erfüllung dieser Aufgaben notwendige Personalbedarf ermittelt. Synonyme in der freien Wirtschaft sind „Personalbedarfsermittlung" oder „Personalbedarfsfeststellung".

Die Gerichte führen das Begriffspaar der Arbeits- und Wirtschaftsbedingungen auf den Begriff des „Arbeitslebens“ als Bindeglied zwischen beiden zurück. Das Begriffspaar der Arbeits- und Wirtschaftsbedingungen bezeichne einen unteilbaren Sinn- und Lebenszusammenhang, weil die „Arbeits-“ und die „Wirtschaftsbedingungen“ nicht als eigenständige Elemente in den Verfassungstext aufgenommen wurden, sondern beide Begriffe durch den gemeinsamen Wortbestandteil „Bedingungen“ miteinander verknüpft wurden.[162]

---

162 So auch *Säcker/Oetker*, Tarifautonomie, 51: Ist das Begriffspaar der Arbeits- und Wirtschaftsbedingungen grammatikalisch als eine sprachliche Einheit zu bewerten, scheidet eine Regelung allgemeiner wirtschaftsrechtlicher Angelegenheiten, die keinen Bezug zu den Arbeitsbedingungen aufweisen, aus dem Schutzbereich der durch das Begriffspaar festgelegten Schutzbereichs der Koalitionsfreiheit aus. Ebenso *Scholz*, ZfA 1990, 377, 395. Damit wird durch die Rechtsprechung nicht die von *Weber*, Koalitionsfreiheit und Tarifautonomie als Verfassungsproblem, 22; *Forsthoff*, BB 1965, 381, 385 und *Zöllner* (Zöllner/Loritz,Arbeitsrecht, 100) favorisierte Auslegung vertreten, nach der die Begriffe der Arbeits- und Wirtschaftsbedingungen nur zwei Seiten einer Medaille und nicht Begriffe mit selbstständiger Bedeutung sind. Dieser Versuch, die Regelungskompetenz der Tarifparteien auf das Arbeitsverhältnis, also auf die Sachmaterien der Lohn- und Arbeitsbedingungen zu beschränken, wurde schon frühzeitig ausdrücklich durch das Bundesverfassungsgericht zurückgewiesen, weil er mit der Entstehungsgeschichte des Art. 9 Abs. 3 GG nicht vereinbar ist, BVerfG v. 30.11.1965, E 19, 303, 319. Die Auslegung würde eine Interpretation des Art. 9 Abs. 3 GG im Sinne der vormals in § 152 GewO enthaltenen Regelung bedeuten („Alle Verbote und Strafbestimmungen gegen Gewerbetreibende, gewerbliche Gehilfen, Gesellen oder Fabrikarbeiter wegen Verabredungen und Vereinigungen zum Behufe der Erlangung günstiger Lohn- und Arbeitsbedingungen, insbesondere mittels Einstellung der Arbeit oder Entlastung der Arbeiter, werden aufgehoben“) und ließe die mit der zu Art. 9 Abs. 3 GG grammatikalisch identischen Bestimmung des Art. 159 WRV bereits in grammatikalischer Hinsicht bewirkte thematische Erweiterung der Koalitionsfreiheit auf die Wirtschaftsbedingungen außer Acht. So statt vieler *Krüger*, Verhandlungen 46. DJT, 22. Mit der Erweiterung auf die Wirtschaftsbedingungen wollte der Gesetzgeber vielmehr gewährleisten, dass eine Anknüpfung an das konkrete Arbeitsverhältnis für die tarifliche Regelbarkeit nicht mehr erforderlich war. Es entsprach bereits zu Art. 159 WRV der einhelligen Ansicht, dass mit dem Begriffspaar der Arbeits- und Wirtschaftsbedingungen eine sachlich gegenständliche Erweiterung gegenüber den vormals in § 152 GewO normierten Lohn- und Arbeitsbedingungen verbunden war, statt vieler *Nipperdey*, Reichsverfassung, 383, 397 f. Da sich aus den Verhandlungen des Parlamentarischen Rats keine Anhaltspunkte für die Interpretation der Arbeits- und Wirtschaftsbedingungen entnehmen lassen, vgl. *Doemming/Füsslein/Matz*, JöR Bd. 1 n.F. (1951), 116 ff., erscheint es gerechtfertigt, die Auslegung des Art. 159 WRV zum Bestandteil der historischen Auslegung des Art. 9 GG zu machen.

Überwiegend[163] greift die Rechtsprechung bei der Konkretisierung des Begriffs der Arbeits- und Wirtschaftsbedingungen auf die historische Auslegung zurück. Aufgabe der Koalitionen sei die Wahrnehmung der Arbeitgeber-/Arbeitnehmerinteressen auf arbeits- und sozialrechtlichem Gebiet;[164] sie seien im Wesentlichen für die Verbreitung und Durchsetzung berufspolitischer und sozialer Forderungen, insbesondere der Regelung der Lohn- und Gehaltsbedingungen gegründet worden.[165] Es unterfalle damit nicht nur die Höhe der Arbeitsvergütung dem Begriffspaar der Arbeits- und Wirtschaftsbedingungen, sondern alle regelungsbedürftigen Einzelheiten des Arbeitsvertrages seien gleichermaßen unter das Begriffspaar zu subsumieren,[166] also sämtliche „materiellen Arbeitsbedingungen".[167]

Gleichzeitig weist die Rechtsprechung darauf hin, dass die historische Auslegung nicht der Bewältigung neuer sozialer Probleme im Weg stehen dürfe. Insbesondere die Dauer der wöchentlichen Arbeitszeit, der Arbeitsintensität, der Schutz vor Rationalisierungen und die Folge neuer Technologien sollen als moderne Probleme generell tariflich regelbar sein. So sei zum Beispiel die Forderung, mitzubestimmen, in welchem Umfang Arbeitnehmer durch neue Arbeitsmethoden und Fertigungsverfahren belastet werden dürfen, als modernes Problem mit der Forderung nach Erholungs- und Bedürfniszeiten vergleichbar, da die physische und psychische Belastung des Arbeitnehmers vom Grad der Arbeitsintensität abhänge.

Ein abschließend festzulegender Aufgabenkatalog wird abgelehnt.[168] Die Koalitionsfreiheit sei „auf sich wandelnde wirtschaftliche und soziale Bedingungen bezogen, die mehr als bei anderen Freiheitsrechten die Möglichkeit zu Modifikationen und Fortentwicklungen lassen müsse".[169] Nicht notwendig sein soll es, dass die Arbeits- und Wirtschaftsbedingungen unmittelbar durch die Koalitionstätigkeit gewahrt und gefördert werden. Eine nur mittelbare Wahrung und Förderung soll ausreichen. Dementsprechend umfasse der sachlich-gegenständliche Schutzbereich des Art. 9 Abs. 3 GG auch die Tätigkeit der Koalitionen im Bereich des Personalvertretungswesens und des Betriebsverfassungsrechts.

---

163 BVerfG v. 18.11.1954, E 4, 96, 102; v. 6.5.1964, E 18, 18, 28 f.; v. 30.11.1965, E 19, 303, 319 f.; v. 1.3.1979, E 50, 290, 368.

164 BVerfG v. 17.12.1953, E 3, 96, 107.

165 BverfG v. 7.4.1981, E 57, 29, 37.

166 BVerfG v. 27.2.1973, E 34, 307, 316.

167 BVerfG v. 24.5.1977, E 44, 322, 340; v. 1.3.1979, E 50, 290, 367; v. 20.10.1981, E 58, 233, 247.

168 BVerfG v. 24.5.1977, E 44, 322, 340; v. 1.3.1979, E 50, 290, 367.

169 BVerfG v. 1.3.1979, E 50, 290, 368.

(4) Grenzen des Tarifvertragsgesetzes

Den möglichen Inhalt eines Tarifvertrages legt das Tarifvertragsgesetz dahingehend fest, dass es gemäß § 1 Abs. 1 TVG neben den Rechten und Pflichten der Tarifvertragsparteien (obligatorische Bestimmungen des Tarifvertrags) Rechtsnormen über den Inhalt, den Abschluss und die Beendigung von Arbeitsverhältnissen, über betriebliche und betriebsverfassungsrechtliche Fragen sowie gemäß § 4 Abs. 2 TVG Regelungen über gemeinsame Einrichtungen der Tarifvertragsparteien (normative Bestimmungen des Tarifvertrags) enthalten kann.

Die Bestimmungen, welche die wechselseitigen „Rechte und Pflichten der Tarifvertragsparteien“ (§ 3 Abs. 2 TVG) regeln, sind schuldrechtliche Vertragsabreden im Sinne des Bürgerlichen Gesetzbuchs. Sie begründen subjektive Rechte und Pflichten der Tarifvertragsparteien und werden nicht im Namen der Mitglieder der Tarifparteien abgeschlossen.[170] Sie werden wie Verträge ausgelegt[171] und jeder nach dem Vertragsrecht des Bürgerlichen Gesetzbuchs mögliche Inhalt ist zulässig. Wichtigste Pflichten in diesem Sinne sind die Friedens- und Durchführungspflicht. Die Friedenspflicht beinhaltet das Versprechen zur Einhaltung des Wirtschaftsfriedens durch die Tarifpartner und ihre Mitglieder,[172] also die Zusage, sich jeder Kampfmaßnahme zu enthalten. Die Durchführungspflicht verpflichtet die Tarifpartner, dafür zu sorgen, dass ihre Mitglieder die normativen Bestimmungen des Tarifvertrages auch tatsächlich durchführen. Sonstige obligatorische Pflichten sind zum Beispiel die Errichtung und Unterhaltung von Sozialeinrichtungen, die Regelung des Arbeitskampfs etc.

Zu den normativen Bestimmungen des Tarifrechts gehören alle, die eine unmittelbare und zwingende Wirkung für die tarifbeteiligten Arbeitgeber und -nehmer schaffen.

Die Inhaltsnormen bilden den wichtigsten Teil der Tarifnormen. Geregelt werden alle Arbeitspflichten des Arbeitnehmers im Hinblick auf die Art der geschuldeten Tätigkeit (die Dauer und die Lage der regelmäßigen Arbeitszeit, Mehrarbeit und Kurzarbeit, Umfang und Lage des Urlaubs einschließlich mögli-

---

170 BAG v. 17.12.1958, AP Nr. 3 zu § 1 TVG Friedenspflicht.

171 Im Gegensatz zu den normativen Bestimmungen des Tarifvertrages, die wie Gesetze ausgelegt werden, vgl. *Schaub*, § 201 I.1.

172 BAG v. 31.10.1958, 17.12.1958, 14.11.1958, AP Nr. 2, 3, 4 zu § 1 TVG Friedenspflicht. Die h.M. unterscheidet die absolute und die relative Friedenspflicht. Die absolute Friedenspflicht untersagt jegliche Kampfhandlung während der Laufzeit eines Tarifvertrags und zwar auch dann, wenn die konkrete Regelungsstreitigkeit sich auf im Tarifvertrag nicht geregelte Punkte bezieht. Sie besteht nur dann, wenn sie besonders vereinbart ist. Die relative Friedenspflicht beinhaltet eine jedem Tarifvertrag immanente, auch zugunsten der Mitglieder bestehende Verpflichtung der Tarifparteien, Arbeitskämpfe um tariflich geregelte Punkte zu unterlassen.

chen Sonderurlaubs) sowie die Gegenleistungspflicht des Arbeitgebers (Höhe und Ermittlung von Lohn und Gehalt, Brutto- und Nettoentgelte, Zuschläge, Sonderzahlungen, Gratifikationen, Leistungszeit- und Leistungsort).

Zu den Abschlussnormen zählen Bestimmungen, die den Abschluss neuer, die Wiederaufnahme alter oder die Durchsetzung unterbrochener Arbeitsverhältnisse regeln.[173] In Rede stehen das „Ob“ und „Wie“ des Vertragsschlusses, also Abschlussverbote und Abschlussgebote[174] („Ob“) Formfragen oder Fragen der Stellvertretung („Wie“).

Beendigungsnormen sind solche Normen, die das „Ob“ und „Wie“ der Beendigung des Arbeitsverhältnisses regeln. Wie das Arbeitsverhältnis beendet werden kann, wird durch Formvorschriften, Fristen und Regeln für die Stellvertretung geregelt, ob das Arbeitsverhältnis endet, kann vor allem durch Kündigungsvorschriften geregelt werden.[175]

Betriebliche Normen gemäß § 3 Abs. 2 TVG regeln die Organisationsgewalt des Arbeitgebers. Sie betreffen Fragen, die keinen Individualanspruch begründen, sondern alle Arbeitnehmer gleichermaßen angehen, wie zum Beispiel Sicherheitsvorkehrungen, Entlüftungsanlagen, Kantinen, Waschräume etc.[176] Immer, wenn eine Regelung nicht Inhalt eines Individualvertrages sein kann, handelt es sich um Betriebsnormen und nicht um Inhalts- oder Beendigungsnormen, wobei eine Inhaltsnorm schon dann nicht in Betracht kommt, wenn eine individualvertragliche Regelung wegen „evident sachlogischer Unzweckmäßigkeit ausscheidet“.[177] Die Betriebsnormen können jedoch zugleich Inhaltsnormen sein, wenn dem Arbeitnehmer als Einzelnem auch Rechte und Pflichten eingeräumt werden.[178]

---

173 *Schaub*, § 202 III.1.a).

174 In der Regel geht es um die Wiedereinstellung: Ist dem Arbeitnehmer gekündigt worden, und fällt der Kündigungsgrund nachträglich weg, kann ihm der Tarifvertrag den Wiedereinstellungsanspruch zuwenden.

175 MünchArbR-*Löwisch*, § 253 III., Rn. 45 mit weiteren Ausführungen.

176 Lange Zeit wurde versucht, den sachlich-gegenständlichen Anwendungsbereich der Betriebsnormen zu konkretisieren, indem man sie in Solidarnormen, Ordnungsnormen und Zulassungsnormen aufspaltete, *Säcker/Oetker*, Tarifautonomie, 173. Das Bundesarbeitsgericht hat diese Einteilung mit der Entscheidung vom 26.4.1990, AP Nr. 57 zu Art. 9 GG aufgegeben. Das Gericht sieht als sachlich-gegenständlichen Bereich der Betriebsnormen deren über das einzelne Arbeitsverhältnis hinausreichende Bedeutung an; ihre Reichweite müsse dann unter dem Blickwinkel des Außenseiterschutzes eingegrenzt werden.

177 BAG v. 26.4.1990, AP Nr. 57 zu Art. 9 GG, V.2.b) d. Gr.

178 *Schaub*, § 202 V.2.

Von der gemäß § 4 Abs. 1 TVG grundsätzlich erforderlichen beiderseitigen Tarifgebundenheit sieht das Gesetz bei den betrieblichen Normen ab[179] und orientiert sich lediglich an der Tarifgebundenheit des Arbeitgebers.

Die Tarifmacht für betriebsverfassungsrechtliche Fragen erstreckt sich auf die Einrichtung und die Organisation einer Betriebsverfassung auf die Rechte der Arbeitnehmervertretung.[180]

Normen über gemeinsame Einrichtungen der Tarifvertragsparteien regeln Angelegenheiten, die über das einzelne Unternehmen hinausgehen, wie zum Beispiel die Erbringung von Leistungen der betrieblichen Altersversorgung oder die Gewährung von Urlaub im Baugewerbe. Nach § 4 Abs. 2 TVG können die Tarifvertragsparteien die Satzung gemeinsamer Einrichtungen mit unmittelbarer und zwingender Wirkung ausgestalten und das Verhältnis der Einrichtungen zu den tarifgebundenen Arbeitgebern und Arbeitnehmern regeln.

b. Tarifliche Regelbarkeit unternehmerischer Entscheidungen

Die Frage, ob die Koalitionen auf spezifisch wirtschaftlich-unternehmerische Entscheidungen Einfluss nehmen können, findet nach dem Vorstehenden also sowohl im Rahmen der Prüfung der Grundrechte aus Artt. 12, 14 GG als auch im Rahmen der Vorschriften des Tarifvertragsgesetzes ihren Niederschlag.

aa. Prämissen

Ausgangspunkt der Rechtsprechung ist der Grundsatz der praktischen Konkordanz. Weder die Unternehmensautonomie noch die Tarifautonomie sollen so ausgeübt werden, dass die jeweils andere Garantie leer läuft. Da „beide jeweils bestmöglich wirksam werden“[181] sollen, können nicht sämtliche unternehmerischen Entscheidungen tarifvertraglich geregelt werden.

Zum einen darf die tarifliche Regelbarkeit erst einsetzen, wenn die unternehmerische Planung in eine Entscheidung umschlägt, die auch Auswirkungen auf die Arbeitnehmer hat. Voraussetzung der tariflichen Regelbarkeit ist, dass diejenigen „rechtlichen, wirtschaftlichen oder sozialen Belange der Arbeitnehmer be-

---

179 Jede Differenzierung zwischen organisierten und nichtorganisierten Arbeitnehmern würde zu Diskriminierung führen.

180 MünchArbR-*Löwisch*, § 254 II., Rn. 23. In zahlreichen Fällen ist das Betriebsverfassungsgesetz selbst ausdrücklich tarifdispositiv ausgestaltet, so zum Beispiel bei der Freistellung (§ 38 BetrVG), der Regelung der Zahl der Mitglieder von Gesamt- und Konzernbetriebsrat (§§ 47 Abs. 4, 55 Abs. 4 BetrVG) oder der Ersetzung der Einigungsstelle durch eine tarifliche Schlichtungsstelle (§ 76 Abs. 8 BetrVG).

181 BAG v. 3.4.1990, AP Nr. 56 zu Art. 9 GG, B.II.1. d. Gr.

rührt sind, die sich gerade aus deren Eigenschaft als abhängig Beschäftigte ergeben".[182] Es muss also in jedem Einzelfall geprüft werden, ob die jeweilige unternehmerische Maßnahme einen konkreten Arbeitsbezug hat. Planung und Organisation, die nicht Bestandteil der Arbeitsverträge werden bzw. keinen arbeitsrechtlichen Bezug haben, sind allein Sache des Unternehmers.

Zum anderen betont die Rechtsprechung, dass „ein angemessener Spielraum zur Entfaltung der Unternehmerinitiative unantastbar" ist. Eingriffe in den geschützten Freiheitsbereich sollen nur zulässig sein, wenn dem Betroffenen ein angemessener Spielraum verbleibt, sich als verantwortlicher Unternehmer wirtschaftlich frei zu entfalten.[183] Wann die unternehmerische Entscheidungsfreiheit in ihrem Kernbereich berührt ist oder was eine unternehmerische Entscheidung von besonderem Gewicht ist, lasse sich allerdings nicht verlässlich beantworten.[184] Dem Unternehmer soll jedenfalls die Möglichkeit eigenverantwortlichen und sinnvollen Wirtschaftens verbleiben, und er soll nicht daran gehindert werden, seine interne Planung nach seinem Willen vorzunehmen. Dazu gehöre vor allem die freie Gründung und Führung von Unternehmen[185] sowie das Recht, darüber zu entscheiden, welche Größenordnung das Unternehmen haben soll.[186] Alle Entscheidungen über Investitionen, Produktion und Vertrieb sollen der Geschäftsleitung vorbehalten sein. Sie allein treffe grundsätzlich die Entscheidung darüber, welche Geld- und Sachmittel zu welchem Zweck eingesetzt werden und „ob, was und wo" hergestellt wird. Gleiches gelte für Betriebsschließungen oder wesentliche Betriebseinschränkungen.[187]

Der festgelegte Autonomiebereich dürfe aber auf keinen Fall so weit gehen, dass nur „soziale Folgewirkungen unternehmerischer Entscheidungen" geregelt werden.[188] Insbesondere wenn sich die wirtschaftliche und soziale Seite einer unternehmerischen Maßnahme nicht trennen lassen, weil gleichzeitig auch Arbeitsbedingungen verändert werden, müsse die tarifliche Regelbarkeit zwangsläu-

---

182 Ebd.

183 BVerfG v. 16.5.1961, E 12, 341, 347.

184 BAG v. 31.8.1982, E 40, 107, 117.

185 LAG Hamm v. 31.5.2000, NZA-RR 2000, 535, 536.

186 ArbG Bonn v. 27.05.2001, NZA-RR 2002, 315, 316.

187 BAG v. 21.06.2000, NZA 2001, 271, 274.

188 BAG v. 3.4.1990, AP Nr. 56 zu Art. 9 GG, B.II.2. d. Gr. Damit wird sehr deutlich der von *Biedenkopf* (Grenzen der Tarifautonomie, 75) begründeten Auffassung widersprochen, welche die Aufgaben der Tarifautonomie auf die Regelung sozialer Folgewirkungen unternehmerischer Entscheidungen beschränkt. Nach *Biedenkopf* setzt der Tarifvertrag nur Daten für die unternehmerische Entscheidung, indem er die Auswirkungen festlegt, die bestimmte unternehmerische Maßnahmen im arbeitsrechtlichen und sozialen Bereich haben.

fig auch die unternehmerische Sachentscheidung umfassen.[189] Der Tarifvertrag habe dann die Aufgabe, die unternehmerische Gestaltungsfreiheit im Interesse der Arbeitnehmer einzuschränken oder zu kanalisieren.

bb. Einzelne unternehmerische Entscheidungen

Wie diese grundsätzlichen Ausführungen der Rechtsprechung in den Entscheidungen umgesetzt werden, soll anhand ausgewählter unternehmerischer Grundlagenentscheidungen dargestellt werden, deren gerichtliche Behandlung in Deutschland Aufmerksamkeit erregt haben. Konfliktträchtig im Hinblick auf die Einschränkung der unternehmerischen Freiheit sind insbesondere wirtschaftliche Entscheidungen des Arbeitgebers. Im Rahmen der umfassenden Analyse der Methode der Eingrenzung der unternehmerischen Entscheidungsfreiheit werden auch solche Entscheidungen dargestellt, in deren Mittelpunkt die Regelung von Arbeitsbedingungen steht, die aber wirtschaftliche Konsequenzen haben.

(1) Entscheidungen mit konkretem Arbeitsbezug

Im Jahr 1990 haben zwei Entscheidungen für Aufmerksamkeit gesorgt.

(a) Personalbemessung

Die Regelungsbefugnis der Tarifvertragsparteien im Organisations- und Planungsbereich eines Unternehmens wird erstmals in dem Urteil des Bundesarbeitsgerichts vom 3. April 1990[190] ausführlich umrissen. Davor war die Problematik der Unternehmensautonomie vom Bundesarbeitsgericht stets nur angedeutet worden.[191]

Die Deutsche Bundespost wollte mit der Klage erreichen, künftige Streiks mit dem Tarifziel, auf die Personalbemessung Einfluss zu nehmen, zu untersagen. Sie hatte ein neues Personalbemessungssystem implementiert, das durch detailliertere Zeitermittlungen zeitliche Freiräume beseitigen und so den Personalbedarf ver-

---

189 BAG v. 3.4.1990, AP Nr. 56 zu Art. 9 GG, B.II.1. d. Gr.

190 BAG v. 3.4.1990, AP Nr. 56 zu Art. 9 GG.

191 Im Schrifttum ist die Zulässigkeit dieser Regelungsbefugnis schon seit dem Versuch der Gewerkschaften, Rationalisierungsschutzabkommen abzuschließen, Gegenstand einer heftigen Kontroverse, vgl. *Beck*, AuR 1981, 333 mit einem Überblick über die Literatur. Das Bundesarbeitsgericht hatte sich bis zu dieser Entscheidung nur mit den grundrechtlichen Grenzen des Tarifvertrags in personellen Fragen auseinander zu setzen, die Regelungsbefugnis als solche wurde nicht problematisiert, vgl. BAG v. 13.9.1983, AP Nr. 1 zu § 1 TVG Tarifverträge: Druckindustrie.

ringern sollte. Auf diese Entwicklung reagierte die Postgewerkschaft mit Streik. Sie forderte, dass bestimmte Zeitzuschläge auf die Grundzeit und die Grundarbeitszeit in den in der Dienstanweisung niedergelegten Personalbemessungsrichtlinien tarifvertraglich festgeschrieben würden. In jeder Stunde sollten den Beschäftigten mindestens sechs Minuten zur Erholung und vier Minuten für persönliche Bedürfnisse zur Verfügung stehen, so dass die Grundarbeitszeit im Ergebnis verlängert würde. Es war damit über die grundlegende Frage zu entscheiden, ob und inwieweit durch Tarifvertrag in den Organisations- und Planungsbereich eines Unternehmens eingegriffen werden darf.

Die Klägerin war der Ansicht, die Methoden zur Ermittlung des Personalbedarfs seien dem Unternehmer freigestellt. Andernfalls würde man dem Arbeitgeber verwehren, die durch ihn festgestellten Mängel der Arbeitskoordination, die den Anstoß für das Personalbemessungssystem gegeben haben, zu beheben. Da keine vergütungsrelevanten Arbeitszeiten ermittelt würden, sondern nur Durchschnittswerte für die Personalbemessung, handele es sich allein um ein internes unternehmerisches Planungsinstrument ohne Außenwirkung. Ein Mitspracherecht würde der Gewerkschaft bereits auf der Planungsebene, die zunächst nur die Bedarfsfeststellung und erst später zur Einrichtung und Ausgestaltung von Arbeitsplätzen zum Ziel habe, eingeräumt. Der Unternehmer sei also nicht erst auf der Ebene der Umsetzung seiner Überlegungen gewerkschaftlichem Druck ausgesetzt, sondern bereits im Zuge seiner strategischen Überlegungen, wobei nicht einmal zwingend sei, dass der Unternehmer die Planung überhaupt umsetze oder die im Wege der Planung ausgestalteten Arbeitsplätze mit tarifgebundenen Arbeitnehmern besetzt würden.[192] Dem Unternehmer würde durch die Möglichkeit der Gewerkschaft, auf das Personalbemessungssystem Einfluss zu nehmen, möglicherweise eine von ihm nicht für sinnvoll gehaltene Betriebsorganisation aufoktroyiert.[193] Mit dieser Störung der Personalplanung als Teil der Unternehmensplanung würde in eines der Grundelemente der marktwirtschaftlichen Ordnung eingegriffen.[194]

Dagegen machte die beklagte Gewerkschaft geltend, die Einführung des neuen Personalbemessungssystems führe sowohl zu einer erheblich verringerten Zahl von Arbeitsplätzen als auch zu einer Verdichtung der Arbeit für die verbleibenden Arbeitnehmer, weil von den Arbeitnehmern künftig die Einhaltung der Vorgabezeit des Personalbemessungssystems verlangt werde.

---

192 *Loritz*, ZTR 1990, 455, 500.

193 So *Reuter*, Anm. zu BAG v. 3.4.1990, EzA Nr. 49 zu Art. 9 GG, 20.

194 So auch *Buchner* im anderen Zusammenhang zur Personalplanung, Anm. zu BAG v. 10.2.1988, SAE 1991, 356, 357.

Das Bundesarbeitsgericht folgte der Beklagten und wies die Revision der Deutschen Bundespost mit der Begründung zurück, die gewerkschaftlich geforderten Zeitzuschläge zur Grundzeit und Grundarbeitszeit seien Arbeitsbedingungen i.S.d. Art. 9 Abs. 3 GG. Unter Berufung auf die Rechtsprechung des Bundesverfassungsgerichts[195] weist das Bundesarbeitsgericht zunächst auf die historische Entwicklung sowie die darin vorgeprägten typischen Aktionsfelder hin, die zunächst die Regelung der Lohn- und Gehaltsbedingungen umfasst hatten. Im Laufe der Zeit seien dann auch Sozialleistungen tariflich geregelt worden, insbesondere die Dauer der wöchentlichen Arbeitszeit, der Arbeitsintensität, der Schutz vor Rationalisierungen und die Folge neuer Technologien. Die in Rede stehende Forderung, mitzubestimmen, in welchem Umfang Arbeitnehmer durch neue Arbeitsmethoden und Fertigungsverfahren belastet werden dürften, sei als modernes Problem mit der Forderung nach Erholungs- und Bedürfniszeiten vergleichbar. Zwar handele es sich bei Letzteren um Inhaltsnormen, die den Arbeitgeber unmittelbar verpflichten. Aber da die physische und psychische Belastung des Arbeitnehmers vom Grad der Arbeitsintensität abhänge, die durch das Personalbemessungssystem verändert werde, läge dennoch eine Arbeitsbedingung i.S.d. Art. 9 Abs. 3 GG vor. Es handele sich nicht um eine rein interne Angelegenheit, sondern um eine Maßnahme, die den Umfang der Arbeitsleistung bestimme. Die Entscheidung falle unter die Kategorie unternehmerischer Maßnahmen, bei denen sich die wirtschaftliche und soziale Seite nicht trennen ließen, weil die Gewerkschaft unmittelbar auf die Arbeitsgeschwindigkeit nur einwirken könne, wenn sie das Personalbemessungssystem durch Zeitzuschläge verändere. Das Tarifvertragsgesetz stünde diesem Ergebnis nicht entgegen, insofern sei das Personalbemessungssystem als betriebliche Norm einzuordnen.[196]

Die Regelbarkeit des in Rede stehenden Personalbemessungssystems wird also letztlich aufgrund der Vergleichbarkeit mit der Forderung nach Erholungs- und Bedürfniszeiten bejaht.

(b) Qualitative Besetzungsregeln

In der Entscheidung vom 26. April 1990[197] hatte das Gericht über die Verfassungsmäßigkeit von qualitativen Besetzungsregeln zu entscheiden. Der Arbeitgeber wollte einen Arbeitsplatz mit einem Arbeitnehmer besetzen, der schon seit drei Jahren im Betrieb beschäftigt war und sich dort bewährt hatte. Der Arbeitge-

195 BVerfG v. 18.11.1954, E 4, 96, 102; v. 6.5.1964, E 18, 18, 28 f.; v. 30.11.1965, E 19, 303, 319 f.; v. 1.3.1979, E 50, 290, 368.

196 BAG v. 26.4.1990, AP Nr. 57 zu Art. 9 GG unter I.6. d. Gr.

197 BAG v. 26.4.1990, AP Nr. 57 zu Art. 9 GG.

ber (Antragsteller) beantragte im Beschlussverfahren die Ersetzung der Zustimmung des Betriebsrats (Antragsgegner) nach § 99 Abs. 4 BetrVG, weil der Betriebsrat unter Berufung auf eine Vorschrift des Manteltarifvertrages – die vorsah, dass alle Facharbeiten der Weiterverarbeitung nur von Fachkräften ausgeführt werden dürften – gemäß § 99 Abs. 2 Nr. 1 BetrVG die Zustimmung zu einer Vertretung verweigert hatte. Die Rechtmäßigkeit der Zustimmungsverweigerung des Betriebsrats konnte nur an der von vornherein bestehenden Unwirksamkeit der Vereinbarung scheitern.

Der Arbeitgeber argumentierte, durch das Recht der Gewerkschaften, eine Regelung über qualitative Besetzungsregeln tariflich zu regeln und damit auch zu erstreiken, würde ihm die Flexibilität bei der Besetzung der Arbeitsplätze genommen.

Ohne den Begriff der Unternehmensautonomie zu verwenden, verneint das Gericht eine Verletzung von Arbeitgebergrundrechten im Hinblick auf die Einordnung der qualitativen Besetzungsregeln als Berufsausübungsregel, die hier aufgrund vernünftiger Erwägungen des Allgemeinwohls zweckmäßig sei.[198] Der Eingriff wirke nicht so intensiv, dass er die Möglichkeit, ein Druckunternehmen zu führen, nachhaltig in Frage stellen würde. Es bedürfe hierfür keiner weiteren Ausführungen, weil die Facharbeiten im Sinne der Anhänge zum Manteltarifvertrag nur befriedigend von Fachkräften der Druckindustrie ausgeführt werden könnten.[199]

Die Zulässigkeit der Regelung nach den Vorschriften des Tarifvertragsgesetzes wird im Hinblick auf die Einordnung der Besetzungsregeln als Betriebsnormen[200] bejaht. Qualitative Besetzungsregeln stellten nicht auf das einzelne Arbeitsverhältnis ab, sondern auf die „Besetzung des Arbeitsplatzes als objektiven Faktor".[201]

Das Gericht setzt sich weder mit der Behauptung der Gewerkschaft auseinander, die anfallenden Arbeiten könnten nur von Fachkräften der Druckindustrie befriedigend ausgeführt werden, noch wird geprüft, ob vernünftige Erwägungen des Allgemeinwohls ausreichen, um einen Eingriff in das Grundrecht der Berufsfreiheit durch die Gewerkschaften zu bejahen.[202] Letzteres wäre im Hinblick auf die anhaltende Diskussion darüber, ob Tarifparteien ein allgemeinpolitisches Mandat haben, nahe liegend gewesen.

---

198 BAG v. 26.4.1990, AP Nr. 57 zu Art. 9 GG unter VI.3. d. Gr.

199 Ebd.

200 Nach Auffassung des BAG sind sie deshalb Betriebsnormen, weil sie „gerade nicht auf das einzelne Arbeitsverhältnis abstellen, sondern auf die Besetzung des Arbeitsplatzes als objektiven Faktor", V.3.a) d. Gr.

201 BAG v. 26.4.1990, AP Nr. 57 zu Art. 9 GG unter V.3.a) d. Gr.

202 *Loritz,* Anm. zu BAG v. 26.4.1990, AP Nr. 57 zu Art. 9 GG, SAE 1991, 255.

(c) Beendigung des Arbeitsverhältnisses

Der tarifvertragliche Ausschluss ordentlicher Kündigungen ist nach ständiger Rechtsprechung zulässig,[203] obgleich die Rechtsprechung feststellt, dass gegen derartige Regelungen jedenfalls erhebliche Bedenken im Hinblick auf das Arbeitgebergrundrecht des Art. 12 Abs. 1 GG bestehen.[204] „Denn zu den Freiheitsrechten privatautonomen Handelns gehört das der Berufsfreiheit des Art. 12 Abs. 1 GG immanente Grundrecht des Arbeitgebers, Arbeitsverhältnisse privatautonom zu begründen, aber auch zu beenden."[205] Art. 12 GG garantiert dem Arbeitgeber die Möglichkeit, sein Unternehmen aufzugeben, und das Recht, darüber zu entscheiden, welche Größenordnung sein Unternehmen hat.[206] Außerordentliche Bedeutung erlangt das Prinzip der freien Unternehmerentscheidung deshalb im Rahmen von tariflichen Regelungen, die eine Unkündbarkeit von Arbeitnehmern vorsehen. Denn Kündigungsbeschränkungen, welche die Entscheidungsfreiheit des Arbeitgebers beseitigen, wenn es darum geht, Arbeitsverhältnisse zu beenden, sind verfassungsrechtlich angreifbar. Das Recht zur außerordentlichen Kündigung kann demzufolge nicht wirksam tarifvertraglich ausgeschlossen werden, es ist also kein tariflich regelbares bzw. erkämpfbares Ziel.[207]

(d) Ladenschluss

Hervorstechend aufgrund der nahezu vollständigen Ausblendung der Thematik der Einschränkung der unternehmerischen Entscheidungsfreiheit ist die Ladenschlussentscheidung vom 27. Juni 1989.[208] Anlass war die von der Klägerin mittels Unterlassungsklage und Feststellungsantrag aufgeworfene Frage, ob die beklagte Gewerkschaft einen Arbeitskampf führen durfte, dessen Ziel es war, die tarifliche Regelung eines Arbeitszeitendes mit dem Inhalt der bisher geltenden

---

203 BAG v. 24.1.2001, AP Nr. 173 zu § 1 TVG Tarifverträge: Metallindustrie.

204 BAG v. 5.2.1998, NZA 1998, 771.

205 Ebd.

206 ArbG Bonn v. 17.5.2001, NZA-RR 2002, 315, 316.

207 BAG v. 17.9.1998, NZA 1999, 258, 260; BAG, v. 5.2.1998, NZA 1998, 771, 773. Der Senat hebt dabei hervor, dass bei der außerordentlichen Kündigung eines rechtlich unkündbaren Arbeitnehmers verschärfte Anforderungen an die Pflicht des Arbeitgebers gestellt werden müssen, mit allen zumutbaren Mitteln eine Wiederbeschäftigung des Arbeitnehmers im Betrieb bzw. im Unternehmen zu versuchen. Die Unternehmerentscheidung ist auch für das Kündigungsschutzrecht, insbesondere bei der betriebsbedingten Kündigung, von erheblicher praktischer Bedeutung. Thema dieser Arbeit ist allerdings ausschließlich der Bereich der Regelungsbefugnis der Kollektivparteien unter Außerachtlassung der individualrechtlichen Problematiken.

208 BAG v. 27.6.1989, AP Nr. 113 zu Art. 9 GG Arbeitskampf.

Gesetzesregelung im Ladenschlussgesetz festzuschreiben. Hintergrund war das Inkrafttreten des Gesetzes zur Einführung eines so genannten Dienstleistungsabends[209] am 1.10.1989. Darin wurde unter Änderung des § 3 Ladenschlussgesetz allen privaten und öffentlichen Dienstleistungsbetrieben empfohlen, an jedem Donnerstag einen Dienstleistungsabend bis 20.30 Uhr einzurichten.[210] Die Gewerkschaft HBV versuchte, der Beschäftigung von Arbeitnehmern im Einzelhandel nach 18.30 Uhr durch die tarifvertragliche Festschreibung des Arbeitszeitendes auf die bisherige Ladenschlusszeit zu begegnen. Der Arbeitgeber machte geltend, die tarifliche Regelbarkeit des Arbeitszeitendes stelle eine Blockade einer zentralen unternehmerischen Entscheidung dar. Die Ladenöffnungszeiten seien von erheblicher Bedeutung für den Erfolg der unternehmerischen Betätigung. Von ihnen sei u.a. abhängig, ob und in welchem Umfang das Warenangebot von Käufern angenommen werde. Der generelle Ausschluss einzelner tarifgebundener Unternehmen vom Dienstleistungsabend könne sich existenzgefährdend auswirken. Insbesondere bei publikumsorientierten Dienstleistungsbetrieben sei es eines der Kernkriterien des wirtschaftlichen Erfolgs, dass die Öffnungszeiten dem Publikumsinteresse entsprechen.

Die Zulässigkeit des Arbeitskampfes wurde im Sinne der beklagten Gewerkschaft bejaht. In der Entscheidung musste das Gericht zum ersten Mal das Verhältnis von Tarifvertrag und Kartellrecht aufgreifen. Die Klägerin hatte diesbezüglich geltend gemacht, die angestrebte Regelung verstoße gegen § 1 GWB. Die Tarifregelung über die im Vergleich zum Gesetz frühere Festsetzung des Arbeitszeitendes habe Auswirkungen auf die Wettbewerbsbeziehungen der tarifvertraglich gebundenen Unternehmen, weil nicht nur das Arbeitszeitende der Arbeitnehmer geregelt würde, sondern zwangsläufig als unmittelbare Folge auch die Ladenschlusszeiten im Einzelhandel. Der von der Gewerkschaft vorgesehene Tarifvertrag habe also marktregelnden Charakter.

Diesen Ausführungen tritt das Gericht mit dem Argument entgegen, dass zum einen § 1 GWB schon dem Wortlaut nach nicht passe, weil Gewerkschaften nicht dem Unternehmerbegriff des § 1 GWB unterfielen.[211] Zum anderen würde der Tarifvertrag auch nicht zur Verdeckung eines nach § 1 GWB unzulässigen Vertrages benutzt, weil er nicht in wettbewerbsregelnder Absicht geschlossen werde.[212]

Neben den Ausführungen zur Nichtanwendbarkeit des Kartellrechts setzt sich der Senat mit der Frage, ob diese Regelung inhaltlich die unternehmerischen Ent-

209 BGBl. I 1989, 1382.

210 Art. 1, 2 GzED.

211 Gewerkschaften werden nicht am Markt für Waren oder gewerbliche Leistungen tätig, sondern als Koalitionen, siehe unter II.3.c)bb) d. Gr.

212 Siehe II.3.d) d. Gr.

scheidungen unzulässig einschränkt, nicht auseinander. Lediglich in einem Satz wird dargelegt, dass kein unzulässiger Druck auf den Arbeitgeber ausgeübt werde, selbst wenn die Regelung dazu führe, dass die gesetzliche Neuregelung der Ladenschlusszeiten im Einzelfall nicht voll wirksam werden könnte. Zudem lasse § 1 TVG die Regelungen über Beginn und Ende der Arbeitszeit zu.

Insbesondere angesichts der 1982 getroffenen Aussage des Bundesarbeitsgerichts, dass die Entscheidung über die Öffnung der Ladenschlusszeiten „unternehmerischer Natur" sei,[213] hätte Anlass bestanden, sich mit der Frage, ob eine Entscheidung über Investitionen, Produktion und Vertrieb betroffen ist, auseinander zu setzen.[214] Der formale Verweis des Gerichts auf die von § 1 TVG eröffneten Gestaltungsmöglichkeiten ist unzureichend, da § 1 TVG nur eine Konkretisierung der in Art. 9 Abs. 3 GG niedergelegten Tarifautonomie ist, die ihrerseits durch das Arbeitgebergrundrecht der Unternehmerfreiheit (Art. 12 GG) begrenzt wird.

(e) Erweiterung der Mitbestimmung des Betriebsrats

Die Erweiterbarkeit der Mitbestimmungsrechte des Betriebsrats ist eine alte Streitfrage. Einen bedeutenden Schritt in Richtung einer Bejahung der Zulässigkeit machte das Bundesarbeitsgericht mit einer Entscheidung aus dem Jahre 1987.[215] Der Entscheidung lag ein Firmentarifvertrag zugrunde, nach dessen Regelung der Betriebsrat bei allen personellen und sozialen Entscheidungen (ausgenommen Entlassungen) für die unter den Geltungsbereich des Tarifvertrags fallenden Arbeitnehmer, insbesondere auch bei Beförderungen, mitbestimmen sollte; bei fehlender Einigung sollte „die Einigungsstelle nach den Bestimmungen des Betriebsverfassungsgesetzes endgültig und verbindlich" entscheiden. Der Arbeitgeber rief nach Verweigerung der Zustimmung des Betriebsrats zur Einstellung die Einigungsstelle nicht an. Er vertrat die Auffassung, die Erweiterung der Mitbestimmungsrechte des Betriebsrats sei unwirksam. Es sei ein großer Unterschied, ob der Betriebsrat nur ein Zustimmungsverweigerungsrecht in bestimmten Fällen habe (§ 99 Abs. 2 BetrVG) oder ein echtes volles Mitbestimmungs-

---

213 BAG v. 13.8.1982, AP Nr. 8 zu § 87 BetrVG 1972 Arbeitszeit, unter III.1. d. Gr., Bl. 1013. Vgl. Kapitel C.I.2.b) dieser Arbeit.

214 Siehe auch *Joost*, DB 1983, 1820.

215 BAG v. 10.2.1988, SAE 1991, 352, 356. Mit diesem Beschluss hatte der Senat eine alte Streitfrage entschieden: Die gesetzlichen Beteiligungsrechte des Betriebsrates können durch Tarifvertrag erweitert und verstärkt werden. Die Entscheidung lag auf der Linie des Beschlusses desselben Senats vom 18.8.1987 (AP Nr. 23 zu § 77 BetrVG 1972), in der die Festlegung materieller Arbeitsbedingungen (Dauer der Arbeitszeit) in Rede stand.

recht, dessen Konsequenz die Einigungsstellenentscheidung im Fall der fehlenden Einigung sei. Denn selbst wenn die Einigungsstelle gesetzlich verpflichtet sei, die Interessen des Unternehmers zu berücksichtigen (§ 76 Abs. 5 Satz 3 BetrVG), gleiche dies nicht das Interesse des Unternehmers aus, die Entscheidung selbst unter Abwägung der Vorteile und Risiken zu treffen und sie nicht einem paritätisch zusammengesetzten Gremium unter Vorsitz eines Betriebsfremden § 76 Abs. 2 Satz 1 BetrVG zu überlassen. Zudem sei auch die zeitliche Verzögerung durch das Einigungsstellenverfahren ein Störfaktor, der die Umsetzung unternehmerischer Pläne erheblich stören könne.

Das Bundesarbeitsgericht setzt sich in der Entscheidung zunächst weniger mit der Unternehmensautonomie als mit der grundsätzlichen Frage auseinander, ob die Vorschriften des Betriebsverfassungsgesetzes eine Erweiterung der Rechte des Betriebsrats zulassen.[216] Für die positive Beantwortung dieser Frage beruft sich das Bundesarbeitsgericht auf § 1 Abs. 1 und § 3 Abs. 2 TVG, wonach der Tarifvertrag Rechtsnormen enthalten kann, die betriebsverfassungsrechtliche Fragen ordnen. Zwar enthalte das BetrVG an mehreren Stellen Vorschriften darüber, ob und in welchem Umfang Tarifverträge betriebsverfassungsrechtliche Fragen regeln können, jedoch könne hieraus nicht der Umkehrschluss gezogen werden, dass in allen anderen Fällen betriebsverfassungsrechtliche Fragen der Regelung durch Tarifvertrag entzogen seien. Es läge eine bewusste Regelungslücke vor, weil die Offenhaltung der Frage das Ergebnis eines politischen Kompromisses gewesen sei.[217]

Im Hinblick auf die Unternehmerfreiheit führt das Bundesarbeitsgericht aus, die Regelung des Rahmentarifvertrages begegne keinen rechtlichen Bedenken. Dem Betriebsrat würde kein Mitbestimmungsrecht bei der Entscheidung zugebilligt, *ob* ein Arbeitnehmer eingestellt wird, sondern nur bei der Frage, *welchem*

---

216 Die Vorreiterentscheidung des Gerichts vom 18.8.1987 (BAG v. 18.8.1987, AP Nr. 53 zu § 99 BetrVG 1972), welche den Tarifparteien die Befugnis zuerkannte, dem Betriebsrat Mitbestimmungsrechte bei der Frage der Festlegung der individuellen regelmäßigen wöchentlichen Arbeitszeit einzuräumen, lässt die Frage der Einschränkung der unternehmerischen Entscheidungsfreiheit ganz aus. Noch im Urteil vom 6.3.1985 hatte der 4. Senat des Bundesarbeitgerichts ganz offen gelassen, ob und gegebenenfalls unter welchen Voraussetzungen durch eine Tarifnorm Mitbestimmungsrechte des Betriebsrats bei Vergütungsfragen erweitert werden können (AP Nr. 16 zu § 4 TVG Übertarifliche Lohn- und Tariflohnerhöhung).

217 BAG v. 10.2.1988, SAE 1991, 352, 356, II. 2 b) d. Gr. In seinem Beschluss vom 10. Februar 1988 (BAG v. 10.2.1988, E 57, 317, 325) führt das Bundesarbeitsgericht ergänzend an, bei der Mitbestimmung des Betriebsrats handele es sich um Arbeitnehmerschutzbestimmungen. Daher seien sie nur einseitig zwingend und könnten dementsprechend durch Tarifvertrag erweitert und verstärkt werden.

Bewerber der Vorzug zu geben sei.[218] Zudem sei die Einigungsstelle nach § 76 Abs. 5 Satz 3 BetrVG verpflichtet, ihre Beschlüsse unter angemessener Berücksichtigung der Belange des Betriebs und der betroffenen Arbeitnehmer nach billigem Ermessen zu fassen.

Die Subsumtion weist Unstimmigkeiten auf. Das Bundesarbeitsgericht lässt erkennen, dass die Grenze der zu schützenden unternehmerischen Entscheidungsfreiheit überschritten wäre, wenn ein Tarifvertrag dem Betriebsrat ein Mitbestimmungsrecht auch für die Frage einräumte, *ob* ein Arbeitnehmer einzustellen ist.[219] Danach könnten die Tarifparteien zwar ein anderes Schema für die Mitwirkung des Betriebsrats bei Einstellungen einführen, jedoch keine Umverteilung der Kompetenzen auf betrieblicher Ebene erwirken.[220] Gleichzeitig beschränkt sich der der Entscheidung zugrunde liegende Rahmentarifvertrag nicht darauf, dem Betriebsrat ein Mitbestimmungsrecht nur bezüglich der Auswahlentscheidung einzuräumen. Dem Betriebsrat wurde nämlich ein Mitbestimmungsrecht bei der Erstellung eines Stellenplans eingeräumt. Neueinstellungen sollen nach § 2 Abs. 2 des Rahmentarifvertrages nur möglich sein, wenn eine Planstelle frei ist. Das Mitbestimmungsrecht geht also über die Frage, welchem Bewerber der Vorzug zu geben ist, hinaus und betrifft auch das „Ob“ der Einstellung. Dieser Widerspruch könnte auf die Besonderheiten des Vergütungssystems in Spielbanken zurückzuführen sein, nach welchem die Vergütung der einzelnen Arbeitnehmer unmittelbar von der Gesamtzahl der Beschäftigten abhängt.[221]

In einer späteren Entscheidung vom 21.6.2000[222] hatte sich das Gericht wiederum mit der Frage der Erweiterung der Rechte des Betriebsrats auseinander zu setzen. Streitig war, ob das Fehlen der in einem Tarifvertrag vorgeschriebenen Zustimmung des Betriebsrats zu einer ordentlichen Kündigung diese Kündigung

---

218 Das Bundesarbeitsgericht lässt damit erkennen, dass die Grenze der zu schützenden Unternehmerfreiheit überschritten wäre, wenn ein Tarifvertrag dem Betriebsrat ein Mitbestimmungsrecht auch über die Frage einräumte, *ob* ein Arbeitnehmer einzustellen ist.

219 Dies ergibt sich aus der Äußerung, entscheidungserheblich sei, dass dem Betriebsrat kein Mitbestimmungsrecht bei der Entscheidung zugebilligt wird, ob ein Arbeitnehmer eingestellt wird, sondern nur bei der Frage, welchem Bewerber der Vorzug zu geben ist. Im vorliegenden Fall legt das Gericht die Tarifnorm dahingehend aus, dass der Betriebsrat lediglich bei der Auswahl der Arbeitnehmer mitzubestimmen hat.

220 Siehe hierzu *Buchner*, Anm. zu BAG v. 10.2.1988, SAE 1991, 356, 357.

221 Ebd.. Die Bezahlung erfolgt aus dem Troncaufkommen, das nach bestimmten Kriterien auf die Arbeitnehmer aufgeteilt wird. Je mehr daran partizipieren, desto geringer wird der dem Einzelnen zufließende Betrag.

222 BAG v. 21.06.2000, NZA 2001, 271, 274.

unwirksam mache, ob eine derartige Erweiterung des Mitbestimmungsrechts des Betriebsrats also zulässig und damit wirksam sei.

Auf einen Verstoß gegen die Berufsfreiheit des Unternehmers gemäß Art. 12 Abs. 1 GG ging das Bundesarbeitsgericht wiederum nur sehr kurz ein: Art. 12 GG schließe allenfalls solche Regelungen der Tarifvertragsparteien aus, welche die „eigentliche" Unternehmerfreiheit beschränken.[223] Dies sei z.B. der Fall bei Betriebsschließungen oder wesentlichen Betriebseinschränkungen, welche vorliegend durch die tarifliche Regelung allenfalls verzögert würden.

(2) Wirtschaftliche Entscheidungen

Die tarifliche Regelbarkeit von wirtschaftlichen Entscheidungen ist erstmals 1990 in den Blickpunkt der Öffentlichkeit gerückt.

(a) Betriebsstilllegung

Über den Versuch einer Gewerkschaft, die unternehmerische Entscheidung darüber, „ob" ein Betrieb stillgelegt werden soll, tariflich zu regeln, wurde gerichtlich noch nicht entschieden. Trotzdem hat das Bundesarbeitsgericht bei der Beschreibung des Kernbereichs der unantastbaren unternehmerischen Entscheidungsfreiheit wiederholt zum Ausdruck gebracht, dass Betriebsstilllegungen nicht tariflich regelbar sind. So hat das Bundesarbeitsgericht in der Entscheidung über die Erweiterbarkeit der Rechte des Betriebsrats vom 21.6.2000[224] ausgeführt, Betriebsschließungen gehörten zu den tariflich nicht regelbaren „eigentlichen" Unternehmensentscheidungen. Ebenso verwies das Arbeitsgericht *Bonn* in der Entscheidung über die Beendigung des Arbeitsverhältnisses vom 5.2.1998[225] darauf, dass Art. 12 Abs. 1 GG dem Unternehmer die Möglichkeit garantiere, sein Unternehmen aufzugeben.

(b) Standortsicherungsvertrag

Bemerkenswert ist das Urteil des Landesarbeitsgerichts *Hamm* vom 31. Mai 2000[226] zur Erstreikbarkeit eines Standortsicherungstarifvertrags. Zeichnete sich die Rechtsprechung bis dahin überwiegend durch eine stetige Erweiterung des

---

223 Ebd.

224 BAG v. 21.6.2000, NZA 2001, 271, 274; siehe Kapitel C.I.1.b.bb.(1)(e) dieser Arbeit.

225 ArbG Bonn v. 17.5.2001, NZA-RR 2002, 315, 316; siehe Kapitel C.I.1.b.bb.(1)(c) dieser Arbeit.

226 LAG Hamm v. 31.5.2000, NZA-RR 2000, 535.

Gestaltungsspielraums der Tarifparteien und eine geringe Beachtung der Thematik der unternehmerischen Entscheidungsfreiheit aus, schränkt eine Entscheidung des Landesarbeitsgerichts *Hamm* in einer Art und Weise die Tarifautonomie ein, die in der jüngeren arbeitsgerichtlichen Rechtsprechung beispiellos ist. Zum ersten Mal wird die unternehmerische Entscheidung tariffrei gestellt, obwohl die „rechtlichen, sozialen oder wirtschaftlichen Belange der Arbeitnehmer in ihrer Eigenschaft als Beschäftigte“[227] berührt werden.

Der Gerichtsentscheidung lag der Entschluss des Verfügungsklägers zugrunde, seine Produktion von Hamm nach Thüringen zu verlegen. Aus Sicht des Unternehmens waren zur Erhaltung der Wettbewerbsfähigkeit umfangreiche Investitionen vonnöten, für die der Standort Hamm nach seiner Ansicht ungeeignet war.[228] Die Gewerkschaft NGG forderte den Verfügungskläger auf, in Verhandlungen über einen Standortsicherungsvertrag einzutreten. Nachdem das Unternehmen dies abgelehnt hatte, forderte die Gewerkschaft auch den Arbeitgeberverband auf, dessen Mitglied der Verfügungskläger war, einen firmenbezogenen Verbandstarifvertrag zur Standortsicherung abzuschließen. Dieser sah einen von den Tarifparteien zu bildenden paritätischen Beratungsausschluss vor, der innerhalb von drei Monaten Alternativen zur geplanten Verlagerung prüfen und Lösungsmöglichkeiten erarbeiten sollte. Weiterhin sollten Umzugsregelungen vereinbart werden und Arbeitnehmer, die an den neuen Standort wechselten, sollten vier Jahre lang Zuzahlungen erhalten. Ein Kündigungsschutz war nicht vorgesehen, ebenso sollte das Unternehmen die Produktionsstätte in Hamm nicht erhalten müssen. Der Aufruf zur Urabstimmung wurde wie folgt begründet:

> *„In den vergangenen Wochen haben wir mit vielen gemeinsamen Aktionen versucht, Herrn [..] davon zu überzeugen, dass H. der richtige Standort für eine neue Zwieback-Fabrik ist. Leider hat er alle Signale nicht verstanden. Deshalb bleibt uns jetzt keine andere Wahl mehr. Der nächste Schritt heißt Arbeitskampf!“*

Der Arbeitgeber war der Ansicht, die Möglichkeit der Gewerkschaft, auf die nachteiligen Folgen einer Produktionsverlagerung Einfluss zu nehmen, stelle sich aus Unternehmersicht als massiver Eingriff in die Durchführung der geplanten Betriebsänderung dar, weil die Forderungen hoch seien. Die geforderten Leistun-

---

227 BAG v. 3.4.1990, AP Nr. 56 zu Art. 9 GG, B.II.1. d. Gr.

228 Dem Unternehmen wurden fast 50 Mio. DM Fördermittel von Thüringens Ministerpräsidenten Bernhard Vogel zugesagt, um den Aufschwung Ostdeutschlands durch die Produktionsverlagerung zu unterstützen. In der öffentlichen Meinung wurde als entscheidender Faktor der Produktionsverlagerung die in diesem Betrag enthaltene Überbietung der von der nordrhein-westfälischen Landesregierung gebotenen 30 Mio. DM erachtet („beispielloser Subventionspoker“: Der Spiegel, Ausgabe 40/ 2000).

gen betrugen das Siebenfache eines Jahresgehalts jedes der betroffenen Arbeitnehmer.

Das Landesarbeitsgericht *Hamm* entschied, der zum Zwecke eines entsprechenden Tarifvertrags geplante Arbeitskampf der Gewerkschaft sei ein rechtswidriger Eingriff in die Unternehmensautonomie. Ausgangspunkt dieser Entscheidung ist die gerichtliche Definition des Streikziels der Gewerkschaft, das darauf gerichtet sei, einen solchen Druck auf den Arbeitgeber auszuüben, dass eine Betriebsverlagerung nicht stattfinden konnte. Dieses Ziel kollidiere mit dem Recht des Unternehmers, ohne Streikdruck frei zu entscheiden, ob er weiter in Hamm oder in Thüringen produzieren wolle. Grundsätzlich müsse dem betroffenen Unternehmer ein angemessener Spielraum verbleiben, sich als verantwortlicher Unternehmer wirtschaftlich frei zu entfalten. Dementsprechend könne die Geschäftsleitung autonom über Investitionen, Produktion und Vertrieb entscheiden. Sie treffe grundsätzlich die Entscheidung darüber, „welche Geld- und Sachmittel zu welchem Zweck eingesetzt werden und ob, was und wo hergestellt wird“[229]. Dafür spreche auch die gesetzgeberische Regelung in §§ 111 ff. BetrVG, nach denen die Entscheidung über das „Wie“ der geplanten Betriebsänderung dem Arbeitgeber unterliege. Würde man eine Regelungsbefugnis der Tarifparteien bejahen, wäre eine solche unternehmerische Entscheidung nicht mehr möglich.[230] Weiterhin würde der Abschluss eines betriebsbezogenen Interessenausgleichs und Sozialplans in den Kernbereich der betriebsverfassungsrechtlichen Zuständigkeit eingreifen.[231] Im Unterschied hierzu würden Rationalisierungsschutzabkommen, die nach der Rechtsprechung tariflich regelbar sind, sich auf die Folgenbewältigung der Betriebsänderung beschränken und die unternehmerische Entscheidungsfreiheit deshalb nicht beschneiden. Anders als bei der Forderung nach Zeitzuschlägen bei der Einführung eines Personalbemessungssystems, über die das Bundesarbeitsgericht am 3.4.1990 zu entscheiden hatte,[232]

---

229 LAG Hamm v. 31.5.2000, NZA-RR 2000, 535, 537, III.1.a)cc) d. Gr.

230 LAG Hamm v. 31.5.2000, NZA-RR 2000, 535, 537, III.1.a)ee) d. Gr. Hierzu kritisch *Zachert*, DB 2001, 1198, 1202.

231 Gegen diese Argumentation wendet sich LAG Schleswig-Holstein v. 27.3.2003, NZA-RR 2003, 592, 595: „Wenn aber nach dem Betriebsverfassungsgesetz tarifliche Normen regelmäßig Vorrang vor Betriebsvereinbarungen haben, hätte es für den umgekehrten Fall, dass im Falle von Betriebsänderungen die innerbetrieblichen Interessenausgleichs- und Sozialplanverhandlungen gem. §§ 111 f. BetrVG die Tarifautonomie beschränken sollen, nahe gelegen, dies ebenfalls gesetzlich ausdrücklich festzulegen. [..] Eine nach §§ 111 ff. BetrVG ausschließliche ‚Kompetenzzuweisung’ zur Regelung des Ausgleichs wirtschaftlicher Nachteile auf die Betriebsparteien, [..] ist weder dem Betriebsverfassungsgesetz zu entnehmen, noch ist es mit der verfassungsrechtlich garantierten Tarifautonomie vereinbar.“

232 BAG v. 3.4.1990, AP Nr. 56 zu Art. 9 GG.

ließe sich die soziale Seite der unternehmerischen Maßnahme von der wirtschaftlichen trennen.[233]

(c) Ausgleich wirtschaftlicher Nachteile durch tarifliche Sozialpläne

Zu einem anderen Ergebnis als das Landesarbeitsgericht *Hamm* kam das Landesarbeitsgericht *Schleswig-Holstein*[234] bei der Entscheidung über die Zulässigkeit eines Arbeitskampfes anlässlich des Entschlusses des Arbeitgebers, Teile der Produktion in die USA auszulagern. Die Gewerkschaft hatte vom Arbeitgeberverband parallel zu den betrieblichen Interessenausgleichsverhandlungen die Aufnahme firmenbezogener Tarifverhandlungen verlangt. Die Forderung war der Abschluss eines Tarifsozialplans. Im einzelnen ging es um verlängerte Kündigungsfristen (Verlängerung um je zwei Monaten pro Beschäftigungsjahr), Qualifizierungsmaßnahmen für die Gekündigten (von bis zu 24 Monaten unter Fortzahlung des Entgelts) sowie Abfindungen (in Höhe von zwei Monatsgehältern pro Beschäftigungsjahr). Die Störung für den Arbeitgeber liegt auf der Hand: ER kämpft an zwei Fronten, wenn er parallel zu den innerbetrieblichen Interessenausgleichs- und Sozialplanverhandlungen Verhandlungen mit der Gewerkschaft über Sozialplanforderungen führen muss und die Gewerkschaft zur Durchsetzung dieser Forderungen streikt.

Das Gericht begründete seine Entscheidung der Zulässigkeit des Streiks für einen Sozialplantarifvertrag damit, dass es zwar u.a. zum unantastbaren Kernbereich der dem Arbeitgeber zustehenden Unternehmensautonomie gehöre, die „Entscheidung über Schließung oder Veräußerung seines Betriebs, über Standortverlagerung und Personalabbau, über Festlegung von Produktions-, Organisations- und Vertriebsstrukturen sowie Investitionen“ zu treffen.[235] Zudem sei die Unternehmensautonomie auch dann rechtswidrig verletzt, wenn die Tarifforderungen, die beabsichtigte Betriebsänderung zwar rechtlich zuließen, aber aufgrund der zeitlichen Verzögerung faktisch von vornherein unmöglich machten, die Tarifforderungen folglich „zwangsläufig zu einer Verhinderung der Produktionsverlagerung, mithin zu einem Standorterhalt führen müssen“.[236] Die Tariffähigkeit einer Forderung könne also auch von dem Forderungsumfang abhängig sein.[237]

Jedoch habe die Gewerkschaft nicht das Ziel gehabt, den vollständigen Standorterhalt tarifvertraglich zu regeln, sondern nur, die nachteiligen Folgen für

233 LAG Hamm v. 27.03.2003, NZA-RR 2000, 535, 537, unter B.III.1.cc) d. Gr.
234 LAG Schleswig-Holstein v. 27.3.2003, NZA-RR 2003, 592 ff.
235 LAG Schleswig-Holstein v. 27.3.2003, NZA-RR 2003, 592, 594, 1.2.2. d. Gr.
236 LAG Schleswig-Holstein v. 27.3.2003, NZA-RR 2003, 592, 595, 1.2.3. d. Gr.
237 So auch LAG Hessen v. 15.3.2005, Az.: 9 Sa 915/05, unter II. d.Gr.

die Arbeitnehmer zu mildern. Der Streikgegenstand bestimme sich nach dem Streikbeschluss und nicht nach sonstigen Erklärungen oder Publikationen, in denen sich die Gewerkschaft für Standorterhalt ausgesprochen hatte. In diesem sei es erkennbar nur um das „Wie“ der Produktionsverlagerung, nicht um das „Ob“ gegangen.[238] Auch sei die Tariffähigkeit der Forderung nicht aufgrund des Forderungsumfangs zu verneinen, denn daran seien strenge Anforderungen zu stellen. Der erhobenen Tarifforderung müsse „augenscheinlich auf die Stirn geschrieben sein, dass sie den Kernbereich der Unternehmensautonomie verletzt“,[239] sie müsse zu einer „wirtschaftlichen Erdrosselung“[240] des Unternehmens führen, andernfalls nehme das Gericht eine unzulässige Tarifzensur vor. Eine nur zeitliche Verzögerung sei in der Regel nicht ausreichend.[241] Der Arbeitgeber sei seiner Darlegungs- und Beweispflicht in dieser Hinsicht hier nicht nachgekommen.

Auch das LAG Hessen hatte sich mit dem in Schleswig-Holstein vor Gericht gebrachten Fall zu befassen.[242] Die hessischen Richter haben die Konkurrenz von tariflichen und betriebsverfassungsrechtlichen Sozialplänen ebenfalls mit dem Vorrang des Tarifvertragsrechts gelöst.[243] Die Entscheidung liegt dem Bundesarbeitsgericht zur Überprüfung vor.[244]

Ein weiteres Beispiel für die Durchsetzung von Sozialplanforderungen mittels Streik ist der Arbeitskampf in Stadthagen vom Mai 2004.[245] Der Fahrtreppenhersteller Otis hatte sich entschieden, den Produktionsbereich in Deutschland bis zum Jahresende zu schließen und die Fahrtreppenproduktion ins Ausland, in die

---

238 LAG Schleswig-Holstein v. 27.3.2003, NZA-RR 2003, 592, 594, 1.1.3. d. Gr.: „Die dortige [in dem der Entscheidung des LAG Hamm zugrundeliegenden Fall, Einfügung durch Verfasserin] Gewerkschaft hatte die zusätzlich erhobenen Forderungen wie Umschulungsregelungen, Qualifizierungsmaßnahmen, Abfindungen, Umzugs- und Heimfahrtenregelungen mit der von ihr vorrangig gestellten Forderung auf Standorterhalt verknüpft. Der Standorterhalt war im *LAG Hamm*-Verfahren Gegenstand der Tarifverhandlungen und nicht – wie vorliegend – die Produktionsverlagerung, mithin der Verlust des Produktionsstandortes in K., zur Voraussetzung für den Abschluss eines Tarifvertrages gemacht.“

239 LAG Schleswig-Holstein v. 27.3.2003, NZA-RR 2003, 592, 595, 1.2.3. d. Gr.

240 LAG Schleswig-Holstein v. 27.3.2003, NZA-RR 2003, 592, 595, 1.2.4. d. Gr.

241 Ebd.

242 LAG Hessen v. 2.2.2006, BeckRS 2006, 41396.

243 Siehe dazu *Willemsen/Stamer*, NZA 2007, 413 ff.

244 Das Verfahren wird beim Bundesarbeitsgericht unter dem Aktenzeichen 1 AZR 252/06 geführt. In seinem Urteil vom 6. Dezember 2006, 4 AZR 798/05, hatte der Senat nicht die Frage der Zulässigkeit tariflicher Sozialpläne bei konkreten Betriebsänderungen zu klären. Im zugrundeliegenden Fall bestand für die Betriebsänderung nach den Vorschriften des Thüringischen Personalvertretungsrechts keine Sozialplanpflicht.

245 LAG Niedersachsen v. 2.6.2004, AP Nr. 164 zu Art. 9 GG Arbeitskampf.

Tschechische Republik und nach China, zu verlagern. Die *IG Metall* verlangte den Abschluss eines Firmentarifvertrages mit den Regelungsinhalten Sozialplanabfindungen (in Höhe von zwei Monatseinkommen pro Beschäftigungsjahr) und Qualifizierungsmaßnahmen (für bis zu 36 Monate nach Ablauf der Kündigungsfrist unter Fortzahlung eines Entgelts in Höhe der bisherigen Vergütung für betriebsbedingt Gekündigte) sowie der Errichtung eines Härtefonds. Für den Fall der Nichtaufnahme der Verhandlungen drohte sie mit Streik.

In der ablehnenden Begründung des Antrags auf Erlass einer einstweiligen Unterlassungsverfügung schloss sich das Landesarbeitsgericht *Niedersachsen* der Auffassung des Landesarbeitsgerichts *Schleswig-Holstein*[246] an, die erhobene Tarifforderung beträfe nicht das „Ob" der Betriebsschließung, sondern das „Wie". Ein Arbeitskampf um diese Forderung sei solange nicht ausgeschlossen, wie er die Umsetzung der geplanten unternehmerischen Entscheidung nicht faktisch oder rechtlich unmöglich mache.[247]

Schließlich sind als Beispiel für einen Streik über den Ausgleich der Nachteile einer Unternehmensentscheidung die abgeschlossenen Verhandlungen zwischen der IG Metall und dem Chiphersteller Infineon über einen Sozialplan für die Mitarbeiter des von der Schließung bedrohten Infineon-Werks in München zu nennen.[248] Infineon hat das Perlacher Chipwerk zum 31. März 2007 geschlossen. In den Verhandlungen mit der Gewerkschaft ging es um einen Sozialplan für die meisten der 800 Mitarbeiter, die ihren Arbeitsplatz verlieren werden. Das Ergebnis der Verhandlungen stand in einem Papier, das nicht öffentlich und auch auf Nachfrage nicht einsehbar ist. Ein gerichtliches Verfahren wurde nicht anhängig.

Es hat sich als neue Streiktaktik der IG Metall herauskristallisiert, angesichts drohender Produktionsverlagerungen die tarifliche Verlängerung von Kündigungsfristen für betriebsbedingte Kündigungen, Ansprüche der betriebsbedingt gekündigten Arbeitnehmer auf die Durchführung und Finanzierung von Qualifizierungsmaßnahmen sowie die Zahlung von Abfindungen mittels des Streiks durchzusetzen. Die mit dieser Strategie verbundenen Fragen aus dem Schnittbe-

---

246 LAG Schleswig-Holstein v. 27.3.2003, NZA-RR 2003, 592.

247 *Reichold*, BB 2004, 2814, 2818, sieht in dem Streik eine missbräuchliche Umgehung des gesetzlich vorgesehenen Mitbestimmungsverfahrens nach §§ 111 BetrVG. Ebenso weisen *Hohenstatt/Schramm*, DB 2004, 2214, darauf hin, dass das Gefüge der Vorschriften §§ 111, 112 BetrVG, die eine Begrenzung der Mitbestimmung des Betriebsrats an Betriebsänderungen vorsehen, durch die Rechtsprechung gestört wird. Den Betriebsräten gelinge es, „die Gewerkschaft vor ihren Karren zu spannen, indem im Zusammenhang mit einer Betriebsänderung Tarifforderungen erhoben werden und diesen mit Arbeitskampfdrohungen Nachdruck verliehen wird".

248 *Herr*, FAZ v. 1.11.2005, 13.

reich von Arbeitskampf-, Tarifvertrags- und Betriebsverfassungsrecht[249] sind nicht Gegenstand dieser Arbeit.[250]

(d) Ausgliederung

Obgleich eine Gerichtsentscheidung über die Frage der tariflichen Regelbarkeit von Ausgliederungen nach derzeitigem Stand nicht vorliegt, soll im Sinne eines vollständigen Vergleichs mit der amerikanischen Rechtslage überlegt werden, ob eine solche Unternehmensentscheidung nach der Rechtsprechung tariflich regelbar wäre. Der Begriff der Ausgliederung soll dabei in einem umfassenden, nicht an § 123 Abs. 3 UmwG gebundenen Sinn verstanden werden – als vertragliche Weitergabe von Arbeit. Diese Unternehmensentscheidung wäre dann eine tariflich regelbare Arbeitsbedingung i.S.d. Art. 9 Abs. 3 GG, wenn eine entsprechende Tarifforderung nicht unzulässigerweise in den unternehmerischen Autonomiebereich eingreifen würde.

Im Sinne der Rechtsprechung muss bei der Beurteilung zwischen dem „Ob“ und dem „Wie“ der Umsetzung der Entscheidung unterschieden werden. Demnach würde das arbeitskampfrechtliche Ziel, auf die Frage der Ausgliederung als solche („Ob“ der Entscheidung) Einfluss zu nehmen, zum Beispiel durch Verhinderung der Ausgliederung oder gar durch Ausgliederung an ein anderes als das gewählte Unternehmen, nach der Rechtsprechung dem Arbeitgeber die Möglichkeit nehmen, „sich als verantwortlicher Unternehmer wirtschaftlich frei zu entfalten“.[251] Die Tarifforderung würde die Unternehmensautonomie unzureichend beachten und wäre damit eine unzulässige, nicht regelbare Tarifforderung. Denn bei der Entscheidung, bestimmte Arbeiten vertraglich auszugliedern, handelt es sich um eine Entscheidung darüber, welche Geld- und Sachmittel zu welchem Zweck eingesetzt werden, also um eine Frage des „Was und Wo“ der Herstellung, die nach der Rechtsprechung zum unantastbaren Kernbereich der unternehmerischen Entscheidungsfreiheit gehört. Zudem greift bei Ausgliederungen auch die weitere Argumentation des Landesarbeitsgerichts *Hamm*,[252] dass nach der gesetzlichen Wertung des Betriebsverfassungsgesetzes bei den in § 111 BetrVG geregelten Gegenständen eine Regelungsbefugnis der Tarifparteien im Hinblick auf das „Ob“ der Durchführung der Maßnahme ausgeschlossen ist. Denn Ausgliederungen unterfallen als Ausgliederungen im engen Sinne des § 123

---

249 Vgl. *Bauer/Krieger*, NZA 2004, S. 1019 ff.; *Nicolai*, RdA 2006, S. 33 ff.; *Schiefer/Worzalla*, DB 2006, S. 46 ff.

250 Vgl. aber zu den Auswirkungen auf das Kampfgleichgewicht Kapitel H.I. dieser Arbeit.

251 LAG Hamm v. 31.5.2000, NZA-RR 2000, 535, 536, unter B.III.1.a) cc) d. Gr.

252 LAG Hamm v. 31.5.2000, NZA-RR 2000, 535, 536, unter B.III.1.a) ee) d. Gr.

UmwG der Vorschrift des § 111 Satz 3 Nr. 2 Alt. 2 BetrVG, andernfalls sind sie grundlegende Änderung der Betriebsorganisation i.S.d. § 111 Satz 3 Nr. 4 Alt. 1 BetrVG, also Betriebsänderungen.[253] Ebenso wie bei Standortverlagerungen würde das Gericht deshalb argumentieren, dass es sich bei der Beeinflussung der Frage, ob überhaupt eine Ausgliederung stattfinden soll bzw. in welcher Form, nicht um eine bloß generelle Regelung zur Folgenbewältigung handelt und deshalb die gesetzliche Wertung, der Arbeitgeber könne über die Durchführung der Betriebsänderung als solche frei entscheiden, konterkariert würde.

Anders würden die Gerichte im Hinblick auf die Frage der tariflichen Regelbarkeit der Folgen einer Betriebsänderung entscheiden. In Betracht kämen als solche zum Beispiel Forderungen über Abfindungen für infolge der Ausgliederung gekündigte Arbeitnehmer oder Rationalisierungsschutzabkommen. Denn die nachteiligen Folgen der Betriebsänderung für die Arbeitnehmer zu mildern ist durch die Rechtsprechung als zulässiger Gegenstand der tariflichen Regelbarkeit anerkannt, solange die Umsetzung der geplanten unternehmerischen Entscheidung nicht unmöglich gemacht wird.[254]

2. Betriebsräte

Konfliktpotenzial im Hinblick auf die unternehmerische Entscheidungsfreiheit bietet in Deutschland auch die betriebliche Mitbestimmung. Die Frage der Eingrenzung der betrieblichen Mitbestimmung unter dem Aspekt einer von Mitbestimmung frei zu haltenden Entscheidungsebene ist immer wieder Gegenstand der Erörterungen in der Literatur. Sie ist früher unter dem Gesichtspunkt der Verfassungswidrigkeit des Betriebsverfassungsgesetzes,[255] später im Hinblick auf das Initiativrecht des Betriebsrats[256] und dann im Zusammenhang mit den betrieblichen Öffnungszeiten[257] diskutiert worden.

Ausgangspunkt der Diskussion über die Abgrenzung der betrieblichen Mitbestimmung von der unternehmerischen Entscheidungsfreiheit ist die Annahme, dass das Betriebsverfassungsgesetz originär keine Mitentscheidung des Betriebsrats in unternehmerischen Fragen, insbesondere auf wirtschaftlichem Gebiet, anstrebt, sondern primär auf die Verwirklichung von sozialen Aspekten hin orien-

---

253 So entschieden zum Beispiel für Outsourcing: ArbG München v. 22. 2. 2000, AiB 2000, 766; ArbG Würzburg v. 30. 8. 2000, AiB 2001, 302.

254 Siehe oben, LAG Schleswig-Holstein, Urt. v. 27.3.2003, NZA-RR 2003, 592, 595.

255 *Obermeyer*, DB 1971, 1721 ff.

256 *Wiese*, Initiativrecht, 53.

257 *Reuter*, ZfA 1981, 180 ff.; *Lieb*, DB 1981, Beil. 17, 3 ff.

tiert ist.[258] Die Beteiligung der Arbeitnehmer an der Unternehmensführung solle einem künftigen Unternehmensverfassungsrecht vorbehalten werden.[259]

a. Rechtlicher Rahmen und Grundlagen

Die Betriebsräte nehmen im dualen System der Interessenvertretung vor allem Mitbestimmungsrechte wahr, die im Betriebsverfassungsgesetz geregelt sind.

Voraussetzung der Entstehung eines Konflikts mit unternehmerischen Interessen ist, dass die im Wege der Mitbestimmung zu treffende Maßnahme in die Regelungsgewalt der Betriebspartner fällt. Als Schranke der Regelungsgewalt der Betriebspartner kommt zum einen der Tarifvorrang nach § 77 Abs. 3 BetrVG und zum anderen der Vorrang von Gesetz und Tarifvertrag nach § 87 Abs. 1 BetrVG in Betracht.

§ 77 Abs. 3 BetrVG versperrt der Betriebsvereinbarung die an sich mögliche Regelung von Arbeitsbedingungen auf dem Gebiet der Arbeits- und Wirtschaftsbedingungen und ist damit Ausdruck der qualitativ höheren Gewichtung der Tarifautonomie gegenüber der Betriebsvereinbarungsautonomie.[260] Die statuierte Sperrwirkung bezieht sich nach dem Gesetzeswortlaut auf Arbeitsentgelte und sonstige Arbeitsbedingungen, womit alle Arbeitsbedingungen gemeint sind, die nicht Gegenstand eines Mitbestimmungsrechts nach § 87 BetrVG sind.[261] Die

---

258 *Reuter*, ZfA 1981, 165 ff. m.w.N. Im Gesetzgebungsverfahren des Betriebsverfassungsgesetzes 1972 sind Äußerungen gefallen, wonach in die eigentliche unternehmerische Entscheidung nicht eingegriffen werde: Stellungnahmen von *Farthmann*, *Schmidt* und *Schellenberg*, BT-St.B. 6/8597, 8602, 8673. Gleiches geht aus der Begründung des Regierungsentwurfs hervor, BT-Drucks. 6/1786, 31. Demgegenüber gewährt das MitbestG gezielt und beabsichtigt die Teilhabe an der Entscheidungsfindung über unternehmerische Fragestellungen, vgl. § 1 Abs. 1 MitbestG.

259 BR-Drucks. 715/70, 31.

260 *Weiss/Weyand*, BetrVG, § 77, Rn. 28, 29. Siehe hierzu auch *Rieble*, FAZ 19.2.2005, 13.

261 BAG v. 9.4.1991, AP Nr. 1 zu § 77 BetrVG 1972 Tarifvorbehalt; v. 6.8.1991, SAE 1992, 197; *Weingart*, Betriebliche Mitbestimmung, 42; *Weiss/Weyand*, BetrVG, § 77, Rn. 30. Demgegenüber handelt es sich nach weit verbreiteter Ansicht in der Literatur nur um materielle Arbeitsbedingungen, so z.B. *Hess/Schlochauer/Glaubitz*, § 77, Rn. 132 m.w.N., wohingegen Betriebsvereinbarungen über formelle Arbeitsbedingungen nicht berührt werden sollen.

Sperrwirkung greift, wenn die Arbeitsbedingungen durch Tarifvertrag geregelt sind[262] oder üblicherweise geregelt werden.[263]

Die Mitbestimmungstatbestände des § 87 BetrVG kann der Betriebsrat nur wahrnehmen, wenn keine gesetzliche oder tarifliche Regelung für die Frage besteht. Unter Gesetz ist jedes Gesetz[264] im materiellen Sinne zu verstehen, also auch Verordnungen und Satzungen.[265] Dem Gesetz gleichzustellen sind richterliche Gesetzeskonkretisierungen sowie das gesetzesvertretende Richterrecht.[266] Im Hinblick auf die Verdrängung der Zuständigkeit durch tarifliche Regelungen kommt es bei § 87 BetrVG im Gegensatz zu § 77 Abs. 3 BetrVG darauf an, dass diese tatsächlich „bestehen“[267] und gerade auch für den betreffenden Betrieb gelten, der Arbeitgeber also tarifgebunden ist.[268] Dies hat seinen Grund darin, dass die Mitbestimmungsrechte nach § 87 BetrVG dem Schutz der Arbeitnehmer vor der einseitigen Gestaltung der Arbeitsbedingungen durch den Arbeitgeber dienen sollen.[269] Im Verhältnis zu § 77 Abs. 3 BetrVG hat § 87 Abs. 1 BetrVG Vorrang, so dass unter § 77 Abs. 3 BetrVG keine Arbeitsbedingungen fallen, für die nach § 87 BetrVG ein Mitbestimmungsrecht besteht.[270]

---

262 Es genügt für eine „Regelung“ i.S.d. Vorschrift, dass ein Tarifvertrag existiert, in dessen räumlichen und fachlichen Geltungsbereich der Betrieb fällt. Es ist nicht erforderlich, dass der Arbeitgeber des Betriebs tarifgebunden ist; *Weiss/Weyand*, BetrVG, § 77, Rn. 31.

263 „Tarifüblichkeit“ liegt vor, wenn eine Frage mehrfach in ununterbrochener zeitlicher Reihenfolge geregelt wurde oder eine Frage in einem Tarifvertrag mit langer Laufzeit eine Regelung erfahren hat, *Weiss/Weyand*, BetrVG, § 77, Rn. 32. Die Tarifüblichkeit entfällt, wenn mit Sicherheit feststeht, dass in Zukunft eine Frage nicht mehr tariflich geregelt wird. Auch tarifübliche Regelungen entfalten Sperrwirkung nur im Rahmen ihres jeweiligen Geltungsbereichs; *Fitting/Kaiser/Engels*, § 77, Rn. 85.

264 Bei dem Gesetz muss es sich um ein zwingendes Gesetz handeln, dispositive Regelungen sperren nicht, BAG v. 13.3.1973, AP Nr. 1 zu § 87 BetrVG 1972 Werksmietwohnungen; *Weingart*, Betriebliche Mitbestimmung, 45; *Weiss/Weyand*, BetrVG, § 87, Rn. 10.

265 *Fitting/Kaiser/Engels*, § 87, Rn. 30; *Weingart*, Betriebliche Mitbestimmung, 44; *Weiss/Weyand*, BetrVG, § 87, Rn. 10.

266 *Weiss/Weyand*, BetrVG, § 87, Rn. 10 m.w.N.; a.A. *Fitting/Kaiser/Engels*, § 87, Rn. 29.

267 Ein lediglich nach § 4 Abs. 5 TVG nachwirkender Tarifvertrag kann das Mitbestimmungsrecht nicht verdrängen; *Weiss/Weyand*, BetrVG, § 87, Rn. 13.

268 Ebd.

269 MünchArbR-*Matthes*, § 324, Rn. 9.

270 BAG v. 24.1.1987, AP Nr. 21 zu § 77 BetrVG 1972; *Reuter*, SAE 1976, 17 f.; *Simitis/Weiss*, DB 1973, 1240, 1247. Die als Zwei-Schranken-Theorie bezeichnete Gegenauffassung (u. a. *Weingart*, Betriebliche Mitbestimmung, 46-50) vertritt, dass § 77 Abs. 3 BetrVG auch auf die in § 87 Abs. 1 BetrVG genannten Angelegenhei-

Die Mitbestimmung des Betriebsrats wird vor allem durch den Abschluss von Betriebsvereinbarungen, also durch förmliche und formbedürftige (§ 77 Abs. 2 BetrVG) Einigungen zwischen den Betriebspartnern verwirklicht. Sie wirken normativ und zwingend auf die Einzelarbeitsverhältnisse ein (§ 77 Abs. 4 Satz 1 BetrVG).

Die Intensität der verschiedenen Mitwirkungs- und Mitbestimmungsrechte ist je nach Eigenart und Bedeutung des betreffenden Mitbestimmungsgegenstandes unterschiedlich ausgeprägt. Sie reicht von bloßen Informationsrechten (z.B. §§ 106 Abs. 2, 108 Abs. 5, 99 Abs. 1 BetrVG) und Anhörungsrechten (§ 102 Abs. 1 und 2 BetrVG), bei denen der Arbeitgeber im Ergebnis allein entscheidet, bis hin zu echten, ein Initiativrecht[271] des Betriebsrats einschließenden Mitbestimmungsrechten (§§ 37 Abs. 6 Satz 6; 38 Abs. 2 Satz 5; 39 Abs. 1; 47 Abs. 6; 85 Abs. 2; 87 Abs. 2; 91; 94 Abs. 1, 2; 98 Abs. 3, 4; 109; 112 Abs. 4; 116 Abs. 3 Nr. 2; 4; 8 BetrVG). Eine schwächere Form dieses „echten" Mitbestimmungsrechts ist das so genannte Zustimmungsverweigerungsrecht, bei dem der Betriebsrat seine Zustimmung nur aus den im Gesetz genannten Gründen verweigern kann (z.B. in § 99 Abs. 2 BetrVG).

b. Reichweite der Mitbestimmung bei unternehmerischen Entscheidungen

Die Rechtspraxis geht in jahrelanger Rechtsprechung davon aus, dass das Mitbestimmungsrecht des Betriebsrats nicht unter dem allgemeinen Vorbehalt steht, dass nicht in die unternehmerische Entscheidungsfreiheit eingegriffen werden dürfte. Zwar wird als Leitprinzip der betriebsverfassungsrechtlichen Mitbestimmung anerkannt, dass unternehmerische Entscheidungen mitbestimmungsfrei sind.[272] Daraus wird aber nicht abgeleitet, dass das Gesetz zu korrigieren ist,

---

ten Anwendung findet. Demnach scheidet bei nicht bestehender, aber üblicher Tarifvertragsregelung eine Betriebsvereinbarung aus, obwohl der Betriebsrat nach § 87 Abs. 1 BetrVG mitzubestimmen hat. Vgl. zur ausführlichen Erörterung der Ansichten *Weingart*, Betriebliche Mitbestimmung, 46-50.

271 So weit die Mitbestimmung reicht, ist für den Betriebsrat auch ein Initiativrecht gegeben; *Richardi*, Anm. zu BAG v. 31.8.1982, EzA Nr. 13 zu § 87 BetrVG 1972 Arbeitszeit, Bl. 102 k.

272 In der amtlichen Begründung zum Entwurf des BetrVG 1972, BT-Drucks. VI 1786, 31, heißt es: „Im kollektivrechtlichen Bereich erweitert der Entwurf die Mitbestimmungs- und Mitwirkungsrechte des Betriebsrats auf wichtigen Gebieten, ohne in die eigentlichen Entscheidungen, insbesondere auf wirtschaftlichem Gebiet, einzugreifen." Und die Begründung fährt fort: „Die Bundesregierung ist der Ansicht, dass die Fragen der Beteiligung der Arbeitnehmer an der Unternehmensführung nicht im Rahmen des Betriebsverfassungsgesetzes geregelt werden sollten, sondern einer

wenn die in ihm normierten Mitbestimmungsrechte die unternehmerische Entscheidungsfreiheit begrenzen. Die Rechtsprechung und herrschende Literatur gehen davon aus, dass der Gesetzgeber den Konflikt zwischen unternehmerischer Entscheidungsfreiheit und der Wahrnehmung der Arbeitnehmerinteressen gesehen und dementsprechend die Beteiligungsrechte des Betriebsrats an den einzelnen Entscheidungen und Maßnahmen unterschiedlich stark ausgestaltet hat. Dort, wo der Schutz und die Erhaltung der unternehmerischen Entscheidungsfreiheit ihm besonders geboten erschien, hat er lediglich ein schwächer ausgestaltetes Beteiligungsrecht des Betriebsrats gewählt, während an weniger schutzwürdiger Stelle eine verstärkte Partizipation des Betriebsrats an der Unternehmerentscheidung vorgesehen ist.[273] Die Entscheidung des Gesetzgebers bezüglich der Auflösung des Wertungswiderspruchs zwischen der Mitbestimmung und der Freiheit der unternehmerischen Entscheidung ist von den Gerichten zu akzeptieren.[274]

Durch das Betriebsverfassungsgesetz begründete Mitbestimmungstatbestände werden also nicht deswegen eingeschränkt oder ausgeschlossen, weil durch ihre Wahrnehmung Daten gesetzt werden, die die unternehmerische Freiheit, darüber zu entscheiden, einen Betrieb nicht, nicht so oder auf andere Weise zu ändern, beschränken.[275] Selbst in gravierenden Fällen ist das gesetzlich festgelegte Gesamtmodell der betrieblichen Mitbestimmung nicht durch die Judikative korrigierbar.[276] „Grenzen eines Mitbestimmungsrechts des Betriebsrats können sich nur aus der Regelung des Mitbestimmungstatbestandes selbst, aus anderen gesetzlichen Vorschriften, aus der Systematik und dem Sinnzusammenhang des Betriebsverfassungsgesetzes ergeben."[277] Die genaue Reichweite der betriebsverfassungsrechtlichen Mitbestimmung wird in der deutschen Rechtsprechung durch Auslegung jedes Mitbestimmungstatbestandes unter Berücksichtigung der gesetzlichen Gesamtregelung und des darin zum Ausdruck gekommenen Gesetzeszwecks ermittelt. Die Anwendung des Betriebsverfassungsgesetzes folgt der allgemeinen Methodik der Gesetzesauslegung.[278]

Dem Gesetz lassen sich drei Schwerpunkte betrieblicher Mitbestimmung entnehmen: die Mitbestimmung in sozialen (§ 87 BetrVG), in personellen (§§ 92 ff.,

---

Neuregelung des Unternehmensverfassungsrechtes vorbehalten bleiben müssen" (BR-Drucks. 715/70, 31).

273 BAG v. 31.8.1982, AP Nr. 8 zu § 87 BetrVG 1972 Arbeitszeit, Bl. 1013, unter III.2.a. d. Gr.

274 Ebd.

275 BAG v. 4.3.1986, SAE 1987, 34, 37.

276 BAG v. 31.8.1982, AP Nr. 8 zu § 87 BetrVG 1972 Arbeitszeit, Bl. 1013, unter III.2.a. d. Gr.

277 Ebd.

278 BVerfG v. 18.12.1985, EzA Nr. 13a zu § 87 BetrVG 1972 Arbeitszeit, Bl. 102 p.

99 ff. BetrVG) und in wirtschaftlichen Angelegenheiten (§§ 106 ff., 111 ff. BetrVG). Einen umfassenden Überblick über die einzelnen Tatbestände zu geben würde den Umfang und das Thema dieser Arbeit sprengen. Im Zuge des Rechtsvergleichs sollen im Folgenden deshalb nur die wichtigsten Vorschriften kurz umrissen werden. Dabei wird die Art der Beteiligung in diesem Kapitel weitestgehend ausgeklammert, weil sie Schwerpunkt des folgenden Kapitels D ist.

Das Mitbestimmungsrecht des § 87 BetrVG betrifft Arbeitsbedingungen im weitesten Sinne. Die Mitbestimmungsrechte erstrecken sich bis auf wenige Tatbestände (§ 87 Abs. 1 Nr. 5 und Nr. 9 BetrVG) nur auf kollektive Angelegenheiten.[279] Dabei kommt es nicht auf die Zahl der betroffenen Arbeitnehmer an, sondern auf die Frage, ob sich eine Regelungsfrage stellt, die die Interessen der Arbeitnehmer des Betriebs berührt.[280] Bei keiner Ziffer kann ausgeschlossen werden, dass Daten für den unternehmerischen Bereich gesetzt werden.

Den Mitbestimmungstatbestand der Nr. 1 bilden Fragen der Ordnung des Betriebs und des Verhaltens der Arbeitnehmer im Betrieb, also solche, welche die äußeren Regelungen für den reibungslosen Betriebsablauf und das nicht zur im Gegenseitigkeitsverhältnis stehenden Hauptpflicht gehörende Verhalten der Arbeitnehmer betreffen, z.B. Torkontrollen,[281] Werksausweise,[282] Kleiderordnungen.[283] Aus dem Tatbestand ausgegliedert werden von der Rechtsprechung[284] Maßnahmen, die das so genannte „Arbeitsverhalten" oder in sonstiger Weise lediglich das Verhältnis des Arbeitnehmers zum Arbeitgeber betreffen. Arbeitsverhalten hat Bezug zur Arbeitsleistung des Arbeitnehmers und umschreibt die so genannten „arbeitsnotwendigen Maßnahmen", z.B. Leistungskontrollmaßnahmen.[285]

279 Die Rechtsprechung spricht vom „Regelungsbedürfnis mit kollektivem Bezug", BAG v. 21.12.1982, AP Nr. 9 zu § 87 BetrVG 1972 Arbeitszeit; v. 27.6.1989, AP Nr. 35 zu § 87 BetrVG 1972 Arbeitszeit.

280 Eine Einzelfallregelung liegt zum Beispiel dann vor, wenn besondere, nur einzelne Arbeitnehmer betreffende Umstände eine Maßnahme veranlassen, z.B. wenn familiäre Umstände ein früheres Arbeitszeitende erfordern.

281 BAG v. 26.5.1988, AP Nr. 14 zu § 87 BetrVG 1972 Ordnung des Betriebes.

282 BAG v. 16.12.1986, AP Nr. 13 zu § 87 BetrVG 1972 Ordnung des Betriebes.

283 BAG v. 1.12.1992, AP Nr. 20 zu § 87 BetrVG 1972 Ordnung des Betriebes.

284 BAG v. 24.3.1981, AP Nr. 2 zu § 87 BetrVG 1972 Arbeitssicherheit; BAG, Urt. v. 9.12.1980, EzA Nr. 5 zu § 87 Betriebliche Ordnung; v. 24.11.1984, EzA Nr. 7 zu § 87 Betriebliche Ordnung.

285 BAG, Urt. v. 9.12.1980, AP Nr. 2 zu § 87 BetrVG 1972 Ordnung des Betriebs: Im Zuge einer systematischen Auslegung spricht hierfür nach der Rechtsprechung die systematische Bezogenheit der Ordnung des Betriebs und des Verhaltens der Arbeitnehmer, die darauf schließen lässt, dass nur das Ordnungsverhalten der Arbeitnehmer gemeint sein kann.

§ 87 Abs. 1 Nr. 2 BetrVG gewährt dem Betriebsrat ein Mitbestimmungsrecht über Beginn und Ende der täglichen Arbeitszeit einschließlich der Pausen sowie der Verteilung der Arbeitszeit auf die einzelnen Wochentage. Zur Konkretisierung dieses Mitbestimmungstatbestandes wird stets formelhaft gelehrt, nur die Lage der Arbeitszeit,[286] nicht die Dauer[287] sei mitbestimmungspflichtig. Denn die Dauer der Arbeitszeit richtet sich nach dem rechtsgeschäftlichen Leistungsversprechen im Arbeitsvertrag.[288]

Im Rahmen von § 87 Abs. 1 Nr. 3 BetrVG ist die vorübergehende Abweichung von einmal festgelegter Arbeitszeit mitbestimmungspflichtig. Erfasst wird jede Form der vorübergehenden Arbeitszeitverkürzung und -verlängerung: Kurzarbeit, Feierschichten und Überstunden. Grundsätzlich irrelevant ist die Ursache der durch den Arbeitgeber gewünschten Arbeitszeitverkürzung.[289] Nach der Rechtsprechung des Bundesarbeitsgerichts ist bei arbeitskampfbedingter Kurzarbeit nur das „Wie" der Verkürzung, nicht das „Ob" mitbestimmungspflichtig.[290]

Ein Mitbestimmungsrecht nach § 87 Abs. 1 Nr. 6 BetrVG ist gegeben bei der Einführung und Anwendung technischer Einrichtungen, mittels derer sich das Verhalten und die Leistung der Arbeitnehmer überwachen lassen. Schutzzweck der Norm ist der Persönlichkeitsschutz des einzelnen Arbeitnehmers.[291] Irrelevant ist, ob der Arbeitgeber mit der technischen Einrichtung das Ziel verfolgt, Arbeitnehmer zu überwachen, oder er diese dazu nutzt. Es kommt allein auf die objektive, mittelbare oder unmittelbare[292] Geeignetheit der Einrichtung zur Überwachung an.[293]

---

286 Grundlegend insofern BAG v. 21.11.1978, AP Nr. 2 zu § 87 BetrVG 1972 Arbeitszeit.

287 A.A. *Däubler/Kittner/Klebe,* § 87, Rn. 73; *Weiss/Weyand*, BetrVG, § 87, Rn. 28.

288 Im Hinblick auf die Vorgängervorschrift des § 87 BetrVG – § 56 BetrVG 1952 – war streitig, ob sich das Mitbestimmungsrecht des Betriebsrats auch auf die Gestaltung einzelner Maßnahmen bezieht. Das BetrVG 1972 trifft keine ausdrückliche Bestimmung dieses Inhalts. Das Bundesarbeitsgericht hat von einer generellen Stellungnahme zu dieser Streitfrage abgesehen. Es hat aber für die in Nr. 2, 3 und 10 enthaltenen Mitbestimmungstatbestände verlangt, dass ein kollektiver Tatbestand vorliegt. Für die Mitbestimmung spielt es keine Rolle, ob eine Dauerregelung oder die Regelung eines vorübergehenden Zustandes gewollt ist. Auch die einmalige Abweichung von der regelmäßigen Arbeitszeit ist mitbestimmungspflichtig.

289 *Weiss/Weyand*, BetrVG, § 87, Rn. 34.

290 BAG v. 22.12.1980, AP Nr. 70 zu Art. 9 GG Arbeitskampf.

291 BAG v. 7.10.1987, AP Nr. 15 zu § 611 BGB Persönlichkeitsrecht.

292 BAG v. 10.7.1979, EzA Nr. 6 zu § 87 BetrVG 1972 Kontrolleinrichtung; v. 23.4.1985, EzA Nr. 12 zu § 87 BetrVG 1972 Kontrolleinrichtung.

293 BAG v. 19.5.1974, EzA Nr. 1 zu § 87 BetrVG 1972 Kontrolleinrichtung; v. 9.9.1975, EzA Nr. 2 zu § 87 BetrVG 1972 Kontrolleinrichtung.

§ 87 Abs. 1 Nr. 8 bis 10 BetrVG regeln die Mitbestimmung des Betriebsrats bei der Gestaltung und Erbringung von Leistungen des Arbeitgebers und stehen in engem sachlichen Zusammenhang. Nr. 10 ist der Grundtatbestand, der sich auf alle geldwerten Leistungen, auch soziale Leistungen, bezieht.[294] Der Umfang des Mitbestimmungsrechts ist nahezu gleich: Im Rahmen von Nr. 8 sind die Form, Ausgestaltung und Verwaltung bestehender Sozialeinrichtungen mitbestimmungspflichtig. Ihre Errichtung[295], die finanzielle Ausstattung,[296] der Zweck,[297] der begünstigte Personenkreis,[298] die Schließung[299] und Beschränkung der finanziellen Mittel[300] sind nach ständiger Rechtsprechung mitbestimmungsfrei. Nr. 10 gibt dem Betriebsrat ein umfassendes Mitbestimmungsrecht bei Fragen der betrieblichen Lohngestaltung.[301] Bei freiwilligen Leistungen obliegen die Fragen des „Ob" der Leistungserbringung sowie der Höhe des Dotierungsrahmens des zu begünstigenden Personenkreises der Alleinentscheidung des Arbeitgebers. Erst wenn diese Entscheidung gefallen ist, hat der Betriebsrat darüber mitzubestimmen, nach welchen Grundsätzen die Gesamtleistung auf die betreffenden Arbeitnehmer zu verteilen ist.[302] Die Lohn- und Gehaltshöhe unterfällt dem Tatbestand nicht.[303]

Eine Beteiligung des Betriebsrats bei personellen Einzelmaßnahmen ist vorgesehen bei Einstellungen, Versetzungen, Ein- und Umgruppierungen und bei der Kündigung.

---

294 Die Zwischenschaltung einer Sozialeinrichtung wirft die zusätzliche Frage der Verwaltung der Einrichtung auf, die von Nr. 8 erfasst wird.

295 BAG v. 13.3.1973, AP Nr. 1 zu § 87 BetrVG Werksmietwohnungen; v. 26.4.1988, AP Nr. 16 zu § 87 BetrVG 1972 Altersversorgung.

296 BAG v. 12.6.1975, 26.4.1988, AP Nr. 3, 16 zu § 87 BetrVG 1972 Altersversorgung.

297 BAG v. 26.10.1965, AP Nr. 8 zu § 56 BetrVG Wohlfahrtseinrichtung. Der Arbeitgeber kann allein entscheiden, ob er ein Erholungsheim oder eine Unterstützung zur Durchführung der Altersversorgung einrichten will.

298 BAG v. 26.4.1988, AP Nr. 16 zu § 87 BetrVG 1972 Altersversorgung.

299 BAG v. 13.3.1972, AP Nr. 1 zu § 87 BetrVG 1972 Werksmietwohnungen.

300 BAG v. 13.7.1978, AP Nr. 5 zu § 1 BetrAVG Betriebsvereinbarung.

301 *Weiss/Weyand*, BetrVG, § 87, Rn. 72. Unter Entlohnungsgrundsätzen versteht man den Bezugsrahmen, nach dem der Lohn bestimmt werden soll (Zeit-, Leistungs-, Prämien- oder Akkordlohn), mit Entlohnungsmethode ist das Verfahren gemeint, mittels dessen unter Berücksichtigung des Entlohnungsgrundsatzes im Einzelfall die Lohnhöhe ermittelt werden soll (Refa-System; Bedaux-System).

302 *Weiss/Weyand*, BetrVG, § 87, Rn. 73.

303 BAG GS v. 3.12.1991, AP Nr. 51 zu § 87 BetrVG 1972 Lohngestaltung; v. 20.7.1999, AP Nr. 8 zu § 76 BetrVG 1972 Einigungsstelle; *Fitting/Auffarth/Engels*, § 87, Rn. 441; *Weiss/Weyand*, BetrVG, § 87, Rn. 72.

In wirtschaftlichen Angelegenheiten sieht das Betriebsverfassungsgesetz eine Unterrichtung des Wirtschaftsausschusses vor (§ 106 BetrVG) und eine Beteiligung des Betriebsrats bei Betriebsänderungen, die wesentliche Nachteile für die Belegschaft zur Folge haben. Das Ziel ist ein Interessenausgleich (§ 112 Abs. 1 BetrVG), in dem das Ob, Wann und Wie der Betriebsänderung vereinbart wird, um deren soziale Folgen abzumildern. Der Interessenausgleich betrifft alle Fragen der organisatorischen Durchführung einer Betriebsänderung. Eine unwiderlegbare Vermutung für das Eintreten dieser Nachteile besteht nach Satz 2 im Falle der Einschränkung und Stilllegung des ganzen Betriebs oder von wesentlichen Betriebsteilen, bei der Verlegung des ganzen Betriebs oder von wesentlichen Betriebsteilen, beim Zusammenschluss mit anderen Betrieben, bei der grundlegenden Änderung der Betriebsorganisation, des Betriebszwecks oder der Betriebsanlagen und bei der Einführung grundlegend neuer Arbeitsmethoden und Fertigungsverfahren.[304] Außerhalb des Bereichs dieser aufgelisteten Fälle muss die mögliche Wirkung auf die Arbeitnehmer eine Intensität erreichen, wie sie den genannten Konstellationen eigen ist.[305]

Gelingt die Einigung nicht, kann der Unternehmer die Änderung wie geplant durchführen. Der Betriebsrat kann jedoch einen Sozialplan zum Ausgleich oder zur Milderung der durch die Betriebsänderung entstehenden Nachteile der Arbeitnehmer notfalls durch den Spruch der Einigungsstelle erzwingen (§§ 112 Abs. 4, 112a BetrVG).

3. Arbeitnehmervertreter im Aufsichtsrat

Zeitungsüberschriften mit dem Wortlaut „Wirtschaft will Mitbestimmung deutlich einschränken",[306] „Mitbestimmung modernisieren, aber wie?"[307] oder „Der Irrtum"[308] prägen das Bild der öffentlichen Diskussion über die Unternehmensmitbestimmung. Sie verdeutlichen das enorme Interessenkonfliktpotenzial, das mit der Entsendung von Arbeitnehmervertretern in den Aufsichtsrat verbunden ist.[309] Die Aussage, die Mitbestimmung schade „nicht nur den Eigentümern der Unternehmen, deren Freiheitsrechte empfindlich beschnitten und deren Renditeerwartungen systembedingt gedeckelt werden", sondern auch „den Arbeit-

304 *Weiss/Weyand*, BetrVG, § 111, Rn. 2.
305 Ebd.
306 Handelsblatt.com vom 9.11.2004 (11.11.2005).
307 Handelsblatt Nr. 214 vom 3.11.2004, 6 (11.11.2005).
308 *Hank*, Der Irrtum, Die Reform der Mitbestimmung, FAZ v. 25.8.2005, 11.
309 Vgl. hierzu umfassend *Weiss*, KritV 2000, S. 405 ff.; *Simitis*, Mitbestimmung, S. 222 ff.

nehmern, deren Arbeitsplätze langfristig gefährdet sind",[310] ist repräsentativ dafür, dass die Unternehmensmitbestimmung immer wieder für einzelne Unternehmenskrisen, wie zum Beispiel bei Karstadt und Opel im Jahr 2004, verantwortlich gemacht wird.[311]

Ausgangspunkt der Diskussion ist die Überlegung, dass Mitbestimmung in Unternehmensorganen die Vorstände abhängig von Betriebsräten und externen Gewerkschaftlern macht, weil Vorstandsmitglieder nur mit einer Zweidrittelmehrheit im Aufsichtsrat gewählt werden können. Das Bundesverfassungsgericht geht demgegenüber davon aus, dass das Anteilseigentum durch die Mitbestimmung nicht qualitativ verändert wird, sondern lediglich die Sozialpflichtigkeit des Eigentums konkretisiert wird.[312] *Kurt Biedenkopf* leitet im Auftrag des ehemaligen Bundeskanzler Schröder eine Kommission an, welche Vorschläge zur Revision der Mitbestimmung machen soll.

a. Rechtlicher Rahmen und Grundlagen

Nach allen Mitbestimmungsgesetzen (siehe hierzu Kapitel B) findet die Beteiligung der Arbeitnehmer hauptsächlich im Aufsichtsrat statt. Bei den mitbestimmten Unternehmen, die in einer Rechtsform organisiert sind, die einen Aufsichtsrat nicht vorsieht, wird deshalb das Organ Aufsichtsrat eingefügt (§ 6 Abs. 1 MitbestG). Dies gilt insbesondere für die GmbH. Das Geschäftsführungsorgan der mitbestimmten Gesellschaften ist grundsätzlich mitbestimmungsfrei. Im Bereich des Montanmitbestimmungsgesetzes (§ 13) und des Mitbestimmungsgesetzes (§ 33) muss lediglich ein Mitglied zum Arbeitsdirektor bestellt werden.

Die Arbeitnehmervertreter im Aufsichtsrat sind gleichberechtigte Mitglieder, d.h. sie haben die gleichen Rechte und Pflichten wie die Anteilseignervertreter. Am intensivsten ist die Mitbestimmung in Montanunternehmen. Die Arbeitnehmer und Arbeitgeber stellen nach § 4 MontanMitbestG je fünf der normalerweise[313] elf Aufsichtsratsmitglieder, darunter ein „weiteres Mitglied", das besondere Voraussetzungen erfüllen muss (§ 4 Abs. 1, 2 MontanMitbestG). Drei der Mitglieder werden durch die Gewerkschaften gestellt (§ 6 Abs. 3, 4 MontanMitbestG). Diese zehn Aufsichtsratsmitglieder müssen sich auf das elfte Mitglied als „Neutralen" einigen, ein eventuelles Patt bei Entscheidungen auflösen soll. Der Arbeitsdirektor, das für Personalfragen verantwortliche Mitglied des

---

310 *Hank*, Der Irrtum, Die Reform der Mitbestimmung, FAZ v. 25.8.2005, 11.

311 Vgl. das Interview mit BDA-Geschäftsführer *Göhner* und DGB-Vorstand *Hexel* über das Versagen der Aufsichtsräte in Handelsblatt Nr. 214 v. 3.11.2004, 6.

312 BVerfG v. 1.3.1979, NJW 1979, 699, 703 ff.

313 Bei großen Gesellschaften können die Zahlen auf 15 oder 21 Mitglieder erhöht werden (§ 9 MontanMitbestG).

Vorstands (bzw. der Geschäftsführung), kann nicht gegen die Stimmen der Mehrheit der Arbeitnehmervertreter bestellt und abberufen werden (§ 13 MontanMitbestG). Das Mitbestimmungsergänzungsgesetz trifft eine ähnliche, nur in Einzelheiten abweichende Regelung.[314]

In Großunternehmen, die dem Mitbestimmungsgesetz unterfallen, stellen die Arbeitnehmer ebenfalls die Hälfte der Aufsichtsratsmitglieder (§ 7 Abs. 1 MitbestG), wobei zwei von sechs oder acht bzw. drei von zehn Mitgliedern von der Gewerkschaft gestellt werden (§ 7 Abs. 2 MitbestG). Dem Aufsichtsrat muss ein leitender Angestellter angehören (§ 15 Abs. 1 S. 2 MitbestG). Es gibt keinen „Neutralen“, sondern der Aufsichtsratsvorsitzende hat ein Doppelstimmrecht, wenn in einer ersten Abstimmung keine Einigung erzielt wurde (§ 29 Abs. 2 MitbestG). Der Aufsichtsratsvorsitzende wird durch die Anteilseigner gewählt, wenn im ersten Wahlgang nicht ein Kandidat mindestens zwei Drittel der Stimmen auf sich vereint (§ 27 Abs. 2 MitbestG). Der Arbeitsdirektor wird bestellt wie alle anderen Mitglieder des Vorstands.

In kleineren Kapitalgesellschaften, die unter das Betriebsverfassungsgesetz 1952 fallen, stellen die Arbeitnehmer ein Drittel der Aufsichtsratsmitglieder (§ 76 Abs. 1, 6, § 77 BetrVG 1952). Die Gewerkschaften können Mitglieder nur vorschlagen, wenn dem Aufsichtsrat mindestens zwei Arbeitnehmervertreter aus dem Unternehmen angehören (§ 76 Abs. 2 S. 3 BetrVG 1952). Einen Arbeitsdirektor gibt es nicht.

Dem Aufsichtsrat obliegen zwei wesentliche Aufgaben. Er bestellt zum einen nach § 31 Abs. 1 S. 1 MitbestG i.V.m. § 84 AktG die Mitglieder des Vorstands. Zwar ist bei der GmbH an sich die Gesellschafterversammlung für die Bestellung der Geschäftsführung zuständig (§ 46 Nr. 5 GmbHG). Bei Montanunternehmen und bei Großunternehmen wird diese Aufgabe jedoch nach § 12 MontanMitbestG bzw. § 31 MitbestG dem Aufsichtsrat zugewiesen, lediglich bei drittelparitätisch bestimmten Unternehmen bleibt es bei der Ausgangsregel (§ 77 Abs. 1 S. 2 GmbHG). Bei der KGaA ist der persönlich haftende Gesellschafter kraft Gesetzes zur Geschäftsführung und Vertretung der Gesellschaft berufen (§§ 278 Abs. 2 AktG i.V.m. §§ 161 Abs. 2; 114 ff.; 125 ff. HGB). Eine Bestellung durch den Aufsichtsrat kommt wegen der persönlichen Haftung nicht in Betracht. Gleiches gilt für die GmbH & Co KGaA.

Neben der Bestellung des Geschäftsführungsorgans obliegt dem Aufsichtsrat die laufende Überwachung der Geschäftsführung (§ 111 AktG). Dabei handelt es sich nicht nur um eine nachträgliche Kontrolle der Geschäftsführung, sondern der Aufsichtsrat hat auch die in die unternehmerischen Führungsentscheidungen ein-

314 Bei der Regelung des Wahlverfahrens hat sich der Gesetzgeber in weiten Teilen an das Mitbestimmungsgesetz von 1976 angelehnt.

gespannte vorbeugende Kontrolle und Mitgestaltung inne (§ 90 AktG). Die Überwachung beschränkt sich nicht auf eine Rechtmäßigkeitskontrolle der Geschäftsführung, sondern erfasst auch die Wirtschaftlichkeit und Zweckmäßigkeit der vorgenommenen oder geplanten Entscheidungen des Vertretungsorgans.[315] Weiterhin obliegt dem Aufsichtsrat die Mitwirkung bei der Feststellung des Jahresabschlusses und des Geschäftsberichts (§§ 170 AktG ff.). Bei der GmbH und der KGaA obliegt die Feststellung des Jahresabschlusses auch bei mitbestimmten Unternehmen nicht dem Aufsichtsrat, sondern der Gesellschafterversammlung (§ 46 Nr. 1 GmbHG) bzw. der Hauptversammlung mit Zustimmung der Komplementäre.

Entscheidungen des Aufsichtsrats erfolgen gemäß § 108 Abs. 1 AktG durch Beschluss. Beschlussfähigkeit liegt vor, wenn mindestens die Hälfte der Mitglieder an der Beschlussfassung teilnimmt (§ 10 MontanMitbestG; § 28 MitbestG). Nach § 29 Abs. 1 MitbestG bedürfen Beschlüsse des Aufsichtsrats im Regelfall der Mehrheit der abgegebenen Stimmen (einfache Stimmenmehrheit).[316]

b. Reichweite der Mitbestimmung bei unternehmerischen Fragen

Anders als bei der Vertretung der Arbeitnehmer durch Gewerkschaften und Betriebsräte stellt sich die Frage, inwieweit die Arbeitnehmervertreter im Rahmen der Unternehmensmitbestimmung an unternehmerischen Fragen beteiligt werden, in gegenständlicher Hinsicht nicht. Denn weil es sich bei der Unternehmensmitbestimmung um eine Mitbestimmung von innen, durch Beteiligung an der Willensbildung der Unternehmensorgane handelt und nicht um eine Einwirkung von außen durch externe Institutionen hängt die Reichweite der Mitbestimmung von der Rechtsstellung des Aufsichtsrats ab. Dieser ist gerade dazu berufen, bei Unternehmensentscheidungen mitzuwirken. Er hat in gegenständlicher Hinsicht grundsätzlich bei allen Fragen eine Funktion zu erfüllen, mit denen der Vorstand bzw. das jeweilige Vertretungsorgan der Gesellschaft befasst ist, nämlich eine Kontrollfunktion bezüglich der Geschäftsführung (§ 111 AktG).[317] Zu überwachen sind alle Vorgänge, die wesentlichen Einfluss auf die Lage und die Entwicklung der Gesellschaft haben. In Betracht kommen alle Leitungsmaßnahmen des Vorstands, die von der Regelung des § 76 Abs. 1 AktG erfasst werden, also Unternehmensplanung, -koordinierung und -kontrolle. Der Überwachungspflicht unterliegen zum Beispiel die Rentabilität der Gesellschaft, der Gang der Ge-

---

315 Siehe KassHdb-*Klinkhammer*, 8.1, Rn. 89.

316 Ausnahmen vom Grundsatz der einfachen Stimmenmehrheit enthalten § 27 Abs. 1; § 31; § 32 Abs. 1; § 37 Abs. 3 MitbestG; § 124 Abs. 3 S. 4 AktG; § 4 Abs. 2 VW-Privatisierungsgesetz.

317 MünchKommAktG-*Semler*, § 111, Rn. 97.

schäfte, welche für die Rentabilität und Liquidität der Gesellschaft von Bedeutung sind.[318]

Die zentrale Frage für die Beurteilung der unternehmerischen Entscheidungsfreiheit ist deshalb im Rahmen der Unternehmensmitbestimmung nicht, wie weit der Verantwortungsbereich der Arbeitnehmervertreter geht, also das „Ob" der (wie auch immer ausgestalteten) Beteiligung. Vielmehr geht es um das „Wie" der Mitsprache, nämlich zum einen um die Frage nach der Ausgestaltung des Mitspracherechts des Aufsichtsrats als kontrollierendes Organ insgesamt und zum anderen um die Frage nach den Einflussmöglichkeiten der Arbeitnehmervertreter innerhalb des Aufsichtsrats. Um die Interessen der Arbeitnehmer wahrzunehmen, müssen zwei Hürden übersprungen werden: zum einen diejenige der Durchsetzung gegenüber den möglicherweise entgegengerichteten Interessen der Anteilseignern innerhalb des Aufsichtsrats und zum anderen diejenige der Durchsetzung des Organs Aufsichtsrat gegenüber dem Vertretungsorgan der Gesellschaft. Diese Fragen werden in Kapitel D erörtert.

II. USA

Der mehrstufigen Arbeitnehmervertretung in Deutschland steht die einstufige Arbeitnehmervertretung durch die Gewerkschaften in den USA gegenüber.

1. Rechtlicher Rahmen

Weder die amerikanische Verfassung noch der für Arbeitsbeziehungen maßgebliche National Labor Relations Act gewährleisten eine der deutschen Regelung der Art. 9 Abs. 3 und Art. 12 Abs. 1 GG ähnliche Zuordnung des Unternehmer- und des Koalitionsrechts. In der amerikanischen Verfassung existiert weder eine Verankerung der unternehmerischen Freiheit noch eine Regelung über das Koalitionsrecht der Arbeitnehmer. Der Verfassungsschutz der Vereinigungsfreiheit wird aus einer Vielzahl von Einzelvorschriften der Verfassung hergeleitet, zum Beispiel aus den Garantien des First Amendments: Meinungsfreiheit, Freiheit der Presse, des Petitionsrechts und der Versammlung. Das National Labor Relations Board und die Gerichte sind primär auf die Auslegung der einfachgesetzlichen Regeln des National Labor Relations Acts (NLRA) angewiesen und haben durch die fehlende verfassungsrechtliche Grundlage weniger feste Leitlinien als die deutschen Gerichte zur Hand.

318 *Henze*, NJW 1998, 3309.

Der Erlass des National Labor Relations Acts im Jahr 1935 markierte den Beginn der Unterstützung der kollektiven Arbeitnehmervertretung im Bereich der gesamten privaten Wirtschaft durch die Regierung. Zuvor hatte schon der Railway Labor Act[319] von 1926 die Anerkennung der amerikanischen Arbeitnehmerorganisationen als gleichberechtigte Partner im Bereich des Transportwesens bewirkt.

Der Regelungsgewalt des National Labor Relations Acts unterliegen nur die Unternehmen, die mit dem zwischenstaatlichen Handel in Berührung kommen,[320] denn das Gesetz ist Ausfluss der so genannten „Commerce Clause" der Verfassung der Vereinigten Staaten (Art. I, Sec. 8, Cl. 2), die den Bundesgesetzgeber ermächtigt, den Handel zwischen den Bundesstaaten zu regulieren.[321] Die Handelsberührung wird bejaht bei Vorliegen eines bestimmten Umsatzvolumens.[322] Die Grenzwerte sind so festgelegt, dass nahezu alle gewerkschaftlich organisierten Unternehmen dem National Labor Relations Act unterworfen sind. Unternehmen, die mangels Erreichen des Umsatzvolumens nicht erfasst werden, befolgen die Arbeitsgesetze der Einzelstaaten,[323] die sich in der Regel eng an den National Labor Relations Act anlehnen.

Ausgenommen von der Anwendung des NLRA sind Arbeitnehmer im öffentlichen Dienst des Bundes oder der Staaten mit Ausnahme der Arbeitnehmer des United States Postal Service. Für diese existieren in der Regel eigene Gesetze über das kollektive Arbeitsrecht. Der Federal Labor Relations Act garantiert Arbeitnehmer der Bundesregierung nur sehr limitierte Rechte. Für Arbeitnehmer des öffentlichen Dienstes auf Landesebene sieht der Federal Labor Relations Act keinen Schutz vor. Die meisten Staaten versehen Arbeitnehmer des öffentlichen Dienstes im Vergleich zum National Labor Relations Act ebenfalls nur mit sehr

---

319 44 Stat. 577 (1926).

320 §§ 10 (a); 9 (c) (1) NLRA i.V.m. § 2 (6), (7) NLRA.

321 Nach § 14 (c) NLRA steht es im Ermessen des National Labor Relations Board, die Anwendung des Gesetzes auf solche Unternehmen zu beschränken, deren Tätigkeit den Handel zwischen den Staaten wesentlich beeinflusst. Davon hat das Board Gebrauch gemacht. Die Gesetzgebungskompetenz umfasst nicht nur den Handel zwischen den Staaten selbst, sondern auch alle Umstände, die diesen Handel berühren oder beeinflussen: *Houston E & W Texas Railway Co. v. United States*, 234 U.S. 342; 34 S. Ct. 833 (1914).

322 Nach den Zuständigkeitswerten des National Labor Relations Board ist bei Einzelhandelsunternehmen ein Bruttogeschäftsvolumen von 500.000 $ erforderlich, bei Unternehmen außerhalb des Einzelhandels ein Bruttogeschäftsvolumen von 50.000 $. *Commerce Clearing House*, Labor Law Course, 25th Ed. Chicago, IL 1983. Zu weiteren Anwendungsstandards vgl. *Thau/Pusch*, Arbeitsrecht in den USA, 125, Rn. 378.

323 Alle Bundesstaaten haben zur Regelung der innerstaatlichen Wirtschaft Labor Relations Acts erlassen.

eingeschränkten Rechten. Einige Staaten, insbesondere im Süden, verbieten es öffentlichen Arbeitgebern, einen Tarifvertrag mit einer Gewerkschaft abzuschließen. Die Verfassung der Vereinigten Staaten schützt diese Arbeitnehmer nur insofern, als die öffentlichen Arbeitgeber sie nicht daran hindern dürfen, eine Gewerkschaft zu bilden.

Auf Abteilungsleiter, Führungskräfte, die Grundsatzentscheidungen des Arbeitgebers aufarbeiten, und Familienmitglieder des Arbeitgebers findet der National Labor Relations Act auch keine Anwendung.

a. § 7 NLRA: Koalitionsrecht der Arbeitnehmer

Eine der Schlüsselvorschriften ist das in § 7 NLRA enthaltene allgemeine Koalitionsrecht der Arbeitnehmer:

„Arbeitnehmer haben das Recht, sich zusammenzuschließen, Gewerkschaften zu bilden, ihnen beizutreten oder sie zu unterstützen, durch Vertreter ihrer eigenen Wahl kollektiv zu verhandeln und zum Zwecke kollektiver Verhandlungen oder gegenseitiger Hilfe oder gegenseitigen Schutzes gemeinschaftlich zu handeln, und sie haben auch das Recht, sich einer oder aller dieser Handlungen zu enthalten außer in dem Umfang, in dem dieses Recht durch einen Vertrag berührt wird, der die Mitgliedschaft in einer Gewerkschaft zur Bedingung der Anstellung macht.“[324]

Beim Recht der Arbeitnehmer, sich von einer Gewerkschaft vertreten zu lassen, handelt es sich im Gegensatz zum deutschen Recht nicht um die Durchsetzung der Rechte des Einzelnen, sondern der Mehrheit der Arbeitnehmer. Wie bereits erörtert,[325] muss eine Gewerkschaft von der Mehrheit der Arbeitnehmer in einer Verhandlungseinheit eines Betriebes („bargaining unit“) gewählt werden, um diese vertreten zu dürfen.

Die Bedeutung des in § 7 NLRA statuierten Koalitionsrechts geht auch aus der Präambel des National Labor Relations Acts hervor:

„Die Verweigerung des Rechtes der Arbeitnehmer, sich zusammenzuschließen, durch die Arbeitgeber und die Weigerung der Arbeitgeber, sich auf Tarifverhandlungen einzulassen, führen zu Streiks und anderen Formen industrieller Unruhen, deren Absicht oder notwendige Konsequenz es ist, den Handel zu belasten oder zu stören. [..] Die Ungleichheit der Verhandlungsmacht von Arbeitnehmern, denen nicht die volle Koalitionsfreiheit oder die tatsächliche Vertragsfreiheit zuteil wird, und Arbeitgebern, die in gesellschaftli-

---

324 „§ 7. Employees shall have the right to self-organization, to form, join or assist labor organizations, to bargain collectively through representatives of their own choosing, and to engage in other concerted activities for the purpose of collective bargaining or other mutual aid or protection [..].“

325 Siehe Kapitel B.II.1.a. dieser Arbeit.

cher oder anderer Form der Eigentumsgemeinschaft organisiert sind, beschränkt und belastet den Güterfluss und hat die Tendenz, wiederkehrende wirtschaftliche Depressionen durch Senkung der Löhne und der Kaufkraft der Arbeitnehmer und durch Verhinderung der Stabilisierung der konkurrierenden Löhne und Arbeitsbedingungen innerhalb einer und zwischen mehreren Industrien zu verstärken. Die Erfahrung hat gezeigt, dass der gesetzliche Schutz des Rechts der Arbeitnehmer, sich zusammenzuschließen und kollektiv zu verhandeln, den Handel vor Schaden, Beeinträchtigung und Unterbrechung schützt. [...] Es wird zur Politik der Vereinigten Staaten erklärt, die Ursachen für Störungen des freien Handels durch Förderung der Praxis und des Verfahrens kollektiven Verhandelns und durch die Gewährleistung der freien Ausübung der Koalitionsfreiheit der Arbeitnehmer zu beseitigen."

Dieser Wortlaut zeigt, dass das Koalitionsrecht in den Vereinigten Staaten – anders als im deutschen Recht – weniger als Gegenrecht zu den Interessen der Unternehmer als vielmehr als Bestandteil der Unternehmerinteressen, einen freien Handel zu garantieren, definiert wird.

Verstärkt wird das in § 7 NLRA statuierte Recht der Arbeitnehmer durch die Vorschrift des § 8 NLRA, welche unzulässige Arbeitspraktiken („unfair labor practices") des Arbeitgebers aufzählt. Hierunter fallen die Behinderung der den Arbeitnehmern garantierten Rechte gemäß § 8 (a) (1), die Gründung von durch Arbeitgeber dominierten Firmengewerkschaften gemäß § 8 (a) (2) sowie Diskriminierung aufgrund von gewerkschaftlicher Aktivität gemäß § 8 (a) (3). Neben dem Schutz des Koalitionsrechts der Arbeitnehmer kommt diesen Verbotstatbeständen auch die Funktion der negativen Abgrenzung erlaubter Kampfmaßnahmen zu.[326]

b. Bestimmung der Unternehmerfreiheit anhand der „Verhandlungspflicht"

Im Gegensatz zum deutschen Recht, in dem die Reichweite der unternehmerischen Freiheit von der Definition des „tariflich Regelbaren" abhängt, ist in den USA Ausgangspunkt der unternehmerischen Freiheit der Bereich der Verhandlungspflicht des Arbeitgebers.

Nach Section 8 (a)(5) und (b)(3) NLRA sind die Tarifparteien[327] zu Tarifverhandlungen im Hinblick auf „Lohn, Arbeitszeit und andere Arbeitsbedingungen"

326 *Biedenkopf*, Unternehmer und Gewerkschaft im Recht der Vereinigten Staaten von Amerika, 37.

327 Ursprünglich erfasste das Gebot nur die Arbeitgeber, nicht die Gewerkschaften. Dies nutzten die Gewerkschaften, um Gesamtverhandlungen zu boykottieren, damit die eigene Verhandlungsposition gestärkt wurde. 1947 wurden deshalb auch die Gewerkschaften den Gesamtverhandlungen unterstellt. Siehe zu weiteren Einzelheiten *McClure*, Die betriebliche Mitbestimmung der Arbeitnehmer in den USA, 86.

(Sections 8 (a)(5) i.V.m. 9 (a) NLRA: „rates of pay, wages, hours of employment or other conditions of employment“) verpflichtet. Das bedeutet, dass – sofern eine Gewerkschaft als Vertreterin der Arbeitnehmer im Betrieb vertreten ist – der Arbeitgeber im Hinblick auf die genannten Themenbereiche „Lohn, Arbeitszeit und andere Arbeitsbedingungen“ keine einseitigen Maßnahmen ergreifen darf, bevor er mit der Gewerkschaft nach dem Grundsatz von Treu und Glauben verhandelt hat („good faith bargaining“), sofern die Gewerkschaft Verhandlungen über die Entscheidung verlangt, nachdem sie darüber vom Arbeitgeber informiert worden ist. Zum Beispiel darf der Arbeitgeber die Entgelthöhe nicht zum Nachteil der Arbeitnehmer abändern. Mit der Aufnahme der Regelung über die Verhandlungspflicht im Jahre 1947 wandte sich der Gesetzgeber vor allem gegen die Praxis der Unternehmer, jeden Kontakt mit der Gewerkschaft zu verweigern.[328] Haben die Parteien einen Tarifvertrag über die genannten „mandatory subjects of bargaining“ geschlossen, so hängt die Frage, inwieweit der Arbeitgeber selbstständig agieren und entscheiden darf, von der jeweils getroffenen Regelung ab.

Es ist rechtswidrig, über einen der im Gesetz genannten Aspekte „Lohn, Arbeitszeit und andere Arbeitsbedingungen“ (so genannte „mandatory subjects of bargaining“) zu verweigern, wenn die Gewerkschaft dies wünscht.[329]. Auch wenn eine Gewerkschaft im Betrieb vertreten ist, kann der Unternehmer die Verhandlung über „mandatory subjects of bargaining“ allerdings ablehnen, wenn der Gewerkschaft das Mandat für die Mehrheit der Arbeitnehmer fehlt. Der Unternehmer darf einen Beweis dafür verlangen, dass die Mehrheit der Arbeitnehmer vertreten wird. Wenn er ernsthafte Zweifel hat,[330] kann er beim National Labor Relations Board beantragen, dass eine Wahl durchgeführt wird, die die Mehrheitsverhältnisse klärt.

Liegt kein Verweigerungsgrund vor, darf der Arbeitgeber erst nach dem Scheitern der Verhandlungen, d.h. wenn die Möglichkeiten, eine Einigung zu erzielen, erschöpft sind („impasse“ oder „deadlock“), einseitig die Arbeitsbedin-

---

328 *Cox*, 71 Harvard L.R. 1401, 1407 (1958). Um das Eindringen von Gewerkschaften in die Betriebe zu verhindern, institutionalisierten die Arbeitgeber Arbeitnehmervertretungspläne und Betriebsräte. Verlangte eine Gewerkschaft die Anerkennung als Tarifpartner, verwiesen die Arbeitgeber auf die mangelnde Notwendigkeit. Vgl. die Ausführungen bei *Biedenkopf*, Unternehmer und Gewerkschaft im Recht der Vereinigten Staaten von Amerika, 52, und *McClure*, Betriebliche Mitbestimmung der Arbeitnehmer in den USA, 81.

329 Auf den fehlenden Verhandlungswillen der Gewerkschaft kann sich der Arbeitgeber nicht berufen, wenn er die Gewerkschaft nicht über seine Entscheidung informiert hat; *Ozark Trailers, Inc.*, 161 N.L.R.B. 564 (1966).

330 *Brooks v. NLRB*, 348 U.S. 96 (1954).

gungen ändern.[331] Allerdings ist er durch sein Verhandlungsverhalten gebunden. Er kann nur den für die Arbeitnehmer günstigsten Vorschlag im Rahmen der Verhandlungen implementieren.

Die Gewerkschaft kann zur Durchsetzung ihrer Forderung zum Mittel des Arbeitskampfs greifen, sofern nicht ein Tarifvertrag gültig ist, der das Streikrecht ausschließt.[332]

Außerhalb der Bereiche, die der zwingenden Verhandlungspflicht unterliegen, dürfen die Tarifparteien über alles verhandeln, was nicht rechtswidrig ist. Bei diesen fakultativen Verhandlungsgegenständen (so genannte „permissive subjects of bargaining") ist es den Parteien jedoch untersagt, ihren Willen dadurch durchzusetzen, dass Druck (z.B. durch Streiks oder durch die Weigerung, eine Einigung bei solchen Gegenständen zu erzielen, die der Verhandlungspflicht unterliegen[333]) auf die andere Seite ausgeübt wird. Druckausübung auf die andere Seite ist nur im Hinblick auf „mandatory subjects of bargaining" rechtmäßig.

c. Gegenstand der Verhandlungspflicht

Der Verhandlungspflicht unterliegen laut Gesetz „Lohn, Wochenstunden und anderen Arbeitsbedingungen". Vergleicht man die verhandlungspflichtigen Fragen mit den Themen, die in Deutschland tariflich regelbar sind bzw. einem Beteiligungsrecht des Betriebsrats oder des Aufsichtsrats unterliegen, so stellt sich heraus, dass der Verantwortungsbereich amerikanischer Gewerkschaften weitgehende Übereinstimmungen sowohl mit demjenigen der deutschen Gewerkschaften als auch mit demjenigen des Betriebsrats und der Arbeitnehmervertreter im Aufsichtsrat aufweist.

aa. Blickwinkel des Tarifvertragsgesetzes

Im Vergleich zum deutschen Recht fehlt es an einer gesetzlichen Kategorisierung der Regelungsbereiche nach der Art ihres Regelungsinhalts (in Inhalts-, Abschluss- und Beendigungsnormen). Der amerikanische Gesetzgeber hat sich da-

---

331 Ein sofortiges einseitiges Ändern der Arbeitsbedingungen durch den Arbeitgeber vor einem „Impasse" ist allerdings zulässig, wenn aufgrund eines unvorhersehbaren Ereignisses sofortiges Handeln erforderlich ist, um einen (ökonomischen) Schaden abzuwenden. Siehe *Winn-Dixie Stores*, 243 N.L.R.B. 972, 974, Fn. 9 (1979); *Eagle Transport Corp. and International Brotherhood of Teamsters*, 338 N.L.R.B. 55 (2002).

332 *NLRB v. Wooster Division of Borg-Warner Corp.*, 356 U.S. 342; 78 S. Ct. 718 (1958). Vgl. hierzu Kapitel E.II., III. dieser Arbeit.

333 *NLRB v. Wooster Div. of Borg-Warner Corp.*, 356 U.S. 342 (1958).

mit begnügt, einige wenige der verhandlungspflichtigen Bereiche exemplarisch herauszugreifen, nämlich Lohn und Arbeitsstunden („wages and hours") und die übrigen Regelungsbereiche unter den Begriff der „Arbeitsbedingungen" („terms and conditions of employment") zu subsumieren. Nichtsdestotrotz lassen sich die Bereiche, die unter die „Arbeitsbedingungen" fallen, nach Inhalts-, Abschluss- und Beendigungsnormen i.S.d. § 1 Abs. 1 TVG kategorisieren.

Zu den verhandlungspflichtigen Fragen, die den Inhalt des Arbeitsverhältnisses betreffen, zählen zum Beispiel das Altersruhegeld,[334] Prämien und Gratifikationen,[335] Lohnfortzahlung im Krankheitsfall,[336] Gruppenversicherungen.[337]

Verhandlungspflichtige Fragen, die in die deutsche Kategorie der Beendigungsnormen fallen, sind u.a.Regelungen über das Verfahren vor Kündigungen.[338]

Verglichen mit den Regelungen, die in Deutschland unter dem Stichwort der Abschlussnormen getroffen werden, ist das amerikanische Recht im Rahmen der Feststellung der Verhandlungspflicht restriktiver. Zwar unterliegt als prominentes Beispiel einer Abschlussnorm der Wiedereinstellungsanspruch auch im amerikanischen Tarifrecht der Verhandlungspflicht.[339] Zudem sind Regelungen, die eine bevorzugte Einstellung von früheren Belegschaftsmitgliedern regeln, welche den Nachweis befriedigender Arbeitsleistung erbracht haben, verhandlungspflichtig.[340]

Jedoch führt die Beschränkung der Regelungsbefugnis der Gewerkschaften auf Arbeitnehmer in der Verhandlungseinheit dazu, dass die Mehrheit denkbarer Abschlussnormen, z.B. Abschlussverbote oder Formvorschriften, nicht verhandlungspflichtig sind. Das National Labor Relations Board und die amerikanischen Gerichte gehen davon aus, dass es für die Verhandlungspflichtigkeit einer Maßnahme nicht ausreichend ist, wenn künftige Arbeitnehmer der Verhandlungseinheit betroffen sind, selbst wenn es sich um Mitglieder der Gewerkschaft handelt. Es muss um Arbeitsbedingungen der („aktuellen") Arbeitnehmer in der Ver-

334 *Paul Mueller Company*, 335 N.L.R.B. 66 (2001) mit Verweis auf *Allied Chemical & Alcali Workers of America, Local 1 v. Pittsburgh Plate Glass Co.*, 404 U.S. 157, 159 (1971).

335 *Regency House of Wallingford, Inc.*, N.L.R.B., Case No. 34-CA-9895 (2003).

336 *Flambeau Airmold Corp.*, 334 N.L.R.B. 16 (2001).

337 *Alamo Cement Company*, 279 N.L.R.B. 462 (1986).

338 *Rocky Mountain Hospital*, 289 N.L.R.B. 1370 (1988).

339 Siehe zum Beispiel *Gaso Pump, Inc.*, 274 N.L.R.B. 532 (1985) oder *Omahaline Hydraulics Company*, 342 N.L.R.B. 86 (2004) bezüglich eines Wiedereinstellungsanspruchs für Arbeitnehmer, die aufgrund von Streikmaßnahmen entlassen wurden.

340 Nachweise bei *McClure*, Betriebliche Mitbestimmung der Arbeitnehmer in den USA, 130.

handlungseinheit gehen.[341] Aus diesem Grund wurden zum Beispiel die Änderung des Auswahlverfahrens bei Bewerbern[342] oder die Einführung eines Drogentests für Bewerber als nicht der Verhandlungspflicht unterliegende Maßnahmen angesehen.[343] Das Argument, dass die Arbeitnehmer seien in der Verhandlungseinheit nur insofern durch die Einführung des Drogentests betroffen, als die Arbeitsbedingungen der Belegschaft aufgrund des drogenfreien und damit sichereren Arbeitsumfeldes verbessert würden, wurde durch das National Labor Relations Board als unzureichend abgelehnt. Es müssten stärkere als spekulative Konsequenzen für die Arbeitsbedingungen der Belegschaft dargelegt werden.[344] Auch indirekte oder zufällige Konsequenzen für die Arbeitnehmer in der Verhandlungseinheit sind nach der amerikanischen Judikatur nicht ausreichend, um eine Verhandlungspflicht des Arbeitgebers mit der Gewerkschaft zu begründen.[345]

Verhandlungspflichtige Fragen, die in Deutschland unter die Kategorie der Betriebsnormen unterfallen würden, sind zum Beispiel Regelungen über Torkontrollen. Das Äquivalent zu betriebsverfassungsrechtlichen Normen sind die verhandlungspflichtigen Regelungen über das betriebliche Beschwerdesystem[346] („grievance procedures", hierzu später).

Ein wesentlicher Unterschied zum deutschen Tarifrecht, der sich aus der Natur der Verhandlungspflicht ergibt, ist, dass die Gewerkschaften nicht nur an der Erstellung abstrakter Regelwerke beteiligt werden. Sofern eine Regel über den Umgang mit Einzelfällen in einem Bereich, der der Verhandlungspflicht unterliegt, nicht tariflich vereinbart wurde, sind die Gewerkschaften ähnlich dem deutschen Betriebsrat auch bei den jeweiligen Einzelmaßnahmen zum Zwecke der Verhandlung zu konsultieren.[347]

---

341 *United Technologies Corp.*, 274 N.L.R.B. 1069 (1985).

342 *United States Postal Service and Philadelphia PA Area Local*, 308 N.L.R.B. 189 (1992).

343 *Star Tribune*, 295 N.L.R.B. 543 (1989).

344 Ebd.

345 *United Technologies Corp.*, 274 N.L.R.B. 1069 (1985): „An indirect or incidental impact on unit employees is not sufficient to establish a matter as a mandatory subject. Rather, mandatory subjects include only those matters that materially or significantly affect unit employees' terms and conditions of employment. Similarly, the phrase 'terms and conditions of employment' is to be construed in a limited sense and does not include all subjects that may merely be of interest or concern to the parties." Diese Board-Entscheidung wurde gerichtlich bestätigt, siehe 789 F.2d 121 (2nd Cir. 1986).

346 Basic Guide to the National Labor Relations Act, 24.

347 So zum Beispiel bei Kündigungen, siehe *NLRB v. Advertivers Mfg. Co.*, 823 F.2d 1086 (7th Cir. 1987): „Layoffs are not a management prerogative. They are a mandatory subject of collective bargaining. Until the modalities of layoff are established

bb. Blickwinkel des Betriebsverfassungsgesetzes

Eine Verhandlungspflicht besteht auch im Hinblick auf die Fragen, die in Deutschland dem Mitbestimmungsrecht des Betriebsrats unterliegen und die in der Regel nicht in Tarifverträgen vereinbart werden.

(1) Soziale Angelegenheiten

So fallen die meisten der in § 87 BetrVG genannten Gegenstände in den Vereinigten Staaten in den Verantwortungsbereich der Gewerkschaften:

Fragen der Betriebsordnung i.S.d. § 87 Abs. 1 Nr. 1 BetrVG sind als Arbeitsbedingungen i.S.d. § 8 (a) (5) NLRA verhandlungspflichtig. Als klassische Beispiele sind die Einführung von Kleiderordnungen[348] sowie das Rauchverbot[349] zu nennen. Im Unterschied zur deutschen Rechtsprechung, die den Anwendungsbereich des § 87 Abs. 1 Nr. 1 BetrVG auf das Betriebsverhalten in Abgrenzung zum Arbeitsverhalten reduziert,[350] sieht die amerikanische Rechtsprechung auch das Arbeitsverhalten als verhandlungspflichtiges Thema an. So ist zum Beispiel die Arbeitsanweisung eines Apothekers an seine Mitarbeiter, bei der Ablage von Rezepten einen Scanner zu benutzen, eine der Verhandlungspflicht unterliegende Frage.[351] Ein weiteres Beispiel ist die Festlegung von Disziplinarmaßnahmen für unentschuldigtes Fehlen.[352]

Beginn und Ende der betrieblichen Arbeitszeit i.S.d. § 87 Abs. 1 Nr. 2 BetrVG, vorübergehende Verkürzung oder Verlängerung der betriebsüblichen Arbeitszeit i.S.d. § 87 Abs. 1 Nr. 3 BetrVG, die Aufstellung allgemeiner Urlaubsgrundsätze[353] und des Urlaubsplans wie auch Regelungen über den Gesundheitsschutz[354] i.S.d. § 87 Abs. 1 Nr. 5 BetrVG, Bestimmungen über die Ausgestaltung und Verwaltung von Sozialeinrichtungen[355] i.S.d. § 87 Abs. 1 Nr. 8

---

in the agreement, a company that wants to lay off employees must bargain over the matter with the union."

348 *Crittenton Hospital*, 342 N.L.R.B. 67 (2004).

349 *Hi Tech Corp.*, 309 N.L.R.B. 2 (1992).

350 Siehe Kapitel C.I.2.b. dieser Arbeit.

351 *King Soopers, Inc.*, 340 N.L.R.B. 75 (2003).

352 *United Technologies Corp.*, 287 N.L.R.B. 198 (1987).

353 *Rocky Mountain Hospital and Federation of Nurses and Health Professionals*, 289 N.L.R.B. 1370; *Safelite Glass*, 283 N.L.R.B. 929 (1987).

354 *Johnson-Bateman*, 295 N.L.R.B. 180 (1989).

355 Sozialeinrichtungen gelten als Bestandteil des Lohns. Im Gegensatz zum Betriebsverfassungsgesetz, das die Rechtsform der Sozialeinrichtung in das Ermessen des Arbeitgebers stellt, verlangt der Labor Management Relations Act die Form des Trusts.

BetrVG, Leistungen i.S.d. § 87 Abs. 1 Nr. 9 BetrVG (Wohnräume, die den Arbeitnehmern mit Rücksicht auf das Bestehen eines Arbeitsverhältnisses vermietet werden) sowie das ganze Spektrum der mit dem Lohn zusammenhängenden Fragen, das auch die in § 87 Abs. 1 Nr. 11 BetrVG genannte Festsetzung der Akkord- und Prämiensätze umfasst, sind weitere klassische verhandlungspflichtige Bereiche nach amerikanischem Recht.[356]

Obgleich die Frage des Orts und der Zeit der Auszahlung des Arbeitsentgelts i.S.d. § 87 Abs. 1 Nr. 4 BetrVG ebenfalls der Verhandlungspflicht unterliegt („wages" i.S.d. § 8 (a) (5), (d) NLRA), wird diese Frage, soweit ersichtlich, nur selten tarifvertraglich geregelt.[357]

Weiterhin unterliegt der Verhandlungspflicht die Einführung und Anwendung von technischen Einrichtungen zur Überwachung der Arbeitnehmer i.S.d. § 87 Abs. 1 Nr. 6 BetrVG. Zum Beispiel wird die Installation einer Überwachungskamera zum Erfassen von Diebstählen[358] oder zur generellen Beobachtung[359] ohne vorherige Verhandlung mit der Gewerkschaft als Verstoß gegen § 8 (a) (5), (1) NLRA angesehen.[360] Ähnlich der deutschen Voraussetzung des § 87 Abs. 1 Nr. 6 BetrVG müssen sich die erhobenen Daten einzelnen Arbeitnehmern zuordnen lassen, denn als Ratio für die Verhandlungspflichtigkeit der Überwachung wird die Möglichkeit disziplinarischer Maßnahmen angesehen. Da aber – anders als bei § 87 Abs. 1 Nr. 6 BetrVG – nicht das informationelle Selbstbestimmungsrecht, sondern die genannte Gefahr disziplinarischer Maßnahmen im Vordergrund steht, beschränkt sich die Verhandlungspflicht nicht auf technische Überwachungseinrichtungen, sondern erfasst Überwachungsmaßnahmen schlechthin. Allerdings reicht es im Gegensatz zu § 87 Abs. 1 Nr. 6 BetrVG nicht aus, wenn die Einrichtung geeignet ist, das Verhalten der Arbeitnehmer zu überwachen. Vielmehr muss sie nach der Absicht des Arbeitgebers zur Überwachung bestimmt sein.[361]

---

356 *McClatchy Newspapers, Inc.*, 321 N.L.R.B. 174 (1996); *Watsonville Newspaper, LLC,* 327 N.L.R.B. 160 (1999).

357 *McClure* weist auf einige Tarifverträge hin, die Bestimmungen über die Zeit der Lohnzahlung enthalten, siehe *McClure,* Betriebliche Mitbestimmung der Arbeitnehmer in den USA, 118, Fn. 3.

358 *Harold J. Datz* (General Counsel), Advice Memorandum des National Labor Relations Board, 7. August 1990.

359 *Robert E. Allen* (Associate General Counsel), Advice Memorandum des National Labor Relations Board, 26. Juni 1991.

360 *National Steel Corp. v. NLRB*, 324 F.3d 928 (2003); *Colgate Palmolive Co.*, 323 N.L.R.B. 515 (1997); *Anheuser-Busch*, 342 N.L.R.B. 49 (2004).

361 *Quazite Corp.*, 315 N.L.R.B. 1068 (1994).

(2) Personelle Angelegenheiten

Bei unternehmerischen Entscheidungen, die allgemeine personelle Angelegenheiten i.S.d. §§ 92 bis 95 BetrVG betreffen, handelt es sich in der Regel auch um solche, die zum Kernbereich des Arbeitsverhältnisses und somit zu den verhandlungspflichtigen Gegenständen gezählt werden.[362]

Etwas anderes gilt im Hinblick auf personelle Einzelmaßnahmen i.S.d. § 99 und § 100 BetrVG. Dies liegt zum einen daran, dass die amerikanische Verhandlungspflicht durch das Erfordernis des „signifikanten Nachteils" begrenzt wird.[363] Ein solcher besteht bei personellen Angelegenheiten zum Beispiel nicht, wenn ein Arbeitnehmer umgesetzt wurde, aber kein Einkommensverlust damit verbunden war[364] oder wenn es sich um eine zeitlich begrenzte Übergangsmaßnahme handelte.[365] Insofern bleibt das amerikanische Tarifrecht hinter den Bestimmungen des § 99 BetrVG bezüglich Eingruppierung, Umgruppierung und Versetzung und des § 100 BetrVG bezüglich vorläufiger Maßnahmen zurück. Zum anderen ergibt sich ein Unterschied zum deutschen Recht durch die erwähnte Beschränkung des Verantwortungsbereichs der Gewerkschaft auf Arbeitnehmer der Verhandlungseinheit.[366] Regelungen, die Bewerber[367] oder auch Pensionisten[368] betreffen, unterliegen nicht der Pflicht mit der Gewerkschaft zu verhandeln. Insofern bleibt das amerikanische Tarifrecht auch hinter der ebenfalls in § 99 Abs. 1 BetrVG statuierten Pflicht des Arbeitgebers, den Betriebsrat zu unterrichten, zurück und gewährt dem Arbeitgeber damit in diesem Bereich eine größere Entscheidungsfreiheit.

(3) Wirtschaftliche Angelegenheiten

Die Frage der Verhandlungspflichtigkeit wirtschaftlicher Entscheidungen wird ausführlich im Kapitel „Einzelne unternehmerische Entscheidungen" beschrieben. Vorweg soll an dieser Stelle gesagt werden, dass die Einschränkung des Be-

---

362 Zu Auswahlrichtlinien i.S.d. § 95 BetrVG siehe *Detroit Police Officers Asso. v. Detroit, Police Department,* 61 Mich. App. 487, 233 N.W.2d 49 (1975), 90 L.R.R.M. 2912; *Dubuque v. Iowa Public Employment Relations,* 444 N.W.2d 495 (1989); zu Beurteilungsgrundsätzen i.S.d. § 94 Abs. 2 BetrVG siehe *Aplington Community School Dist. V. Iowa Public Employment Relations,* 392 N.W.2d 495 (1986).

363 Siehe dazu Kapitel C.II.2.a. dieser Arbeit.

364 *Equitable Gas Co. v. NLRB*, 637 F.2d 980, 989 (3rd Cir. 1981).

365 *Empire Terminal Warehouse Co.*, 151 N.L.R.B. 1359, 1364 f. (1965).

366 Vgl. Kapitel B.II.1.a. dieser Arbeit.

367 Siehe hierzu Kapitel C.II.1.c.bb.(2) dieser Arbeit.

368 *Star Tribune*, 295 N.L.R.B. 543 (1989).

triebs nach § 111 S. 3 Nr. 1 BetrVG, die Verlegung des Betriebs oder von Betriebsteilen i.S.d. § 111 S. 3 Nr. 2 BetrVG sowie der Zusammenschluss mit anderen Betrieben oder die Spaltung i.S.d. § 111 S. 3 Nr. 3 BetrVG der Verhandlungspflicht nach § 8 (a) (5) NLRA unterliegen. Bei den übrigen in § 111 BetrVG aufgezählten unternehmerischen Entscheidungen unterstehen die Auswirkungen auf die Arbeitnehmer im Rahmen des so genannten „effects bargaining", ähnlich der Vorschrift des § 112 BetrVG, der Verhandlungspflicht.

cc. Blickwinkel der Mitbestimmungsgesetze

Eine Verhandlungspflicht des amerikanischen Arbeitgebers besteht schließlich auch bei Fragestellungen, die in Deutschland dem Beratungsrecht der Arbeitnehmervertreter als Teil des Aufsichtsrats unterliegen. Als Beispiel sei die Veräußerung von Betrieben[369] genannt. Da es sich bei diesen Fragen ebenfalls um wirtschaftlich-unternehmerische Themen handelt, sei auch an dieser Stelle auf die folgende Erörterung einzelner unternehmerischer Entscheidungen verwiesen.

d. „Decision bargaining" vs. „effects bargaining"

Neben der Teilung der Verhandlungsgegenstände in „mandatory" und „permissive subjects of bargaining" ist als Spezifikum des US-amerikanischen Rechts die Unterscheidung zwischen der Verhandlung über die unternehmerische Entscheidung („decision bargaining") und über deren Folgen („effects bargaining") hervorzuheben. Ersteres erfordert die Verhandlung des Arbeitgebers mit der Gewerkschaft über alle Vorschläge und Alternativen, die die Gewerkschaft im Hinblick *auf die Entscheidung selbst* im Rahmen der Verhandlung macht. Dagegen soll das Verhandeln über die Auswirkungen einer Entscheidung („effects bargaining") der Gewerkschaft die Möglichkeit geben, die Folgen einer Arbeitgeberentscheidung für die betroffenen Arbeitnehmer abzumildern.[370] Auf die Einzelheiten wird weiter unten eingegangen.[371]

2. Verhandlungspflichtigkeit unternehmerischer Entscheidungen

Entsprechend der deutschen Diskussion um die Ausfüllung des Begriffs der „Arbeits- und Wirtschaftsbedingungen" (Art. 9 Abs. 3 GG) ist seit Erlass des Natio-

369 MünchKommAktG-*Semler*, § 111, Rn. 99.

370 *First National Maintenance Corp. v. NLRB*, 452 U.S. 666, 679, 682 (1981); *NLRB v. Litton Financial Printing Division*, 893 F.2d 1128, 1133-1134(9th Cir. 1990); *McClatchy Newspapers, Inc.*, 339 N.L.R.B. 158 (2003).

371 Siehe Kapitel C.II.2.b.bb.(3) dieser Arbeit.

nal Labor Relations Acts 1935 die Ausfüllung des Begriffs der „sonstigen Arbeitsbedingungen“ i.S.d. §§ 8 (d) und 9 (a) NLRA ein viel diskutiertes Thema.[372] Bei Verabschiedung der Reform des National Labor Relations Acts im Jahre 1947 wurde ein Antrag, die Angelegenheiten der Tarifautonomie weiter zu konkretisieren, abgelehnt, um den Tarifvertragsparteien selbst und dem National Labor Relations Board einen Ermessensspielraum einzuräumen und den Einflüssen des jeweiligen sozialen und politischen Klimas nicht vorzugreifen.[373]

Vor 1962 waren Arbeitgeber grundsätzlich nicht verpflichtet, mit den Gewerkschaften über Entscheidungen zu verhandeln, die so genannte „Kernbereiche“ der Unternehmensführung betrafen.[374] In den 1970er Jahren ist das National Labor Relations Board dazu übergegangen, den Ausdruck der „sonstigen Arbeitsbedingungen“ weit auszulegen und immer dann eine Verhandlungspflicht anzunehmen, wenn die Arbeitsplatzsicherheit der Arbeitnehmer durch die unternehmerische Maßnahme berührt wurde. Entscheidungen zu automatisieren,[375] Betriebe zusammenzulegen,[376] Betriebe zu schließen,[377] Arbeit auszugliedern[378] wurden allesamt als der Verhandlungspflicht unterliegende Bereiche („mandatory subjects of bargaining“) angesehen. Am klarsten wird diese Tendenz in der Entscheidung *Ozark Trailers*[379] ausgedrückt, in der es um eine Betriebsschließung ging. Hier führte das Gericht aus, derartige Entscheidungen seien zwar von erheblicher Bedeutung für das Unternehmen, aber ebenso für die Arbeitnehmer, die von einem Nachteil betroffen würden. Zwar hätten die Anteilseigner Kapital in das Unternehmen investiert, jedoch sei zu berücksichtigen, dass die Arbeitnehmer ihrerseits Jahre ihres Arbeitslebens sowie dadurch erworbene Senioritätsrechte und entwickelte Fähigkeiten, welche die Basis ihres Lebensunterhalts darstellten, in das Unternehmen investiert hätten.

Dieser Sicht der Dinge schien eine Zeit lang auch der Supreme Court zu folgen, indem er eine Verhandlungspflicht immer dann bejahte, wenn Arbeitneh-

---

372 *Cox/Dunlop*, 63 Harv. L. Rev. 389, 404; *Findling/Colby*, 51 Colum. L. Rev. 170, 171.

373 H.R.Conf.Rep. No. 510, 80th Con., 1st Sess. 34-35 (1047).

374 *Shamrock Dairy, Inc.*, 119 N.L.R.B. 998 (1957); modified, 124 N.L.R.B. 494 (1959), enf'd 280 F.2d 665 (D.C.Cir. 1960); *Bickford Shoes, Inc.*, 109 N.L.R.B. 1346 (1954); *Brown Truck & Trailer Mfg. Co.*, 106 N.L.R.B. 999 (1953).

375 *Doug Neal Management Co.*, 226 N.L.R.B. 985 (1976).

376 *Aerospace Supply, Inc. (d/b/a Anadite Industrial Supply Co.)*, 238 N.L.R.B. 1291 (1978).

377 *W.R. Grace & Co.*, 461 U.S. 757 (1983).

378 *Empire Dental Co.*, 211 N.L.R.B. 860 (1974).

379 161 N.L.R.B. 561 (1966).

merinteressen betroffen waren.[380] Heute tendiert das Gericht eher dazu, die Möglichkeiten einseitiger unternehmerischer Entscheidungen zu unterstützen.

a. Prämissen

Ähnlich der deutschen Vorgehensweise, die Frage der Reichweite der unternehmerischen Entscheidungsfreiheit im Wege der praktischen Konkordanz zu lösen, wägen auch die amerikanischen Gerichte die Interessen von Arbeitgeber und Arbeitnehmern gegeneinander ab.[381] Als Äquivalent zu dem Ausgangspunkt deutscher Gerichte, für Unternehmen müsse die „Möglichkeit eigenverantwortlichen und sinnvollen Wirtschaftens“[382] aufrechterhalten werden, betont die amerikanische Judikatur, dass Kernentscheidungen des Unternehmens („managerial decisions, which lie at the core of entrepreneurial control“[383]) nicht dem Verantwortungsbereich der Gewerkschaft unterliegen.

Häufig wird eine Dreiteilung der möglichen Unternehmensentscheidungen vorgenommen:

Erstens: Entscheidungen, die finanzielle Investitionen oder andere grundsätzliche Entscheidungen des Unternehmens betreffen und nur indirekte und geringe Auswirkungen auf die Arbeitsbedingungen haben, sollen insoweit unbelastet von gewerkschaftlichen Einflüssen getroffen werden, als dies für die Aufrechterhaltung eines profitablen Betriebes notwendig ist.[384] Hierzu werden u.a. Produktgestaltung, Produktvermarktung und Finanzierungsmaßnahmen gezählt. Der Gesetzgeber habe nicht den Willen gehabt, Gewerkschaften zum Partner der Arbeitgeber bei unternehmerischen Entscheidungen zu machen.[385]

Zweitens: Bei Entscheidungen des Unternehmers, die den Kernbereich des Arbeitsverhältnisses, also ausschließlich die Beziehung zwischen Arbeitnehmer und Arbeitgeber,[386] betreffen – hierzu gehören die in §§ 8 (a) (5), 9 (a) NLRA

---

380 *Getman/Pogrebin/Gregory*, 135.

381 *Brockway Motor Trucks, Division of Mack Trucks, Inc. v. NLRB*, 582 F.2d 720 (3d Cir. 1978); *John Wiley & Sons, Inc. v. Livingston*, 376 U.S. 543, 549; 84 S.Ct. 909, 914 (1964): „The objectives of National labor policy require that the rightful prerogative of owners independently to rearrange their business be balanced by some protection to the employees from a sudden change in the employment relationship.“

382 LAG Hamm v. 31.5.2000, NZA-RR 2000, 535, 536.

383 *Fibreboard Paper Products Corp. v. NLRB* 379 U.S. 203 (1964), Id. at 223 (Stewart, J., concurring).

384 Ebd.

385 *First National Maintenance Corp. v. NLRB* 452 U.S. 666 (1981).

386 „Some decisions are almost exclusively an aspect of the relationship between employer and employee.“ *First National Maintenance Corp. v. NLRB,* 452 U.S. 666 (1981). „Matters that are both plainly germane to the working environment and not

ausdrücklich genannten weitere Regelungen des Arbeitsverhältnisses, die nicht dem Bereich der wirtschaftlichen Entscheidungen des Arbeitgebers zuzuordnen sind, z.B. Kündigungen, Abberufungen, Arbeitsordnungen etc. –, wird die Verhandlungspflicht vermutet.

Drittens: Unternehmerische Entscheidungen, die nicht primär auf eine Veränderung der Arbeitsbedingungen zielen, aber wesentliche Auswirkungen auf diese haben, sind Gegenstand einer Interessenabwägung.

Wie im deutschen Recht setzt die Verhandlungspflichtigkeit einer Entscheidung voraus, dass die Belange der Arbeitnehmer eine Verhandlung mit der Gewerkschaft erfordern. Allerdings ist die amerikanische Rechtsprechung an dieser Stelle restriktiver als die deutsche. Während die deutschen Arbeitsgerichte mit dem weiten Begriff der „Auswirkungen auf Arbeitnehmer mit konkretem Arbeitsbezug“[387] operieren, wenn es um die tarifliche Regelbarkeit geht, verlangen die amerikanischen Gerichte signifiant nachteilige Veränderungen der Arbeitssituation („significant adverse impact“[388] oder an anderer Stelle „material, substantial and significant“[389]) als Erfordernis der Verhandlungspflicht. Als solche nachteiligen Folgen wurden zum Beispiel der Verlust der Arbeitsplatzsicherheit, der Verlust von nach objektiven Maßstäben zu erwartenden Aufstiegschancen,[390] die Einkommensverringerung durch Arbeitszeitverkürzung[391] anerkannt.

Innerhalb der „nachteiligen Veränderung“ wird die Voraussetzung der „Veränderung“ eng ausgelegt. Sie liegt vor bei einer Abweichung von hergebrachter Übung und wird unter dem Gesichtspunkt der „established practice“ geprüft.[392] Ob eine solche gegeben ist, richtet sich danach, seit wie vielen Jahren die betreffende Unternehmensentscheidung einseitig getroffen wurde, wie viele Aufträge jährlich vergeben werden und in welchem Umfang dies geschieht. Zum Beispiel liegt mangels „Veränderung“ keine Verhandlungspflicht (also auch kein Recht zum Arbeitskampf seitens der Gewerkschaft) im Hinblick auf Gratifikationen vor, die in der Vergangenheit sporadisch in divergierender Höhe, abhängig von

---

among those managerial decisions, which lie at the core of entrepreneurial control are mandatory subjects of bargaining.“ *Ford Motor Co. v. NLRB,* 441 U.S. 488, 498, 99 S.Ct. 1842, 60 L.Ed.2d 420 (1979).

387 BAG v. 3.4.1990, AP Nr. 56 zu Art. 9 GG, B.II.1. d. Gr.

388 *Westinghouse Electric Corp.*, 150 N.L.R.B. 136 (1965).

389 *Angelica Health Care Service Group, Inc.*, 284 NLRB 844 (1987); *Crittenton Hospital*, 342 N.L.R.B. 67 (2004).

390 *Westinghouse Electric Corp.*, 150 NLRB 136 (1965), 58 L.R.R.M. at 1258.

391 *Valley Oil Co., Inc.*, 210 N.L.R.B. 370, 382 (1974).

392 *Superior Coach Corp.*, 151 N.L.R.B. 305 (1965). Bei einseitigen Entscheidungen wie Verkauf oder Liquidation eines Unternehmens ist der Test natürlich nicht anwendbar; *Apex Linen Service*, 151 N.L.R.B. 305 (1965).

der finanziellen Situation des Unternehmens, gezahlt wurden.[393] Weiterhin ist auch der Ersatz von Stechkarten durch eine elektronische Messuhr keine nachteilige Veränderung, weil zwar eine Abweichung von der bisherigen Praxis vorliegt, aber keine Abweichung von der grundsätzlichen Regelung der Zeiterfassung.[394] Gliedert ein Arbeitgeber zum Beispiel herkömmlicherweise bestimmte Arbeiten aus, kann er dies auch in Zukunft ohne Verhandlungspflicht mit der Gewerkschaft fortführen, weil keine „Veränderung" vorliegt. Etwas anderes gilt allerdings dann, wenn die Praxis sich in Art oder Ausmaß ändert, so zum Beispiel wenn sie erstmalig mit Kündigungen einhergeht.[395]

Ein weiterer Unterschied zum deutschen Recht liegt darin, dass in Deutschland die Arbeits- und Wirtschaftsbedingungen nicht unmittelbar durch die Koalitionstätigkeit gewahrt und gefördert werden müssen (ein mittelbarer Effekt reicht aus), wohingegen in den Vereinigten Staaten ein direkter, unmittelbarer Effekt auf die Arbeitssituation gefordert wird.[396]

Schließlich hängt die Verhandlungspflichtigkeit einer Maßnahme davon ab, ob der Nutzen der Verhandlungen für die Arbeitnehmer-Arbeitgeber-Beziehungen die mit den Verhandlungen einhergehenden Belastungen für den Arbeitgeber überwiegt („benefit/burden analysis").[397] Es wird argumentiert, der Kongress habe die wirtschaftliche Freiheit zwar nicht ausdrücklich festgelegt, eine Verhandlungspflicht aber nur eingeführt, wenn die Tarifverhandlungen von Nutzen für Arbeitsbeziehungen seien. Von einem Überwiegen des Nutzens könne dann nicht ausgegangen werden, wenn die Chancen der Gewerkschaft, die unternehmerische Entscheidung zu beeinflussen, gering seien. Als eines der Indizien für die Feststellung des Überwiegens wird von dem National Labor Relations Board seit der *Otis Elevator Entscheidung*[398] die der unternehmerischen Entscheidung zugrunde liegende Motivation des Arbeitgebers herangezogen:[399] Beruht die Entscheidung auf dem Wunsch, die Lohnkosten zu reduzieren, könne davon ausgegangen wer-

393 *NLRB v. Wonder State Mfg. Co.*, 344 F.2d 210, 214 (8th Cir. 1965).

394 *Rust Craft Broadcasting of New York, Inc.*, 225 N.L.R.B. 327 (1976).

395 Siehe *Barry J. Kearney*, Advice Memorandum des National Labor Relation Boards, 9. April 1998, Subject: Rotorex Co., Inc. and Fedders Corp., Case 5-CA-27338, www.nlrb.gov, aufgerufen am 11.11.2005.

396 *Equitable Gas Co. v. NLRB*, 637 F.2d 980 (3rd Cir. 1981).

397 *First National Maintenance Corp. v. NLRB* 452 U.S. 666 (1981): „Nonetheless, in view of an employer's need for unencumbered decisionmaking, bargaining over management decisions that have a substantial impact on the continued availability of employment should be required only if the benefit, for labor-management relations and the collective bargaining process, outweighs the burden placed on the conduct of the business."

398 *Otis II*, 115 L.R.R.M. (BNA) 1281 (1982).

399 *Otis Elevator Co.* 269 N.L.R.B. 891 (1984).

den, dass Zugeständnisse der Gewerkschaften die Entscheidung beeinflussen könnten. Die Gewerkschaften könnten zum Beispiel eine Lohnkostenreduzierung oder Teilzeitarbeit anbieten.[400] Beruht die Entscheidung demgegenüber auf Überlegungen, die nicht primär mit dem Faktor der Lohnkostenreduktion zusammenhängen, zum Beispiel im Falle einer Standortverlegung auf der Annahme, der alte Standort sei unprofitabel, die Miete zu hoch oder die Kunden seien nicht interessiert genug, sei der Nutzen der Verhandlungen tendenziell gering. Gleiches ist der Fall bei den Motiven der Konsolidierung, der Umstrukturierung, der technologischen Verbesserung des Unternehmens, der Reduzierung der Rohstoffkosten oder der allgemeinen Betriebskosten (Energie, Miete, Besteuerung).[401] Liegen diese der Unternehmensentscheidung zugrunde, wird eine Verhandlungspflicht verneint.

Während deutsche Gerichte durch das Mittel der praktischen Konkordanz einen Mittelweg zwischen der Einschränkung der Arbeitgeber- und der Arbeitnehmerrechte suchen, spielen bei der Interessenabwägung in den Vereinigten Staaten also vor allem Gesichtspunkte der Effizienz der Verhandlungen eine Rolle. Wie sich diese Gesichtspunkte auswirken, soll im Folgenden anhand einzelner Entscheidungen dargestellt werden.

b. Einzelne unternehmerische Entscheidungen

Die Umsetzung der von der Rechtsprechung aufgestellten geschilderten Grundsätze soll wiederum anhand einzelner Entscheidungen dargestellt werden. Wie bei der Erörterung des deutschen Tarifrechts soll auch hier zwischen Entscheidungen differenziert werden, bei denen Regelungen, die primär das Arbeitsverhältnis betreffen, im Mittelpunkt stehen, und solchen, bei denen die Regelung von wirtschaftlichen Fragen im Mittelpunkt steht.

aa. Entscheidungen mit konkretem Arbeitsbezug

Bei Entscheidungen des National Labor Relations Boards zu unternehmerischen Maßnahmen mit konkretem Arbeitsbezug sind nur sehr selten Stellungnahmen zur unternehmerischen Entscheidungsfreiheit zu finden.

---

400 *Lapeer Foundry and Machine, Inc.*, 289 N.L.R.B. 952 (1988).

401 *Goebel,* Gewerkschaftliche Mitwirkungs- und Regelungsbefugnisse bei Betriebsänderungen im Recht der Vereinigten Staaten von Amerika, 95, 96.

(1) Personalbemessung

Eine Entscheidung des National Labor Relations Boards über die Verhandlungspflicht mit der Gewerkschaft bei der Einführung eines Personalbemessungssystems liegt nach derzeitigem Stand nicht vor. Nichtsdestotrotz soll im Zuge des Vergleichs mit der deutschen Rechtslage gutachterlich dargelegt werden, dass die Implementierung eines solchen auch nach amerikanischem Recht der Verhandlungspflicht unterliegt.

Die Einführung eines Personalbemessungssystems, das – wie in dem vom Bundesarbeitsgericht entschiedenen Fall[402] – vor allem dazu dienen soll, zeitliche Freiräume zu beseitigen und den Personalbedarf zu verringern, unterliegt als Regelung der Arbeitsbedingungen („terms and conditions of employment") i.S.d. § 8 (a) (5), (1) NLRA der Verhandlungspflicht. Denn die Konsequenz der Implementierung des Systems ist eine Erhöhung der Arbeitsintensität bei gleichzeitiger Verringerung der Erholungszeiten durch Feststellung eines geringeren Personalbedarfs. Das System wirkt sich also auf die physische und psychische Belastung der Arbeitnehmer in der Verhandlungseinheit aus.

Das Argument, es handele sich um eine Maßnahme, die allein dem unternehmerischen Organisationsbereich zuzuordnen sei und damit der Verhandlungspflicht mit den Gewerkschaften entzogen sei, greift bei Heranziehen der Nutzenanalyse[403] deshalb nicht, weil die unternehmerische Entscheidung klar auf dem Wunsch der Reduzierung von Lohnkosten beruht.

Einer Verhandlungspflicht könnte in diesem Fall allenfalls entgegenstehen, dass das National Labor Relations Board die Unmittelbarkeit des Effekts der Maßnahme auf die Arbeitsbedingungen der Arbeitnehmer[404] eng auslegt („immediate adverse impact"[405]). Man könnte argumentieren, dass die Implementierung des Systems alleine noch nicht zu einer Stellenstreichung führe. Dieses Argument greift jedoch schon deshalb nicht, weil auch der Verlust der Arbeitsplatz*sicherheit* als signifikant nachteilige Auswirkung anerkannt wird. Zudem dienen die durch das Personalbemessungssystem festgestellten Zeiten für einzelne Tätigkeiten zugleich als Zeitvorgabe für die Arbeitnehmer. Insofern bestehen unmittelba-

---

402 BAG v. 3.4.1990, AP Nr. 56 zu Art. 9 GG.

403 Siehe Kapitel C.II.2.b.bb.(3) dieser Arbeit: Beruht die Entscheidung auf dem Wunsch, die Lohnkosten zu reduzieren, geht die amerikanische Rechtsprechung davon aus, dass Zugeständnisse der Gewerkschaften die Entscheidung beeinflussen können und unterstellen sie damit der Verhandlungspflicht; *First National Maintenance Corp. v. NLRB* 452 U.S. 666 (1981).

404 Siehe Kapitel C.II.2.a. dieser Arbeit.

405 Ebd.

re Auswirkungen auf die Arbeitsbedingungen der Arbeitnehmer in einer Verhandlungseinheit.

Selbst wenn man die Ansicht vertreten möchte, es fehle eine unmittelbar nachteilige Auswirkung des Personalbemessungssystems auf die Arbeitssituation der Arbeitnehmer und die Entscheidung für eine Implementierung unterliege deshalb nicht der Verhandlungspflicht, wäre die Einführung des Personalbemessungssystems unzulässig, bevor der Arbeitgeber mit der Gewerkschaft über die Konsequenzen der Entscheidung verhandelt hätte („effects bargaining"). Diese bestünden hier in der Verstärkung der Arbeitsintensität und Stellenstreichungen. Selbst wenn die Unmittelbarkeit der Auswirkungen auf Arbeitnehmer verneint würde, müsste der Arbeitgeber vor Einführung des Personalbemessungssystems deshalb mit der Gewerkschaft über selbiges verhandeln.

(2) Qualitative Besetzungsregeln

Auch im Hinblick auf qualitative Besetzungsregeln liegt nach derzeitigem Stand keine Entscheidung des National Labor Relations Board vor. Betrachtet man jedoch die Rechtsprechung des NLRB zu verwandten Fragen, so ist zu schließen, dass diese nur sehr eingeschränkt der Verhandlungspflicht nach § 8 (a) (5), (1) NLRA unterliegen.

Man könnte daran denken, qualitative Besetzungsregeln unter die „sonstigen Arbeitsbedingungen" („terms and conditions of employment" i.S.d. § 8 (a) (5), (1) NLRA) der Verhandlungspflicht zu zählen. Dem steht jedoch zum einen entgegen, dass die Entscheidung, qualitative Besetzungsregeln einzuführen, nicht auf dem Motiv der Lohnkostenreduzierung beruht und die Entscheidung insofern schon bei Anwendung der Nutzenanalyse aus dem Bereich der verhandlungspflichtigen Fragestellungen herausfällt. Zum anderen wirken sich die qualitativen Besetzungsregeln nicht in „wesentlicher und signifikanter Weise" im Sinne der amerikanischen Rechtsprechung auf die Arbeitsbedingungen der Arbeitnehmer in der Verhandlungseinheit aus. Vielmehr wirken sich qualitative Besetzungsregeln primär auf Bewerber für die entsprechenden Arbeitsplätze aus, die durch die Besetzungsregeln mit einer Zugangsbeschränkung konfrontiert werden. Die Betroffenheit von Bewerbern ist jedoch nicht ausreichend, um eine Verhandlungspflicht mit der Gewerkschaft zu begründen. Erforderlich ist eine Betroffenheit der Arbeitnehmer der Verhandlungseinheit.[406] Geht man davon aus, dass auch Arbeitnehmer der Verhandlungseinheit von den qualitativen Besetzungsregeln berührt werden, sobald sie sich intern auf eine Stelle bewerben möchten, deren Anforderungen sie aufgrund der Besetzungsregeln nicht genügen, reicht dies für einen

406 *Star Tribune*, 295 N.L.R.B. 543 (1989).

„significant adverse impact" nicht aus. Denn eine Beschränkung der zukünftigen Möglichkeit der Bewerbung auf einen anderen Arbeitsplatz ist keine Bedingung des Arbeitsverhältnisses zwischen dem Arbeitgeber und dem einzelnen Arbeitnehmer.[407] Etwas anderes würde wohl auch dann nicht gelten, wenn die Möglichkeit der Bewerbung auf einen anderen Arbeitsplatz vor Implementierung der Besetzungsregeln einem Arbeitnehmer in Aussicht gestellt wurde und die Möglichkeit nun mangels Qualifikation entfällt. Denn noch nicht einmal die Zuweisung eines anderen Arbeitsplatzes ohne damit verbundenen Lohnverlust ist nach der amerikanischen Rechtsprechung eine der Verhandlungspflicht unterliegende Frage.[408] Im Wege des Erst-recht-Schlusses kann deshalb davon ausgegangen werden, dass auch wenn die Chance auf einen Wechsel des Arbeitsplatzes wegfällt, dies nicht der Verhandlungspflicht unterliegt.

Ausreichende Auswirkungen im Sinne des „significant adverse impact"-Kriteriums würden nur in den folgenden Fallgestaltungen vorliegen:

Zum einen dann, wenn durch die Einführung qualitativer Besetzungsregeln ein Arbeitnehmer in Ermangelung der neu erlangten Qualifikation umgesetzt werden muss und diese Umsetzung mit einer geringeren Entlohnung verbunden ist.[409] Die bloße Zuweisung eines anderen Arbeitsplatzes ohne damit einhergehenden Einkommensverlust ist keine der Verhandlungspflicht nach § 8 (a) (5), (1) NLRA unterliegende Maßnahme.[410]

Zum anderen ist die Implementierung qualitativer Besetzungsregeln verhandlungspflichtig, wenn durch diese Maßnahme der Verhandlungseinheit eine nicht unerhebliche Anzahl von Arbeitsplätzen entzogen werden. Ein solches Herausfallen von Arbeitsplätzen aus der Verhandlungseinheit kann geschehen, wenn aufgrund der Veränderung der Anforderungen an die auszuübende Tätigkeit diese nicht mehr der Interessengemeinschaft der Verhandlungseinheit angehören, weil die Arbeitsplätze zum Beispiel nur noch mit Facharbeitern besetzt werden sollen, die ein erheblich höheres Gehalt beziehen als die bisher ausübenden Arbeitnehmer oder weil die Arbeitsplätze nach Implementierung der qualifizierten Besetzungsregel einer anderen Hierarchiestufe angehören.[411] Zur Begrün-

---

407 Dies wurde in *Equitable Gas Company,* 637 F.2d 980 (1981) deutlich gemacht.

408 *Bridgeport and Port Jefferson Steamboat Company*, 313 N.L.R.B. 63 (1993); *Angelica Healthcare Services Group, Inc.*, 284 N.L.R.B. 844 (1987).

409 Siehe *Haddon Craftsmen, Inc.,* 300 N.L.R.B. 100 (1990).

410 *Bridgeport and Port Jefferson Steamboat Company*, 313 N.L.R.B. 63 (1993).

411 Siehe zu diesem Themenkomplex die folgenden Entscheidungen des National Labor Relations Board: *Dura-Vent Corp.*, 257 N.L.R.B. 430 (1981); *Land O'Lakes, Inc.*, 299 N.L.R.B. 982 (1990); *Bridgeport and Port Jefferson Steamboat Co.*, 313 N.L.R.B. 63 (1993); *Health Care and Retirement Corporation of America*, 317 N.L.R.B. 144 (1995); *Regal Cinemas*, 334 N.L.R.B. 41 (2001): in dem Fall *Regal Cinemas* traf der Arbeitgeber, ein Theaterbetreiber, die Entscheidung, Filme nicht

dung dieser langjährigen Rechtsprechung weist das National Labor Relations Board darauf hin, dass bei fehlender Pflicht zur Verhandlung mit der Gewerkschaft über eine Verkleinerung der Verhandlungseinheit der Gewerkschaft die Möglichkeit genommen würde, auf Veränderungen Einfluss zu nehmen, die für die Verhandlungseinheit bedeutend sind.[412]

(3) Beendigung des Arbeitsverhältnisses

Regelungen, die das Verfahren bei Kündigungen betreffen, sind nach einhelliger Meinung verhandlungspflichtig und gehören zum so genannten Kernbereich des Arbeitsverhältnisses. „Laying off workers works a dramatic change in their working conditions (to say the least)."[413] Sofern nicht tarifvertraglich ein abstraktes Regelwerk über Kündigungen vereinbart wurde, sind die Gewerkschaften bei jedem Einzelfall zu konsultieren.[414] Ähnlich der deutschen Rechtslage zum tariflichen Ausschluss von Kündigungen, die die Möglichkeit, die Größenordnung des Unternehmens zu bestimmen und das Unternehmen aufzugeben, unangetastet lässt, zieht auch das amerikanische Tarifrecht eine Grenze der Verhandlungspflicht im Hinblick auf die Regularien und das Verfahren bei Kündigungen:

Zum einen können zwingende ökonomische Gründe, die auf einem plötzlichen unvorhersehbaren Ereignis beruhen, ein Unternehmen veranlassen, sofort zu handeln, ohne die Gewerkschaft zu konsultieren.[415] „Zwingende ökonomische Gründe" werden vom National Labor Relations Board allerdings nicht mit „ökonomisch vorteilhaft" gleichgesetzt.[416] So wurde der Verlust eines Auftrags, der 14 % der Einnahmen des Unternehmens eingebracht hätte, nicht als ausreichend für eine Ausnahme von der Verhandlungspflicht angesehen.[417]

Zum anderen muss der Arbeitgeber dann nicht mit der Gewerkschaft über die Entscheidung, Arbeitnehmer zu kündigen, verhandeln, wenn diese Ausfluss einer unternehmerischen Kernentscheidung ist („managerial decision, which lies at the

mehr von Filmvorführern, sondern von dienstleistenden Bedienungspersonen vorführen zu lassen, ohne mit der Gewerkschaft vor Umsetzung der Entscheidung zu verhandeln. Der Arbeitgeber war der Ansicht, es handele sich dabei um eine Frage, die rein dem unternehmerischen Organisationsbereich zuzuordnen sei und die somit dem Verhandlungsanspruch der Gewerkschaft entzogen wäre.

412 *Dura-Vent Corp.*, 257 N.L.R.B. 430 (1981).

413 *NLRB v. Advertivers Mfg., Co.*, 823 F.2d 1086, 1090 (7th Cir. 1987).

414 *Lapeer Foundry and Machine, Inc.*, 289 N.L.R.B. 952 (1988).

415 *Winchell Co.*, 315 N.L.R.B. 69, 531 (1994).

416 *Farina Corp.*, 310 N.L.R.B. 318, 321 (1993).

417 *Angelica Healthcare Services*, 284 N.L.R.B. 844, 852, 853 (1987).

core of entrepreneurial control“[418]), durch welche die Reichweite und Richtung der unternehmerischen Tätigkeit geändert wird.[419] Als Beispiele werden die Schließung einer Produktlinie oder die Beendigung einer Beziehung mit einem bestimmten Kunden genannt.[420]

(4) Ladenschluss

Ähnlich wie die Rechtsprechung der deutschen Gerichte geht auch die amerikanische Rechtsprechung davon aus, dass Ladenöffnungszeiten kein der unternehmerischen Entscheidungsfreiheit unterliegender Bereich sind. Erstmals ausdrücklich erläutert wurde dies in einer Entscheidung des Supreme Courts des Staates Maine,[421] der über die Frage der Verhandlungspflichtigkeit der Öffnung eines Spirituosengeschäfts an einem staatlichen Feiertag zu entscheiden hatte. Dies wurde mit Verweis, dass die Entscheidung über die Öffnung des Ladens die Stunden, Löhne und sonstigen Arbeitsbedingungen beeinflusse, bejaht. In einer Art Obiter Dictum wies das Gericht darauf hin, dass insbesondere die Vorschrift über die Öffnungszeiten von Spirituosengeschäften (28 M.R.S.A. § 154,[422] Supp. 1979) der Pflicht, über deren Änderung zu verhandeln, nicht entgegenstehe. Zwar impliziere die in Rede stehende Vorschrift § 154 auch die grundsätzliche Regelungsmacht des Unternehmers, über die Ladenöffnungszeiten zu entscheiden. Allerdings müsse diese unternehmerische Entscheidungsbefugnis innerhalb des Umfelds von Tarifverhandlungen mit Bezug auf Löhne, Stunden und sonstige Arbeitsbedingungen ausgeübt werden: „That power [in deciding when to open for business] must be exercised within the environment of collective bargaining as to ‚wages, hours, working conditions'.“[423] Ein entgegenstehendes Ergebnis auf-

418 *Fibreboard Paper Products Corp. v. NLRB* 379 U.S. 203 (1964), Id. at 223 (Stewart, J., concurring).

419 So zum Beispiel bei einer Betriebsstilllegung, *First National Maintenance Corp. v. NLRB*, 452 U.S. 666 (1981).

420 *Winchell Company*, 315 N.L.R.B. 69.

421 *State of Maine and Bureau of Alcoholic Beverages, Department of Finance and Administration v. Maine Labor Relations Board and Maine State Employees Association,* 413 A.2d 510 (1980).

422 „State retail liquor stores and state agency stores may be open for the sale and delivery of liquor between the hours of 9 a.m. and midnight in municipalities and unincorporated places which have voted affirmatively on section 101, subsection 1. The State Liquor Commission shall establish the hours of operation of each state retail liquor store and state agency store.“

423 *State of Maine and Bureau of Alcoholic Beverages, Department of Finance and Administration v. Maine Labor Relations Board and Maine State Employees Association,* 413 A. 2d 510 (1980).

grund von einer möglichen Einordnung der Frage der Ladenöffnungszeit als Kernbereich unternehmerischer Entscheidungsfreiheit wird ähnlich wie in der Entscheidung des Bundesarbeitsgerichts vom 27. Juni 1989[424] nicht thematisiert.

bb. Wirtschaftliche Angelegenheiten

Die Entscheidungen des National Labor Relations Board und der Gerichte zu wirtschaftlichen Unternehmensentscheidungen zeichnen sich wesentlich mehr als die deutsche Judikatur durch eine Auseinandersetzung mit der Reichweite der unternehmerischen Entscheidungsfreiheit aus.

(1) Ausgliederung („subcontracting")

Bis zur Formulierung der so genannten „Fibreboard Doctrine" fielen wirtschaftliche Angelegenheiten nur dann unter die Verhandlungspflicht, wenn eine wirtschaftliche Unternehmensentscheidung gleichzeitig den Zweck hatte, die Tätigkeit der Gewerkschaft im Unternehmen zu diskriminieren.[425] Solange die Entscheidung ausschließlich aus ökonomischen Gründen erfolgte, konnte der Arbeitgeber sie einseitig treffen. Da auch Ausgliederungen dementsprechend als nicht der Verhandlungspflicht unterliegende Entscheidungen angesehen wurden,[426] gab die *Fibreboard*-Entscheidung im Jahr 1964 in diesem Bereich eine entscheidende Richtungsänderung vor.[427]

Der Arbeitgeber (Fibreboard) hatte seine für Reinigung und Wartung der Fabriken zuständigen Arbeitnehmer gekündigt und sie durch Arbeitnehmer eines selbstständigen Unternehmers ersetzt, um Kosten zu sparen. Eine vorherige Verhandlung mit der Gewerkschaft hatte nicht stattgefunden.

Ausschlaggebend für die Bejahung der Verhandlungspflicht war nach der Aussage des Gerichts zum einen die Tatsache, dass Ausgliederungen in erheblichem Umfang zu Kündigungen von Arbeitnehmern führen können, also in essenzieller Weise Arbeitsbedingungen betreffen. Der Begriff „conditions of employment" umfasse ganz offensichtlich auch die Beendigung des Arbeitsverhältnisses. Zum anderen wurde im Hinblick auf die Einschränkung der unternehmerischen Entscheidungsfreiheit rechtfertigend betont, dass die Ausgliederung nicht den Kernbereichen unternehmerischer Organisation zuzuordnen sei. Zum einen des-

424 BAG v. 27.6.1989, AP Nr. 113 zu Art. 9 GG Arbeitskampf.

425 *NLRB v. Adams Dairy, Inc.*, 322 F. 2d 553, 558 (1963).

426 *Mahoning Mining Co.*, 61 N.L.R.B. 792 (1945): Der Beweis einer gewerkschaftsfeindlichen Motivation wurde als Voraussetzung für die Annahme der Verhandlungspflicht bei Ausgliederungen angesehen.

427 *Fibreboard Paper Products Corp. v. NLRB* 379 U.S. 203 (1964).

halb nicht, weil die Wartungsarbeiten auch nach der Ausgliederung noch im Betrieb durchgeführt werden mussten und die Arbeitnehmer unter ähnlichen Arbeitsbedingungen arbeiteten, dass mit der Ausgliederung also keine wesentliche organisatorische Veränderung einherging, und zum anderen weil kein Kapitaleinsatz erforderlich war.[428] Schließlich versuchte das Gericht noch, die Übereinstimmung mit den Interessen der Sozialpartner aufzuzeigen, indem darauf verwiesen wurde, dass die Vergabe von Arbeit an Subunternehmer schon in weitem Umfang und erfolgreich in zahlreichen Kollektivverträgen geregelt sei.

Die *Fibreboard*-Entscheidung sorgte wegen einer Vielzahl von Ungenauigkeiten in Bezug auf die genannten Kriterien und ihr Verhältnis zueinander zunächst nicht für Klarheit. Zum Beispiel blieb die Frage offen, bei welcher Art des Kapitaleinsatzes oder welcher organisatorischen Veränderung die unternehmerische Entscheidung auszugliedern nicht mehr der Verhandlungspflicht nach § 8 (a) (5) NLRA unterliegen würde. Es war dem Gericht nicht gelungen, ein generelles Konzept der Abgrenzung der Verhandlungspflicht in wirtschaftlichen Angelegenheiten zu entwerfen. Zudem versuchte einer der Richter, Justice *Stewart*, in einem Sondervotum die Wirkung der Entscheidung auf diesen Fall zu beschränken.[429] Justice *Stewart* begrüßte die Entscheidung, war aber der Ansicht, der Begriff „Arbeitsbedingungen („terms and conditions of employment")" sei zu weit ausgelegt worden. Nach dem allgemeinen Sprachgebrauch gehöre nur das „Wie", nicht aber das „Ob" der Arbeit dazu. Nicht jede Entscheidung des Arbeitgebers, die die Arbeitsplatzsicherheit gefährde, könne der Verhandlungspflicht unterstellt werden. Im vorliegenden Fall sei die Verhandlungspflicht nur deshalb zu bejahen, weil durch die Entscheidung des Unternehmers lediglich die Arbeitnehmer gewechselt wurden, die zu verrichtende Arbeit aber die gleiche blieb.

Die Entscheidung stellte aber einen Wendepunkt dar und wurde nie außer Kraft gesetzt. So wird bis heute bei Ausgliederungen in der Regel die Verhandlungspflicht bejaht, z.B. wenn ein Unternehmer die anfallenden Reinigungs- und Erhaltungsarbeiten oder Bewachungsdienste von einer auswärtigen Firma ausführen lässt,[430] die Auslieferung der eigenen Produkte einem Fuhrunternehmen

---

428 „The company's decision to contract out, ... *did not alter the Company's basic operation.* The maintenance work still had to be performed in the plant. *No capital investment was contemplated*; the Company merely replaced existing employees with those of an independent contractor to do the same work under similar conditions of employment. Therefore, *to require the employer to bargain about the matter would not significantly abridge his freedom to manage business.*" [Hervorhebungen vom Autor]; *Fibreboard Paper Products Corp. v. NLRB* 379 U.S. 203, 213 (1964).

429 *Fibreboard Paper Products Corp. v. NLRB* 379 U.S. 217 ff., S.Ct.404 (1964).

430 *Olinkraft, Inc. v. NLRB*, 666 F. 2d 302, 306 (5th Cir. 1982); *Salem College*, 261 N.L.R.B. 327, 335 (1982).

überträgt[431] oder eine Finanzierungs- und Versicherungsabteilung ausgliedert.[432] Den Entscheidungen ist gemeinsam, dass die Unternehmer sich nicht von dem ausgegliederten Bereich trennen, sondern die Aufgabe fremd vergeben, so dass sowohl eine „wesentliche Betriebsänderung" als auch ein „Kapitalaufwand" als Kriterien für eine wesentliche Unternehmerentscheidung verneint werden können.[433]

Die oben beschriebene Nutzenanalyse wurde erst nach der *Fibreboard*-Entscheidung im Jahre 1964 eingeführt.[434] In den neueren Entscheidungen des National Labor Relation Board zu Ausgliederungen wird eine Prüfung, ob die Unternehmerentscheidung durch Lohnkosten oder andere Faktoren motiviert wurde, zum Teil integriert.[435] Dies zeigt der Fall *Gar Wood-Detroit Truck Equipment, Inc.*,[436] in dem bei einer Ausgliederung ein Verhandlungsrecht der Gewerkschaft verneint wurde. Als Hauptmotiv der Unternehmensentscheidung stellte das National Labor Relations Board zu hohe Betriebskosten fest; Lohnkosten seien nicht ausschlaggebend gewesen. Im Vergleich zu Standortentscheidungen, bei denen eine Nutzenanalyse in der Regel ausschlaggebend für die Frage der Verhandlungspflichtigkeit ist (hierzu weiter unten), wird eine solche bei Ausgliederungsentscheidungen vom National Labor Relations Board jedoch nur dann ergänzend herangezogen, wenn eine wesentliche Betriebsänderung vorliegt und die Entscheidung in der Regel schon aus diesem Grund nicht der Verhandlungspflicht unterliegt.[437] Die Nutzenanalyse ist also bei Ausgliederungsfällen nicht entscheidungserheblich und würde an der Bewertung des Falls *Fibreboard*, dass also Ausgliederungen der Verhandlungspflicht mit der Gewerkschaft unterliegen, auch nichts ändern. Der Entscheidung, einen Bereich auszugliedern, liegt in der

---

431 *NLRB v. Carbonex Coal Co.*, 679 F.2d 200, 204 (10th Cir. 1982).

432 *Jack Tompson Oldsmobile, Inc. v. NLRB*, 684 F.2d 458, 463 (7th Cir. 1982).

433 Eine wesentliche Betriebsänderung wurde in einem Fall bejaht, in dem ein Produktionsbereich ausgegliedert wurde (Milchproduktion), der nichts mit dem üblichen Betrieb zu tun hatte. Siehe *Adams Dairy*, 350 F.2d 108, 111 (8th Cir. 1965). Die Verhandlungspflicht mit der Gewerkschaft wurde demnach verneint.

434 Obgleich der Supreme Court schon in der *Fibreboard*-Entscheidung feststellte, dass die Motivation des Arbeitgebers, Lohnkosten zu reduzieren, „a matter peculiarly suitable for resolution within the framework of collective bargaining" sei. Vgl. 379 U.S. 213, 214 (1964).

435 *Whitehead Brothers Co.*, 263 N.L.R.B. 895, 898 (1982). Das Board geht demgegenüber in *Torrington Industries*, 307 N.L.R.B. 810 (1992) davon aus, dass Fallkonstellationen, die der Konstellation in *Fibreboard* ähneln, immer eine Verhandlung mit der Gewerkschaft erfordern und keine weiteren Abwägungen erforderlich sind. Man müsse das Rad nicht neu erfinden, nachdem der Supreme Court in *Fibreboard* eine Entscheidung getroffen habe („no need to reinvent the wheel").

436 274 N.L.R.B. 113, 115 (1985).

437 Siehe *Torrington Industries, Inc.*, 307 N.L.R.B. 129 (1992).

Mehrheit der Fälle der Wunsch nach Reduzierung von Arbeitskosten zugrunde.[438]

(2) Betriebsstilllegung

Leitfaden für den Bereich der Betriebsstilllegungen ist die 1965 ergangene *Darlington*-Entscheidung.[439] Sie setzte sich mit der Frage der Verhandlungspflichtigkeit einer derartigen Unternehmerentscheidung nur in Form eines Obiter Dictum auseinander, denn es ging um die Aufgabe eines Unternehmens in gewerkschaftsfeindlicher Gesinnung und damit um das Diskriminierungsverbot des § 8 (a) (3) NLRA. Obgleich das Gericht seine Entscheidung auf den Fall gewerkschaftsfeindlicher Gesinnung beschränkte,[440] wird sie noch heute als Präzedenzentscheidung dafür herangezogen, dass ein Unternehmer ein absolutes Recht hat, sein gesamtes Unternehmen aufzugeben.[441] Das National Labor Relations Board hatte in seiner Entscheidung festgestellt, es handele sich zwar um einen Fall von Diskriminierungsverbot, aber die Unternehmensleitung habe auch gegen § 8 (a) (5) NLRA, also gegen die Pflicht, mit der Gewerkschaft zu verhandeln, verstoßen. Ein Arbeitgeber habe kein uneingeschränktes Recht, ein Unternehmen zu liquidieren.[442] Auf diese Aussage antwortend, stellt der Supreme Court in seiner Entscheidung einleitend fest, die Ansicht des Board sei nur mit der Begründung gesetzgeberischer Maßnahmen oder eindeutiger Präzedenzfälle zu halten, welche jedoch nicht ersichtlich seien.[443]

Bestätigt wurde die *Darlington*-Entscheidung[444] durch die so genannte *First National Maintenance*-Entscheidung[445] aus dem Jahre 1981, die zugleich alle Unklarheiten hinsichtlich der möglichen Beschränkung des *Darlington*-Urteils auf gewerkschaftsfeindliche Gesinnungen beseitigte. Ein Reinigungs- und Wartungsunternehmen in New York hatte sich entschlossen, in einem der von ihm bedienten Krankenhäuser seine Dienste aus Kostengründen einzustellen, wodurch 35 der in einer Verhandlungseinheit zusammengeschlossenen Arbeitnehmer ihre Stelle verloren. Auf den Verhandlungswunsch der Gewerkschaft ging der Unternehmer nicht ein.

---

438 Siehe zum Beispiel *Triumph Adler Royal,* 609 N.L.R.B. 298 (1987); *Michigan Ladder*, 286 N.L.R.B. 21 (1987).
439 *Textile Workers Union vs. Darlington Co.*, 380 U.S. 263 (1965).
440 *Textile Workers Union vs. Darlington Co.*, 380 U.S. 263, 273 f.; S.Ct.1001 (1965).
441 *Miscimara,* The NLRB and Managerial Discretion, 171.
442 139 N.L.R.B. 241 (1962).
443 *Textile Workers Union vs. Darlington Co.*, 380 U.S. 263, 270 (1965).
444 *Textile Workers Union vs. Darlington Co.*, 380 U.S. 263 (1965).
445 *First National Maintenance Corp. v. NLRB*, 452 U.S. 666 (1981).

Der Supreme Court hob die Vorentscheidungen des National Labor Relations Board[446] und des 2nd Circuit auf und verneinte die Pflicht des Unternehmers, mit der Gewerkschaft über eine Betriebsstilllegung zu verhandeln. Die Entscheidung, den Betrieb stillzulegen, sei der Entscheidung, überhaupt ein Unternehmen zu betreiben, sehr ähnlich. Das Ergebnis der fehlenden Verhandlungspflicht wurde außerdem mit der Nutzenanalyse begründet. Es handele sich bei der teilweisen Betriebsstilllegung um eine der Entscheidungen, die sowohl zum Kernbereich der unternehmerischen Entscheidungsfreiheit gehörten als auch signifikante Veränderungen der Arbeitssituation der Arbeitnehmer mit sich brächten. Bei Abwägung der Belastungen durch die Verhandlungen für den Arbeitnehmer mit dem Nutzen für die Arbeitnehmer könne ein Überwiegen des Nutzens nicht festgestellt werden:

Das Gewerkschaftsinteresse richte sich auf Arbeitsplatzerhaltung und damit gegen die Entscheidung, den Betrieb zu schließen. Die Gewerkschaft werde deshalb versuchen, die Betriebsstilllegung zu verhindern oder zu verzögern. Sie hätte jedoch geringe Erfolgsaussichten, weil dem Unternehmer möglicherweise keine Alternative zu seiner Entscheidung zur Verfügung stehe. Das Ergebnis seien fruchtlose Diskussionen, die dem Unternehmer nur zusätzliche Verluste brächten. Der Arbeitgeber habe zuweilen ein Interesse an Schnelligkeit, Flexibilität und Geheimhaltung, um Gelegenheiten wahrzunehmen oder Zwangslagen zu meistern. Auch könnten steuerliche Gesichtspunkte und Fragen der finanziellen Absicherung bei der Entscheidung eine Rolle spielen, wobei die Publizität, die mit Tarifverhandlungen verbunden sei, Schaden anrichten könnte. Die Möglichkeiten der Gewerkschaften, das unternehmerische Vorhaben zu behindern, stünden in keinem Verhältnis zum Nutzen eventueller Lösungsvorschläge der Gewerkschaften. Die unternehmerischen Interessen seien zu komplex, um mit den Gewerkschaften verhandelt zu werden. Bei Verhandlungen über die Konsequenzen der Entscheidung, zu denen der Arbeitgeber ohnehin verpflichtet sei („effects bargaining"), sei erfolgreiches Verhandeln für die Gewerkschaften hingegen möglich.

Der Supreme Court hat damit über Betriebsstilllegungen generell und nicht mehr nur Unternehmensschließungen als Ganzes (wie in der *Darlington*-Entscheidung[447]) von der Verhandlungspflicht mit der Gewerkschaft ausgenommen. Geschützt werden die Arbeitnehmer im Fall der Betriebsstilllegung ausschließlich durch „effects bargaining". Nachfolgende Gerichtsentscheidungen haben

---

446 *First National Maintenance Corp.*, 242 N.L.R.B. 462 (1979).
447 *Textile Workers Union vs. Darlington Co.*, 380 U.S. 263 (1965).

sich auf Einzelfallanalysen nicht mehr eingelassen.[448] Das National Labor Relations Board führte aus, dass selbst wenn Tarifverhandlungen in dem Fall der Betriebsstilllegung beiden Seiten nützen sollten, dies nichts an dem Per-se-Standard ändern könnte.[449]

(3) Standortverlegung

Standortverlegungen sind aufgrund der vom Gericht vorgenommenen Differenzierung zwischen Ausgliederungen und Betriebsstilllegungen im Hinblick auf die Verhandlungspflichtigkeit eine schwer einzuordnende unternehmerische Entscheidung. Zum einen ähneln Standortverlegungen der Bereichsausgliederung. Denn das Unternehmen ersetzt Arbeitnehmer durch andere, um die gleiche Arbeit unter ähnlichen Bedingungen zu erledigen. Zum anderen enthalten Standortverlegungen auch Elemente der Betriebsstilllegung. Insbesondere wenn zwischen der Schließung des alten Standorts und der Eröffnung des neuen einige Zeit vergeht, kann es schwer sein, zwischen einer teilweisen Betriebsstilllegung und einer Standortverlegung zu unterscheiden.

Nach der *Fibreboard*-Entscheidung[450] beurteilte das National Labor Relations Board Betriebsverlegungen zunächst als der Verhandlungspflicht unterliegende Entscheidungen.[451] Die Gerichte griffen diese gewerkschaftsfreundliche Tendenz jedoch an, und mit der *Otis Elevator*-Entscheidung kehrte sich die Tendenz um. Das Unternehmen Otis Elevator führte Forschungs- und Entwicklungsarbeiten in verschiedenen Niederlassungen durch. Da der Marktanteil ständig zurückging, entschloss sich die Otis Elevator übernehmende Firma United Technologies, ein neues Forschungs- und Entwicklungscenter zu errichten und Material und Arbeitnehmer dorthin zu verlegen. Das National Labor Relations Board hielt die Entscheidung für nicht verhandlungspflichtig, weil die von dem Unternehmen vorgebrachten Gründe für die Betriebsverlegung rein unternehmerischer Natur seien.[452] Da sie nicht durch Zugeständnisse bei den Lohnkosten beeinflusst werden könnten, weil die Zentralisierung der Entwicklungs- und Forschungsarbeiten im Vordergrund stand, Lohnkosten also allenfalls eine untergeordnete Rolle gespielt hätten, sei die Betriebsverlegung nicht für Tarifgespräche geeignet. Zudem überwögen die Faktoren des Kapitaleinsatzes und des Umfangs der Be-

---

448 *S. Teamsters Union Local No. 115 v. DeSoto Inc.*, 725 D.2d. 931, 936 (3rd Cir. 1984); *UAW, Local 1051 v. Lester Engineering Co.*, 718 F.2d 818, 824 (6th Cir. 1983).

449 *Swift & Co.*, 264 N.L.R.B. 240, 243 (1982).

450 *Fibreboard Paper Products Co. v. NLRB* 379 U.S. 203 (1964).

451 *Textile Workers Union v. Darlington Mfg., Co.*, 380 U.S. 263, 272-73 (1965).

452 *Otis Elevator Co.*, 255 N.L.R.B., 235, 236, 244 (1981).

triebsänderung als gewichtige Belastungsfaktoren für den Unternehmer die Interessen der Gewerkschaft.

Ein Mitglied des National Labor Relations Board hob in einem Sondervotum erneut die Grundsätze der Nutzenanalyse hervor: Ein Nutzen für Tarifbeziehungen sei nur gegeben, wenn ein Faktor, den die Gewerkschaft beeinflussen könne, Grundlage der Unternehmerentscheidung sei. Das sei insbesondere dann der Fall, wenn die Gewerkschaft eine Lohnkostenreduzierung anbieten könne, die geeignet sei, die unternehmerische Entscheidung zu beeinflussen. Wenn diese Voraussetzung gegeben sei, müsse außerdem geprüft werden, ob die Belastung für den Unternehmer überwiege. Dies hänge vom Umfang des Kapitaleinsatzes und der Betriebsänderung sowie des Bedürfnisses nach Schnelligkeit, Flexibilität und nach Geheimhaltung ab.

Dieser Überprüfung folgend hat das National Labor Relations Board im weiteren Verlauf Betriebsverlegungen, die wesentliche organisatorische Veränderungen mit sich bringen, nicht mehr der Verhandlungspflicht unterworfen. Indizien hierfür werden u.a. dann bejaht, wenn die Arbeit am neuen wesentlich von der Arbeit am alten Standort abweicht oder das Unternehmen als Ganzes durch die Standortverlegung eine andere Ausrichtung erhält. Wird keine wesentliche Veränderung festgestellt und beruht die Entscheidung nicht auf dem Motiv der Lohnkostenreduzierung, so wird eine Verhandlungspflicht ebenfalls verneint. Während in der *First National Maintenance*-Entscheidung die Nutzenanalyse also noch durch einen für diverse Aspekte zugänglichen Abwägungsvorgang der Unternehmer- mit den Arbeitnehmerinteressen geprägt war, wurde der Abwägungsprozess in der *Otis Elevator*-Entscheidung auf die Überlegungen zur Lohnkostenreduzierung reduziert.[453]

Manifestiert wurde diese Entwicklung in der Entscheidung *Dubuque Packaging Co.*[454] Die darin entwickelte abgestufte Beweislast wird im Rahmen der Analyse eines Vorliegens der Verhandlungspflicht bis heute angewandt:[455]

1. Zunächst obliegt es dem General Counsel des National Labor Relations Board darzulegen, dass es sich um eine Standortverlegung handelt, die nicht mit einer grundlegenden Betriebsänderung einhergeht.

---

453 So auch kritisch *George*, 69 Minn. L. Rev. 667, 690 (1985).

454 *Dubuque Packaging Co.*, 303 N.L.R.B. 386 (1991).

455 *Owens-Brockway Plastic Products, Inc. and International Chemical Workers Union*, 311 N.L.R.B. 57 (1993); *Elliot Turbomachinery Co., Inc. and Local Lodge 225*, 320 N.L.R.B. 40 (1995); *Parts Depot, Inc.*, 332 N.L.R.B. 64 (2000); *Union Tools*, Entscheidung des National Labor Relations Board vom 24. Dezember 2004, www.nlrb.gov, aufgerufen am 11.11.2005; *El DuPont de Nemours & Co., Inc.*, N.L.R.B. Az.: JD-47-04 (2004); *Kearney*, Advice Memorandum des National Labor Relations Board, 28. September 2001.

2. Der Arbeitgeber kann diesen Anscheinsbeweis auf zwei Arten erschüttern:
   - Zum einen kann er darlegen, dass die Arbeit an dem neuen Standort signifikant von derjenigen am alten Standort abweicht oder dass die Entscheidung eine Änderung des Umfangs und der grundsätzlichen Ausrichtung des Unternehmens mit sich bringt. Interne Änderungen der Betriebsorganisation durch Variationen der Arbeitsmethode reichen nicht aus, wenn das Produkt, die Kunden und die Maschinen zur Produktion gleich bleiben.[456]
   - Zum anderen kann der Unternehmer, um die Verhandlungspflicht zurückzuweisen, darlegen, dass die Reduzierung von Lohnkosten weder direkt noch indirekt ausschlaggebend für die Entscheidung war. Bei der Bewertung, ob die Entscheidung auf dem Motiv der Lohnkostenreduzierung beruht – der Arbeitgeber wird dies in der Regel im Wege der Abwehr der Verhandlungspflicht bestreiten –, geht das National Labor Relations Board u.a. dann davon aus, dass die Reduzierung von Arbeitskosten die Entscheidung verursacht hat, wenn die Standortverlegung mit Kündigungen verbunden ist[457] oder wenn der Arbeitgeber gegenüber der Gewerkschaft geäußert hat, dass der alte Standort nicht konkurrenzfähig war.[458] In Betracht gezogen werden stets die gesamten Umstände. So spricht die Tatsache, dass die Arbeitnehmer am neuen Standort einen höheren Lohn erhalten, noch nicht gegen das Motiv der Reduzierung von Arbeitskosten, wenn dort insgesamt weniger Arbeitnehmer tätig sind.[459]
   - Die letzte Verteidigungsmöglichkeit gegen die Pflicht, mit der Gewerkschaft zu verhandeln, ist die Darlegung, dass – obgleich Lohnkosten eine Rolle gespielt haben – die Gewerkschaft keine Zugeständnisse hätte machen können, welche die Entscheidung des Unternehmers beeinflusst hätten.[460] Letzteres wurde zum Beispiel in einem Fall angenommen, in dem die Arbeitnehmer eine Lohnkostenreduzierung von 520 $ pro Monat hätten akzeptieren müssen, um die Ersparnisse, die mit der Standortverlegung einher gegangen wären, zu erreichen.[461] In einem anderen Fall, in dem die

---

456 *Elliott Turbomachinery Co., Inc.*, 320 N.L.R.B. 40 (1995).

457 *Kearney*, Advice Memorandum des National Labor Relations Board, 9. April 1998.

458 *Kearney*, Advice Memorandum des National Labor Relations Board, 19. September 2000.

459 So z.B. die Argumentation des National Labor Relations Board in *Elliott Turbomachinery Co., Inc.*, 320 N.L.R.B. 40 (1995).

460 *Dubuque Packaging Co.*, 303 N.L.R.B. 386 (1991), gerichtlich bestätigt in *United Food & Commercial Workers Intl. Union, Local 15-A v. NLRB*, 1 F.3d24 (D.C. Cir. 1993).

461 *Kaumagraph Corp.*, 316 N.L.R.B. 793 (1995).

Ersparnis nur durch eine Lohnreduzierung von 39 % hätte erreicht werden können, wurde die Verhandlungspflicht ebenfalls verneint.[462] Die Ersparnisse, die der neue Standort nach den Erwartungen mit sich bringt, werden als Bezugsgröße angesehen.

Ziel und Zweck der Entscheidung, den Standort zu verlegen, ist es regelmäßig, Lohn- oder Arbeitskosten zu sparen. Sehr häufig unterliegen Standortentscheidungen in der amerikanischen Judikatur deshalb der Verhandlungspflicht.[463]

In einer neueren Entscheidung legt das National Labor Relations Board dar, der „*Dubuque*-Test" sei nicht nur bei Standortentscheidungen, sondern auch bei Ausgliederungen und teilweisen Betriebsstilllegungen anwendbar.[464]

(4) Ausgleich wirtschaftlicher Nachteile

Erstmals hat das National Labor Relations Board die Verpflichtung zum Verhandeln über die Folgen einer Unternehmerentscheidung 1953 ausgesprochen.[465] In der *First National Maintenance*-Entscheidung[466] wurden die Grundsätze zum Verhandeln über den Ausgleich wirtschaftlicher Nachteile dann wie folgt festgesetzt: Unternehmerische Entscheidungen, die deshalb nicht der Verhandlungspflicht mit der Gewerkschaft unterliegen, weil sie zu den Kernbereichen unternehmerischer Organisation gehören, und trotzdem wesentliche Auswirkungen auf die Arbeitnehmer haben, erfordern die Verhandlung der Tarifparteien über die Folgen der Entscheidung („effects bargaining").[467] Die Verhandlungen betreffen vor allem die Arbeitsplatzsicherheit und reichen von Fragen der Dauer der Betriebszugehörigkeit bis zu Fragen der Abfindung, Seniorität oder Rente.[468] Setzt der Arbeitgeber die Entscheidung um, ohne über deren Konsequenzen mit der Gewerkschaft zu verhandeln, ist dies prima facie für eine Verletzung von § 8 (a)

---

462 *Kearney*, Advice Memorandum des National Labor Relations Board, 6. November 2002.

463 *Los Angeles Marine Hardware Co. v. NLRB*, 602 F.2d 1302 (1979); *United Food & Commercial Workers Int'l Union v. NLRB*, 303 U.S. App. D.C. 65, 1 F.3d 24 (1993); *Elliott Turbomachinery Co., Inc.*, 320 N.L.R.B. 40 (1995); *Dunbar v. Carrier Corp.*, 66 F. Supp. 2d 346 (1999); *Vico Prods. Co. v. NLRB*, 333 F. 3d 198 (2003).

464 *El DuPont de Nemours & Co., Inc.*, Entscheidung des N.L.R.B. v. 28.5.2004, Az.: 3-CA-23449.

465 *Brown Truck & Trailer Manufacturing Co.*, 106 N.L.R.B. 999 (1953).

466 *First National Maintenance Corp. v. NLRB*, 452 U.S. 666, 679 (1981).

467 *Shamrock Dairy, Inc.* 119 N.L.R.B. 998 (1957), modified 124 N.L.R.B. 494 (1959); gerichtlich bestätigt: 280 F.2d 665 (D.C.Cir.1960).

468 *NLRB v. Royal Plating & Polishing Co.*, 350 F.2d 191, 196 (3d. Cir. 1965).

(5), (1) NLRA, also für eine „unfair labor practice".[469] Diesen Anscheinsbeweis kann der Arbeitgeber nur erschüttern, indem er darlegt, dass die Konsequenzen für die Arbeitnehmer aufgrund der Umsetzung der Entscheidung eine unvermeidbare Folge der Entscheidung selbst waren und es keine alternative Umsetzung gegeben hätte.[470]

III. Vergleichende Betrachtung

Der Vergleich der verhandlungspflichtigen Fragen der Arbeitgeber in den USA mit den Themen, die in Deutschland tariflich regelbar sind bzw. einem Beteiligungsrecht des Betriebsrats oder des Aufsichtsrats unterliegen, ergibt, dass der Verantwortungsbereich amerikanischer Gewerkschaften sowohl mit dem der deutschen Gewerkschaften als auch mit dem des Betriebsrats und der Arbeitnehmervertreter im Aufsichtsrat weitgehende Übereinstimmungen aufweist.

1. Gewerkschaften in beiden Ländern

Der Analyse der im jeweiligen Land durch die Gewerkschaften regelbaren Fragestellungen wird ein Vergleich der Methodik bei der Bestimmung der Unternehmensautonomie vorangestellt.

a. Methodik der Eingrenzung der unternehmerischen Entscheidungsfreiheit

Betrachtet man die Entscheidungen, die sich mit der Grenzziehung gewerkschaftlicher Regelungsbefugnis in beiden Ländern auseinander setzen, so fällt auf, dass die Bestimmung des Bereichs der Unternehmensautonomie in methodischer Hinsicht grundlegende Unterschiede aufweist.

aa. Objektive versus subjektive Prüfung

Ein wesentliches Unterscheidungskriterium zwischen der deutschen und der amerikanischen Methode zur Eingrenzung des tariffreien Entscheidungsraums ist die Bedeutung der objektiven und subjektiven Prüfkriterien.

---

469 *Litton Financial Printing Division*, 893 F.2d 1133, 1134 (9th Cir. 1990); *Holly Farms Corp. v. NLRB*, 48 F.3d 1360, 1368 (4th Cir. 1995).
470 *Holly Farms Corp. v. NLRB*, 48 F.3d 1360, 1368 (4th Cir. 1995); *McClatchy Newspapers, Inc.*, 339 N.L.R.B. 158 (2003).

(1) Deutschland

Zwar betonen deutsche Gerichte, dass der Kernbereich unternehmerischer Entscheidungsfreiheit nicht eindeutig festgelegt werden könne,[471] jedoch statuiert die Fallrechtsprechung nichtsdestotrotz auf rein objektiven Kriterien fußende Grenzlinien bei der Bestimmung dessen, was tariflich regelbar sein soll. Dies manifestiert sich durch die in allen Entscheidungen ähnliche Grundaussage, dass zur Sicherstellung der ungehinderten unternehmerischen Planung Entscheidungen über Investition, Produktion und Vertrieb sowie über das „Ob, Was und Wo" der Herstellung der Geschäftsleitung vorbehalten sein sollen.[472] Dass es sich hierbei um eine rein objektive Grenze handelt, lässt sich zum Beispiel anhand der Entscheidung zum Standortsicherungsvertrag[473] erkennen. So lehnte die Rechtsprechung die tarifliche Regelbarkeit der Standortentscheidung aufgrund der Tatsache ab, dass es sich um eine Frage des „Wo der Herstellung" handelte. Auf weitere Aspekte des Falles, so zum Beispiel auf das Motiv des Unternehmers, das der Standortverlegung zugrunde lag oder auf die von der Gewerkschaft gewünschten Regelungsinhalte, kam es nicht an.

Ebenso bejaht die Rechtsprechung die tarifliche Regelbarkeit der Fragen, die den Ausgleich wirtschaftlicher Nachteile von Standortentscheidungen betreffen, mit der Begründung, es handele sich um das „Wie" der Produktionsverlagerung, ohne sich im Einzelfall mit dem Motiv der unternehmerischen Entscheidung auseinander zu setzen.

Auch bei den Entscheidungen der Rechtsprechung zu Fragen mit konkretem Arbeitsbezug ist die auf rein objektiven Kriterien beruhende Grenzziehung zu erkennen, wenn etwa ein Eingriff in den unternehmerischen Kernbereich mit der Begründung abgelehnt wird, die Möglichkeit, ein Druckunternehmen zu führen, werde nicht nachhaltig in Frage gestellt (qualitative Besetzungsregeln[474]), das „Ob" der Unternehmensführung sei also nicht betroffen, oder mit der Begründung, die Frage, „ob" ein Arbeitnehmer eingestellt werde, werde nicht tangiert (Erweiterung der Rechte des Betriebsrats[475]). Auch hier werden weder das Motiv des Unternehmers für seine Entscheidung noch die Konsequenzen der gewerk-

471 BAG v. 31.8.1982, E 40, 107, 117.

472 BAG v. 3.4.1990, AP Nr. 56 zu Art. 9 GG, unter II.2. d. Gr.; BAG v. 26.4.1990, AP Nr. 57 zu Art. 9 GG, unter VI.3. d. Gr.; BAG v. 10.2.1988, SAE 1991, 352, 356, unter B.3.b) d. Gr.; LAG Hamm, Urt. v. 31.5.2000, NZA-RR 2000, 535, 536, unter B.I.3.a)cc) d. Gr.

473 LAG Hamm v. 31.5.2000, NZA-RR 2000, 535.

474 BAG v. 26.4.1990, AP Nr. 57 zu Art. 9 GG.

475 BAG v. 10.12.1988, SAE 1991, 352, 356.

schaftlichen Regelungsbefugnis beleuchtet. Entscheidend ist allein, ob das „Ob, Was oder Wo der Herstellung" betroffen ist.

In einigen Entscheidungen wird das Kriterium allerdings in nicht unerheblicher Weise modifiziert. So sieht das Bundesarbeitsgericht keine Verletzung des unternehmerischen Kernbereichs in der Entscheidung über die Zulässigkeit der qualitativen Besetzungsregeln[476] mit der Begründung, die Möglichkeit, ein Druckunternehmen zu führen, sei nicht nachhaltig in Frage gestellt. Die hier definierte Grenze der „Freiheit, ein Unternehmen überhaupt zu führen", erlaubt einen sehr viel weiter gehenden Eingriff als die „Freiheit, das Ob, Was und Wo der Herstellung" selbst zu regeln. Ebenso legt das Gericht in der Entscheidung vom 21. Juni 2000 über die Zulässigkeit der Erweiterung der Rechte des Betriebsrats[477] dar, an eine Verletzung der Unternehmerfreiheit könne allenfalls bei Betriebsschließungen oder wesentlichen Betriebseinschränkungen gedacht werden. Auch diese Grenze erlaubt weiter gehende Eingriffe als die „Freiheit, das Ob, Was und Wo der Herstellung" selbst zu regeln.

Die Rechtsprechung unterwirft die Anforderungen an einen Eingriff in die Unternehmerfreiheit also verschiedenen Maßstäben, zum einen der „Freiheit des Ob, Was und Wo der Herstellung", zum anderen der „Freiheit, ein Unternehmen überhaupt zu führen". Welcher Maßstab in welchem Fall anzunehmen ist, lässt sich der bisherigen Rechtsprechung nicht entnehmen. An der Feststellung, dass die Prüfung der unternehmerischen Entscheidungsfreiheit in Deutschland auf objektiven Kriterien fußt, ändert diese teilweise Inkonsequenz nichts.

(2) USA

Der Definition der Unternehmerfreiheit als Freiheit, über das „Ob, Was und Wo der Herstellung" zu entscheiden, bzw. als „Freiheit, ein Unternehmen überhaupt zu führen", setzt die amerikanische Rechtsprechung eine flexible, auf teils objektiven und teils subjektiven Kriterien beruhende Einzelfallbetrachtung entgegen. Als objektiven Faktor zur Bestimmung der unternehmerischen Entscheidungsfreiheit nennt die amerikanische Rechtsprechung das Merkmal der „wesentlichen organisatorischen Veränderung".[478] Liegt eine solche vor, entfällt in jedem Fall eine Verhandlungspflicht mit der Gewerkschaft, ungeachtet der Frage, ob es sich um eine Ausgliederungs-[479] oder um eine Standortentscheidung[480] handelt. Die

476 BAG v. 26.4.1990, AP Nr. 57 zu Art. 9 GG.
477 BAG v. 21.6.2000, NZA 2001, unter II.4.c)bb) d. Gr., 271, 274.
478 Siehe zum Beispiel *Fibreboard Paper Products Corp. v. NLRB*, 379 U.S. 302, 213 (1964).
479 *Fibreboard Paper Products Corp. v. NLRB*, 379 U.S. 302, 213 (1964).
480 *Dubuque Packaging Co.*, 303 N.L.R.B. 386 (1991).

„wesentliche organisatorische Veränderung“ ist als objektives Merkmal einer Unternehmensentscheidung, die der Unternehmer frei von gewerkschaftlichen Einflüssen treffen kann, das Äquivalent zum Kriterium des „Ob, Was und Wo der Herstellung“ in Deutschland.

Obgleich der Wortlaut vermuten ließe, dass eine „wesentliche organisatorische Veränderung“ bei Unternehmensentscheidungen häufiger vorkommt als die Frage des „Ob, Was und Wo der Herstellung“, ist es umgekehrt. Denn die Voraussetzung der „wesentlichen organisatorischen Veränderung“ wird enger ausgelegt als das in Deutschland maßgebliche Kriterium. Während zum Beispiel die Entscheidung, den Standort des Unternehmens zu verlegen, in Deutschland als Frage des „Ob, Was und Wo der Herstellung“ gilt und damit dem unternehmerischen Kernbereich zugerechnet wird (sofern es um das „Ob“ der Entscheidung geht),[481] zählt die gleiche Entscheidung in den Vereinigten Staaten nicht schon automatisch zum Kernbereich unternehmerischer Entscheidungen. Dies ist in den USA erst dann der Fall, wenn die Arbeit am neuen wesentlich von der Arbeit an dem alten Standort abweicht oder das Unternehmen als Ganzes durch die Standortverlegung eine andere Ausrichtung erhält.[482] In der Standortverlegung als solcher wird noch keine wesentliche organisatorische Veränderung gesehen.

Liegt keine „wesentliche organisatorische Veränderung“ vor, so wird im US-amerikanischen Recht die Verhandlungspflichtigkeit der unternehmerischen Entscheidung in einem zweiten Schritt anhand eines subjektiven Kriteriums überprüft, das von den Gegebenheiten des Einzelfalls abhängt. Gemeint ist das Merkmal der „Nützlichkeit der Verhandlungen“ für die Arbeitsbeziehungen („efficiency test“). Ist eine solche nicht gegeben, besteht keine Verhandlungspflicht mit der Gewerkschaft.

Die Nützlichkeit der Verhandlungen für die Arbeitsbeziehungen ist nicht abstrakt als subjektives Kriterium einzuordnen. Eingang in die amerikanische Rechtsprechung hielt der Aspekt der Nützlichkeit zunächst als objektiv ausgestaltetes Kriterium mit der *First National Maintenance*-Entscheidung. In der Entscheidung wurde die Verhandlungspflicht bei Betriebsstilllegungen mit dem Argument der Fruchtlosigkeit der Diskussionen abgelehnt, d.h. es wurden objektiv die Arbeitgeber- und Arbeitnehmerinteressen abgewogen, und eine subjektive Richtungsbestimmung des Kriteriums der Nützlichkeit der Verhandlungen fehlte.

Jedoch ging mit der *Otis Elevator*-Entscheidung eine Subjektivierung des Kriteriums einher, indem die Nützlichkeit vom Motiv des Arbeitgebers abhängig gemacht wurde. Man hat nun angenommen, die Nützlichkeit der Verhandlungen

481 LAG Hamm v. 31.5.2000, NZA-RR 2000, 535.
482 *Dubuque Packaging Co.*, 303 N.L.R.B. 386 (1991).

sei immer dann zu bejahen, wenn die Entscheidung des Arbeitgebers auf dem Wunsch einer Reduzierung der Arbeitskosten beruhe.

Als Zwischenergebnis kann damit festgehalten werden, dass Fragen, die in Deutschland schon ohne die Heranziehung weiterer Kriterien aus dem Bereich des tariflich Regelbaren herausfallen, weil sie vom Kriterium des „Ob, Was und Wo der Herstellung" erfasst werden (z.B. Standortverlegungen, Ausgliederungen), in den USA einer weiteren Überprüfung anhand des subjektiven Kriteriums Nutzenanalyse unterzogen werden. Bildlich gesprochen durchlaufen die unternehmerischen Entscheidungen in Deutschland *einen* Unternehmensentscheidungsfilter, während sie in den USA *zwei* Filter passieren müssen, damit im Ergebnis ein Mitspracherecht der Gewerkschaft (Verhandlungsrecht in den USA bzw. tarifliche Regelbarkeit in Deutschland) bejaht werden kann. Dabei überprüfen der deutsche Filter und der erste amerikanische Filter („wesentliche organisatorische Veränderung") rein objektive Fragen. Im Vergleich ist der deutsche Filter engmaschiger als der objektiv-amerikanische. Der zweite amerikanische Filter untersucht eine subjektive Frage, nämlich das der Entscheidung zugrunde liegende Motiv des Unternehmers (Senkung von Arbeitskosten oder sonstige Gründe).

bb. Blickwinkel

Neben der unterschiedlichen Bedeutung objektiver und subjektiver Kriterien in beiden Ländern ist auch der Blickwinkel bei der Bestimmung der tariffreien Unternehmensentscheidungen ein anderer. Während im US-amerikanischen Recht die Reichweite der Macht der Gewerkschaft das für die Breite des tariflichen Entscheidungsbereichs entscheidende Datum ist, ist es im deutschen Recht der Kernbereich unternehmerischer Entscheidungen. Dieser Unterschied hängt eng mit dem in Deutschland nicht vorhandenen Kriterium der „Nützlichkeit der Verhandlungen für die Arbeitsbeziehungen" zusammen, welches im Vergleich mit Deutschland bei der Bestimmung der unternehmerischen Entscheidungsfreiheit eine konträre Sichtweise mit sich bringt.

(1) USA

Das Merkmal der „Nützlichkeit der Verhandlungen für die Arbeitsbeziehungen" als Indiz für die Beteiligung von Gewerkschaften an unternehmerischen Entscheidungen unterscheidet sich nicht nur dadurch vom Kriterium des „Ob, Was und Wie der Herstellung" (Deutschland), dass es einen subjektiven Aspekt, nämlich das Motiv des Unternehmers für seine Entscheidung, beinhaltet (Arbeitskostenreduzierung oder andere Gründe).

Der in der „Nützlichkeit der Verhandlungen“ enthaltenen Frage, ob die Arbeitgebermaßnahme auf dem Wunsch nach einer Reduzierung von Lohnkosten beruht, liegt eine normative Begrenzung des der Gewerkschaft zustehenden Marktsegments zugrunde. Die Vorgabe, die amerikanischen Gewerkschaften könnten nur dann bei Unternehmensentscheidungen mitbestimmen, wenn diese auf dem Wunsch nach Lohnkostenreduzierung basierten, scheint zwar eine reale Vorgabe zu sein. Denn die Gerichte argumentieren, die Gewerkschaften könnten dann nicht mehr mitbestimmen, wenn sie keinen Einfluss auf die unternehmerische Entscheidung haben könnten. Das Ergebnis sei dann eine fruchtlose Verhandlung. Eine Einflussmöglichkeit, welche die Verhandlungen konstruktiv machen würde, hätten sie nur in Fällen, in denen es um Lohnkostenreduzierung geht. Die fehlende Einflussmöglichkeit scheint auf den ersten Blick ein tatsächliches Argument zur Abgrenzung der Gestaltungsbefugnisse der Gewerkschaften zu sein. Jedoch ist es bei genauerem Hinsehen so, dass die Gewerkschaften durchaus auch Einfluss haben könnten, wenn es nicht um Lohnkosten geht. Auch die Entscheidung zum Beispiel, einen Standort zu verlegen, um zu zentralisieren und nicht um Kosten zu sparen, ist eine Entscheidung, die von der Gewerkschaft beeinflusst werden könnte, sei es durch Argumente, die gegen die Zentralisierung oder gegen den ausgewählten neuen Standort sprechen. Die Gerichte stellen zwar die Frage, was die Gewerkschaft beeinflussen *kann*. *De facto* ist es aber egal, was die Gewerkschaft beeinflussen kann, bedeutend ist, was sie beeinflussen *darf*. Erst die Definition eines bestimmten Marktsegments, das der Gewerkschaft (nur) zusteht, nämlich allein dasjenige der Lohnkostenregulierung, führt dazu, dass man behaupten kann, eine Entscheidung, die nicht auf Lohnkosten basiere, sei nicht durch die Gewerkschaften beeinflussbar. Es handelt sich bei der Begrenzung des Machtbereichs der Gewerkschaften um eine mit Fakten belegte normative Entscheidung dafür, dass Gewerkschaften eben für den Bereich der Lohnkosten verantwortlich seien. Hingegen wird der Bereich der Positionierung des Unternehmens am Markt dem Unternehmer zugeschrieben; die Gewerkschaft hat hier keine Einschätzungskompetenz.

Diese Sichtweise hebt sich nicht allein dadurch von der deutschen ab, dass sie der Gewerkschaft innerhalb der Arbeitsbedingungen ein eng begrenztes Marktsegment zuschreibt. Sie unterscheidet sich dadurch hinaus signifikant von der deutschen Prüfung der Grenzen einer tariflichen Regelbarkeit, dass sie den gewerkschaftlichen Verantwortungsbereich als entscheidendes Datum in den Mittelpunkt der Untersuchung stellt. Sie stellt im Rahmen der Abwägung nicht die Frage: „Welche Fragen gehören dem unternehmerischen Kernbereich an?“, sondern die Frage: „Wie weit reicht die Regelungsbefugnis der Gewerkschaft?“ Die Antwort ist: Sie reicht so weit, wie es um die Frage der Lohnkostenreduzierung geht.

Der Ausgangspunkt ist im amerikanischen Recht also die Vorherrschaft der unternehmerischen Entscheidungsfreiheit, deren Reichweite nicht diskutiert wird. Von dieser wird der gewerkschaftliche Verantwortungsbereich, nämlich der Bereich der Lohnkosten, abgezogen. *James A. Gross*, Professor of Labor and Labor Arbitration, Cornell University, ILR School, Ithaca, hat diese amerikanische Sichtweise wie folgt beschrieben:

> *„It is comparable to the bible. The bible starts with creation. And in labour law in the beginning there was management. And that was the Garden of Eden, it was perfect. And the evil serpent came in and tempted. And that was the union. And the serpent brought limitations. And so there is no longer a Garden of Eden. And the limitation this serpent brought was everything the employer agreed to give up which is everything that is in the contract."*[483]

Sehr deutlich tritt der amerikanische Blickwinkel auch in einer Entscheidung zur Frage der Verhandlungspflicht, wenn es um die Regelung des Ladenschlusses geht, zutage. In dieser formuliert das Gericht: „That power [in deciding when to open for business] must be exercised within the environment of collective bargaining as to 'wages, hours and working conditions'."[484] Diese Formulierung setzt die unternehmerische Entscheidungsfreiheit als Gegebenheit voraus, deren Reichweite durch die gewerkschaftlichen Befugnisse eingeschränkt werden kann.

(2) Deutschland

In Deutschland ist hingegen der unternehmerische Kernbereich das für die Reichweite der unternehmerischen Entscheidungsfreiheit entscheidende Datum. Die Frage, für welches Marktsegment die Gewerkschaften verantwortlich sind (Arbeits- und Wirtschaftsbedingungen, Art. 9 Abs. 3 GG), spielt eine Rolle nur bei der Erörterung, ob die unternehmerische Planung eine Entscheidung beinhaltet, die überhaupt Auswirkungen für die Arbeitnehmer hat. In diesem Zusammenhang müssen zur Konkretisierung des Begriffs der Arbeits- und Wirtschaftsbedingungen als innere Grenze des Verantwortungsbereichs der Gewerkschaften

---

483 Gespräch am 25. Mai 2005 mit der Verfasserin dieser Arbeit in Ithaca, NY. Ebenso stellte Prof. Clyde Summers (University of Philadelphia) in dem Gespräch mit der Verfasserin dieser Arbeit am 23. Mai 2005 heraus: „In the origins management prerogatives were everything. One can logically say, unless the collective agreement gives the union something, it belongs to management."

484 *State of Maine and Bureau of Alcoholic Beverages v. Maine Labor Relations Board,* 413 A.2d 510 (1980), übersetzt: „Diese Macht [über Ladenöffnungszeiten zu entscheiden] muss innerhalb des Umfelds von Tarifverhandlungen über Löhne, Stunden und andere Arbeitsbedingungen stattfinden."

„diejenigen rechtlichen, wirtschaftlichen oder sozialen Belange der Arbeitnehmer berührt sein, die sich gerade aus deren Eigenschaft als abhängig Beschäftigte ergeben".[485] Auf der Ebene der praktischen Konkordanz hingegen ist die Reichweite des unternehmerischen Kernbereichs Anknüpfungspunkt der gerichtlichen Prüfung. Mit anderen Worten stellt die Rechtsprechung im Rahmen der Abwägung nicht die Frage: „Wann stößt die gewerkschaftliche Regelungsbefugnis für Arbeits- und Wirtschaftsbedingungen an ihre Grenze?", sondern: „Welche Grenze wird der gewerkschaftlichen Regelungsbefugnis durch die unternehmerische Entscheidungsfreiheit gesetzt?" Dies machen auch einzelne Formulierungen des Bundesarbeitsgerichts deutlich, wenn es darlegt: „Der Tarifautonomie [kann] nicht entnommen werden, dass sämtliche unternehmerischen Entscheidungen tarifvertraglich geregelt werden können."[486] Diese Aussage setzt sich mit Grenzen des gewerkschaftlichen Tätigkeitsbereichs nicht auseinander. Sie setzt den gewerkschaftlichen Verantwortungsbereich als nicht erörterungsbedürftige Gegebenheit voraus, die dann eine Einschränkung erfährt, wenn der Kernbereich unternehmerischer Entscheidungsfreiheit betroffen ist. Nicht die Tarifautonomie wird als Grenze der unternehmerischen Entscheidungsfreiheit geprüft, sondern die unternehmerische Entscheidungsfreiheit wird als eine der Grenzen der Tarifautonomie geprüft.

(3) Bewertung

Die diametral entgegengesetzten Blickwinkel in beiden Ländern – mit Fokus auf der Reichweite der unternehmerischen Entscheidungsfreiheit in Deutschland und auf der Reichweite der gewerkschaftlichen Machtbefugnisse in den USA – reihen sich folgerichtig in die Systematik des gesetzlichen Gesamtzusammenhangs ein, in den die Frage der unternehmerischen Entscheidungsfreiheit eingebettet ist:

Der Wortlaut der Präambel des National Labor Relations Act[487] legt den Schwerpunkt nicht auf die Befriedigung der Interessen einzelner Arbeitnehmer, sondern auf volkswirtschaftliche Aspekte. Die Organisation der Arbeitnehmer in Gewerkschaften soll den Handel vor Schäden, Beeinträchtigung und Unterbrechung durch eine Entlastung des Güterflusses und die Verhinderung wirtschaftlicher Depressionen schützen, indem einer Senkung der Löhne und der Kaufkraft der Arbeitnehmer entgegengewirkt wird.[488] Die Verbesserung der Arbeitsbedingungen wird also nicht um ihrer selbst willen erstrebt, sondern zur Erreichung ei-

485 BAG v. 3.4.1990, AP Nr. 56 zu Art. 9 GG, B.II.1. d. Gr.
486 Ebd..
487 Siehe Kapitel C.II.1.a. dieser Arbeit.
488 Präambel des National Labor Relations Act, siehe Kapitel C.II.1.a. dieser Arbeit.

nes höheren Ziels – des Wohls der Volkswirtschaft und des Gemeinwohls durch Gewährleistung des freien, ungestörten Handels.

Diese Betonung volkswirtschaftlicher Gesichtspunkte hängt mit der Commerce Clause in der Verfassung der Vereinigten Staaten zusammen. Article I, section 3 der Verfassung ermächtigt den Kongress „to regulate Commerce ... among the several States“. Article I, section 8, clause 18 autorisiert den Kongress, Gesetze zu erlassen, die „necessary and proper to effectuate or vindicate its regulation of interstate commerce” sind. Der Kongress kann also kein Gesetz erlassen, das sich auf den interstaatlichen Handel auswirkt und nicht notwendig und geeignet ist, dessen Regulierung zu rechtfertigen. Vor Erlass des Wagner Act wurde die Commerce Clause durch den U.S. Supreme Court sehr eng ausgelegt.[489] Die Formulierung der Präambel sollte sicherstellen, dass der National Labor Relations Act nicht als verfassungswidrig abgelehnt wurde.

Die Eingliederung der Gewerkschaften unter die Faktoren zur Stabilisierung der wirtschaftlichen Lage beruht auf der zu Zeiten Roosevelts vorherrschenden keynesianischen Wirtschaftspolitik,[490] in der die Wirtschaftslenkung durch den Staat eine Schlüsselrolle einnahm. Die Kernaussage besteht darin, dass die Wirtschaftsentwicklung sich nach der effektiven Nachfrage richtet. Je mehr Nachfrage besteht, desto mehr wird auch produziert und desto mehr müssen die Kapazitäten der Industrie ausgebaut werden. Die Arbeitnehmer sind damit nur ein Glied in der Kette des Austauschs von wirtschaftlichen Gütern, zum einen als notwendiger Bestandteil einer funktionierenden Einheit, die eine wirtschaftliche Tätigkeit ausübt (Unternehmen), und zum anderen als kaufkräftige Abnehmer der von den Unternehmen erstellten Sachgüter oder Dienstleistungen. Konsequenterweise wird die Reichweite gewerkschaftlicher Aktivität in jedem Einzelfall sehr genau untersucht. Sie dient nur einem bestimmten Zweck, während die unternehmerische Entscheidungsfreiheit als wesentlicher Bestandteil des freien Handels und einer funktionierenden Wirtschaft als gegeben vorausgesetzt wird und durch das

---

489 Viele Gesetze wurden für verfassungswidrig erklärt, zum Beispiel Gesetze zur Regulierung des Mindestlohns oder Gesetze zur Festsetzung von Gesundheits- und Sicherheitsstandards.

490 Keynesianismus ist eine Wirtschaftstheorie, die in den 30er Jahren des 20. Jahrhunderts von John Maynard Keynes aufgestellt wurde. Die Aussagen wurden vom Ersten Weltkrieg und der Weltwirtschaftskrise mit ihrer Massenarbeitslosigkeit geprägt. Keynesianismus ist eine nachfrageorientierte Politik, die das Ziel hat, die gesamtwirtschaftliche Nachfrage der Volkswirtschaft zu stärken und dadurch den Zustand der Vollbeschäftigung zu erreichen. Für eine reale Volkswirtschaft bewirken Lohnsenkungen die Abnahme der Kaufkraft des Großteiles der Konsumenten und damit eine Verringerung der Nachfrage. Dadurch sinkt die Auslastung der Industrie, und Kapazitäten werden abgebaut, was wiederum zu Einkommensverlusten der Konsumenten führt.

Organisationsrecht der Arbeitnehmer nur an den Stellen eingeschränkt werden soll, an denen es dem Handel dienlich ist. Der Zweck der Organisation der Arbeitnehmer, einer Senkung der Löhne entgegenzuwirken, spiegelt sich in der Zuordnung des Marktsegments der Lohnkostenreduzierung zu den Gewerkschaften wider.

Die umgekehrte Situation in Deutschland, in der die Rechtsprechung vom Grundsatz des Bestehens umfangreicher Machtbefugnisse der Gewerkschaften ausgeht, von denen nur bestimmte Bereiche unternehmerischer Entscheidungsfreiheit abgezogen werden, spiegelt sich ihrerseits in der Verfassung und der Entstehungsgeschichte der Koalitionsfreiheit wider:

In der Geschichte wurde die Koalitionsfreiheit als Gegenrecht zur Berufsfreiheit der Arbeitgeber institutionalisiert und nicht als Mittel zur Verwirklichung eines anderen, wirtschaftsorientierten Zwecks. Das Organisationsrecht sollte den Arbeitnehmern angemessene Verhandlungschancen gegenüber den Unternehmern durch Ausgleich der strukturellen Unterlegenheit eröffnen, damit die Ordnung der Arbeitsverhältnisse nach dem Grundsatz der Selbstbestimmung gestaltet werden konnte.[491] Dieser Zweck kam sehr gut in Art. 165 WRV zum Ausdruck, wo es hieß: „Die Arbeiter und Angestellten sind dazu berufen, *gleichberechtigt* [Hervorh. durch Verf.] in Gemeinschaft mit den Unternehmern an der Regelung der Lohn- und Arbeitsbedingungen sowie an der gesamten wirtschaftlichen Entwicklung der produktiven Kräfte mitzuwirken."

Weiterhin räumt das Grundgesetz der Koalitionsfreiheit ein größeres Gewicht ein als der unternehmerischen Entscheidungsfreiheit. Zum einen ist die Koalitionsfreiheit in Art. 9 Abs. 3 GG als spezielles Grundrecht ausgestaltet. Zum anderen steht sie der unternehmerischen Entscheidungsfreiheit (als Grundrecht mit qualifiziertem Gesetzesvorbehalt) als Grundrecht ohne Gesetzesvorbehalt gegenüber. Die Koalitionsfreiheit ist nicht nur vor staatlichen Eingriffen geschützt, sondern Art. 9 Abs. 3 Satz 2 GG verbietet ausdrücklich auch Dritten, in sie einzugreifen. Bei keiner anderen grundrechtlichen Gewährleistung findet sich Vergleichbares. Es handelt sich bei Art. 9 Abs. 3 GG also schon nach Wertung der Verfassung um ein Grundrecht mit besonders hohem Rang, das eine gesellschaftsstrukturierende, sozialgerichtete Funktion hat. Im Gegensatz dazu ist die Berufsfreiheit als Bestandteil der Eigentumsfreiheit ein individualistisches Grundrecht, das andere von der Rechtsposition ausschließt (§ 903 BGB) und „gesellschaftlich nur erträglich ist, wenn sein Gebrauch zugleich ausdrücklich dem Wohl der Allgemeinheit zu dienen hat (Art. 14 Abs. 2 Satz 2 GG)".[492]

---

491 MünchArbR-*Richardi*, § 241, Rn. 38 m.w.N.

492 *Kempen/Zachert*, TVG, Grundlagen, Rn. 59.

Ist die Koalitionsfreiheit damit einerseits als Gegenrecht zur Berufsfreiheit der Arbeitgeber institutionalisiert und kommt ihr ein eigenständiger Wert zu, ist es andererseits notwendige Folge, die aus der Tarifautonomie ableitbaren gewerkschaftlichen Rechte als „Grundzustand" und als durch die unternehmerische Freiheit einschränkbar zu betrachten, anstatt – wie in den USA – die unternehmerische Entscheidungsfreiheit als „Grundzustand" zu betrachten, der seine Grenzen in der Tarifautonomie findet.

b. Praktische Konsequenzen

Welche Konsequenzen diese unterschiedlichen Methoden bei der Bestimmung des tariffreien Betätigungsbereichs haben, soll nun herausgearbeitet werden. Es geht um die Frage, welche Entscheidungen durch die in beiden Ländern unterschiedlich arbeitenden „Filter" der Rechtsprechung als der unternehmerischen Entscheidungsfreiheit zuzuordnende Themen aus dem Gros der unternehmerischen Entscheidungen herausgefiltert werden. Die Erörterung orientiert sich wiederum an der Unterscheidung zwischen Entscheidungen mit konkretem Arbeitsbezug und solchen, die primär wirtschaftliche Fragen betreffen.

aa. Entscheidungen mit konkretem Arbeitsbezug

Betrachtet man die Ergebnisse der im Rahmen dieser Arbeit dargestellten unternehmerischen Entscheidungen mit konkretem Arbeitsbezug, so sind diese in Deutschland und in den USA weit gehend identisch. Die tarifliche Regelbarkeit bzw. die Pflicht, mit den Gewerkschaften zu verhandeln, werden in den verglichenen Konstellationen nahezu durchgehend bejaht.

Eine Ausnahme stellen die qualitativen Besetzungsregeln dar, die in den USA der Verhandlungspflicht dann nicht unterliegen, wenn ausschließlich Bewerber (externe oder interne in Bezug auf einen anderen Arbeitsplatz) betroffen sind.[493] Dieses Nichtvorliegen der Verhandlungspflicht mit der Gewerkschaft beruht nicht darauf, dass die Einführung von qualitativen Besetzungsregeln als unternehmensspezifische Entscheidung erachtet würde. Sie hängt vielmehr mit der fehlenden Betroffenheit der Arbeitnehmer in der Verhandlungseinheit zusammen. Diese Beschränkung des tariffreien Regelungsbereichs auf Arbeitnehmer *in* der Verhandlungseinheit ist eine Konsequenz der im Vergleich zu Deutschland limitierten Arbeitnehmergruppe, die von den Gewerkschaften vertreten wird. Abgesehen von qualitativen Besetzungsregeln fallen damit all diejenigen Regeln aus

493 Siehe Kapitel C.II.2.a. dieser Arbeit.

der Verhandlungspflicht heraus, die in deutschen Tarifverträgen unter dem Stichwort der Einstellungsvoraussetzungen geregelt werden.

Die unternehmerische Entscheidungsfreiheit wird bei Entscheidungen mit konkretem Arbeitsbezug weder in Deutschland noch in den USA intensiv diskutiert. Deutsche und amerikanische Gerichte sind sich darüber einig, dass Maßnahmen, die eine wirtschaftliche und eine soziale Seite haben, zwangsläufig eine Beteiligung der Gewerkschaft nach sich ziehen:[494] Insbesondere, wenn sich die deutschen Gerichte im Rahmen der diskutierten Entscheidungen mit der Reichweite gewerkschaftlicher Befugnisse auseinander setzen, tun sie dies sehr oberflächlich. So betonen die Gerichte zwar einerseits als grundlegende Prämisse, dass „ein angemessener Spielraum zur Entfaltung der Unternehmerinitiative unantastbar" sein soll.[495] Gleichzeitig wird diese Aussage durch die Entscheidung des Bundesarbeitsgerichts über das Personalbemessungssystem dadurch wieder eingeschränkt, dass es zum Ausdruck bringt, alles, was im Unternehmen auch nur irgendwie mittelbar Einfluss auf die Art und Weise sowie auf den Umfang der Arbeitsleistung hat, solle tariflich regelbar sein.[496] Diese Auffassung wird deutlich in der Aussage, die Gewerkschaft könne „auf die Arbeitsgeschwindigkeit unmittelbar nur einwirken, wenn sie das Personalbemessungssystem durch Zeitzuschläge" verändere. Diese zugrunde liegende Prämisse, eine tarifliche Forderung sei zulässig, wenn sie die gewünschte Einflussnahme sicherstelle, kann den Bereich der tariflichen Regelbarkeit quasi auf den gesamten Produktionsbereich erweitern, denn sie setzt die in Frage stehende Zulässigkeit der Einflussnahme voraus, statt sie zu begründen.[497] Die Argumentation deutet darauf hin, dass das gewünschte Ergebnis, die tarifliche Regelbarkeit, am Anfang der Überlegungen stand und dass die Begründung nur nachgeschoben wurde. Denn die Annahme des Gerichts, die Unternehmerentscheidung „ob, was und wo hergestellt wird", sei frei, ist mit der Aussage, eine tarifliche Forderung sei zulässig, weil nur sie die gewünschte Einflussnahme sicherstellt, nicht vereinbar. Mit letzterer Annahme gibt es quasi keine Angelegenheiten mehr, die als unternehmerische Vorgaben für einen Arbeitsplatz hingenommen werden müssen.[498]

Die amerikanischen Gerichte äußern sich bei Entscheidungen mit konkretem Arbeitsbezug kaum zum Themenkomplex der unternehmerischen Entscheidungs-

---

494 So ausdrücklich BAG v. 3.4.1990, AP Nr. 56 zu Art. 9 GG, B. II. 1. d. Gr.

495 BAG v. 3.4.1990, AP Nr. 56 zu Art. 9 GG unter II.1. d. Gr.

496 Ebd.

497 Siehe auch *Loritz*, ZTR 1990, 455, 499, der als Beispiel darauf hinweist, dass in einer Fabrik nicht die Abschaffung des Fließbandes von der Gewerkschaft nur deshalb verlangt werden kann, weil sich unmittelbare Auswirkungen der bestehenden Anlagen auf die Arbeitsverhältnisse ergeben.

498 So auch *Reuter*, Anm. zu BAG v. 3.4.1990, EzA Nr. 49 zu Art. 9 GG, Bl. 18.

freiheit. So führt zum Beispiel in der Entscheidung über den Ladenschluss das Gericht nur aus, dass die unternehmerische Entscheidungsbefugnis innerhalb des Umfelds von Tarifverhandlungen ausgeübt werden müsse,[499] ohne das Thema der unternehmerischen Entscheidungsfreiheit weiter zu vertiefen.

Unter Berücksichtigung des von der deutschen Rechtsprechung verschiedenen Blickwinkels bei der Bestimmung der unternehmerischen Entscheidungsfreiheit verwundert dies allerdings nicht. Denn bei Unternehmensentscheidungen mit konkretem Arbeitsbezug liegt es näher, die Frage zu stellen, wie weit der unternehmerische Kernbereich bei diesen eine Rolle spielen kann (deutscher Blickwinkel), als die Frage zu stellen, ob sie noch dem gewerkschaftlichen Verantwortungsbereich unterliegen (amerikanischer Blickwinkel), weil die Entscheidungen dem originären gewerkschaftlichen Aufgabenbereich, die Arbeitsbedingungen zu regeln, stehen.

bb. Wirtschaftliche Entscheidungen

Während die unterschiedlichen Methoden zur Bestimmung des tariffreien Raums bei den Entscheidungen mit konkretem Arbeitsbezug keine sichtbaren Konsequenzen aufweisen, ergeben sich bei den wirtschaftlichen Entscheidungen umso größere Unterschiede zwischen deutschem und amerikanischem Recht.

(1) Art der Entscheidung

Vergleicht man zunächst die wirtschaftlichen Unternehmensentscheidungen, so ist festzustellen, dass die deutsche und die amerikanische Rechtslage insoweit übereinstimmen, als Betriebsstilllegungen zum tariffreien Raum gehören, und die Folgen einer wirtschaftlichen Entscheidung (Deutschland: Ausgleich wirtschaftlicher Nachteile; USA: „effects bargaining") zum Verantwortungsbereich der Gewerkschaften. Die Ergebnisse bei der Standortentscheidung und der Entscheidung über Ausgliederungen in beiden Ländern sind jedoch konträr zueinander: Während diese beiden Betriebsänderungen in den USA zum Teil der Verhandlungspflicht mit den Gewerkschaften unterliegen, werden sie in Deutschland als der Unternehmensautonomie unterliegende und damit nicht tariflich regelbare Gegenstände betrachtet.

Dieser Bestand lässt sich unmittelbar auf die dargestellten Methoden zur Bestimmung des tariffreien Raums in beiden Ländern zurückführen. Sowohl in

499 *State of Maine and Bureau of Alcoholic Beverages, Department of Finance and Administration v. Maine Labor Relations Board and Maine State Employees Association,* 413 A.2d 510 (1980).

Deutschland als auch in den USA wird die Entscheidung über eine Betriebsstilllegung durch den objektiven Filter der Freiheit des „Ob, Was und Wo der Produktion" (Deutschland) bzw. der „wesentlichen organisatorischen Veränderung" (USA) als dem unternehmerischen Kernbereich zugehörig bestimmt. Obgleich das amerikanische Merkmal der „wesentlichen organisatorischen Veränderung" enger gefasst ist als das deutsche Kriterium des „Ob, Was und Wo der Produktion", erstreckt es sich jedenfalls auf die Betriebsstilllegung als weitestgehende Form der Ausübung der unternehmerischen Freiheit.

Die gewerkschaftliche Möglichkeit, auf die Konsequenzen der wirtschaftlichen Entscheidung Einfluss zu nehmen, hängt in Deutschland ebenfalls unmittelbar mit der beschriebenen Methode zur Bestimmung des unternehmerischen Kernbereichs zusammen. Die tarifliche Regelbarkeit von Fragen des Ausgleichs von Nachteilen für Arbeitnehmer wird in Deutschland mit der Begründung bejaht, dass es sich nicht um Fragen des „Ob" der unternehmerischen Entscheidung handelt. Demgegenüber ist in den USA das „effects bargaining" als Pflicht anerkannt, die nicht vom Fehlen der „wesentlichen organisatorischen Veränderung" oder dem der Betriebsänderung zugrunde liegenden Motiv des Unternehmers abhängt. Ob im Hinblick auf den Ausgleich wirtschaftlicher Nachteile damit durchweg einheitliche Ergebnisse in Deutschland und in den USA vorliegen, ist allerdings offen. In Deutschland ist die tarifliche Regelbarkeit von Nachteilen eine relative Neuheit. Über sie wurde bislang nur im Zusammenhang mit Standortentscheidungen entschieden. Ob die Rechtsprechung so weit geht, den Nachteilsausgleich auch im Falle einer Betriebsstilllegung sowie bei anderen Betriebsänderungen zu bejahen, bleibt abzuwarten.

Bei den Unternehmensentscheidungen der Ausgliederung und der Standortverlegung führen die unterschiedlichen Methoden der Bestimmung der unternehmerischen Entscheidungsfreiheit zu unterschiedlichen Ergebnissen. Die formalisierte und rein objektive Prüfung der deutschen Gerichte ordnet sowohl Standortverlegungen als auch Ausgliederungen als Fragen des „Ob, Was und Wo der Herstellung" dem Bereich der tariffreien Kernentscheidungen des Unternehmens zu. Nicht entscheidend ist das Motiv des Unternehmers oder Art und Ausmaß der Unternehmensentscheidung.

Demgegenüber fallen Ausgliederungen in den USA in der Regel nicht unter das Prüfkriterium der „wesentlichen organisatorischen Veränderung".[500] Sie werden mehrheitlich durchgeführt, um Kosten zu sparen, so dass es am Hauptindiz für eine wesentliche organisatorische Veränderung, dem erheblichen Kapitaleinsatz, fehlt. Wie bereits festgestellt, ist das amerikanische Kriterium der „wesentlichen organisatorischen Veränderung" damit ein grobmaschigerer Filter für Un-

500 *Fibreboard Paper Products v. NLRB*, 379 U.S. 217 ff. (1964).

ternehmensentscheidungen als der deutsche des „Ob, Was und Wo der Herstellung". Da das subjektive Kriterium „Motiv der Lohnkostenreduzierung" bei Ausgliederungsfällen keine entscheidende Rolle spielt, bleibt es in den USA in der Regel bei der Verhandlungspflicht der Unternehmensentscheidung, einen Teil der Arbeiten auszugliedern.

Bei Standortentscheidungen in den USA steht das Ergebnis dagegen weniger als bei Ausgliederungsentscheidungen von vornherein fest, weil es bei diesen mehr auf das subjektive Kriterium ankommt. Zwar kann sich der Unternehmer auch dann gegen die Verhandlungspflicht wehren, wenn er eine „wesentliche organisatorische Veränderung" (objektives Kriterium) darlegt. Jedoch weicht bei bloßen Standortverlegungen die Arbeit am neuen Standort häufig nicht wesentlich von der Arbeit am alten Standort ab. Die Verhandlungspflicht von Standortentscheidungen hängt deshalb vom subjektiven Kriterium des unternehmerischen Motivs ab, also der Frage, ob er mit der Standortverlegung eine Lohnkostenreduzierung angestrebt wird oder nicht. Da Standortverlegungen häufig auf einem solchen Wunsch beruhen, werden sie in den USA oft dem Verantwortungsbereich der Gewerkschaften zugeordnet.

Entgegen der landläufigen Erwartung, der Unternehmer habe in den USA durchweg mehr tariffreie Entscheidungsbereiche, stellt sich also heraus, dass in Deutschland mehr wirtschaftliche Unternehmensentscheidungen dem unternehmerischen Kernbereich zugerechnet werden als in den USA. Obgleich damit noch keine Gesamtbewertung der Reichweite der Befugnisse der Arbeitnehmervertreter vorliegt – dazu bedarf es der Einbeziehung der Befugnisse des Betriebsrats und der Arbeitnehmervertreter im Aufsichtsrat –, passt sich der Befund auf der Ebene des Tarifrechts in den erörterten gesetzlichen Zusammenhang ein:

Wird die Organisation der Arbeitnehmer, wie es in der Präambel des National Labor Relations Act statuiert ist, als Mittel zur Stärkung des Handels und der Wirtschaft angesehen, so fällt es – auch aus Unternehmersicht – leichter, eine Mitbestimmung der Gewerkschaften bei wirtschaftlichen Entscheidungen zu bejahen, als wenn die gewerkschaftliche Vertretung der Arbeitnehmer als Mittel zur Schaffung eines Gegengewichts gegen die Macht der Arbeitgeber angesehen wird, wie es in Deutschland der Fall ist.

(2) Rechtssicherheit

Zusätzlich wird der amerikanische Unternehmer verglichen mit dem deutschen dadurch stärker in seiner Freiheit eingeschränkt, dass in den Vereinigten Staaten im Hinblick auf die Frage, ob eine Entscheidung der unternehmerischen Entscheidungsfreiheit unterliegt oder nicht, eine geringere Rechtssicherheit als in Deutschland:

Die Vorgehensweise der deutschen Gerichte, Fragen des „Ob, Was und Wie der Produktion" dem unternehmerischen Entscheidungsbereich zuzuordnen, ist formal und damit relativ vorhersehbar. Auch wenn es in Zukunft noch viele offene Fragen gibt (dazu sogleich), ist die Rechtsprechung bislang in sich stringent, indem Fragen des „Ob" der Standortentscheidung als nicht tariflich regelbar eingeordnet werden. Sofern die Gewerkschaft den Arbeitgeber durch einen Arbeitskampf zur Unterlassung der geplanten Betriebsänderung zwingen will, wird die Tarifforderung als rechtswidriger Eingriff in die grundrechtlich geschützte Unternehmerfreiheit eingeordnet.[501] Geht es demgegenüber um Forderungen nach Maßnahmen zum Ausgleich wirtschaftlicher Nachteile infolge der Durchführung der geplanten Betriebsänderung, so wird dies als rechtlich zulässige Forderung eingeordnet.[502] Diese Bewertung korreliert mit der grundsätzlichen Aussage, die Unternehmensleitung treffe grundsätzlich die Entscheidung über die Fragen des „Ob, Was und Wo der Herstellung".

Offen bleibt allerdings, wie Forderungen bezüglich des „Wie der geplanten Betriebsänderung" zu beurteilen sind, wenn sie in ihrer Gesamtheit die Betriebsänderung unmöglich oder wirtschaftlich nicht sinnvoll machen würden. Obgleich das Landesarbeitsgericht Schleswig Holstein die strangulierende Wirkung des Forderungsvolumens verneint hat, hat es mit der Anerkennung eines möglichen „Umschlags von Quantität in Qualität"[503] neuen Boden betreten. Denn bislang konnten Arbeitgeber, insbesondere bei Entgelttarifverträgen, keinen Schutz vor quantitativer Überforderung verlangen. Leider ist ein höchstrichterliches Urteil in dieser Fallkonstellation bislang nicht ergangen, weil es sich stets um einstweilige Verfügungsverfahren gehandelt hat. Die Worte des Bezirksleiters der IG-Metall Niedersachsen und Sachsen-Anhalt, „jeder Konzern, der den Abbau von Arbeitsplätzen und die Verlagerung ins Ausland plant, muss wissen, dass sich Arbeitnehmer nicht mehr mit einem herkömmlichen Sozialplan abspeisen lassen",[504] deuten darauf hin, dass das Erstreiken von tariflichen Sozialplänen eine neue Strategie der Gewerkschaften ist, die weitere Gerichtsentscheidungen in dieser Sache mit sich bringen wird. Probleme werden sich insofern auch im Hinblick auf die Zweigleisigkeit von betrieblichem und tariflichem Verfahren ergeben. Durch die Vorschrift des § 112 Abs. 1 Satz 4 BetrVG, nach der § 77 Abs. 3 BetrVG für den betrieblichen Sozialplan nicht gilt, besteht kein Konkurrenzverhältnis zwischen tariflichen und betrieblichen Sozialplanregelungen, sondern sie

501 LAG Hamm v. 31.5.2000, NZA-RR 2000, 535, 537, III.1.a)cc) d. Gr.
502 LAG Schleswig-Holstein v. 27.3.2003, NZA-RR 2003, 592, 595, 1.2.3. d. Gr.
503 So *Henschel*, AuR 2004, 443, 445.
504 Papier der IG-Metall, www.igmetall-nieder-sachsen-anhalt.de/home/presseinformationen/pm 2004/pm4004_ anl.pdf, aufgerufen am 11.11.2005.

sind gleichrangig. *Bauer/Krieger*[505] weisen deshalb zu Recht darauf hin, dass Fragen der möglichen Anrechnung tariflicher Leistungen auf Leistungen aus dem Sozialplan oder der Anwendung der unternehmensschützenden Vorschriften der §§ 111 BetrVG ff. (insbesondere § 112 Abs. 5 Satz 1 und 2 Nr. 3 § 112a Abs. 2 BetrVG) auf den Arbeitskampf von den Gerichten noch zu lösen sind.

Im Vergleich zum deutschen Recht variiert die amerikanische Rechtsprechung bei der Bestimmung der tariffreien unternehmerischen Entscheidungsräume im Einzelfall erheblich. Das ergibt sich zum einen daraus, dass die Kriterien zur Bestimmung des unternehmerischen Entscheidungsbereichs innerhalb der von der Rechtsprechung festgelegten Fallgruppen wirtschaftlicher Entscheidungen unterschiedlich sind. Abhängig davon, ob ein Fall des Subcontracting, der Betriebsstilllegung oder der Standortverlegung vorliegt, werden das objektive und das subjektive Kriterium als Kennzeichen des tariffreien unternehmerischen Entscheidungsbereichs unterschiedlich gewichtet:

So ist bei Ausgliederungen das objektive Element von entscheidender Bedeutung. Als erheblich für die Einordnung der Ausgliederung als „decision at the core of entrepreneurial control“ (unternehmerische Kernentscheidung) wird das Vorliegen einer „wesentlichen organisatorischen Veränderung“ oder eines „erheblichen Kapitaleinsatzes“ angesehen. Während das erstere Kriterium auch bei Standortverlegungen eine Rolle spielt, ist das letztere als Indiz für eine wesentliche Betriebsänderung ein Spezifikum für die Prüfung von Ausgliederungsentscheidungen im Hinblick auf ihre Verhandlungspflicht. Demgegenüber ist das subjektive Element der Nutzenanalyse bei Ausgliederungen nicht entscheidungserheblich. Denn obgleich das National Labor Relations Board darlegte, die Nutzenanalyse im Sinne des Dubuque-Tests[506] sei nicht nur bei Standortentscheidungen, sondern auch bei Ausgliederungen und teilweisen Betriebsstilllegungen anwendbar, wird das Kriterium in der Regel nur dann herangezogen, wenn eine wesentliche Betriebsänderung vorliegt und die Entscheidung schon aus diesem Grund nicht der Verhandlungspflicht unterliegt.

Obwohl das subjektive Kriterium bei einer Entscheidung über Betriebsstilllegungen eingeführt wurde,[507] spielen in der Folge weder das objektive noch das subjektive Kriterium bei Betriebsstilllegungen eine Rolle. Die Ansicht, dass Betriebsstilllegungen nicht der Verhandlungspflicht unterliegen, hat sich in der Rechtsprechung zu einem Grundsatz entwickelt, der einer Einzelfallanalyse nicht

---

505 *Bauer/Krieger*, NZA 2004, 1019, 1024.

506 *Dubuque Packaging Co.*, 303 N.L.R.B. 386 (1991).

507 *First National Maintenance Corp.*, 242 N.L.R.B. 462 (1979), siehe Kapitel C.II.2.b.bb.(2) dieser Arbeit.

mehr zugänglich ist.[508] Auch wenn Lohnkosten der wesentliche Faktor für die Unternehmensentscheidung sind, wird die Nutzenanalyse nicht angewandt.

Zum vollen Einsatz kommen beide Kriterien bei Entscheidungen über Standortverlegungen. Hier kann sich der Unternehmer trotz des Ausbleibens einer wesentlichen Betriebsänderung gegen die Pflicht, mit der Gewerkschaft zu verhandeln, mit dem Argument zu wehren, dass die Reduzierung von Lohnkosten weder direkt noch indirekt für die Entscheidung ausschlaggebend gewesen sei.

Aufgrund des Umstands, dass die Bedeutung des objektiven und des subjektiven Kriteriums bei den verschiedenen Betriebsänderungen unterschiedlich gewichtet wird, gilt das Erfordernis der genauen Einordnung der Maßnahme, um zu bestimmen, welcher Standard anzuwenden ist. Der Rechtsprechung ist es jedoch bisher nicht gelungen, genaue Kriterien für eine Abgrenzung der verschiedenen Betriebsänderungen zu finden. Angesichts der Vielzahl von Konstellationen ist es nicht so einfach, diese voneinander zu unterscheiden.[509] Der einfachste Fall ist die komplette Betriebsstilllegung, wenn also die Arbeiten nicht an einem neuen Ort weitergeführt werden. Schwer zu differenzieren ist zwischen den wirtschaftlichen Entscheidungen, wenn die Arbeiten an anderer Stelle unter Aufsicht oder zum Nutzen des Unternehmers fortgeführt werden:

Da bei einer Betriebsverlegung in den USA im Gegensatz zum deutschen Recht nicht vorausgesetzt wird, dass wesentliche Teile der Belegschaft am neuen Ort weiterbeschäftigt werden und selbst bei einem Austausch aller Arbeitnehmer eine Betriebsverlegung angenommen wird,[510] ergeben sich Abgrenzungsschwierigkeiten zwischen der Betriebsverlegung und der Ausgliederung, bei der die Arbeit in Zukunft von anderen Arbeitnehmern durchgeführt wird. Dies ist entscheidend für die Frage, ob sich der Unternehmer durch das Argument, die Entscheidung habe nichts mit der Reduzierung von Lohnkosten zu tun, gegen die Verhandlungspflicht wehren kann. In dem hypothetischen Fall zum Beispiel, dass ein Arbeitgeber bestimmte Arbeiten an einem anderen Standort von anderen Arbeitnehmern durchführen lässt, weil er die Qualität der Arbeit verbessern möchte, ohne dass dies mit einer Kostenreduzierung verbunden wäre, ist die Entscheidung, wird sie als Betriebsverlegung angesehen, nicht verhandlungspflichtig, während bei der Einordnung als Subcontracting eine Verhandlungspflicht mit der Gewerkschaft besteht.

Abgrenzungsschwierigkeiten zwischen Stilllegung und Verlegung ergeben sich, wenn letztere mit einer Aufgabe unrentabler Betriebsbereiche verbunden ist.

---

508 *Knight*, 68 Tex. L. Rev. 625, 643 (1990). Siehe auch die Ausführungen in Kapitel C.II.2.b.bb.(2) dieser Arbeit.

509 Vgl. hierzu *Goebel*, Betriebsänderungen, 85-87; *Ake*, 24 Stetson L. Rev. 241, 261 (1994).

510 *Summit Tooling Co.*, 195 N.L.R.B. 479, 480 (1972).

In diesem Fall muss geprüft werden, wo das Schwergewicht der Maßnahme liegt.[511] Auch dieser Unterschied ist für den Arbeitgeber wesentlich, weil entweder nach dem bei Betriebsstilllegungen geltenden Per-se-Standard gar keine Verhandlungspflicht besteht oder der Arbeitgeber lediglich eine Verteidigungsmöglichkeit gegen die Verhandlungspflicht i.S.d. *Dubuque*-Standards hat.

Besonders problematisch ist schließlich die Abgrenzung zwischen einer Betriebsstilllegung und einem Fall von Subcontracting, weil das Ersetzen eigener durch fremde Arbeitskräfte immer zugleich auch mit einer Stilllegung des entsprechenden Betriebsteils verbunden ist. Wenn zum Beispiel ein Restaurant aus Kostengründen beschließt, die Verarbeitung von Meerestieren nicht mehr selbst durchzuführen, sondern einem anderen Unternehmen zu überlassen, so kann es sich um Subcontracting handeln, weil eigene durch fremde Arbeitnehmer ersetzt werden und die Unternehmensführung nicht wesentlich geändert wird. Man kann in dem Rückzug aus der Fischverarbeitung aber auch die Stilllegung eines Betriebsteils erblicken.[512] Hier fällt der Unterschied der Konsequenzen – per se keine Verhandlungspflicht (Stilllegung) oder im Grundsatz immer Verhandlungspflicht (Subcontracting) – besonders ins Gewicht.

Neben der Schwierigkeit, die festgelegten Fallgruppen abzugrenzen, tritt eine weitere Schwierigkeit auf, wenn man versucht, den klassischen Fallgruppen ähnliche Maßnahmen zu subsumieren. So subsumiert das National Labor Relations Board Automatisierungen in der Regel unter die Fallgruppe des Subcontracting:[513] Dafür spricht, dass beide vom Arbeitgeber als Mittel zur Reduktion von Kosten verwandt werden, beide den Kauf einer außerbetrieblichen Handelsware bedingen – im Fall der Automatisierung den Einkauf von Maschinen, im Fall des Subcontracting den Kauf von Serviceleistungen eines unabhängigen Vertragspartners – und beide den Verlust von Arbeitsplätzen zur Folge haben.[514] Trotzdem werden nicht alle Automatisierungsfälle wie Subcontracting-Fälle behandelt.[515] Die Abgrenzung ist, wie gesagt, im Einzelfall schwierig.

Abgesehen von den mit der richtigen Einordnung der unternehmerischen Entscheidung verbundenen Rechtsunsicherheiten birgt das subjektive Element eine Unsicherheit im Hinblick auf das Bestehen der Verhandlungspflicht. Die Entscheidungserheblichkeit der Frage, ob der Wunsch nach Lohnkostenreduzierung ein dominanter Faktor bei der Standortverlegung war, erfordert eine umfassende Analyse der unternehmerischen strategischen Überlegungen. Da eine Standort-

---

511 *Fraser Shipyards, Inc.*, 272 N.L.R.B. 496 (1984).

512 Siehe *Bob's Big Boy Family Restaurants*, 264 N.L.R.B. 1369 (1982).

513 *NLRB v. Columbia Tribune Publishing Co.*, 495 F. 2d 1384 (8th Cir. 1974); *Las Vegas Inc.*, 213 N.L.R.B. 841 (1974), bestätigt: 546 F.2d 828 (9th Cir. 1976).

514 *Miscimarra*, The NLRB and Managerial Discretion, 89.

515 Siehe zum Beispiel *Holiday Inn of Benton*, 237 N.L.R.B. 1042 (1978).

verlegung in der Regel auf mehreren Motiven gründet, ist genaue Kenntnis der Gewichtung dieser erforderlich, um die Rechtslage zu beurteilen. Das National Labor Relations Board hat jedoch keinen Einblick in die der Entscheidung vorausgehenden unternehmensinternen Erörterungen, es kann sich lediglich auf Indizien stützen. Dem Unternehmer bietet sich deshalb eine gute Möglichkeit, auf die Verhandlungspflicht Einfluss zu nehmen: Ist er richtig beraten, wird er schon im Vorfeld nur die Begründungen für die Entscheidung nach außen dringen lassen, die nicht mit einer Lohnkostenreduzierung zusammenhängen, so zum Beispiel das Argument, der neue Standort biete bessere Absatzmöglichkeiten.[516] Äußerungen gegenüber der Gewerkschaft, dass der alte Standort nicht konkurrenzfähig sei[517] oder dass man Lohnforderungen nicht nachkommen könne, sollten vermieden werden. Ob die Verhandlungspflicht im Ergebnis bejaht wird, ist im Streitfall jedoch weder für den Unternehmer noch für die Gewerkschaften vorhersehbar.

Eine weitere Unsicherheit besteht infolge der Möglichkeit des Unternehmers, sich gegen die Verhandlungspflicht mit dem Argument zu wehren, die Gewerkschaft hätte keine Zugeständnisse machen können, welche die Entscheidung des Unternehmers beeinflusst hätten. Dieses stark von den Umständen des Einzelfalls, insbesondere der finanziellen Situation des Unternehmens abhängige Kriterium entzieht sich einer vorausschauenden Beurteilung durch die Beteiligten.

cc. Ergebnis

Zur Bestimmung der unternehmerischen Entscheidungsfreiheit auf der Ebene des Tarifrechts sehen das deutsche und das amerikanische Recht unterschiedliche Methoden vor. Der tariffreie Betätigungsbereich des Unternehmers in Deutschland wird rein objektiv definiert, während er in den USA anhand eines subjektiven Kriteriums – dem der unternehmerischen Entscheidung zugrunde liegenden Motiv des Unternehmers – bestimmt wird. Dabei zielt in Deutschland das objektive Kriterium des „Ob, Was und Wo der Herstellung“ auf eine Definition des unternehmerischen Kernbereichs, während in den USA das Kriterium des unternehmerischen Motivs auf eine Beschränkung des der gewerkschaftlichen Verantwortung unterliegenden Marktsegments zielt. Die Unterschiede wirken sich insbesondere bei wirtschaftlichen Unternehmensentscheidungen aus, also bei Fragestellungen, welche die unternehmerische Entscheidungsfreiheit besonders tangieren. Bei diesen geht die Verhandlungspflicht mit den Gewerkschaften in

516 Vgl. zu den möglichen Strategien des Arbeitgebers: *Sturner*, Hofstra Labor & Employment LawJournal 17 no2 Spr 2000, 289, 321.

517 Diese Aussage wird seitens des National Labor Relations Board als Indiz für das Motiv der Lohnkostenreduzierung gesehen; siehe *Kearney*, Advice Memorandum des National Labor Relations Board, 9. April 1998.

den USA zum Teil weiter als der Bereich der tariflichen Regelbarkeit in Deutschland.

Hinzu kommt, dass in den USA im Einzelfall eine größere Rechtsunsicherheit besteht, wenn es darum geht, ob eine Unternehmensentscheidung zum tariffreien unternehmerischen Kernbereich gehört. Die die Unsicherheit verursachenden Faktoren ermöglichen dem Arbeitgeber aber gleichzeitig, durch geschicktes Vorgehen die Verhandlungspflicht zu umgehen. Die Tatsache, dass in den USA grundsätzlich mehr wirtschaftliche Entscheidungen dem Verantwortungsbereich der Gewerkschaften unterstellt werden, wird durch diese Möglichkeit der Einflussnahme wiederum etwas relativiert.

2. Betriebsräte und amerikanische Gewerkschaften

Ein verändertes Bild vom Verantwortungsbereich der deutschen Arbeitnehmervertreter, insbesondere im Hinblick auf die festgestellten Unterschiede bei wirtschaftlichen Entscheidungen, ergibt sich, wenn man die Mitbestimmungsmöglichkeiten des Betriebsrats mit in Betracht zieht.

Durch die Vorschrift des § 111 BetrVG umfasst das Beratungsrecht des Betriebsrats zum einen die Entscheidungen, die auch in den USA der Verhandlungspflicht mit den Gewerkschaften unterliegen, nämlich die Standortentscheidung (§ 111 Satz 2 Nr. 2 BetrVG) sowie die Entscheidung über eine Ausgliederung bestimmter Arbeiten (§ 111 Satz 2 Nr. 2, 4 BetrVG).

Zum anderen ist das Beteiligungsrecht des Betriebsrats sogar weitergehend als das Verhandlungsrecht der amerikanischen Gewerkschaften, weil nach § 111 Satz 2 Nr. 1 BetrVG die Einschränkung und Stilllegung des ganzen Betriebs oder von wesentlichen Betriebsteilen dem Unterrichtungs- und Beratungsrecht unterliegt. Denn Betriebsstilllegungen sind nach der *First National Maintenance*-Entscheidung[518] im amerikanischen Recht *per se* von der Verhandlungspflicht ausgeschlossen.

Zudem sind nach § 111 Satz 2 Nr. 4 BetrVG grundlegende Änderungen der Betriebsorganisation, des Betriebszwecks oder der Betriebsanlagen beratungspflichtig, also Unternehmensentscheidungen, die eine vollständige Änderung des Betriebsaufbaus bzw. der Gliederung des Betriebs oder der Zuständigkeiten mit sich bringen. Diese wesentlichen organisatorischen Veränderungen werden in den USA als „decisions at the core of entrepreneurial control" von der Verhandlungspflicht mit den Gewerkschaften ausgenommen.

---

518 *First National Maintenance Corp. v. NLRB,* 452 U.S. 666, 679, 682 (1981).

Ein erzwingbares Einigungsverfahren findet statt, wenn bei Betriebsänderungen ein Sozialplan nach §§ 112 Abs. 4, 112a BetrVG aufgestellt wird. Der Sozialplan dient dem Ausgleich oder der Milderung sozialer Nachteile, die den Arbeitnehmern infolge der geplanten Betriebsänderung entstehen. Im Fall der Nichteinigung entscheidet eine Einigungsstelle über die Aufstellung des Sozialplans, § 112 Abs. 4 BetrVG. Ähnlich dem „effects bargaining" in den USA unterliegen also die Auswirkungen der Betriebsänderung auf die Arbeitnehmer in Deutschland der Mitbestimmung des Betriebsrats.

Bezieht man den deutschen Betriebsrat in die Betrachtung mit ein, so relativieren sich die Unterschiede zwischen deutschem und amerikanischem Recht, weil der Betriebsrat bei Standortentscheidungen und Ausgliederungen – weitergehend als das amerikanische Tarifrecht – ja sogar bei Einschränkungen und Stilllegungen des Betriebs oder wesentlicher Betriebsteile einen Anspruch auf Beteiligung hat.

3. *Arbeitnehmervertreter im Aufsichtsrat und amerikanische Gewerkschaften*

Vergleicht man die Befugnisse des Aufsichtsrats in Deutschland mit denen der amerikanischen Gewerkschaften, so ergibt sich, dass die Verantwortlichkeit des Aufsichtsrats im Hinblick auf unternehmerische Fragen mit wirtschaftlicher Bedeutung weiter reicht als die der amerikanischen Gewerkschaften.

Ohne die Themenbereiche, bei denen im amerikanischen Arbeitsrecht eine Verhandlungspflicht besteht, im Einzelnen durchgehen zu müssen, ergibt sich diese Erkenntnis aus der Beschränkung der Beteiligung amerikanischer Gewerkschaften an wirtschaftlichen Fragen auf den Bereich des unternehmerischen Motivs der Lohnkostenreduzierung.[519] Demgegenüber ergibt sich der Verantwortungsbereich des Aufsichtsrats aus seiner Kontrollfunktion gegenüber dem Vorstand (bzw. der Geschäftsführung in der GmbH; § 111 AktG), wodurch er mit allen Fragen der Unternehmensleitung befasst ist. Der gegenständliche Verantwortungsbereich des Aufsichtsrats und der Arbeitnehmervertreter innerhalb des Aufsichtsrats umfasst alle Fragen der wesentlichen Geschäftspolitik – Unternehmensplanung, Unternehmenskoordinierung und Unternehmenskontrolle. Ein Einzelbeispiel einer Frage, die in den Bereich der Überwachungspflicht des Aufsichtsrats, nicht jedoch in den Bereich der Verhandlungspflicht mit amerikanischen Gewerkschaften gehört, ist die Stilllegung von Betrieben.[520] Zudem kommt

519 *Dubuque Packaging Co.*, 303 N.L.R.B. 386 (1991); siehe Kapitel C.II.2.b.bb.(3) dieser Arbeit.

520 MünchKommAktG-*Semler*, § 111, Rn. 99.

es bei der Beteiligung der Arbeitnehmervertreter des Aufsichtsrats nicht auf die mittel- oder unmittelbare Betroffenheit der Arbeitnehmer an, wie es im amerikanischen Recht für die Beteiligung der Gewerkschaften vorausgesetzt wird („significant adverse impact“[521]).

Es ist jedoch festzustellen, dass sich die Verantwortungsbereiche der Arbeitnehmervertreter im Aufsichtsrat und diejenigen der amerikanischen Gewerkschaften auch in weiten Teilen überschneiden. Sofern der Wunsch nach Lohnkostenreduzierung als Motiv einer unternehmerischen Entscheidung gegeben ist, ist ein amerikanischer Arbeitgeber auch bei wirtschaftlich-unternehmerischen Fragen zur Beteiligung der Gewerkschaften in Form der Verhandlung verpflichtet. Als Beispiele wurden in diesem Kapitel die Betriebsänderungen der Standortverlegung und der Ausgliederung von Betriebsteilen erörtert. Größere Grundstücksgeschäfte oder Beteiligungen an anderen Unternehmen sind weitere Beispiele, die im amerikanischen Recht nach der *Dubuque*-Rechtsprechung[522] der Verhandlungspflicht mit den Gewerkschaften unterliegen, sofern das Motiv der Lohnkostenreduzierung seitens des Unternehmers vorliegt.

Hinzu kommt, dass im Rahmen der so genannten „permissive subjects of bargaining“, also der freiwillig verhandelbaren Themenbereiche, Regelungen in den Tarifvertrag aufgenommen werden, die man in Deutschland nur im Aufsichtsrat erörtert. So wurde in dem zwischen General Motors und der Gewerkschaft UAW (United Autoworkers) in dem am 8. Oktober 1987 in Kraft getretenen Tarifvertrag vereinbart, dass neue Geschäftskonzepte und Projekte mit der Gewerkschaft abgestimmt werden müssen.[523] Weiterhin ist die Gewerkschaft daran beteiligt, die Gründe für den Umsatzrückgang eines Unternehmens zu beurteilen.[524] Zwar besteht hinsichtlich derlei Fragestellungen keine Verhandlungspflicht des Unternehmers nach § 8 (a) (5) NLRA. Jedoch schaffen es mächtige amerikanische Gewerkschaften auch eine solche Pflicht, derartige Themen, die in Deutschland nur in den Unternehmensorganen erörtert werden, in den Tarifvertrag aufzunehmen.[525]

Der Aufsichtsrat ist nicht mit einzelnen Angelegenheiten des Tagesgeschäfts befasst (z.B. Kündigungen), insofern ist der Verantwortungsbereich der amerikanischen Arbeitgeber weit reichender. Jedoch unterliegen diese Fragen in Deutschland der Verantwortung des Betriebsrats.

---

521 *Westinghouse Electric Corp.*, 150 N.L.R.B. 136.

522 *Dubuque Packaging Co.*, 303 N.L.R.B. 386 (1991); siehe Kapitel C.II.2.b.bb.(3) dieser Arbeit.

523 S. 317.

524 S. 306.

525 Siehe hierzu auch Kapitel G. dieser Arbeit.

4. Ergebnis

Amerikanische Gewerkschaften decken durch den ihnen vom Gesetzgeber zugewiesenen Verantwortungsbereich die Themen ab, die bei uns zwischen Gewerkschaften, Betriebsräten und Arbeitnehmervertretern im Aufsichtsrat aufgeteilt werden: Sie sind sowohl für das Aushandeln der Löhne, also für die Vertretung der Arbeitnehmer auf Arbeitsmarktebene, als auch für die Beteiligung an betrieblichen Einzelmaßnahmen, wie zum Beispiel an der Einführung von Kleiderordnungen, verantwortlich, und sie werden auch an wirtschaftlich-unternehmerischen Fragen beteiligt.

Zwar decken sich die Bereiche nicht komplett, weil beide Rechtssysteme im Einzelnen unterschiedliche Voraussetzungen für die Beteiligung der Arbeitnehmervertreter vorsehen. So setzen die USA zum Beispiel, weil Tarifverträge nur für die jeweilige Verhandlungseinheit gelten, eine unmittelbare Betroffenheit der Arbeitnehmer in der Verhandlungseinheit durch eine unternehmerische Entscheidung voraus, während im deutschen Recht eine mittelbare Auswirkung auf Arbeitnehmer des jeweiligen Arbeitgebers ausreichend ist, um eine Zuständigkeit der Tarifparteien zu begründen. Oder – ein weiteres Beispiel – die Verhandlung des amerikanischen Arbeitgebers mit der Gewerkschaft über eine Standortverlegung ist nur dann vorgesehen, wenn die Entscheidung auf dem Motiv der Lohnkostenreduzierung beruht, während dem Aufsichtsrat in Deutschland und damit der Arbeitnehmerbank ungeachtet des Motivs des Vorstands die Überwachung der Entscheidung über die Standortfrage obliegt.

Diese Systemunterschiede im Detail ändern jedoch nichts an der Feststellung, dass die Gewerkschaften in den USA die Arbeitnehmer in Bereichen vertreten, die in Deutschland auf unterschiedliche Institutionen aufgeteilt sind.

D. „Wie“ der Beteiligung an Unternehmensentscheidungen

Die Feststellung der gegenständlichen Reichweite allein lässt noch keine Aussage über die Einschränkung der unternehmerischen Entscheidungsfreiheit zu. Zum Beispiel wird der deutsche Unternehmer durch eine im Vergleich zu amerikanischen Gewerkschaften gegenständlich weiter reichende Beteiligung des Betriebsrats wenig tangiert, wenn es sich dabei nur um ein einfaches Unterrichtungsrecht und nicht – wie in den USA – um ein Verhandlungsrecht handelt. Im folgenden Kapitel wird deshalb untersucht, welche rechtlichen Vorgaben es in Deutschland und in den USA im Hinblick auf die Kooperation der Kollektivpartner gibt, „wie“ sie also zusammenarbeiten.

I. Deutschland

Zwischen den drei Institutionen in Deutschland bestehen große Unterschiede in der Art des Zusammenwirkens zwischen Arbeitnehmern und Arbeitgebervertretern.

1. Gewerkschaften

Das deutsche Tarifrecht macht den Tarifpartnern keine Vorgaben für die Verhandlungs- oder Abschlussmodalitäten des Tarifvertrags. Weder ergeben sich solche aus dem Tarifvertragsgesetz, noch werden sie aus Art. 9 Abs. 3 GG abgeleitet.

Eine Verpflichtung des Arbeitgeberverbandes oder des einzelnen Arbeitgebers zu Tarifvertragsverhandlungen besteht nicht.[526] Zwar wäre eine solche mit der Koalitionsfreiheit des Art. 9 Abs. 3 GG vereinbar, denn die Verhandlungspflicht unterscheidet sich klar vom Kontrahierungszwang.[527] Jedoch hat es bislang an der Notwendigkeit einer gesetzlichen Verpflichtung der Tarifparteien ge-

---

526 Erstmals BAG v. 2.8.1963, AP Nr. 5 zu Art. 9 GG, bestätigt durch BAG v. 14.7.1981, AP Nr. 1 und BAG v. 19.6.1984, AP Nr. 3 zu § 1 TVG Verhandlungspflicht.

527 *Hueck-Nipperdey-Stahlhacke*, TVG, § 1, Rn. 16.

fehlt. Die Tarifautonomie wird ausreichend durch das Erfordernis der Mächtigkeit der Koalition geschützt, das gewährleistet, dass nur diejenigen Organisationen als Tarifparteien in Betracht kommen, die mächtig genug sind, durch Androhung und Ausübung von Arbeitskampfmaßnahmen so auf ihren sozialen Gegenspieler einzuwirken, dass er sich auf Verhandlungen einlässt.[528]

Gewerkschaften in Deutschland haben gegenüber dem Arbeitgeber auch keinen Informationsanspruch im Hinblick auf wirtschaftliche Angelegenheiten des Unternehmens, wie es in § 106 BetrVG für den Betriebsrat vorgesehen ist. Zugang zu den Informationen, die der Betriebsrat seitens des Arbeitgebers erhält, können Gewerkschaften jedoch auf indirektem Weg auch ohne einen Rechtsanspruch erhalten. Für die Betriebsratswahlen 2002 hat das Institut der Deutschen Wirtschaft 57,8 % DGB-Mitglieder in den Betriebsräten ermittelt. Andere Zahlen bei *Nielebock/Hayen* behaupten nur für den Bereich der IG-Metall einen Organisationsgrad der Betriebsratsmitglieder von 77 %.[529] Unabhängig davon, welche statistische Erhebung der Realität näher ist, ist erkennbar, dass ein nicht unerheblicher Anteil der Betriebsratsmitglieder gewerkschaftlich organisiert ist. Viele Arbeitnehmer sind also sowohl in ihrer Eigenschaft als Betriebsratsmitglied als auch in ihrer Amtsfunktion für die Gewerkschaft tätig. Informationen, die der Arbeitgeber dem Betriebsrat aufgrund eines betriebsverfassungsrechtlich normierten Unterrichtungsanspruchs (z.B. § 80 Abs. 1 BetrVG) zukommen lässt,[530] erfahren schon aufgrund der weit gehenden Personenidentität auch die Gewerkschaften.

Schließlich trägt die Möglichkeit der Gewerkschaften, Vertreter in den Aufsichtsrat zu entsenden (§ 7 Abs. 2 MitbestG, § 6 Abs. 1 S. 1 MontanMitbestG), erheblich zu einer Information der Gewerkschaften über die Unternehmensbelange bei. Die Gewerkschaftsvertreter sind in der Regel externe Funktionäre,[531] die im Rahmen ihrer Tätigkeit im Aufsichtsrat umfassende Informationen über die Unternehmensbelange beanspruchen können. Durch die Regelung wird sichergestellt, dass die Gewerkschaften über von ihnen vorgeschlagene Repräsentanten in den Aufsichtsräten mitbestimmter Unternehmen vertreten sind. Zwar unterliegen die Aufsichtsratsmitglieder ebenfalls den gesetzlich vorgeschriebenen Geheimhaltungspflichten (zu diesen und zum Informationsrecht ausführlich unter D.I.3.), und die als Aufsichtsratsmitglieder erworbenen Kenntnisse dürfen nicht in die Gewerkschaftsarbeit eingebracht werden (§§ 116, 93 Abs. 1 Nr. 2 AktG).[532] Je-

528 *Hromadka/Maschmann*, Arbeitsrecht Bd. 2, § 13 II. 1. a) cc), Rn. 56.
529 *Nielebock/Hayen*, JbArbR 2003, 65, 97.
530 Siehe hierzu Kapitel D.III.2.b. dieser Arbeit.
531 Vgl. zum Beispiel *Hromadka/Maschmann*, Arbeitsrecht Bd. 2, § 14 II. 2., Rn. 15.
532 *Reuter*, RdA 1988, 280, 286. Die Pflicht zur Verschwiegenheit hat Ausnahmen. Ein Aufsichtsratsmitglied kann Unternehmensdaten Dritten zugänglich machen, wenn es

doch ist dies schwerlich in letzter Konsequenz durchführbar, insbesondere dann nicht, wenn Personenidentität besteht.

Neben diesen personellen Verflechtungen der Gewerkschaften mit den Betriebsräten und den Arbeitnehmervertretern im Aufsichtsrat hat der Gesetzgeber den im Betrieb vertretenen Gewerkschaften zur Entfaltung der kollektiven Koalitionsfreiheit in der Betriebsverfassung besondere Rechte eingeräumt, die in der Konsequenz einen engen Informationsfluss zwischen Gewerkschaften und Betriebsrat ermöglichen. So können Beauftragte der im Betrieb vertretenen Gewerkschaft[533] an den Betriebs- und Abteilungsversammlungen (§ 46 Abs. 1 Satz 1, Abs. 2 BetrVG) sowie bei der Betriebsräteversammlung (§ 53 Abs. 3 BetrVG) beratend teilnehmen. Weiterhin ist § 16 Abs. 2 Satz 3 als Vorschrift zu nennen, die eine mittelbare Einflussnahme und damit Möglichkeiten zum Erhalt von Informationen durch die Gewerkschaften eröffnet, wie auch die überwiegend von den Gewerkschaften durchgeführten Schulungsveranstaltungen des Betriebsrats (§ 37 Abs. 7 BetrVG).

Während die Geheimhaltungspflicht des § 79 BetrVG, die auch im Rahmen der Offenlegung von wirtschaftlichen Angelegenheiten nach § 106 BetrVG gilt, bei Personenidentität zwischen Betriebsratsmitglied und Gewerkschaftsmitglied schon nach logischen Gesichtspunkten den Informationsfluss zwischen Gewerkschaft und Betriebsrat nicht verhindern kann, ist die Einhaltung in der Praxis auch bei fehlender Personenidentität nicht immer gegeben.

2. Betriebsräte

Anders als im Fall der Gewerkschaften ist die Zusammenarbeit zwischen Arbeitgebern und Arbeitnehmervertretern auf Betriebsebene sehr detailliert gesetzlich geregelt. Zwar kennt das Betriebsverfassungsrecht keinen allgemeinen Verhandlungsanspruch des Betriebsrats. Jedoch wird der Arbeitgeber durch die Vorschriften des Betriebsverfassungsgesetzes in vielen Situationen mehr oder weniger ausgeprägt zu dessen Beteiligung verpflichtet. Die Intensität der Rechte des Betriebsrats, in Unternehmensentscheidungen miteinbezogen zu werden, ist je

---

auf dessen Beratung zur Wahrung seiner Amtspflichten angewiesen ist. Vgl. BGH v. 5.6.1975, Z 64, 331.

533 Im Betrieb vertreten ist eine Gewerkschaft, wenn sie mindestens einen Arbeitnehmer des Betriebs zu ihren Mitgliedern zählt. Es ist nicht relevant, ob der Arbeitnehmer wahlberechtigt ist. Voraussetzung ist lediglich, dass er zu der Belegschaft gehört, die vom Betriebsrat repräsentiert wird. Er darf demnach nicht leitender Angestellter sein; *Richardi*, BetrVG, § 2, Rn. 67.

nach Eigenart und Bedeutung des betreffenden Mitbestimmungsgegenstandes unterschiedlich ausgeprägt.

a. Soziale Angelegenheiten

Im Rahmen von § 87 BetrVG steht dem Betriebsrat das Mitbestimmungsrecht für die dort genannten sozialen Angelegenheiten in seiner stärksten Ausprägung als Mitentscheidungsrecht zu. Dies bedeutet, dass der Arbeitgeber nicht ohne Zustimmung des Betriebsrats handeln kann, weil im Streitfall die Einigungsstelle als außerbetriebliche neutrale Stelle verbindlich entscheidet (§ 76 BetrVG). Neben dem Zustimmungsrecht hat der Betriebsrat zudem auch ein Initiativrecht.[534]

Nach der vom Bundesarbeitsgericht verfolgten Theorie der Wirksamkeitsvoraussetzung[535] ist die Beteiligung des Betriebsrats Voraussetzung für die Wirksamkeit der mitbestimmungspflichtigen Regelungen. Das ist auch dann der Fall, wenn es sich um einen Eilfall handelt.[536] Nur wenn ein Notfall gegeben ist, in dem Handeln geboten ist, um einen Schaden vom Betrieb oder seinen Arbeitnehmern abzuwenden (so zum Beispiel bei Brand oder Überschwemmung), kann der Arbeitgeber einseitig eine Anordnung treffen, wenn der Betriebsrat nicht erreichbar ist oder keinen ordnungsgemäßen Beschluss fassen kann.[537] Der Arbeitgeber hat sich dann auf vorläufige Maßnahmen zu beschränken.

b. Personelle Angelegenheiten

Bei der Mitbestimmung in personellen Angelegenheiten ist das erzwingbare Einigungsverfahren nicht in allen Fällen vorgesehen, es bleibt zum Teil bei einem Unterrichtungs- und Beratungsrecht des Betriebsrats.

Im Rahmen der Personalplanung[538] hat der Arbeitgeber den Betriebsrat anhand von Unterlagen rechtzeitig und umfassend zu unterrichten (§ 92 Abs. 1 Satz

---

534 BAG v. 14.11.1974, AP Nr. 1 zu § 87 BetrVG 1972.

535 Das Bundesarbeitsgericht folgt dieser Theorie seit 1956; vgl. BAG v. 7.9.1956, AP Nr. 2 zu § 56 BetrVG.

536 BAG v. 5.3.1974, AP Nr. 1 zu § 87 BetrVG 1972 Kurzarbeit. Verhindert die Eilbedürftigkeit, dass ein Dissenz zwischen Arbeitgeber und Betriebsrat rechtzeitig durch einen Spruch der Einigungsstelle ersetzt werden kann, so kann der Arbeitgeber das Arbeitsgericht anrufen, um im Rahmen des Beschlussverfahrens eine einstweilige Verfügung zu erwirken; *Richardi*, BetrVG, § 87, Rn. 61.

537 BAG v. 19.12.1991, AP Nr. 42 zu § 87 BetrVG 1972 Arbeitszeit; BAG v. 13.7.1977, AP Nr. 2 zu § 87 BetrVG 1972 Kurzarbeit.

538 Personalplanung ist die Summe der Maßnahmen zur Ermittlung des Personalbedarfs in einem bestimmten Planungszeitraum entsprechend den Bedürfnissen und Zielen des Unternehmens sowie die Bereitstellung der benötigten Arbeitskräfte zur richti-

1 BetrVG) und mit diesem über Art und Umfang der erforderlichen Maßnahmen zur Vermeidung von Härten zu beraten (§ 92 Abs. 1 Satz 2 BetrVG). Auch im Bereich der personellen Einzelmaßnahmen sieht das Gesetz vor, dass der Arbeitgeber den Betriebsrat über die geplante Maßnahme unterrichtet, ihm die erforderlichen Bewerbungsunterlagen vorlegt und Auskunft über die beteiligten Personen sowie die Auswirkungen der Maßnahme gibt (§§ 99 Abs. 1 S. 1, 102 Abs. 1 S. 1, 2 BetrVG).

Bei Kündigungen hat der Betriebsrat ein Anhörungsrecht (§ 102 Abs. 1 Satz 1 BetrVG) sowie einen Anspruch auf Kenntnisnahme der Gründe für die Kündigung (§ 102 Abs. 1 Satz 2 BetrVG). Er kann der Kündigung zudem aus den im Gesetz genannten Gründen widersprechen; jedoch hat dies nicht die Unwirksamkeit der Kündigung, sondern im Falle eines Rechtsstreits nur einen Weiterbeschäftigungsanspruch bis zu dessen rechtskräftigem Abschluss zur Konsequenz (§ 102 Abs. 5 BetrVG).[539]

Personalfragebögen, Beurteilungsgrundsätze, persönliche Angaben in Formularverträgen sowie die Ausgestaltung von Auswahlrichtlinien[540] bedürfen der Zustimmung des Betriebsrats (§ 94 Abs. 1, § 95 Abs. 1 BetrVG). Das „Ob“ der Entscheidung über den Mitbestimmungsgegenstand obliegt der unternehmerischen Freiheit.[541]

Bei Einstellungen, Versetzungen, Ein- und Umgruppierungen besteht ein Mitbestimmungsrecht in Form eines eingeschränkten Vetorechts. Der Arbeitgeber darf nicht ohne Zustimmung des Betriebsrats handeln, und der Betriebsrat darf der Maßnahme aus gesetzlich abschließend aufgezählten Gründen widersprechen (§ 99 Abs. 2 BetrVG). Macht der Betriebsrat von diesem Recht Gebrauch und will der Arbeitgeber die Maßnahme trotzdem durchführen, muss er die Zustimmung des Betriebsrats durch das Arbeitsgericht ersetzen lassen (§ 99 Abs. 4 BetrVG).

---

gen Zeit und mit der richtigen Qualifikation; *Hromadka/Maschmann*, Arbeitsrecht Bd. 2, § 16 XIII 1.a), Rn. 504.

539 Ein echtes Mitbestimmungsrecht bei der Kündigung besteht nur im Falle des vorherigen Abschlusses einer Betriebsvereinbarung, welche die Wirksamkeit von Kündigungen von der Zustimmung des Betriebsrats abhängig macht (§ 102 Abs. 6 BetrVG). Diese Betriebsvereinbarung kann nicht erzwungen werden.

540 So genannte „Auswahlrichtlinien“ legen fest, welche Voraussetzungen bei der Durchführung personeller Einzelmaßnahmen vorliegen müssen. Sie sind damit ein Bindeglied zwischen der generellen Personalplanung und der diese Planung realisierenden personellen Einzelmaßnahme. *Weingart*, Betriebliche Mitbestimmung, 69. In Betrieben mit über 1000 Arbeitnehmern kann der Betriebsrat nach § 95 Abs. 2 BetrVG sogar die Aufstellung derartiger Richtlinien verlangen.

541 Der Unternehmer kann sich z.B. ohne Konsultation des Betriebsrats dagegen entscheiden, Personalfragebögen zu verteilen.

c. Wirtschaftliche Angelegenheiten

Die Beteiligung bei wirtschaftlichen Angelegenheiten sieht zunächst einen Unterrichtungs- und Beratungsanspruch des Wirtschaftsausschusses hinsichtlich aller wirtschaftlichen Angelegenheiten mit dem Unternehmen vor (§ 106 Abs. 2 BetrVG).

Führen unternehmerische Entscheidungen zu Betriebsänderungen, die wesentliche Nachteile für die Belegschaft zur Folge haben, so muss der Arbeitgeber den Betriebsrat rechtzeitig und umfassend unterrichten und die geplanten Betriebsänderungen mit ihm beraten (§ 111 BetrVG). Die Unterrichtung muss zu einem Zeitpunkt erfolgen, zu dem alle Entscheidungsalternativen noch offen sind, d.h. die Unternehmensleitung darf noch keine irreversiblen Fakten geschaffen haben. Der Arbeitgeber muss über alle Gründe informieren, die ihn zur Durchführung veranlassen, sowie vorhandene Durchführungsalternativen präsentieren.[542] Ziel dieser umfassenden Unterrichtung und Beratung ist ein Interessenausgleich (§ 112 Abs. 1 BetrVG), in dem das Ob, Wann und Wie der Betriebsänderung vereinbart wird, um deren soziale Folgen abzumildern.

Das erzwingbare Einigungsverfahren findet sich zum einen bei der Frage der Auskunftserteilung an den Wirtschaftsausschuss nach § 109 BetrVG. Wenn der Unternehmer eine Auskunft mit dem Hinweis verweigert, dass andernfalls Betriebs- und Geschäftsgeheimnisse gefährdet wären, so entscheidet bei fehlender Einigung über diese Frage die Einigungsstelle.[543] Der Betriebsleitung bleibt es auf jeden Fall unbenommen, frei von einer Mitwirkung des Wirtschaftsausschusses die beabsichtigten unternehmerischen Vorhaben zu realisieren.

Zum anderen findet das erzwingbare Einigungsverfahren bei der Aufstellung eines Sozialplans bei Betriebsänderungen nach §§ 112 Abs. 4 und 112a BetrVG statt. Im Fall der Nichteinigung soll über seine Aufstellung die Einigungsstelle entscheiden (§ 112 Abs. 4 BetrVG).

---

542 *Weiss/Weyand*, BetrVG, § 111, Rn. 2.

543 Umstritten ist, worauf sich die Zuständigkeit der Einigungsstelle bezieht. Zum einen wird vertreten, dass die Prüfung lediglich auf offensichtlich missbräuchliches Verhalten des Unternehmers beschränkt werden soll, wenn erkennbar ist, dass der Unternehmer sich nur deshalb auf Betriebs- oder Geschäftsgeheimnisse beruft, weil er sich der Auskunftspflicht entziehen will. Denn es sei kaum erklärlich, weshalb das Geheimnis zwar nicht dem Wirtschaftsausschuss, wohl aber der Einigungsstelle gegenüber offen gelegt werden müsse. Zum anderen wird vertreten, dass die Prüfung sich lediglich auf die Zuverlässigkeit der Mitglieder des Wirtschaftsausschusses bzw. der von ihm zu informierenden Gremien bezieht, aus der sich einzig und allein die Gefährdung des Geschäftsgeheimnisses i.S.d. § 106 Abs. 2 BetrVG ergeben könne. Siehe hierzu *Weiss/Weyand*, BetrVG, § 109, Rn. 4.

Neben den besonderen normierten Unterrichtungsrechten (z.B. in § 90 Abs. 1; § 92 Abs. 1 Satz 1; § 99 Abs. 1; § 106 Abs. 2 BetrVG) hat der Betriebsrat nach § 80 Abs. 2 Satz 1 BetrVG einen allgemeinen Anspruch auf Unterrichtung durch den Arbeitgeber, welcher der Erfüllung der Aufgaben aus dem Betriebsverfassungsgesetz durch den Betriebsrat dient.

3. Arbeitnehmervertreter im Aufsichtsrat

Im Rahmen der Untersuchung des „Wie" der Beteiligung der Arbeitnehmervertreter im Aufsichtsrat kommt es zum einen auf die Frage der Beteiligung des Aufsichtsrats als Organ insgesamt und zum anderen auf die Frage der Beteiligung der Arbeitnehmer innerhalb des Aufsichtsrats an.

a. Geschäftsführungsfunktion des Aufsichtsrats

Bei der vom Aufsichtsrat originär wahrzunehmenden Geschäftsführungsfunktion[544] der Bestellung von Mitgliedern des Vertretungsorgans oder ihrer Abberufung entscheidet der Aufsichtsrat durch Beschluss.[545] Im ersten Wahlgang ist eine Mehrheit von zwei Dritteln der Mitglieder erforderlich (§ 31 Abs. 2 MitbestG). Ist eine solche nicht zustande gekommen, ist im zweiten Wahlgang die Zustimmung der Mehrheit der Ist-Stärke des Aufsichtsrats, also die absolute Mehrheit erforderlich (§ 31 Abs. 2 S. 3 MitbestG). In einem dritten Wahlgang kann der Aufsichtsratsvorsitzende zur Erreichung der absoluten Mehrheit eine zweite Stimme abgeben (§ 31 Abs. 4 MitbestG). Der Gesetzgeber weist dem Aufsichtsrat im Hinblick auf die Bestellung und Abberufung von Mitgliedern des Vorstands also ein Alleinentscheidungsrecht und kein Zusammenwirken mit einem anderen Organ zu.

b. Kontrollfunktion des Aufsichtsrats

Als Mittel zur Wahrnehmung der Kontrollfunktion, der zweiten Kernfunktion neben der Bestellung der Mitglieder des Vorstands, dient dem Aufsichtsrat die Beratung des Vorstands.[546] Der Vorstand ist nicht verpflichtet, den Bedenken des

---

544 *Wilhelm,* Kapitalgesellschaftsrecht, Rn. 1047.

545 Anders hingegen bei der drittelparitätisch besetzten GmbH (§ 46 Nr. 1 GmbHG) bei der KGaA. Bei der KGaA scheidet eine Bestellung des zur Geschäftsführung und Vertretung der Gesellschaft berufenen persönlich haftenden Gesellschafters nicht wegen der persönlichen Haftung aus.

546 BGH v. 25.3.1991, NJW 1991, 1830.

Aufsichtsrats Rechnung zu tragen. Im Fall eines Streits zwischen ihm und dem Vorstand kann der Aufsichtsrat keine bindenden Weisungen erteilen, sondern nur versuchen, durch gütliche Einigung Abhilfe zu schaffen. Weiterhin kann er nach § 111 Abs. 3 AktG mit einfacher Mehrheit die Hauptversammlung einberufen mit der Begründung, dass das Wohl der Gesellschaft auf dem Spiel steht. Er kann die Angelegenheit ferner im Rechenschaftsbericht erwähnen (§ 171 Abs. 2 AktG), kann erwägen, gegen den Vorstand Schadensersatzansprüche gemäß § 93 AktG zu erheben oder einzelne Mitglieder aus wichtigem Grund abzuberufen (§ 84 Abs. 3 AktG).

Die Pflicht zur Überwachung ist begrenzt auf die Einhaltung der wesentlichen Grundsätze für eine ordnungsgemäße Geschäftsführung, also Ordnungsmäßigkeit, Rechtmäßigkeit, Zweckmäßigkeit und Wirtschaftlichkeit.[547] Außerhalb dieser Faktoren ist der Aufsichtsrat verpflichtet, sich an die Beurteilung des Vorstands zu halten, und er darf das Verhalten des Vorstands nicht deshalb beanstanden, weil er selbst als Geschäftsherr anders handeln würde.

Im Grundsatz gewährt das Gesetz dem Aufsichtsrat also kein Zustimmungsrecht. § 111 Abs. 4 S. 2 AktG sieht allerdings die Möglichkeit vor, dass die Satzung oder der Aufsichtsrat selbst Fälle bestimmen kann, in denen die Unternehmensleitung an die Zustimmung des Aufsichtsrats gebunden ist. Der Zustimmungsvorbehalt kann sowohl für nach außen wirkende Geschäfte als auch für interne Leitungsmaßnahmen festgelegt werden.[548] Er muss für bestimmte Arten von Geschäften vereinbart werden, nicht für Einzelgeschäfte.[549] Weiterhin ist er nur für Geschäfte zulässig, die ihrer Art und ihrem Umfang nach bedeutend für das Unternehmen sind. Als Beispiele kommen größere Grundstücksgeschäfte, Beteiligungen an anderen Unternehmen, Kooperationsverträge, Investitionen oder Stilllegungen von Betrieben oder größeren Betriebsteilen in Betracht.[550] Der Zustimmungsvorbehalt führt bei diesen Geschäften zu einer begrenzten gemeinsamen Geschäftsführung von Vorstand und Aufsichtsrat. Zwar kann der Vorstand verlangen, dass die Hauptversammlung über die Zustimmung beschließt, wenn der Aufsichtrat die Zustimmung zu einem Geschäft verweigert (§ 111 Abs. 4 S. 3 AktG). Jedoch kommt dies in der Praxis nicht vor, weil es auf eine vollkommene Zerrüttung des Verhältnisses zwischen Vorstand und Aufsichtrat hindeuten würde.[551] Bei der GmbH kann gegen die Verweigerung der Zustimmung des Auf-

547 MünchKommAktG-*Semler*, § 111, Rn. 122.
548 MünchKommAktG-*Semler*, § 111, Rn. 397.
549 MünchKommAktG-*Semler*, § 111, Rn. 398.
550 KassHdb-*Klinkhammer*, 8.1, Rn. 92.
551 MünchKommAktG-*Semler*, § 111, Rn. 446.

sichtsrats die Geschäftsführung die Gesellschafterversammlung einberufen, und diese kann mit qualifizierter Mehrheit das Veto ausräumen.[552]

Mit der Überwachungspflicht gemäß § 111 Abs. 1 AktG hängt ein umfassendes Informationsrecht der Aufsichtsratsmitglieder zusammen. Im Vergleich mit Betriebsräten und Gewerkschaften ist dies bei Aufsichtsräten am stärksten ausgeprägt. Der Vorstand hat den Aufsichtsrat über den Gang der Geschäfte, die Rentabilität der Gesellschaft, wichtige Einzelgeschäfte sowie die beabsichtigte Geschäftspolitik unaufgefordert in Kenntnis zu setzen (§ 90 Abs. 1, 2 AktG).[553] Der Aufsichtsrat oder einzelne Aufsichtsratmitglieder können darüber hinaus eine zusätzliche Berichterstattung des Vorstands über einzelne Angelegenheiten der Gesellschaft verlangen (§§ 25 Abs. 1 MitbestG i.V.m. 90 Abs. 3 bis 5 AktG). Jedes Mitglied des Aufsichtsrat hat das Recht, von allen Berichten Kenntnis zu nehmen (§ 90 Abs. 5 AktG). In § 111 Abs. 2 AktG ist festgelegt, dass der Aufsichtsrat Bücher und Schriften der Gesellschaft und deren Vermögensgegenstände einsehen und prüfen kann. Das Gesetz zur Kontrolle und Transparenz im Unternehmensbereich (KonTraG) von 1988 verpflichtet den Vorstand, ein Überwachungssystem einzurichten, das riskante Entwicklungen für das Unternehmen frühzeitig erkennbar macht.

Gemäß § 25 Abs. 1 MibestG i.V.m. §§ 116, 93 Abs. 1 S. 2 AktG[554] müssen die Mitglieder des Aufsichtsrats über vertrauliche Angaben und Geheimnisse der Gesellschaft, die ihnen durch ihre Aufsichtsratstätigkeit bekannt werden, Stillschweigen bewahren. Hiervon ist auch die Weitergabe an den Betriebsrat und die Gewerkschaften betroffen. Ob eine Information geheimhaltungsbedürftig ist, beurteilt sich nach den Umständen des Einzelfalls. Die Information muss mit der Tätigkeit des Unternehmens zusammenhängen, nur einem eng begrenzten Personenkreis bekannt sein, nach dem Willen des Unternehmens geheim gehalten werden, und die Weitergabe der Information muss mit hoher Wahrscheinlichkeit zu einem Schaden für das Unternehmen führen.[555]

---

552 *Wilhelm*, Kapitalgesellschaftsrecht, Rn. 966; *Hromadka/Maschmann*, Arbeitsrecht Bd. 2, § 15 II. 4., Rn. 21. *Lieb* weist darauf hin, dass man das Verfahren nach § 111 Abs. 4 S. 2 AktG trotzdem auch in der GmbH nicht für überflüssig erklären könne, weil der mitbestimmte Aufsichtsrat auf diese Weise jedenfalls in einem institutionalisierten Verfahren die Möglichkeit habe, seine Auffassung darzulegen (Arbeitsrecht, Rn. 929).

553 Vgl. im Einzelnen MünchArbR-*Wißmann*, § 379, Rn. 4.

554 Genossenschaft: §§ 41, 34 Abs. 1 S. 2 GenG.

555 MünchArbR-*Wißmann*, § 379, Rn. 21. Ob diese Voraussetzungen vorliegen, hat jedes Aufsichtsratsmitglied in eigener Verantwortung zu treffen. Diesbezügliche Anordnungen durch den Vorstand oder den Aufsichtsratsvorsitzenden sind nicht zulässig. Nur das Gericht prüft nach, ob ein Aufsichtsratsmitglied, das eine Information

c. Beteiligung der Arbeitnehmer innerhalb des Aufsichtsrats

Hat das Organ Aufsichtsrat abgestufte Einflussmöglichkeiten, so hängt die Einflussmöglichkeit der Arbeitnehmervertreter innerhalb des Aufsichtsrats von dem auf die Gesellschaft anwendbaren Mitbestimmungsgesetz ab.

Der Einfluss der Arbeitnehmer ist unter der Anwendung des Montanmitbestimmungsgesetzes am intensivsten. Das liegt daran, dass in einer Pattsituation nicht der Aufsichtsratsvorsitzende ein Zweitstimmenrecht hat, sondern dass ein so genannter „Neutraler“, der unternehmens- und verbandsfremd sein muss, den Ausschlag gibt. Zwar besteht auch im Bereich der Montanmitbestimmung ein leichtes Übergewicht zugunsten der Anteilseignerseite. Denn können sich die Aufsichtsratsfraktionen nicht auf einen „Neutralen“ einigen und erreicht auch der paritätisch besetzte Vermittlungsausschuss kein gemeinsames Ergebnis, so wählt die Hauptversammlung (bzw. die Gesellschafterversammlung bei der GmbH) den elften Mann frei.[556] Trotzdem sind im Rahmen der Montanmitbestimmung die Chancen der Arbeitnehmerbank größer, ihre Vorstellungen gegen den Willen der Anteilseigner durchzusetzen, als nach der Regelung des Mitbestimmungsgesetzes, bei welcher eine von den Anteilseignern gewählte Person,[557] der Aufsichtsratsvorsitzende, den Ausschlag gibt. Nach dem BetrVG 1952 liegt keine paritätische Besetzung vor, die Arbeitnehmer stellen nur ein Drittel des Aufsichtsrats. Die Arbeitnehmer können deshalb nur durch Überzeugung der Anteilseigner etwas erreichen.

Ein Nachteil, unter dem die Arbeitnehmervertreter im Aufsichtsrat – unabhängig von der Anwendung des jeweiligen Mitbestimmungsgesetzes – zu leiden haben, ist die Tatsache, dass sie in der Regel nicht an erster Stelle der Informationsversorgung durch den Aufsichtsrat stehen. So hat eine Untersuchung in Kooperation mit dem deutschen Führungskräfteverband vom 9.1.2005[558] ergeben, dass die Anteilseignerseite in der Regel früh und umfassend informiert wird, wohingegen die Gruppen der Arbeitnehmerseite erst später und häufig nicht umfassend genug Informationen erhält.

---

weitergegeben hat, eine organschaftliche Pflicht verletzt hat. *Raiser*, Recht der Kapitalgesellschaften, § 15, Rn. 107, 213.

556 Vgl. *Reuter*, RdA 1988, 280, 283.

557 Der Aufsichtsratsvorsitzende wird nach § 27 MitbestG mit Zweidrittelmehrheit, bei Nichtzustandekommen dieser Mehrheit von den Anteilseignern gewählt.

558 *Jürgens/Lippert*, Kommunikation und Wissen im Aufsichtsrat, 26.

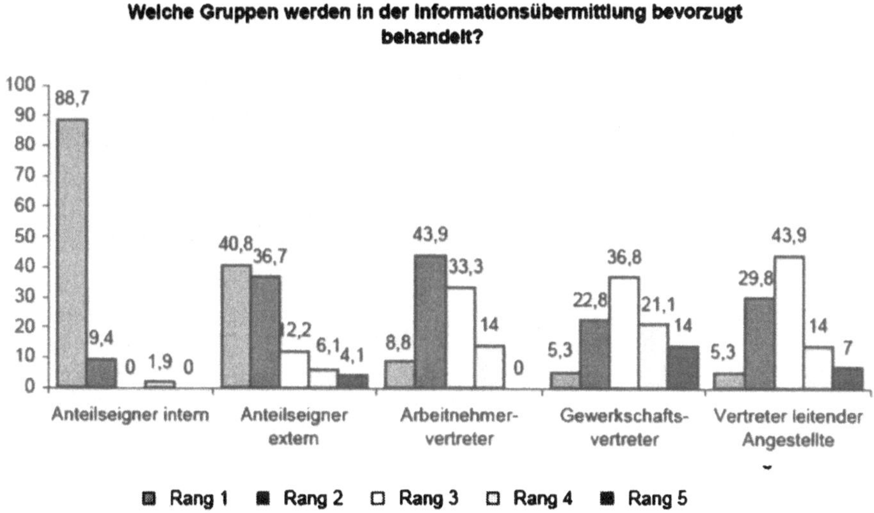

Abbildung 8: Informationsübermittlung innerhalb des Aufsichtsrats[559]

II. USA

In den Vereinigten Staaten sind die Verhandlungsmodalitäten zwischen den Tarifparteien wesentlich stärker reglementiert als im deutschen Tarifrecht.

1. Verhandlungsanspruch

Das amerikanische Arbeitsrecht verpflichtet die Parteien zum Verhandeln. Dieses Verhandlungsrecht der Gewerkschaften wirkt insofern als Handlungssperre für den Arbeitgeber, als er die Arbeitsverhältnisse so lange nicht einseitig verändern darf, bis die Verhandlungen gescheitert sind. Zwei Grundsätze prägen die in § 8 (a)(5), (d) und § 9 (a) NLRA niedergelegte Handlungspflicht: „exclusivity" und „bargaining in good faith".

a. Exclusivity

„Exclusivity" hindert den Arbeitgeber daran, mit den einzelnen Arbeitnehmern oder mit einer anderen als der im Betrieb vertretenen Gewerkschaft zu verhan-

559 Ebd.

deln, selbst wenn diese im Unternehmen Mitglieder hat. Während letztere Konsequenz eher eine Behinderung konkurrierender Gewerkschaften ist, welche die Repräsentation der Arbeitnehmer im Betrieb anstreben, als eine Belastung des Arbeitgebers,[560] erfährt der Arbeitgeber eine Einschränkung seiner Handlungsfreiheit durch das Verbot, mit Arbeitnehmern auf individualvertraglicher Basis zu verhandeln. In dieser Hinsicht verliert er seine Verhandlungsmacht vollständig; er kann weder günstigere noch ungünstigere Regeln aushandeln.[561] Vom Tarifvertrag abweichende Vereinbarungen sind nur dann zulässig, wenn dies im Tarifvertrag vorgesehen ist, z.B. durch die Bezeichnung „Mindeststandards".[562]

Zudem ist nicht nur die einseitige Änderung der Arbeitsbedingungen durch Aufstellung neuer Grundsätze unzulässig, sondern die Gewerkschaften müssen wegen jeder Änderung bei der Umsetzung bestehender Regeln konsultiert werden. So wurde die strengere Handhabung der Regeln über Verspätung und Abwesenheit durch den Arbeitgeber vom National Labor Relations Board als Verstoß gegen die Verhandlungspflicht nach § 8 (a) (5) NLRA angesehen.[563] Die „exclusivity-rule" gilt allerdings nicht für Disziplinarmaßnahmen, sofern die Grundsätze der Ausübung disziplinarischer Gewalt durch den Arbeitgeber nicht geändert werden.

Der Begriff der „Verhandlung" mit Arbeitnehmern wird seitens des National Labor Relation Board weit ausgelegt. Er umfasst auch die Kommunikation mit den Arbeitnehmern, sofern durch diese die Autorität der Gewerkschaft als Verhandlungspartner in Frage gestellt wird. So wurde der Brief eines Arbeitgebers an streikende Arbeitnehmer, in dem er die Gewerkschaft für das Nichterreichen einer Einigung verantwortlich machte und die Arbeitnehmer aufforderte, in ihrem eigenen Interesse auf eine Einigung hinzuwirken, als Verstoß gegen die „exclusi-

---

560 Rivalisierende Gewerkschaften haben aufgrund der „exclusivity-rule" nahezu kein Recht, den Arbeitgeber zu beeinflussen. Sie dürfen weder mit ihm verhandeln noch Druck auf ihn ausüben. Sie dürfen lediglich mit den Arbeitnehmern Kontakt aufnehmen, um diese zu überzeugen, eine neue Gewerkschaft als Repräsentantin zu wählen.

561 *Thau/Pusch* weisen darauf hin, dass aufgrund der kleinen Größe der Verhandlungseinheiten in den USA ein Günstigkeitsprinzip unter dem Gesichtspunkt des Wohls der Arbeitnehmer nicht erforderlich ist, weil die Gefahr, dass die Gewerkschaft ihre Verhandlungsmacht für den Arbeitnehmer nicht ausreichend nutzt, eher beim Flächentarifvertrag besteht. Vgl. *Thau/Pusch*, Arbeitsrecht in den USA, 169, Rn. 534.

562 In der Regel sind Öffnungsklauseln im Vergütungsbereich anzutreffen. Die Regeln sind entweder ausdrücklich als Mindestregeln gekennzeichnet oder es ist eine Vergütungssumme für eine Vergütungsgruppe festgelegt, innerhalb deren es den Arbeitsvertragsparteien freisteht, das Arbeitsentgelt zu vereinbaren. Vgl. *Thau/Pusch*, Arbeitsrecht in den USA, 169, Rn. 533.

563 *Master Slack*, 230 N.L.R.B. 1054 (1977).

vity rule" angesehen.[564] Wird die Position der Gewerkschaft nicht geschwächt, ist eine Kommunikation des Arbeitgebers mit den Arbeitnehmern und die Darlegung des Verhandlungsstandpunkts allerdings zulässig.[565] Die Grenzen sind fließend.

b. Good Faith

Der „good faith standard" erfordert den Willen beider Parteien, mit der Gegenseite zu einer Einigung zu gelangen. Es muss also auf jeder Seite die Bereitschaft bestehen, vom eigenen Standpunkt abzurücken.[566] Eindeutige Verstöße gegen dieses Erfordernis sind z.B. die Weigerung des Arbeitgebers, überhaupt mit der Gewerkschaft zu verhandeln,[567] die mangelnde Bereitschaft, in Bezug auf einen bestimmten Verhandlungspunkt verhandlungsbereit zu sein, dauernd seine Einstellung zu den Vorschlägen der Gegenseite zu ändern, Vorschläge abzulehnen, ohne Gegenvorschläge zu machen.[568] Gleichzeitig konstituiert der NLRA aber keine Pflicht zur Kompromissbereitschaft, so dass hartnäckiges Festhalten an Verhandlungspositionen erlaubt ist, sofern es nicht in unredlicher Gesinnung erfolgt.

Die Redlichkeit der Gesinnung zu beurteilen ist für die Gerichte nicht einfach, und im Hinblick auf die Kriterien fehlt eine einheitliche Linie. Auch wenn der Arbeitgeber unverhältnismäßige Forderungen stellt, die keine vernünftige Gewerkschaft akzeptieren würde, ist es nicht leicht zu bestimmen, ob der Arbeitgeber trotzdem eine Einigung erzielen wollte (also redlich handelte) oder ob er die Vorschläge nur in die Verhandlungen eingebracht hat, um deren Scheitern zu erreichen (er also unredlich handelte). Die Gerichte sehen tendenziell davon ab, allein aufgrund der Unverhältnismäßigkeit der Forderungen auf den Unwillen, eine Einigung zu erzielen, zu schließen.[569] Als unredlich wurde aber zum Beispiel so genanntes „package bargaining" angesehen, bei dem der Arbeitgeber eine Vielzahl von Forderungen als Konglomerat zur Bedingung des Nachgebens in

---

564 *Safeway Trails, Inc. v. NLRB*, 641 F. 2d 930 (D.C.Cir.1979).

565 *Safelite Glass*, 283 N.L.R.B. 929 (1987).

566 *NLRB v. Insurance Agents' International Union*, 361 U.S. 477, 485 (1960).

567 *NLRB v. Lettie Lee, Inc.*, 140 F.2d 243, 248 (9th Cir. 1944); *Bob's Big Boy Family Restaurants*, 264 N.L.R.B. 432, 434 (1982).

568 *NLRB v. Truitt Manufacturing Co.*, 351 U.S. 149, 154 (1956).

569 *White v. NLRB*, 255 F.2d 564 (5th Cir. 1958); *Chevron Oil Co. v. NLRB*, 442 F.2d 1067 (5th Cir. 1971); *NLRB v. United Clay Mines Corp.*, 219 F.2d 120 (6th Cir. 1955); anders jedoch in *Kayser-Roth Hosiery Co. v. NLRB*, 430 F.2d 701 (6th Cir. 1970): Das National Labor Relations Board führte aus, dass die Arbeitgeberforderungen von keiner Gewerkschaft unter Wahrung ihrer Selbstachtung hätten akzeptiert werden können und dass das Arbeitgeberverhalten deshalb den Vorsatz indizierte, die Verhandlungen mit der Gewerkschaft scheitern zu lassen.

anderen Verhandlungsfragen macht.[570] Das Gericht hat argumentiert, dass man von „verhandeln" nicht mehr sprechen könne, wenn die Streitpunkte nicht individuell ausgehandelt werden dürften.

Verhandlungsgegenstände, über die keine Verhandlungspflicht besteht („permissive subjects of bargaining"), können von jeder Partei während der Verhandlungen zur Erörterung gebracht werden. Es ist jedoch nicht zulässig, die Einigung über verhandlungspflichtige Gegenstände von der Einigung über freiwillig verhandelbare Gegenstände abhängig zu machen. Zum Beispiel kann der Arbeitgeber eine von der Gewerkschaft geforderte Lohnerhöhung nicht mit der Bedingung verknüpfen, zum nächsten Gewerkschaftsball eingeladen zu werden.

2. *Informationspflichten des Arbeitgebers*

Mit der Verhandlungspflicht über die in § 8 (a) (5) genannten Bereiche korreliert die Pflicht des Arbeitgebers, die Gewerkschaft rechtzeitig über die beabsichtigte Maßnahme zu informieren und ihr auf Verlangen Informationen zukommen zu lassen, die für „gehaltvolle und intelligente" Tarifverhandlungen notwendig sind.[571]

Zum einen soll mithilfe der Information eine Überprüfung der Behauptungen der Gegenseite auf Richtigkeit ermöglicht werden, denn von der Gewerkschaft könne nicht verlangt werden, dass sie sich auf Behauptungen des Unternehmers verlässt, wenn sie einen Grund hat, deren Richtigkeit anzuzweifeln.[572] Zum anderen sollen die Tarifparteien in die Lage versetzt werden, aufgrund der Informationen vernünftige Verhandlungsvorschläge zu entwickeln.[573]

Voraussetzung der Offenlegungspflicht ist die Verhandlungspflichtigkeit einer unternehmerischen Entscheidung und die Relevanz der Information für die Verhandlungen („relevancy test"[574]). Bei zuletzt genannter Voraussetzung legt die Rechtsprechung einen weiten Maßstab an.[575] Die Gewerkschaft hat die Darlegungspflicht für die Relevanz der Information.[576] Wenn die Gewerkschaft Auskunft verlangt, braucht sie allerdings nicht darzutun, dass die gewünschte Auskunft Bedeutung für einen bestimmten Verhandlungsgegenstand hat. Es genügt,

---

570 *Eastern Maine Medical Center*, 658 F.2 1, 12 (1st Cir. 1981).

571 Der Unternehmer muss nicht von sich aus der Gewerkschaft Informationen geben: *Richmond Recording Corp.*, 280 N.L.R.B. 77 (1986).

572 *J.I. Case Co.*, 118 N.L.R.B. 520 (1957).

573 *NLRB v. Truitt Manufacturing Co.*, 351 U.S. 149, 152 (1976).

574 *Detroit Edison Co. v. NLRB*, 440 U.S. 301, 303 (1979).

575 *National Steel Corp. v. NLRB*, 324 F.3d 928 (2003).

576 *National Steel Corp. v. NLRB*, 324 F.3d 928 (2003).

wenn gezeigt wird, dass die Auskunft allgemein wünschenswert für die Verhandlungsführung oder Vertragsanwendung ist.[577]

Im Hinblick auf Informationen, die mit Löhnen und Daten der Verhandlungseinheit zusammenhängen, besteht eine Vermutung für die Relevanz der Daten,[578] die der Arbeitgeber widerlegen muss, wenn er die Informationen nicht herausgeben will.[579] Zu diesen Informationen gehören Unterlagen, aus denen sich Art und Umfang der Leistungen an die Arbeitnehmer ergeben, so z.B. Unterlagen über Lohnzahlungen, Lohnsätze, Tätigkeitsbeschreibungen, Leistungszuschläge, Sonderleistungen.[580] Ein weiteres Beispiel sind Zeitstudien, die zur Verfügung gestellt werden müssen, wenn diese als Grundlage von Lohnberechnungen dienen.[581]

Die Gewerkschaft hat in eingeschränkten Fällen auch das Recht, finanzielle Informationen, wie zum Beispiel Bilanzen, Gewinn- und Verlustrechnungen, Lohnsteuererklärungen, Aufstellungen über die Produktionskosten oder Unternehmensanalysen, einzusehen, wenn der Arbeitgeber eine gewerkschaftlich geforderte Lohnerhöhung verweigert.[582] Allerdings ist in diesem Fall die Gewerkschaft beweispflichtig in Bezug auf die Relevanz der Information für die Verhandlungen. Zudem ist dies mit dem Recht des Arbeitgebers verknüpft, zu behaupten, er sei unfähig, den gewerkschaftlichen Forderungen nachzukommen („inability to pay"), oder die Forderung der Gewerkschaft bringe ihn in eine Notlage („poverty").[583]

Dieser engen Begrenzung der Offenlegungspflicht finanzieller Informationen liegt die Annahme zugrunde, Gewerkschaften würden Arbeitgeber andernfalls ständig mit der Nachfrage nach finanziellen Informationen belästigen, um bei profitablen Unternehmen Maximalforderungen durchzusetzen. Finanzielle Informationen gehörten zu den Kernbereichen der Organisation des Managements, und Gewerkschaften sollten kein gleichberechtigter Partner bei der Unternehmensführung werden. Etwas anderes gelte aber in Situationen, in denen der Arbeitgeber geltend macht, die Forderung nach höheren Löhnen würde ihn in eine Notlage bringen. Denn die Gewerkschaft wäre einem „russischen Roulette" aus-

---

577 *J.I. Case Co. v. NLRB*, 253 F.2d 149 (1958).

578 *New York Post Corp.*, 283 N.L.R.B. No. 60 (1987).

579 *Prudential Insurance Co. of America v. NLRB*, 412 F.2d 77, 84 (2d Cir.1969), cert. denied, 396 U.S. 928 (1969).

580 *Cincinnati Steel Castings Co.*, 86 N.L.R.B. 592 (1949).

581 Vgl. für weitere Beispiele *Biedenkopf*, Unternehmer und Gewerkschaft im Recht der Vereinigten Staaten von Amerika, 54.

582 *NLRB v. Truitt*, 351 U.S. 149 (1956).

583 *Nielsen I*, 854 F.2d at 1065; *Nielsen II*, 305 N.L.R.B. at 700; *Nielsen III*, 977 F.2d at 1169; *United Steelworkers*, 983 F.2d at 243, 244.

gesetzt, wenn sie die finanzielle Lage des Unternehmens in diesem Fall nicht einsehen könnte: Entweder würde sie möglicherweise ungerechtfertigt niedrigen Löhnen zustimmen oder sie bliebe bei ihren Forderungen und riskiere damit die Arbeitsplätze der Arbeitnehmer.

Diese Rechtsprechung hat dazu geführt, dass die Verpflichtung von Unternehmern, der Gewerkschaft finanzielle Informationen zur Verfügung zu stellen, relativ leicht umgangen werden kann, indem jene sich, selbst wenn es nicht zutrifft, darauf berufen, nicht zahlen zu können. Macht das Unternehmen nämlich geltend, höhere Löhne zahlen zu können, aber aus Gründen des Wettbewerbsnachteils nicht mehr zahlen zu wollen, liegt nach der Rechtsprechung kein „inability to pay-claim" vor. Der Arbeitgeber hat es damit durch bedachte Argumentation in der Hand, der Offenlegungspflicht zu entgehen.[584]

Im Hinblick auf die Frage, wann die Information zu erfolgen hat, gibt es keine konkrete Angabe, sondern dies ist jeweils im Einzelfall zu entscheiden.[585] In den Fällen, in denen eine Verhandlungspflicht über die Entscheidung selbst besteht („decision bargaining"), kommt die Information jedenfalls dann zu spät, wenn die Entscheidung getroffen und teilweise umgesetzt wurde.[586] Auch im Fall der bloßen Pflicht zur Verhandlung über die Konsequenzen der Entscheidung („effects bargaining") muss sichergestellt sein, dass die Gewerkschaft genügend Zeit hat, um Vorschläge und Gegenvorschläge auszuarbeiten.[587]

Lange Zeit wurde der Einwand der Vertraulichkeit durch den Arbeitgeber nicht berücksichtigt, weil er als mit dem Zweck des NLRA nicht vereinbar erachtet wurde.[588] Zum Beispiel wurde er seitens der Arbeitgeber von verschiedenen Zeitungsverlegern vorgebracht, mit dem Hinweis, Vertraulichkeit sei notwendig bei hoch bezahlten Autoren aufgrund der Gefahr, dass diese von Wettbewerbern durch das Angebot besserer Bezahlung abgeworben werden.[589] Die

---

584 So *Gould*, Einführung in das Arbeitsrecht der USA, 122; *Robbins*, 47 Vand. L. Rev. 1905, 1925 (1994).

585 *Getman/Pogrebin/Gregory*, 140 m.w.N.

586 *Royal Typewriter Co.*, 209 N.L.R.B. 1006 (1974).

587 *NLRB v. W.R. Grace Co., Construction Products*, 571 F. 2d 279, 282 (5th Cir. 1978). Im Fall einer Teilbetriebsstillegung hat das National Labor Relations Board zum Beispiel entschieden, dass ein Zeitraum von acht Tagen zwischen Information der Gewerkschaft und Implementierung der Entscheidung nicht ausreichend gewesen sei, um dem „good faith standard" zu genügen; *Royal Typewriter Co.*, 209 N.L.R.B. 1006 (1974).

588 *Aluminium Ore Co. v. NLRB*, 131 F.2d 485 (7th Cir. 1942), Electric Auto-Lite Co., 89 N.L.R.B. 1192 (1950).

589 *Hastings And Sons Publishing Co.*, 102 NLRB 709 (1953); *Hearst Corp.*, 102 N.L.R.B. 637 (1953); *Post Publishing Co.*, 102 NLRB 648 (1953); aff'd 210 F.2d 134 (1954).

Gerichte haben sich auf den Standpunkt gestellt, dass ein Schaden, der aus der Weitergabe vertraulicher Informationen an die Konkurrenz entsteht, vom Unternehmen in Kauf genommen werden muss, da das öffentliche Interesse an einer fruchtbaren und erfolgreichen Verhandlung, dem die Informationspflicht dient, vorgeht. Die Grenze sollte dann erreicht sein, wenn der einzige Zweck des gewerkschaftlichen Auskunftsverlangens Schikane sei, wenn die Erlangung der Information für den Arbeitgeber so schwierig ist, dass sie ihm nicht zugemutet werden kann, oder wenn die Gewerkschaft ebenso leicht Zugang zu der gewünschten Information hat wie der Arbeitgeber selbst.[590] Heute geht die Rechtsprechung davon aus, dass die Interessen an der Durchführung von fruchtbaren Verhandlungen nicht immer das Arbeitgeberinteresse an Geheimhaltung überwiegen. Allerdings reicht es nicht, wenn sich der Arbeitgeber schlicht auf „Vertraulichkeit" beruft. Er muss sich selber bemühen, die konträren Interessen zu einem Ausgleich zu bringen, zum Beispiel indem er Informationen unter bestimmten Bedingungen freigibt oder die Freigabe mit Restriktionen verbindet.[591] Ein völliges Zurückhalten der Information erscheint jedoch nach bisheriger Rechtsprechung als nicht akzeptabel.

III. Vergleichende Betrachtung

Das Vorstehende zeigt, dass zwischen den Verhandlungsmodalitäten der Kollektivpartner in Deutschland und den USA große Abweichungen bestehen.

1. Verhandlungsanspruch

Der Verhandlungsanspruch im amerikanischen Recht ist eine Eigenheit dieses Rechtssystems, welches es besonders von dem deutschen Tarifrecht unterscheidet.

a. Deutsche und amerikanische Gewerkschaften

Während das US-amerikanische Recht ein ausdifferenziertes Regelwerk zur Konkretisierung der Verhandlungspflicht enthält, besteht im deutschen Recht nicht einmal die Verpflichtung des Arbeitgebers, eine Gewerkschaft zu irgendeinem Zeitpunkt zu unterrichten. Der deutsche Arbeitgeber kann Entscheidungen

590 Vgl. Nachweise bei *Müller-Peddinghaus*, Arbeitnehmerbeteiligung, 61.
591 *U.S. Testing Co. v. NLRB*, 160 F.3d 14, 20,21 (D.C.Cir. 1998).

treffen und umsetzen, ohne die Gewerkschaft informieren oder mit ihr beraten zu müssen, solange die Gewerkschaft nicht ihrerseits mit Forderungen, eine Maßnahme zu unterlassen oder anders durchzuführen, auf ihn zukommt.[592]

Die fehlende Möglichkeit der individualvertraglichen Abweichung von tariflichen Regeln nach oben durch die „exclusivity rule“ birgt für den amerikanischen Unternehmer zudem den Nachteil, dass er nicht durch die Gewährung von Vorteilen an Gewerkschaftsgegner Anreize für die Abwahl der Gewerkschaft setzen kann. Dies ist in Deutschland im Rahmen des Günstigkeitsprinzips (§ 4 Abs. 3 TVG) möglich.

Eine weitere Einschränkung besteht für den amerikanischen Arbeitgeber durch die Pflicht zur „redlichen Gesinnung“ („good faith standard“) während der Verhandlungen und zur Bereitschaft, vom eigenen Standpunkt abzuweichen. Demgegenüber werden dem deutschen Arbeitgeber bzw. dem Arbeitgeberverband keine Vorgaben bezüglich seiner inneren Einstellung gemacht. Obgleich es für die amerikanischen Gerichte nicht einfach ist, die Unredlichkeit der Gesinnung zu beurteilen, besteht für den Arbeitgeber doch die Gefahr, dass auf „bargaining in bad faith“ geschlossen wird. Der amerikanische Arbeitgeber wird insofern durch den Verhandlungsanspruch gegenüber dem deutschen Arbeitgeber auf Tarifebene weiter eingeschränkt.

Die Verhandlungspflicht bedeutet allerdings nicht, dass über alle verhandlungspflichtigen Themen eine Vereinbarung zustande kommen muss. Hierzu besteht kein Zwang. Nur 50 % der Gewerkschaften, die das Zertifizierungsverfahren gewinnen, schaffen es, überhaupt einen Tarifvertrag abzuschließen.[593]

Zum anderen ist es üblich, dass eine Verhandlungspflicht über eine Vielzahl von „working conditions“ während der Laufzeit eines Tarifvertrages durch Klauseln zur Sicherung der unternehmerischen Entscheidungsfreiheit, durch so genannte „management prerogatives clauses“, ausgeschlossen wird. In einer Entscheidung aus dem Jahre 1952[594] hat der Supreme Court solche mit der Begründung als zulässig deklariert, der National Labor Relations Act habe weder die Aufgabe, das Zustandekommen von Tarifverträgen zu erzwingen, noch, deren Inhalt zu kontrollieren, sondern nur, Tarifverhandlungen zu fördern. Die einzelnen Vereinbarungen in den Tarifverträgen seien einer Prüfung entzogen. Zulässig ist zum Beispiel die folgende Regelung: „The right to select and hire, or promote

---

592 *Westfall/Thüsing*, RdA 1999, 251, 260, weisen darauf hin, dass sich der Verhandlungsanspruch widerspruchslos in das im deutschen Arbeitskampfrecht vorherrschende Prinzip der Ultima Ratio einfügt.

593 *Risa Lieberwitz*, Associate Professor & Chair of the Department of Collective Bargaining, Labor Law, and Labor History. Dept. of Collective Bargaining, Cornell University, im Gespräch mit der Verfasserin dieser Arbeit am 25. Mai 2005.

594 *NLRB v. American National Insurance Co.*, 343 U.S. 395 (1952).

to a better position, to discharge, demote or discipline for cause, and to maintain discipline and efficiency of employees and to determine the schedules of work is recognized by both union and company as the proper responsibility and prerogative of management."[595] Weiterhin ist es zulässig, „die Aufstellung von Regeln für die Produktion, Disziplin und Effektivität der Arbeitnehmer und Sicherheit am Arbeitsplatz"[596] oder „Entscheidungen über Ausgliederungen oder Outsourcen des Betriebes oder einzelner Betriebsteile"[597] der unternehmerischen Entscheidungsfreiheit zu unterstellen. Die Grenze der Zulässigkeit ist dann erreicht, wenn es sich nicht mehr um den Vorbehalt ausgewählter unternehmerischer Rechte handelt, sondern die Arbeitnehmer quasi ihr Recht aufgeben, von der Gewerkschaft in Angelegenheiten des Arbeitsverhältnisses repräsentiert zu werden. Das ist der Fall, wenn *alle* wesentlichen Arbeitsbedingungen während der Laufzeit des Tarifvertrags der Diskretion des Arbeitgebers unterstellt werden[598] oder der Gewerkschaft nach Abschluss des Tarifvertrages weniger Rechte zustehen als zuvor.[599]

Wie sehr der amerikanische Arbeitgeber durch die Verhandlungspflicht eingeschränkt wird, hängt also von der Macht der jeweiligen Gewerkschaft ab. Handelt es sich um eine starke Gewerkschaft, wird sie in der Lage sein, den Arbeitgeber zu ernsthaften Verhandlungen über die verhandlungspflichtigen Themen zu zwingen und die Verhandlungen in Vereinbarungen münden zu lassen. United Auto Workers (UAW) ist es über Jahre gelungen, gegenüber General Motors eine Vielzahl substanzieller Rechte auszuhandeln. Ist die Gewerkschaft dagegen schwach, so ist es umso wahrscheinlicher, dass das „good faith bargaining" zu einer Farce verkommt, weil dem Arbeitgeber die Bereitschaft fehlt, zu einer Einigung zu gelangen, wenn keine Gegenwehr der Gewerkschaft zu befürchten ist. Kommt ein Tarifvertrag zustande, so sind in dieser Konstellation weit gehende „management rights clauses" die Regel.

b. Betriebsräte und amerikanische Gewerkschaften

Dem Betriebsverfassungsrecht ist der Verhandlungsanspruch nicht fremd. Zum Teil gehen die einzeln ausgestalteten Beteiligungsrechte des Betriebsrats sogar weiter als der Verhandlungsanspruch der amerikanischen Gewerkschaften.

---

595 *NLRB v. American National Insurance Co.*, 343 U.S. 395 (1952).

596 Siehe *Hofmann*, Advice Memorandum des National Labor Relation Boards, 25. August 1988.

597 *Presbyterian University Hospital*, 320 N.L.R.B. 30 (1995).

598 *Public Service Company of Oklahoma*, 334 N.L.R.B. 68 (2001).

599 Ebd.

aa. Überblick

In geringerem Maße als der amerikanische wird der deutsche Arbeitgeber zunächst durch das Unterrichtungsrecht des Betriebsrats eingeschränkt. Bloße Informationsrechte (z.B. §§ 106 Abs. 2; 108 Abs. 5; 99 Abs. 1 BetrVG) erreichen nicht die Intensität eines Verhandlungsanspruchs. Gleiches gilt für das Anhörungsrecht (§ 102 BetrVG), das den Arbeitgeber verpflichtet, dem Betriebsrat die Möglichkeit zu geben, sich zu äußern und sich mit dessen Einwänden auseinander zu setzen.

Auch das Beratungsrecht des Betriebsrats, das in vielen Konstellationen gegeben ist, in denen in den USA ein Verhandlungsanspruch der Gewerkschaft besteht – zum Beispiel im Sinne von § 92 (Personalplanung) oder § 96 BetrVG (Förderung der Berufsbildung) –, bleibt hinter dem Verhandlungsanspruch der amerikanischen Gewerkschaften zurück. Bei den Beratungsrechten (§§ 90, 92, 96, 111 BetrVG) hat der Arbeitgeber zwar dem Betriebsrat von sich aus die Gründe und Gegengründe darzulegen und sie in einem Gespräch mit ihm gegeneinander abzuwägen. Anders als im amerikanischen Recht werden dem Arbeitgeber durch das Betriebsverfassungsgesetz jedoch keinerlei Vorgaben im Hinblick auf seine Gesinnung, zum Beispiel, was Kompromissbereitschaft anbelangt, gemacht. Er ist nicht verpflichtet, mit dem Betriebsrat eine Einigung anzustreben. Etwas anderes gilt auch nicht für das Beratungsrecht bei Kündigungen, das ein eingeschränktes Vetorecht (§ 102 Abs. 3 BetrVG) vorsieht. Denn das Vetorecht hindert den Arbeitgeber nicht daran, die Entscheidung der Kündigung umzusetzen, sondern garantiert dem Arbeitnehmer lediglich einen Weiterbeschäftigungsanspruch im Fall einer Anklageerhebung nach dem Kündigungsschutzgesetz (§ 102 Abs. 5 Satz 1 BetrVG).

Nur bei den Beteiligungsrechten, die ein Zustimmungsverweigerungsrecht (§ 99 Abs. 2 BetrVG) oder ein echtes Mitbestimmungsrecht (§§ 87 Abs. 2; 91; 94 Abs. 1, 2; 98 Abs. 3, 4; 109; 112 Abs. 4 BetrVG) vorsehen, ist der Arbeitgeber verpflichtet, mit dem Betriebsrat zu einer Einigung über die Durchführung der geplanten Maßnahme zu kommen, also mit diesem zu „verhandeln". Bei diesen Tatbeständen reicht das Beteiligungsrecht des deutschen Betriebsrats sogar weiter als das Recht der amerikanischen Gewerkschaften. Denn der deutsche Arbeitgeber kann nicht ohne die Zustimmung des Betriebsrats handeln, wohingegen der amerikanische Arbeitgeber nach erfolgloser Verhandlung einseitig seinen im Rahmen der Verhandlung unterbreiteten Vorschlag umsetzen kann. Anders als die Gewerkschaften in den USA hat der Betriebsrat also ein Mit*entscheidungs*recht. Gelingt es dem Arbeitgeber nicht, den Betriebsrat von seinem Lösungsansatz zu überzeugen, tritt die Einigungsstelle als streitentscheidende Instanz in Aktion. Zwar haben sowohl der Betriebsrat als auch die Einigungsstelle die Belange des Betriebs zu beachten. Das ändert jedoch nichts daran, dass dem Arbeitgeber die Möglichkeit genommen wird, allein zu entscheiden.

Eine weitergehende Einschränkung erfährt der deutsche Arbeitgeber, verglichen mit dem amerikanischen ferner in den Fällen des echten Mitbestimmungsrechts durch das Initiativrecht des Betriebsrats. Dieses in sozialen Angelegenheiten bei der Personalplanung und interner Stellenausschreibung, Auswahlrichtlinien und Berufsbildung gegebene Recht ermöglicht es dem Betriebsrat, alle Maßnahmen zu beantragen, die dem Betrieb und der Belegschaft dienen (§ 80 Abs. 2 und 3 BetrVG), und geht damit über das passive Recht der amerikanischen Gewerkschaften hinaus. Zwar können Letztere auf Verhandlungen bestehen, jedoch nur im Rahmen einer erfolgten oder geplanten unternehmerischen Maßnahme. Eine unternehmerische Entscheidung veranlassen könne sie nicht. Sie können also nur reagieren, nicht agieren.

bb. Soziale und personelle Fragen

Das im Vergleich zu den Gewerkschaftsrechten in den USA weitergehende echte Mitbestimmungsrecht des Betriebsrats betrifft eine Reihe von Fragen, die für die unternehmerische Planung und Organisation unmittelbare Bedeutung haben. Erhebliches Konfliktpotenzial enthalten die für die Praxis bedeutsamsten Mitbestimmungstatbestände des § 87 Abs. 1 BetrVG:

Die Mitbestimmung des Betriebsrats bei Fragen der Betriebsordnung i.S.d. § 87 Abs. 1 Nr. 1 BetrVG gewährt dem Betriebsrat einen nicht unbedeutenden Einfluss auf die unternehmerische Entscheidungsfreiheit. Mit der Ausgrenzung aus dem Tatbestand von Maßnahmen betreffend des so genannten Arbeitsverhaltens, welche auch die Effektivität der Arbeitnehmertätigkeit und damit die Produktivität und den Umsatz des Betriebes beeinflussen und steuern können, wird dem Unternehmer zwar ein Bereich unternehmerischer Entscheidungsfreiheit eingeräumt. Dessen nähere Bestimmung ist jedoch unscharf und problematisch.[600] So hat *Manfred Weiss*[601] zutreffend darauf hingewiesen, dass die vom Bundesarbeitsgericht dem Ordnungsverhalten zugeordnete Meldepflicht für zu spät kommende Arbeitnehmer auch mit dem Leistungsverhalten zu tun hat, weil es um die Nichterfüllung der arbeitsvertraglichen Pflicht geht. Unter diese Vorschrift können somit auch Maßnahmen fallen, die die Effektivität der Arbeitneh-

---

600 So auch *Richardi*, BetrVG, § 87, Rn. 180.

601 *Weiss*, Anm. zu BAG, Urt. v. 24.11.1984, EzA Nr. 7 zu § 87 Betriebliche Ordnung.

mertätigkeit und damit die Produktivität und den Umsatz des Betriebes beeinflussen und steuern.[602]

Die Verteilung der Arbeitszeit auf die einzelnen Wochentage durch eine mitbestimmte Regelung im Rahmen des § 87 Abs. 1 Nr. 2 BetrVG berührt die Freiheit des Arbeitgebers, selbst und allein darüber zu entscheiden, an welchen Tagen er im Betrieb produzieren oder Dienstleistungen anbieten will. Wehrt sich der Betriebsrat zum Beispiel gegen Samstagsarbeit, kann der Einzelhändler am Samstag keine Arbeitnehmer beschäftigen und damit sein Geschäft praktisch nicht öffnen.[603] Über die Steuerung der Arbeitszeit kann auf die Ladenöffnungszeiten Einfluss genommen werden: Da der Arbeitgeber die Ware durch sein Verkaufspersonal an die Kundschaft verkaufen lässt, ist er gezwungen, die Ladenöffnungszeiten an die Arbeitszeiten des Verkaufspersonals anzupassen.[604] Diese haben bei publikumsorientierten Dienstleistungsbetrieben einen ganz erheblichen Stellenwert.[605] Der wirtschaftliche Erfolg hängt in großem Maß davon ab, ob die Öffnungszeiten den Publikumsbedürfnissen entsprechen.[606] Wer sein Geschäft früher als die Mitbewerber schließt, den trifft möglicherweise ein Wettbewerbsnachteil.[607] Aus diesem Grund ist die Kaufhofentscheidung des Bundesarbeits-

602 Im Erg. ebenso *Weingart*, Betriebliche Mitbestimmung, 55. *Weingart* wendet sich jedoch gegen die Unterscheidung zwischen Arbeits- und Ordnungsverhalten.

603 MünchArbR-*Matthes*, § 326, Rn. 34.

604 Zutreffend weist *Rath-Glawatz* (Anm. zu BAG v. 31.8.1982, AP Nr. 8 zu § 87 BetrVG 1972 Arbeitszeit, Bl. 1024) darauf hin, dass auch Arbeitszeitregelungen denkbar sind, die die Öffnungszeiten der Verkaufsstellen nicht tangieren. So z.B., wenn im Rahmen von Schichtplänen Anfang und Ende der täglichen Arbeitszeit der Mitarbeiter so festgelegt werden, dass die Ausschöpfung der nach dem Ladenschlussgesetz zulässigen Öffnungszeiten sichergestellt ist.

605 Demgegenüber geht es bei Öffnungszeiten im Produktionsbereich nur um formelle Arbeitsbedingungen.

606 *Joost*, DB 1983, 1818, 1820; *Schwerdtner*, Anm. zu LAG Baden Württemberg, Beschl. v. 28.2.1980, EzA Nr. 4 zu § 87 BetrVG 1972 Inititativrecht, Bl. 60.

607 BAG v. 31.8.1982, E 40, 107, IV.3.b. d. Gr., Bl. 1018; ebenso *Rath-Glawatz*, Anm. zu BAG, v. 31.8.1982, AP Nr. 8 zu § 87 BetrVG 1972 Arbeitszeit, Bl. 1023.

gerichts vom 31.8.1982[608] in der Literatur auf erheblichen Widerstand gestoßen.[609]

Das Mitbestimmungsrecht des § 87 Abs. 1 Nr. 3 BetrVG berührt die Freiheit des Unternehmers, auf Situationen, die eine spontane Erhöhung der Arbeitsintensität erfordern, flexibel zu reagieren. Überstunden werden in der Regel kurzfristig notwendig, so dass keine Zeit für eine Beteiligung des Betriebsrats bleibt. Insbesondere im Falle der Nichteinigung und der Notwendigkeit, die Einigungsstelle anzurufen, kann die Beteiligung mit einer erheblichen Zeitverzögerung verbunden sein. *Bauer/Diller*[610] nennen als instruktives Beispiel, einen überraschend eingegangenen Großauftrag, dessen Abwicklung in den nächsten drei Wochen jeweils eine zusätzliche Samstagsschicht erfordert. Selbst bei auf beiden Seiten vorhandenem Einigungswillen wäre der Auftrag geplatzt, bevor die Einigungsstelle zum ersten Mal zusammengekommen ist. Beseitigt werden kann diese Interessenkollision nur durch eine vorab getroffene Regelung der Betriebspartner in Bezug auf Überstundenanordnungen in Eilfällen.[611] Weiterhin wird die unternehmerische Entscheidungsautonomie bei der Personaleinstellung durch die Vorschrift des § 87 Abs. 1 Nr. 3 BetrVG mittelbar begrenzt. Denn mit seiner Weigerung, Überstunden zuzustimmen, kann der Betriebsrat auch die Einstellung weiterer Arbeitnehmer erreichen.

§ 87 Abs. 1 Nr. 8 BetrVG berührt ebenfalls die Entscheidungsfreiheit des Arbeitgebers. Zwar ist mit der Mitbestimmungsfreiheit in den vier Bereichen des

---

608 BAG v. 31.8.1982, AP Nr. 8 zu § 87 BetrVG 1972 Arbeitszeit: In dem Betrieb eines Kaufhausunternehmens hatte eine einseitig vom Arbeitgeber eingeführte Regelung gegolten, wonach die Arbeitszeit nicht früher endete als die gesetzlich zulässige Ladenöffnungszeit. Der später gebildete Betriebsrat verlangte eine Vorverlegung der Arbeitszeit für alle im Verkauf beschäftigten Arbeitnehmer und rief die Einigungsstelle an. Diese verlegte die Arbeitszeit von Montag bis Freitag um 15 Minuten vor und verkürzte sie für lange Sonnabende um 55 Minuten. Der Arbeitgeber focht den Beschluss in allen Instanzen erfolglos an. Zwar erkannte das Bundesarbeitsgericht in dieser Entscheidung ausdrücklich an, dass die Entscheidung über die Ladenschlusszeiten „unternehmerischer Natur“ ist (unter III.1. d. Gr., Bl. 1013), jedoch stellte das Gericht gleichzeitig in einem Obiter Dictum fest, dass das Mitbestimmungsrecht nach § 87 BetrVG durchaus dazu führen könne, dass der Einzelhändler „gehindert werde, an einzelnen Werktagen, etwa an Samstagen, die Verkaufsstelle überhaupt zu öffnen“ (III.1. d. Gr., Bl. 1012). Auch im konkreten Fall könne die mitbestimmungspflichtige Festlegung von Beginn und Ende der täglichen Arbeitszeit die Ladenöffnungszeiten beeinflussen. Ein hieraus möglicherweise resultierender Umsatzrückgang von 4 bis 6 % sei jedoch angemessen (unter IV.3.c. d.Gr., Bl. 1018).

609 *Martens*, RdA 1989, 164.

610 *Bauer/Diller*, ZIP 1995, 95, 99.

611 MünchArbR-*Matthes*, § 327, Rn. 21.

„Ob“, des „Zwecks“, der „Höhe“, des „Personenkreises“ ein unternehmerischer Autonomiebereich geschaffen worden. Konflikte können sich jedoch im Rahmen von Nr. 8 insofern ergeben, als unüberbrückbare Differenzen mit dem Betriebsrat über das „Wie“ zu einem Verzicht auf die Entscheidung für eine Sozialeinrichtung oder die Erbringung zusätzlicher Leistungen führen können.[612] Ebenso ist im Rahmen von § 87 Abs. 1 Nr. 10 BetrVG die Lohn- und Gehaltshöhe mitbestimmungsfrei, jedoch können die mitbestimmungspflichtigen Fragen mittelbare Auswirkungen auf die Gesamtsumme des Lohns haben.

Auch die Mitbestimmung bei personellen Angelegenheiten stellt aus Unternehmersicht eine nicht unerhebliche Beeinflussung von Entscheidungen dar. Zwar ist bei Personalfragebögen, Beurteilungsgrundsätzen und Beurteilungsrichtlinien jeweils die Frage des „Obs“ der Institutionalisierung mitbestimmungsfrei. Doch kann der Betriebsrat durch sein Vetorecht bei der Ausgestaltung der Hilfsmittel zur Personalplanung in einen der Kernbereiche der Unternehmensplanung eingreifen. Denn die unternehmerische Entscheidung über die Personalpolitik im Betrieb ist insofern durch die Auswahlrichtlinien vorbestimmt, als die Richtlinie i.S.d. § 95 BetrVG verbindliche Maßgabe für die personelle Einzelmaßnahme ist und den Betriebsrat gemäß § 99 Abs. 2 Nr. 2 BetrVG bei Nichtbeachtung zur Zustimmungsverweigerung bezüglich der Maßnahme berechtigt.[613]

Damit ist deutlich geworden, dass das Mitbestimmungsrecht des Betriebsrats in einigen für den Unternehmer bedeutenden Fragen weitergeht als der Verhandlungsanspruch amerikanischer Gewerkschaften. Zwar kann auch in den USA ein Zustimmungsrecht der Gewerkschaften über diese Fragen im Tarifvertrag vereinbart werden. Dies hängt allerdings von der Verhandlungsmacht der jeweiligen Gewerkschaft ab und ist nicht per Gesetz vorgesehen.

cc. Wirtschaftliche Fragen

Wesentlich aus Unternehmersicht ist, dass das Beteiligungsrecht des Betriebsrats bei den wirtschaftlichen Entscheidungen hinter dem Verhandlungsrecht der amerikanischen Gewerkschaften zurückbleibt. Denn hier hat der Betriebsrat nach dem Betriebsverfassungsgesetz lediglich bei der Entscheidung über die Unterrichtung des Wirtschaftsausschusses (§ 109 S. 1 BetrVG) bezüglich des Abschlusses eines Sozialplans (§§ 112, 112a BetrVG) ein echtes Mitbestimmungsrecht. Im Hinblick auf die in § 111 BetrVG aufgezählten Betriebsänderungen bleibt es hingegen beim Unterrichtungs- und Beratungsrecht, das in seiner Intensität einen geringeren Eingriff in die Unternehmerfreiheit darstellt als der Ver-

---

612 *Weingart*, Betriebliche Mitbestimmung, 61.
613 *Weingart*, Betriebliche Mitbestimmung, 71.

handlungsanspruch der amerikanischen Gewerkschaften. Denn nicht nur fehlt es an der Vorgabe des Verhandelns „in good faith" – also der Verpflichtung, sich um eine Einigung mit der Gegenseite zu bemühen. Der amerikanische Arbeitgeber ist zudem nach Scheitern der Verhandlungen und beim Versuch, eine Einigung zu erreichen, dazu verpflichtet, bei der Umsetzung des aus Arbeitnehmersicht besten Vorschlags im Rahmen der Verhandlungen zu bleiben. Der deutsche Arbeitgeber unterliegt keiner derartigen Bindung an den Inhalt der Beratungsgespräche mit dem Betriebsrat. Eine amerikanische Gewerkschaft kann bei entsprechender Verhandlungsmacht zudem ein Zustimmungsrecht auch in Bezug auf wirtschaftliche Entscheidungen im Tarifvertrag vereinbaren. Der deutsche Betriebsrat hat demgegenüber keine Möglichkeit, eine Mitwirkung bezüglich des „Ob" der Entscheidung zu erreichen.

Ein intensiveres Beteiligungsrecht als die amerikanischen Gewerkschaften hat der Betriebsrat bei der Frage des Abschlusses des Sozialplans. Der Betriebsrat hat hier ein Mitentscheidungsrecht (§ 112 Abs. 2, 4 BetrVG), während amerikanische Gewerkschaften im Rahmen des ihnen zustehenden „effects bargaining" nach dem Gesetz nur einen Verhandlungsanspruch haben. Im Falle des Nichtzustandekommens einer Einigung zwischen Arbeitgeber und Betriebsrat können der Unternehmer oder der Betriebsrat den Präsidenten des Landesarbeitsamts um Vermittlung ersuchen (§ 112 Abs. 2 Satz 1 BetrVG), geschieht dies nicht oder bleibt der Vermittlungsversuch ohne Ergebnis, können beide die Einigungsstelle anrufen (§ 112 Abs. 2 Satz 2 BetrVG). Damit droht dem Arbeitgeber die Gefahr, falls er sich nicht mit dem Betriebsrat einigen kann, den Einfluss auf die Entscheidung zu verlieren. Diese im Vergleich zum amerikanischen Recht weiter gehende Einflussmöglichkeit des deutschen Betriebsrats ist von einigem Gewicht, weil es durchaus möglich ist, dass die Belastung des Unternehmens durch den Sozialplan mittelbar zu der Entscheidung führt, auf die Betriebsänderung zu verzichten.[614] Durch einen Sozialplan können dem Unternehmer gegen seinen Willen erhebliche soziale Belastungen auferlegt werden. Insofern kann das Mitbestimmungsrecht des § 112 BetrVG auch Auswirkungen auf die unternehmerische Entscheidung als solche haben.

Bei entsprechender gewerkschaftlicher Verhandlungsmacht kann allerdings auch in einem amerikanischen Tarifvertrag ein Zustimmungsrecht der Gewerkschaft vereinbart werden.

---

614 *Weingart*, Betriebliche Mitbestimmung, 77.

c. Arbeitnehmervertreter im Aufsichtsrat und amerikanische Gewerkschaften

Der Aufsichtsrat hat im Rahmen seiner Überwachungs- und Kontrollfunktion nach § 111 Abs. 1 AktG zwar die Aufgabe und sogar die Pflicht,[615] den Vorstand zu beraten. Jedoch erreicht diese Pflicht grundsätzlich nicht die Intensität des amerikanischen Verhandlungsanspruchs. Der amerikanische Verhandlungsanspruch bewirkt, dass der Arbeitgeber auf eigene Initiative immer mit der Gewerkschaft in Verhandlungen eintreten muss, bevor er eine Entscheidung bezüglich der in § 8 (a) (5) NLRA genannten Gegenstände trifft. Demgegenüber ist der Vorstand (bzw. das jeweilige Geschäftsführungsorgan) in Deutschland lediglich zur umfassenden Unterrichtung des Aufsichtsrats bezüglich der anstehenden Entscheidungen und Planungen verpflichtet. Der Aufsichtsrat hat dann im Rahmen seiner Kontrollpflicht die Aufgabe, den Vorstand zu beraten und eine widersprechende Meinung darzulegen. Das führt aber nicht – wie in den USA – dazu, dass der Vorstand vor einer Entscheidung stets mit dem Aufsichtsrat verhandeln muss. Andernfalls würde das Prinzip der Eigenverantwortlichkeit des Vorstands umgangen und der Aufsichtsrat würde zum Geschäftsführungsorgan werden.[616]

Ein weiterer Unterschied ist, dass der Aufsichtsrat den Ermessensspielraum des Vorstands zu beachten hat und außerhalb der Faktoren Ordnungsmäßigkeit, Rechtmäßigkeit, Zweckmäßigkeit und Wirtschaftlichkeit nicht seine eigenen Überlegungen an die Stelle der Beurteilung und Entscheidung des Vorstands setzen darf. Dies folgt aus der dem Vorstand gewährten Eigenverantwortlichkeit. Demgegenüber sind die amerikanischen Gewerkschaften als externe Institution im Rahmen der Verhandlungen in keinster Weise an die Überlegungen des Arbeitgebers gebunden.

Etwas anderes gilt jedoch im Hinblick auf die durch Satzung oder Aufsichtsratsbeschluss nach § 111 Abs. 4 S. 2 AktG mit Zustimmungsvorbehalt versehenen Geschäfte. Durch diese wird die eigenverantwortliche Leitung der Gesellschaft durch den Vorstand eingeschränkt. Der Zustimmungsvorbehalt führt zu einer begrenzten gemeinsamen Geschäftsführung von Vorstand und Aufsichtsrat bei dem jeweiligen Geschäft[617] und geht damit weit über den Verhandlungsanspruch der amerikanischen Gewerkschaften hinaus, der es dem Arbeitgeber überlässt, nach Scheitern der Verhandlung die geplante Maßnahme einseitig umzusetzen. Zu beachten ist jedoch, dass neben dem Zustimmungsvorbehalt gemäß § 111 Abs. 4 Satz 2 AktG die Arbeitnehmervertreter innerhalb des Aufsichtsrats eine Mehrheit erlangen müssen. Bei einem Interessenkonflikt zwischen Anteils-

---

615 BGH v. 24.3.1991, NJW 1991, 1830.

616 *Wilhelm*, Kapitalgesellschaftsrecht, Rn. 1049.

617 MünchKommAktG-*Semler*, § 111, Rn. 429.

eigner- und Arbeitnehmerseite ist eine solche – außer bei Montanunternehmen aufgrund der paritätischen Besetzung und des fehlenden Zweitstimmenrechts des Aufsichtsratsvorsitzenden – wegen des leichten Übergewichts der Anteilseignerseite schwer zu erreichen.

2. Informationsrechte

Die Informationsrechte der Arbeitnehmervertreter sind in den USA und in Deutschland ebenfalls sehr unterschiedlich ausgestaltet.

a. Deutsche und amerikanische Gewerkschaften

Während in den USA ein recht umfangreich ausgestalteter Informationsanspruch mit der Verhandlungspflicht korreliert, existiert im deutschen Tarifrecht überhaupt kein Informationsanspruch. Diese Ungleichheit wird zum Teil dadurch kompensiert, dass deutsche Gewerkschaften aufgrund der personellen Verflechtungen mit dem Betriebsrat und den Arbeitnehmervertretern im Aufsichtsrat Informationen über die Unternehmen erhalten. Allerdings ist dieser Informationsfluss nicht im Hinblick auf alle Unternehmen gegeben. Er hängt im Einzelfall von den personellen Übereinstimmungen, der Existenz eines Betriebsrats bzw. der Anwendung eines Mitbestimmungsgesetzes sowie den Beziehungen zwischen den Gewerkschaften und dem Betriebsrat bzw. den Arbeitnehmervertretern ab.

b. Betriebsräte und amerikanische Gewerkschaften

Den amerikanischen Informationsrechten der Gewerkschaften ähnlich sind die Informationsrechte des deutschen Betriebsrats. Wie die amerikanischen Gewerkschaften – die einen Informationsanspruch im Hinblick auf Fragen haben, die der Verhandlungspflicht mit dem Unternehmer unterliegen – hat der deutsche Betriebsrat neben den besonderen normierten Unterrichtungsrechten (z.B. in § 90 Abs. 1; § 92 Abs. 1 Satz 1; § 99 Abs. 1; § 106 Abs. 2 BetrVG) nach § 80 Abs. 2 Satz 1 BetrVG einen allgemeinen Anspruch auf Unterrichtung durch den Arbeitgeber, welcher der Erfüllung der Aufgaben des Betriebsrats aus dem Betriebsverfassungsgesetz dient. Die Unterrichtungspflicht des Arbeitgebers soll den Betriebsrat in die Lage versetzen, in eigener Verantwortung zu prüfen, ob sich für ihn Aufgaben ergeben und ob er zur Wahrnehmung dieser Aufgaben tätig werden muss.[618] Der Bezug zu den Beteiligungsrechten aus dem Betriebsverfassungs-

---

618 BAG v. 31.1.1989, AP Nr. 33 zu § 80 BetrVG 1972.

recht bildet damit wie im amerikanischen Recht die Schranke für Inhalt und Umfang der Unterrichtungspflicht.[619] Die Unterrichtungspflicht besteht, wenn es dem Arbeitgeber hinreichend wahrscheinlich erscheint, dass die Information die Aufgaben des Betriebsrats betrifft. Er muss den Betriebsrat dann unaufgefordert, rechtzeitig und umfassend unterrichten. Wie im amerikanischen Tarifrecht muss die Unterrichtung so früh stattfinden, dass der Betriebsrat, bevor vollendete Tatsachen geschaffen sind, prüfen kann, ob er tätig werden muss.

Ähnlich sind sich die deutsche und die amerikanische Rechtslage weiterhin im Hinblick auf die Überlassung von Unterlagen. Nach § 80 Abs. 2 Satz 2 BetrVG sind dem Betriebsrat auf Verlangen jederzeit die zur Durchführung seiner Aufgaben erforderlichen Unterlagen zur Verfügung zu stellen. Als einen Unterfall dessen regelt § 80 Abs. 2 Satz 2 BetrVG das Recht auf Einsichtnahme in die Bruttolohn- und Gehaltslisten. Auch diese Ansprüche finden ihre Grenzen im Bezug zu den Aufgaben des Betriebsrats.

Die deutsche Unterrichtungspflicht des Betriebsrats reicht in zweifacher Hinsicht weiter als die Pflicht zur Unterrichtung amerikanischer Gewerkschaften. Zum einen kann sich der Unternehmer in Deutschland nicht darauf berufen, die Unterrichtung des Betriebsrats gefährde die Geheimhaltung der geplanten Maßnahme, da die Betriebsratsmitglieder nach § 79 BetrVG der Geheimhaltungspflicht unterliegen, sofern der Arbeitgeber eine Angelegenheit als geheimhaltungsbedürftig ausweist.[620]

Zum anderen hat der Unternehmer in Deutschland den Wirtschaftsausschuss unter Vorlage der erforderlichen Unterlagen rechtzeitig und umfassend über die wirtschaftlichen Angelegenheiten des Unternehmens zu unterrichten (§ 106 Abs. 2 Satz 1 BetrVG).[621] Einer Aufforderung durch den Wirtschaftsausschuss bedarf es nicht. Die wirtschaftlichen Angelegenheiten werden in § 106 Abs. 3 BetrVG enumerativ aufgezählt. Zu den Unterlagen, die für die Beurteilung der wirtschaftlichen Angelegenheiten erforderlich sind, gehören zum Beispiel der Jahresabschluss, bestehend aus der Bilanz-, der Gewinn- und Verlustrechnung.[622] Weiterhin kommen in Betracht monatliche Erfolgsrechnungen von Verkaufsfilialen,[623] Statistiken oder Organisationspläne. Zwar kann der Unterrichtungsanspruch des Wirtschaftsausschusses nach § 106 Abs. 2 BetrVG entfallen, wenn

---

619 BAG v. 27.6.1989, AP Nr. 37 zu § 80 BetrVG 1972; *Richardi*, Betriebsverfassungsrecht, § 80, Rn. 51.

620 So z.B. BAG v. 5.2.1991, AP Nr. 10 zu § 106 BetrVG 1972.

621 Der Wirtschaftsausschuss ist ein Hilfsorgan des Betriebsrats und wird nach § 106 Abs. 1 Satz 1 BetrVG errichtet, wenn das Unternehmen in der Regel mehr als 100 Beschäftigte hat.

622 MünchArbR-*Joost*, § 319, Rn. 48.

623 BAG v. 17. 9. 1991, AP Nr. 13 zu § 106 BetrVG 1972.

dadurch Betriebs- oder Geschäftsgeheimnisse des Unternehmens gefährdet werden. Allerdings reicht der Umstand, dass die wirtschaftliche Angelegenheit aus einem Betriebs- oder Geschäftsgeheimnis besteht, nicht aus, weil die Geheimhaltungspflicht des § 79 Abs. 1 BetrVG nach § 79 Abs. 2 BetrVG auch für den Wirtschaftsausschuss gilt. Erforderlich ist vielmehr, dass nach den im Einzelfall gegebenen Umständen eine Offenbarung des Geheimnisses trotz der Geheimhaltungspflicht nicht auszuschließen ist, zum Beispiel weil in einer Person des Wirtschaftsausschusses besondere Gefährdungsgründe liegen.[624]

Demgegenüber haben amerikanische Gewerkschaften nur in sehr eingeschränkten Fällen die Möglichkeit, finanzielle Informationen, wie zum Beispiel Bilanzaufstellungen oder Gewinn- und Verlustrechnungen, einzusehen, nämlich nur wenn der Arbeitgeber eine gewerkschaftlich geforderte Lohnerhöhung mit der Begründung verweigert, er sei unfähig, den gewerkschaftlichen Forderungen nachzukommen. Durch die zuletzt genannte Voraussetzung, den so genannte „inability to pay-claim" des Arbeitgebers, vermag der amerikanische Arbeitgeber auch leicht, die Offenlegungspflicht zu umgehen, indem er die Forderungen der Gewerkschaft mit einer anderen Begründung zurückweist.

c. Arbeitnehmervertreter im Aufsichtsrat und amerikanische Gewerkschaften

Die Informationsrechte des Aufsichtsrats sind sehr viel extensiver als die der amerikanischen Gewerkschaften. Dies wird an verschiedenen Stellen deutlich.

Zunächst unterscheiden sich die Systeme der Informationspflichten in beiden Ländern dadurch, dass die amerikanische Gewerkschaft eine Information erfragen muss, während in Deutschland der Vorstand gemäß § 90 AktG ohne Aufforderung zur regelmäßigen Berichterstattung verpflichtet ist.

Weiterhin muss die amerikanische Gewerkschaft im Zuge ihrer Anfrage darlegen, dass die Information, die sie verlangt, für die Verhandlungen relevant ist („relevancy test"[625]), während in Deutschland in § 90 Abs. 1 S. 1 AktG die Themenbereiche, auf die sich die Informationspflicht bezieht, abstrakt festgelegt sind, ohne dass es im Einzelfall auf die Relevanz ankäme.

Auch kann jedes einzelne Aufsichtsratsmitglied einen Bericht an den Aufsichtsrat verlangen (Abs. 3 S. 2 Hs. 1), ohne dass ein berechtigtes Interesse dargelegt werden müsste. Weigert sich der Vorstand, Bericht zu erstatten, ist lediglich die Unterstützung des Verlangens durch ein anderes Vorstandsmitglied erforderlich (§ 90 Abs. 3 S. 2 Hs. 2).

---

624 MünchArbR-*Joost*, § 319, Rn. 54.

625 *Detroit Edison Co. v. NLRB,* 440 U.S. 301, 303 (1979).

Schließlich ist auch der Umfang und die Sensibilität der Themenbereiche, die in Deutschland von der Berichterstattungspflicht gegenüber dem Aufsichtsrat erfasst werden, wesentlich größer als in den USA. Während in den USA finanzielle Informationen hauptsächlich dann offen gelegt werden müssen, wenn der Arbeitgeber behauptet, er sei unfähig, den gewerkschaftlichen Forderungen nachzukommen („inability to pay-claim“[626]), hat der Aufsichtsrat gemäß § 90 AktG ein Recht auf Information über die Rentabilität (§ 90 Abs. 1 S. 1 Nr. 2 AktG), den Umsatz und die Lage der Geschäfte (§ 90 Abs. 1 S. 1 Nr. 2 AktG) sowie über Geschäfte, die für die Rentabilität oder Liquidität der Gesellschaft von erheblicher Bedeutung sein können (§ 90 Abs. 1 Nr. 4 AktG). Darüber hinaus ist das Geschäftsführungsorgan gegenüber dem Aufsichtsrat auch dazu verpflichtet, über die beabsichtigte Geschäftspolitik (§ 90 Abs. 1 Nr. 1 AktG) zu berichten – ein Bereich, der in den USA mangels „direkter, unmittelbarer Effekt auf die Arbeitssituation“[627] nicht der Verhandlungs- und damit auch nicht der Informationspflicht unterläge.

Schließlich kann sich der Vorstand gegenüber dem Aufsichtsrat, anders als der amerikanische Arbeitgeber gegenüber den Gewerkschaften, nicht mit Verweis auf die Notwendigkeit zur Geheimhaltung wehren.

3. Ergebnis

Unter Berücksichtigung der Ergebnisse der Kapitel B und C ergibt sich folgender Zwischenstand im Hinblick auf die Einschränkung der unternehmerischen Freiheit:

Die amerikanische Rechtslage unterstellt nicht nur mehr Themenbereiche der Verantwortung der Gewerkschaft, insbesondere bei wirtschaftlichen Entscheidungen, sondern es wird durch den Verhandlungsanspruch auch eine weiter reichende Interaktion mit dem Arbeitgeber vorgeschrieben als in Deutschland. Ob die Gewerkschaft ihre Forderungen in einem Tarifvertrag umsetzen kann oder es bei reinen Verhandlungen bleibt, hängt nichtsdestotrotz von ihrer Durchsetzungskraft im Einzelfall ab.

Die Tatsache, dass die deutschen Gewerkschaften weniger an wirtschaftlichen Entscheidungen beteiligt werden als die amerikanischen, wird bei rein gegenständlicher Betrachtung der beteiligungsnotwendigen Themen auf Betriebsebene

---

626 *Nielsen I*, 854 F.2d at 1065; *Nielsen II*, 305 N.L.R.B. at 700; *Nielsen III*, 977 F.2d at 1169; *United Steelworkers*, 983 F.2d at 243, 244.

627 *Equitable Gas Co. v. NLRB*, 637 F.2d 980 (3rd Cir. 1981), siehe Kapitel C.II.2.a. dieser Arbeit.

durch § 111 BetrVG ausgeglichen, weil der Betriebsrat hiernach nicht nur an Standortverlegungen und Ausgliederungen zu beteiligen ist, sondern auch an Betriebsstilllegungen und anderen wesentlichen Betriebsänderungen (Ergebnis Kapitel C.).

Die Untersuchung der Art und Weise der Beteiligung des Betriebsrats führt jedoch zu dem Ergebnis, dass die Arbeitnehmerbeteiligung bei Betriebsänderungen in Deutschland schwächer ist als in den USA. Zum einen statuiert § 111 BetrVG nur ein Unterrichtungs- und Beratungsrecht, das in qualitativer Hinsicht nicht die Intensität des US-amerikanischen Verhandlungsrechts der Gewerkschaften erreicht. Dem deutschen Arbeitgeber wird keine Verhandlung „in good faith" vorgeschrieben, und er ist bei der Umsetzung der geplanten Maßnahme nicht an die Gespräche mit dem Betriebsrat gebunden. Etwas anderes gilt nur für die Sozialplanentscheidung, bei der der Betriebsrat ein echtes Mitbestimmungsrecht hat.

Zum anderen können amerikanische Gewerkschaften bei entsprechender Durchsetzungskraft gegenüber dem Arbeitgeber die Vereinbarung eines Zustimmungsvorbehalts im Tarifvertrag bezüglich aller verhandelbaren Themen erreichen. Demgegenüber wird es für einen Betriebsrat faktisch unmöglich sein, im Rahmen einer freiwilligen Betriebsvereinbarung (§ 88 BetrVG) einen Zustimmungsvorbehalt bezüglich der in § 111 BetrVG statuierten Maßnahmen zu erreichen.

Auf Unternehmensebene werden die Arbeitnehmer in gegenständlicher Hinsicht am stärksten an unternehmerischen Fragen beteiligt – sowohl im Vergleich zu Gewerkschaften und Betriebsräten in Deutschland, als auch zu den amerikanischen Gewerkschaften. Dennoch bleibt die Mitbestimmung auch auf der Unternehmensebene im Hinblick auf das „Wie" der Mitbestimmung hinter den Gewerkschaften in den USA zurück. Zum einen wird der Aufsichtsrat als Organ nicht wie die amerikanischen Gewerkschaften vor allen Entscheidungen des Vorstands in einem bestimmten Bereich konsultiert. Zudem hat der Aufsichtsrat nur in bestimmten Konstellationen die Möglichkeit, sich gegenüber dem Vorstand tatsächlich durchzusetzen, nämlich wenn eine originäre Geschäftsführungsaufgabe des Aufsichtsrats (Bestellung des Vorstands, § 84 AktG, Erlass einer Geschäftsordnung für den Vorstand, § 77 Abs. 2 S. 1 AktG) betroffen ist oder ein Zustimmungsvorbehalt nach § 111 Abs. 4 S. 2 AktG vereinbart wurde, wobei bei der GmbH, wenn der Aufsichtsrat seine Zustimmung verweigert, die Geschäftsführung die Gesellschafterversammlung einberufen und mit qualifizierter Mehrheit das Veto ausräumen kann.[628] Da 95 % der Kapitalgesellschaften GmbHs sind,[629] ist diese Möglichkeit in der Regel gegeben.

Wenn keine Geschäftsführungsaufgabe des Aufsichtsrats betroffen ist und kein Zustimmungsvorbehalt vorliegt, bleibt dem Aufsichtsrat – wie den amerikanischen Gewerkschaften im Verhältnis zum Arbeitgeber – die Möglichkeit, den Vorstand zu überzeugen.

Zum anderen kann sich innerhalb des Aufsichtsrats die Arbeitnehmerbank gegenüber der Anteilseignerbank nur bei den der Montanmitbestimmung unterliegenden Unternehmen durchsetzen. Denn bei der Beschlussfassung ist es in Montanunternehmen für die Arbeitnehmer mithilfe des Neutralen möglich, bei einem Interessenkonflikt mit den Anteilseignern ein Stimmenübergewicht zu erreichen. Bei Unternehmen, die dem Mitbestimmungsgesetz unterliegen, ist eine Durchsetzung aufgrund des Doppelstimmrechts des Aufsichtsratsvorsitzenden erschwert. *Reuter*[630] weist darauf hin, dass ein Großaktionär ein dem Mitbestimmungsgesetz unterliegendes Unternehmen genauso regieren kann, als hätte er es als persönlich haftender Gesellschafter einer Personengesellschaft mit einem nicht mitbestimmten Unternehmen zu tun: Er kann sein Stimmrecht in der Hauptversammlung nutzen, um die Anteilseignerbank mit Personen seines Vertrauens zu besetzen, sich selbst für die Anteilseignerbank nach § 27 Abs. 2 AktG den Aufsichtsratvorsitz sichern und als Aufsichtsratsvorsitzender durch kompromisslosen Gebrauch seines Zweitstimmrechts seine Vorstellungen hinsichtlich der Kandidaten für das Vorstandsamt und hinsichtlich der dem Aufsichtsrat obliegenden Sachentscheidungen oktroyieren. Bei Unternehmen, die unter das Betriebsverfassungsgesetz von 1952 fallen, ist ein Stimmenübergewicht schon in Ermangelung der paritätischen Besetzung nicht möglich.

Es gibt also Konstellationen, in denen das „Wie" der Beteiligung der deutschen Arbeitnehmervertreter intensiver, d.h. den Arbeitgeber stärker einschränkend ausgestaltet ist als das Zusammenwirken der amerikanischen Gewerkschaften mit dem Arbeitgeber. Dies ist auf Betriebsebene insbesondere bei sozialen Angelegenheiten der Fall, nicht jedoch bei den wirtschaftlichen Angelegenheiten, welche aus Arbeitgebersicht den sensiblen Bereich darstellen. Auf Unternehmen-

---

628 *Wilhelm*, Kapitalgesellschaftsrecht, Rn. 966; *Hromadka/Maschmann*, Arbeitsrecht Bd. 2, § 15 II. 4., Rn. 21. *Lieb* weist darauf hin, dass man das Verfahren nach § 111 Abs. 4 S. 2 AktG trotzdem auch in der GmbH nicht für überflüssig erklären könne, weil der mitbestimmte Aufsichtsrat auf diese Weise jedenfalls in einem institutionalisierten Verfahren die Möglichkeit habe, seine Auffassung darzulegen (Arbeitsrecht, Rn. 929).

629 Siehe Statistik des Statistischen Bundesamtes „Umsatzsteuer Fachserie 14 Reihe 8 – 2003", veröffentlicht: www.destatis.de, Tabelle 4.2, aufgerufen am 10.9.2005.

630 *Reuter*, RdA 1988, 280, 283.

sebene ist dies (wegen der paritätischen Besetzung des Aufsichtsrats und des fehlenden Zweitstimmenrechts des Aufsichtsratsvorsitzenden) insbesondere bei Montanunternehmen der Fall, wenn in einer Angelegenheit ein Zustimmungsvorbehalt zugunsten des Aufsichtsrats existiert. In Anbetracht der statistischen Daten, die 31 Montanunternehmen ausweisen, ist Letzteres allerdings eine Seltenheit. Bei den für den Unternehmer wesentlichen Fragen stellt die Beteiligung der Arbeitnehmervertreter in Deutschland also weniger eine Beeinträchtigung der Entscheidungsfreiheit dar als in den USA.

Zwar bleibt das „Wie" der Beteiligung der Arbeitnehmervertreter auf Betriebs- und Unternehmensebene in Deutschland, was die Intensität betrifft, hinter den der amerikanischen Gewerkschaften zurück. Damit gehen allerdings Informationsansprüche auf Betriebs- und Unternehmensebene einher, welche die Informationsansprüche der amerikanischen Gewerkschaften insbesondere im Hinblick auf finanzielle Auskünfte übersteigen. Auf Betriebsebene ist dies vor allem durch die in § 106 BetrVG vorgesehene Information des Wirtschaftsausschusses der Fall. Auf Unternehmensebene wird das extensive Informationsrecht des Aufsichtsrats für die Arbeitnehmervertreter dadurch abgeschwächt, dass die Arbeitnehmer bei der Informationsübermittlung benachteiligt werden.

E. Arbeitskampf und Sonstige Druckmittel

Wesentlich für die Beurteilung der unternehmerischen Entscheidungsfreiheit ist die Möglichkeit der Druckausübung zur Durchsetzung der Forderungen. Tarifverhandlungen können Gewerkschaften nur dann wirkungsvoll führen, wenn sie dem Arbeitgeber mit Nachteilen drohen können. Zwar sind im Rahmen des Betriebsverfassungsgesetzes und der Unternehmensmitbestimmung Mindeststandards festgelegt, die eine Mitwirkung der Unternehmervertreter bei bestimmten Fragen gewährleisten. Jedoch spielt die Möglichkeit der Druckausübung auch auf diesen Ebenen eine Rolle, wenn auch nicht im Wege des Arbeitskampfs.

I. Deutschland

Ein Arbeitskampf ist in Deutschland nur auf der Ebene des Tarifrechts möglich.

1. Tarifparteien

Bei den Arbeitskampfmaßnahmen kennt die Rechtsprechung in Deutschland keinen Typenzwang. Die Rechtsprechung leitet die verfassungsrechtliche Gewährleistung des Arbeitskampfs aus seiner Hilfsfunktion für ein freiheitliches Tarifvertragssystem her.[631] Der Arbeitskampf steht damit als Teil der kollektiven positiven Koalitionsfreiheit i.S.d. Art. 9 Abs. 3 GG unter dem Schutz der Verfassung. „Die Koalitionen sollen die Mittel, die sie zur Erreichung ihres Zwecks für geeignet halten, selbst wählen können. Zu den geschützten Mitteln zählen die Arbeitskampfmaßnahmen, die erforderlich sind, um eine funktionierende Tarifautonomie sicherzustellen.“[632] Die klassischen Arbeitskampfmittel sind Streik und Aussperrung. Während der Laufzeit eines Tarifvertrages besteht allerdings eine unabdingbare Friedenspflicht im Hinblick auf die im Tarifvertrag geregelten Fragen. Diese relative Friedenspflicht ist dem Tarifvertrag immanent und nicht abdingbar.[633]

631 BAG GS v. 21.4.1971, AP Nr. 43 zu Art. 9 GG Arbeitskampf.
632 BVerfG v. 2.3.1993, AP Nr. 126 zu Art. 9 GG Arbeitskampf, unter C II. 1 d. Gr.
633 BAG v. 21.12.1982, AP Nr. 76 zu Art. 9 GG Arbeitskampf unter A II 1 a.

a. Kampfmittel der Arbeitnehmer

Der Streik beruht auf der summierten Arbeitsverweigerung durch die einzelnen Arbeitnehmer.

Ein Streik ist rechtmäßig, wenn er den Abschluss eines Tarifvertrags zum Inhalt hat, also um ein tariflich regelbares Ziel geführt wird.[634] Für die Beurteilung der Rechtmäßigkeit ist das Hauptziel des Tarifvertragsentwurfs maßgeblich.[635] Gerechtfertigt werden die Arbeitsniederlegungen durch den gewerkschaftlichen Streikbeschluss, ohne dass es einer Kündigung der Arbeitsverhältnisse bedarf. Ein nicht gewerkschaftlich organisierter Streik ist illegal.

Bestreikt werden können einzelne Arbeitgeber oder Arbeitgeberverbände. Mit der in § 2 Abs. 1 TVG normierten Tariffähigkeit des einzelnen Arbeitgebers korrespondiert das Recht der Gewerkschaft, diesen auch dann im Hinblick auf den Abschluss eines Tarifvertrags in Anspruch zu nehmen, wenn er einem Arbeitgeberverband angehört.[636]

Durch einen rechtmäßigen Streik werden die beiderseitigen Hauptpflichten der Arbeitgeber und Arbeitnehmer ausgesetzt mit der Folge, dass die Arbeitsniederlegung nicht als Vertragsverletzung angesehen wird und die Lohnzahlungspflicht des Arbeitgebers entfällt.[637] Der Arbeitgeber ist also nicht berechtigt, das Arbeitsverhältnis allein wegen der Streikteilnahme zu kündigen. Allerdings darf er betriebsbedingt kündigen, wenn ein Arbeitsplatz infolge eines geringeren Arbeitskräftebedarfs oder einer Rationalisierungsmaßnahme als Konsequenz des Arbeitskampfs wegfällt.[638] Die Absicht, eine unbefristete Ersatzkraft für einen bestreikten Arbeitsplatz einzustellen, kann nicht die Kündigung des streikenden Arbeitnehmers rechtfertigen.[639]

Machen einzelne Arbeitnehmer von der durch den Streikbeschluss eröffneten Möglichkeit der Arbeitsniederlegung keinen Gebrauch, bleibt es bei der Arbeits- und Lohnzahlungsverpflichtung.[640]

---

634 BAG, AP Nr. 62 zu GG Art. 9 Arbeitskampf; dazu BVerfG AP Nr. 62 a GG Art. 9 Arbeitskampf). Damit sind insbesondere Streiks zur Durchsetzung von Rechtspositionen, deren Bestehen behauptet wird, im Unterschied zu den USA unzulässig.

635 LAG Hamm v. 24.4.1985, EzA Nr. 39 zu Art. 9 GG Arbeitskampf. A.A. *Löwisch*, Arbeitskampf- und Schlichtungsrecht, 1997, 71: Der Arbeitskampf soll insgesamt rechtswidrig sein, sobald nur eine der Forderungen unzulässig ist.

636 BAG v. 10.12.2002, AP Nr. 162 zu Art. 9 GG Arbeitskampf; a.A. *Bauer/Krieger*, NZA 2004, 1019, 1021.

637 So genannte Suspendierungslösung.

638 MünchArbR-*Otto*, § 288, Rn. 23.

639 ErfKomm-*Dieterich*, Art. 9 GG, Rn. 206.

640 Eine Ausnahme gilt dann, wenn ein Aufrechterhalten der Produktion nicht möglich ist. Der Arbeitgeber kann dann von seinem Recht zur Lohnverweigerung nach den

Zur Definition eines rechtmäßigen Streiks sind vier Rechtmäßigkeitskriterien entwickelt worden. Der Streik muss von einer Gewerkschaft organisiert und getragen werden, welcher Tariffähigkeit zukommt; der Streik muss um tariflich regelbare Ziele geführt werden, d.h. um solche, die rechtmäßiger Inhalt eines Tarifvertrages sein können; die Friedenspflicht des vorhergehenden Tarifvertrages muss durch dessen Ablauf erloschen sein; und das Ultima Ratio-Prinzip muss eingehalten worden sein.[641]

Eine Ausnahme von den oben genannten Voraussetzungen hatte das Bundesarbeitsgericht zunächst im Hinblick auf die strikte Anwendung des Ultima Ratio-Prinzips bei Warnstreiks gemacht. Grundsätzlich sollte ein kurzer, befristeter Warnstreik zum Zwecke der Demonstration künftiger Kampfbereitschaft schon vor dem Scheitern der Tarifvertrags- sowie gegebenenfalls von Schlichtungsverhandlungen möglich sein.[642] Maßgeblich war die Annahme, dass dadurch das Ausbrechen eines unbefristeten Erzwingungsstreiks verhindert werden könne. Nachdem die damit eingeleitete Privilegierung von Warnstreiks von den Gewerkschaften zur Entwicklung der Streiktaktik der „neuen Beweglichkeit" genutzt wurde, welche durch Kumulierung vieler kurzzeitiger Arbeitsniederlegungen beträchtlichen Kampfdruck erzeugte, gab das Bundesarbeitsgericht die Privilegierung des Warnstreiks auf.[643] Gleichzeitig bestimmte es jedoch, die Erklärung des Scheiterns der Verhandlungen liege in der erstmaligen Arbeitsniederlegung selbst, es bedürfe keiner nochmaligen expliziten Erklärung. Da das Bundesarbeitsgericht gleichzeitig davon ausgeht, dass trotz einer solchen fingierten Scheiternserklärung die Verhandlungen weitergehen könnten, ist werde eine Trennung von Verhandlungs- und Arbeitskampfphase quasi aufgegeben.[644] Das Ultima Ratio-Prinzip wird im Arbeitskampfrecht nach wie vor als prägend angesehen,[645] hat aber nur noch geringe praktische Bedeutung.

Während des Arbeitskampfes ist das Gebot fairer Kampfführung[646] einzuhalten, dem zufolge die Druckausübung nicht über das unbedingt Erforderliche hinausgehen darf. Aus diesem folgt eine Beschränkung der Befugnisse von Streikposten, die sich auf Überredungsversuche gegenüber Arbeitswilligen zu beschrän-

Grundsätzen der Arbeitskampfrisikolehre Gebrauch machen, BAG v. 22.12.1980, AP Nr. 70, 71 zu Art. 9 GG Arbeitskampf.

641 Dazu umfassend *Lieb*, Arbeitsrecht, § 7 I.2.b), Rn. 580 ff.

642 BAG v. 17.12.1976, AP Nr. 51 zu Art. 9 GG Arbeitskampf (erste Warnstreikentscheidung).

643 BAG v. 25.6.1986, NZA 1986, 846 (dritte Warnstreikentscheidung).

644 So insb. auch *Lieb*, Arbeitsrecht, 194, Rn. 594.

645 *Rebhahn*, NZA 2001, 763, 770.

646 *Lieb*, Arbeitsrecht, 198, Rn. 604 m.w.N.

ken haben.[647] Unzulässig sind die Verhinderung des Zu- und Abgangs von Waren und Kunden sowie die Behinderung arbeitswilliger Arbeitnehmer, die den Betrieb betreten wollen. Die Blockade von Zu- und Ausgängen oder die Bildung von Menschenketten sind selbst dann unzulässig, wenn einige passierbar bleiben oder der Passierende sich einen Weg bahnen könnte.[648]

Ein Boykott ist im Arbeitskampf grundsätzlich erlaubt.[649] Der Boykott zielt auf den Ausschluss des Kampfgegners vom geschäftlichen Verkehr, indem entweder nur die eigenen geschäftlichen Kontakte mit ihm abgebrochen oder auch Dritte zum Abbruch aufgefordert werden. Der Boykott ist unzulässig, wenn Zweck und Mittel gegen das Gesetz oder gegen die guten Sitten verstoßen oder wenn die Ultima-Ratio-Regel verletzt wird.[650]

Aus dem Rechtmäßigkeitskriterium der tariflichen Regelbarkeit ergibt sich, dass Arbeitskampfdruck mit dem Ziel der Durchsetzung eines bestimmten Rechtsstandpunktes unzulässig ist. Auch Sympathiestreiks, die den Hauptstreik nur unterstützen sollen, aber kein eigenes tariflich regelbares Ziel verfolgen, sind unzulässig.[651] Unklar ist, ob das Bundesarbeitsgericht in Zukunft immer dann eine Ausnahme machen wird, wenn das Drittunternehmen von den Tarifabschlüssen profitieren würde.[652]

---

647 Eine Absperrung bestreikter Betriebe ist rechtswidrig; BAG v. 21.6.1988, NZA 1988, 846, 888; MünchArbR-*Otto*, § 287, Rn. 3.

648 *Hromadka/Maschmann*, Arbeitsrecht Bd. 2, § 14, Rn. 68.

649 BAG v. 19.10.1976, AP Nr. 6 zu § 1 TVG Form. Im Grunde ist ein „Primärboykott“ mit jedem Streik insofern verbunden, als Streikarbeit verhindert und Streikbrecher abgehalten werden sollen. Zum Beispiel könnte eine Kampf führende Gewerkschaft alle Arbeitnehmer auffordern, sich nicht zwecks Aufrechterhaltung der Produktion an Stelle ihrer streikenden Kollegen einstellen zu lassen. *Lieb*, Arbeitsrecht, § 7 V.2.c), Rn. 691.

650 Kundenboykotts, bei denen dazu aufgerufen wird, von einem bestimmten Arbeitgeber keine Waren zu beziehen, sind in Deutschland sehr selten. Ein Amtsgericht in Berlin hatte einen Boykottaufruf durch Handzettel vor Einzelhandelsgeschäften für zulässig gehalten, mit dem die Geschäfte zur Zahlung höherer Löhne an ihre Arbeitnehmer gezwungen werden sollten. AG Berlin v. 15.2.1965, Fundhefte für Arbeitsrecht 1965, 168 (Nr. 1987).

651 BAG v. 5.3.1985, AP Nr. 85 zu Art. 9 GG Arbeitskampf; v. 12.1.1988, AP Nr. 90 zu Art. 9 GG Arbeitskampf; v. 9.4.1991, AP Nr. 116 zu Art. 9 GG Arbeitskampf.

652 Es sah einen Arbeitskampf gegen einen durch Firmentarifvertrag gebundenen Außenseiter-Arbeitgeber als zulässig an, bei welchem durch Verweisungsklauseln in den Arbeitsverträgen das Lohnergebnis des Verbandstarifs für die Arbeitsverhältnisse unverändert übernommen wurde; BAG v. 18.2.2003, NZA 2003, 866.

b. Kampfmittel der Arbeitgeber

Das Arbeitskampfmittel der Arbeitgeberseite ist die Aussperrung. Die Zulässigkeit ist im Laufe der Jahre von der Rechtsprechung sehr unterschiedlich beurteilt worden. Ausgangspunkt der heutigen Aussagen der Rechtsprechung bildet die Annahme, den Gewerkschaften sei grundsätzlich die Angreiferrolle einzuräumen, d.h. die Möglichkeit, den Arbeitskampf zu der Zeit, an dem Ort und in dem Umfang, in dem sie es nach ihren kampftaktischen Überlegungen für notwendig halten, zu eröffnen. Ohne diesen Streikdruck könnten Tarifvertragsverhandlungen nur als „kollektives Betteln" angesehen werden.[653] Die Arbeitgeberseite soll sich im Wesentlichen auf das bloße Durchstehen des Arbeitskampfes beschränken, sofern nicht durch bestimmte Streikpraktiken der Gewerkschaften Paritätsstörungen hervorgerufen werden. Eine solche Paritätsstörung liegt insbesondere dann vor, wenn durch die Taktik des Schwerpunktstreiks nur eine so geringe Zahl von Arbeitnehmern betroffen ist, dass auf ihrer Seite mit Solidaritätsstörungen gerechnet werden muss. Weiterhin ist es den Arbeitgebern erlaubt, die Kampffront in bestimmten Zahlengrenzen durch Defensivaussperrungen zu erweitern. Zugrunde liegt die Überlegung, dass das Bedürfnis der Arbeitgeberseite, den Arbeitskampf auf weitere Betriebe auszudehnen, umso größer ist, je enger der Streik begrenzt ist. Die Abwehraussperrung gegen einen Streik, der weniger als 25 % der Arbeitnehmer eines Tarifgebiets umfasst, darf auf weitere 25 % ausgedehnt werden. Streiken bereits mehr als 25 % der Arbeitnehmer eines Tarifgebiets, sollen die Arbeitgeber die Kampfbetroffenheit bis zur Höchstgrenze von 50 % der Arbeitnehmer des betroffenen Gebiets erweitern dürfen.

Nach der Rechtsprechung des Bundesarbeitsgerichts ist ein bestreikter Arbeitgeber nicht rechtlich verpflichtet, Widerstand zu leisten und den Betrieb soweit wie möglich aufrechtzuerhalten. Er kann sich auch dem Streikbeschluss beugen und seine betriebliche Tätigkeit im Umfang und für die Dauer des maßgebenden Streikbeschlusses einstellen und damit die Arbeitspflicht der streikwilligen Arbeitnehmer suspendieren.[654]

Der Arbeitgeber kann den nicht Streikenden eine so genannte Streikbruchprämie gewähren als Belohnung dafür, dass sie sich nicht am Streik beteiligen oder beteiligt haben. Ob die Vorenthaltung dieser Vergünstigung für die streikenden Arbeitnehmer dem Maßregelungsverbot i.S.d. § 612 a BGB unterfällt, entscheidet sich nach der Abgrenzung zu dem arbeitskampfrechtlichen Grundsatz

---

653 BAG v. 10.6.1980, AP Nr. 64 zu Art. 9 GG Arbeitskampf, Bl. 4 R.

654 BAG v. 22.3.1994, AP Nr. 130 GG zu Art. 9 Arbeitskampf. Allerdings muss der Arbeitgeber gegenüber den betroffenen arbeitswilligen Arbeitnehmern Klarheit schaffen, von welcher Rechtslage sie ausgehen müssen. Will der Arbeitgeber den Betrieb fortsetzen, müssen diese ihre Arbeit weiterhin ordnungsgemäß anbieten.

der freien Wahl der Kampfmittel, welcher die Streikbruchprämie als Arbeitskampfmittel nicht von vornherein ausschließt. Der aus dem arbeitsrechtlichen Gleichbehandlungsgrundsatz folgende sachliche Grund für die Ungleichbehandlung zwischen streikenden und nicht streikenden Arbeitnehmern liegt jedoch nur dann vor, wenn die Streikbruchprämie als Mittel des Arbeitskampfes zur Geltung kommt.[655]

2. Betriebsräte

Das Betriebsverfassungsrecht kennt keinen Arbeitskampf.

a. Kooperation statt Konfrontation

Als eines der Leitprinzipien des Betriebsverfassungsgesetzes ist in § 2 Abs. 1 BetrVG das Gebot der vertrauensvollen Zusammenarbeit postuliert. Dieses verpflichtet den Betriebsrat, mit dem Arbeitgeber nicht nur zum Wohl der Arbeitnehmer, sondern auch zum Wohl des Betriebs zusammenzuarbeiten. Ergänzt wird das genannte Gebot um die Pflicht, über streitige Fragen mit dem ernsten Willen zur Einigung zu verhandeln (§ 74 Abs. 1 Satz 2 BetrVG). Weiterhin begründet § 74 Abs. 2 Satz 1 BetrVG eine absolute Friedenspflicht zwischen den Betriebspartnern, also ein absolutes Arbeitskampfverbot in Bezug auf die Austragung betriebsverfassungsrechtlicher Streitigkeiten (so genannter „innerer Ar-

---

655 Entscheidend dafür ist der Zeitpunkt des Prämienversprechens. Nach Ansicht des Bundesarbeitsgerichts ist die während des Streiks gezahlte (echte) Streikbruchprämie zulässig, wenn sie lediglich für die Nichtteilnahme und unterschiedslos allen nicht am Streik beteiligten Arbeitnehmer gezahlt wird. BAG v. 13.7.1993, AP Nr. 127 zu Art. 9 GG, Arbeitskampf; LAG Rheinland-Pfalz v. 30.5.1996, LAGE Nr. 62 zu Art. 9 GG Arbeitskampf. Verspricht der Arbeitgeber vor Beginn des Arbeitskampfes denjenigen Arbeitnehmern Leistungen, die sich nicht am Arbeitskampf beteiligen, ähnelt die Situation derjenigen während des Arbeitskampfes. Unter der Prämisse, dass es den Tarifpartnern freisteht, schon vor der Auseinandersetzung ihre Kampfmittel offen zu legen, stellen solche Leistungen keinen Verstoß gegen das Maßregelungsverbot dar. LAG Rheinland-Pfalz v. 21.10.1992; a.A. ArbG Köln v. 8.5.1985, NZA 1986, 33. Unzulässig sind erst nach dem Abschluss der Kampfmaßnahmen eingeräumte Vergünstigungen ohne vorherige Zusage. Diese sind nur dann zulässig, wenn für sie ein außerhalb der Nichtteilnahme am Streik liegender sachlicher Rechtfertigungsgrund besteht. Der sachliche Grund erfordert nach Bundesarbeitsgericht, dass die Begünstigten während der Streikarbeit Belastungen ausgesetzt waren, die erheblich über das normale Maß der mit jeder Streikarbeit verbundenen Erschwernis hinausgehen; BAG v. 11.8.1992, AP Nr. 124 zu Art. 9 GG Arbeitskampf.

beitskampf"[656]). Mittelbar erfasst wird von der Vorschrift nach herrschender Meinung in Literatur und Rechtsprechung auch das Verbot so genannter äußerer Arbeitskämpfe,[657] d.h. fremde Streiks dürfen vom Betriebsrat nicht unterstützt werden. § 74 Abs. 2 Satz 2 BetrVG ergänzt das Arbeitskampfverbot durch ein die Verpflichtung zur vertrauensvollen Zusammenarbeit konkretisierendes Verbot von Betätigungen, durch die der Arbeitsablauf oder der Frieden des Betriebs beeinträchtigt werden können.

b. Einigungsstelle

An Stelle des Arbeitskampfes stellt das Gesetz die Möglichkeit der Anrufung der Einigungsstelle als Konfliktlösungsmechanismus zur Verfügung (§ 76 Abs. 1 BetrVG). Diese Instanz besteht aus einer gleichen Anzahl von Beisitzern, die von Arbeitgeber und Betriebsrat bestellt werden, und einem unparteiischem Vorsitzenden, auf dessen Person sich beide Seiten einigen müssen (§ 76 Abs. 2 Satz 1 BetrVG). Auch die Einigungsstelle hat ihre Beschlüsse nicht nur unter Berücksichtigung der Belange der betroffenen Arbeitnehmer, sondern auch unter angemessener Berücksichtigung der Belange des Betriebs und der betroffenen Arbeitnehmer nach billigem Ermessen zu fassen (§ 76 Abs. 5 Satz 3 BetrVG). Die wirtschaftliche Vertretbarkeit der Entscheidung für das Unternehmen ist dabei eingeschlossen.[658] Die Abwägung der beiderseitigen Interessen ist nach den konkreten Umständen vorzunehmen, so dass möglicherweise die Interessen der einen oder der anderen Seite mehr oder minder zurücktreten müssen.[659] Bei Überschreiten der Ermessensgrenzen ist der Spruch der Einigungsstelle nach § 76 Abs. 5 Satz 4 BetrVG vor den Arbeitsgerichten anfechtbar. Das Arbeitsgericht hat den Spruch der Einigungsstelle darauf zu überprüfen, ob die getroffene Regelung die Belange der Arbeitnehmer und des Betriebes angemessen berücksichtigt und beide zu einem billigen Ausgleich gebracht hat.[660]

---

656 *Gamillscheg*, Kollektives Arbeitsrecht, 1124.

657 BAG v. 20.12.2002, NZA 2004, 223, 225, III.2. d. Gr.; *Reichhold*, NZA 2004, 247, 248 m.w.N.

658 *Beuthien*, ZfA 1988, 1, 13.

659 *Schwerdtner*, Anm. zu LAG Baden-Württemberg v. 28.2.1980, EzA Nr. 4 zu § 87 BetrVG 1972 Inititativrecht, Bl. 64.

660 BAG v. 31.8.1982, AP Nr. 8 zu § 87 BetrVG 1972 Arbeitszeit, unter IV. 2 d. Gr., Bl. 1017.

c. *Außergesetzliches Drohpotenzial: Faktische Macht der Betriebsräte*

Zwar sieht das Gesetz während der Verhandlungen keine ausdrücklichen Möglichkeiten der Druckausübung durch den Betriebsrat auf den Arbeitgeber vor, sofern nicht ein zwingender Mitbestimmungstatbestand vorliegt, der dem Betriebsrat die Mitbestimmung sichert. Jedoch setzen die gesetzlich geregelten Mitbestimmungsbefugnisse mittelbar einen Anreiz für den Arbeitgeber, sich den Forderungen des Betriebsrats selbst dann nicht zu verschließen, wenn keine zwingende Mitbestimmung vorgesehen ist, sondern zum Beispiel nur ein Beratungsrecht.

Drohpotenzial ergibt sich zum einen durch das Damoklesschwert der Einigungsstelle. Das Verfahren vor der Einigungsstelle wollen Arbeitgeber in der Regel vermeiden. Zum einen weil sie im Einigungsstellenverfahren auf die Entscheidung eines Dritten angewiesen sind und ihnen die Entscheidung so aus der Hand genommen wird. Zwar müssen sich Arbeitgeber und Betriebsrat zusammen auf den Einigungsstellenvorsitzenden einigen (§ 76 Abs. 2 Satz 1 BetrVG). Jedoch ist nicht garantiert, dass der Arbeitgeber seinen Einfluss geltend machen kann. Kommt es nicht zu einer Einigung, so bestellt ihn das Arbeitsgericht (§ 76 Abs. 2 Satz 3 BetrVG). Selbst wenn sich Arbeitgeber und Betriebsrat einig werden, kann der Arbeitgeber die Entscheidung nicht mehr unmittelbar beeinflussen. Die Kosten der Einigungsstelle, die erheblich sein können, trägt zudem der Arbeitgeber (§ 76 a Abs. 1 BetrVG). Er muss mit dem Vorsitzenden eine Honorarvereinbarung treffen. Außerbetriebliche Beisitzer (z.B. Anwälte) in der Einigungsstelle erhalten in der Regel 70 % des Honorars des Vorsitzenden.[661] In einer Untersuchung für den Zeitraum 1986 bis 1996 wurde festgestellt, dass die Durchschnittshonorare der Einigungsstellenvorsitzenden 1995 zwischen 178,95 Euro und 265,87 Euro pro Stunde lagen, im Jahr 1996 schon bei 365,57 Euro.[662] Umgerechnet auf ein Einigungsstellenverfahren erreichte der Höchstbetrag in einem Unternehmen laut einer Studie der Bundesvereinigung der Deutschen Arbeitgeberverbände[663] im Jahr 1997 133.958,47 Euro, der niedrigste lag bei 1.022,58 Euro, der Durchschnitt bei 8.889,83 Euro.

Für den Arbeitgeber ist zudem die Länge des Einigungsstellenverfahrens lästig. Bereits das Verfahren zur Bestellung des Vorsitzenden ist häufig um-

661 Der Gesetzgeber hat 1989 bestimmt, dass die Kosten der Einigungsstelle durch eine Rechtsverordnung geregelt werden können (§76a BetrVG). Zum Erlass einer solchen Verordnung ist es bis heute nicht gekommen.

662 *Ebert*, Die Kosten der Einigungsstelle gemäß § 76 a BetrVG 1972, 28 ff.

663 *Bundesvereinigung der Deutschen Arbeitgeberverbände*, Ergebnisse der Unternehmensbefragung zum Thema „Kosten der Einigungsstelle", Arbeitsrecht II/145 vom 9.10.1997, Köln.

ständlich.[664] Bei nicht ausräumbaren Differenzen im Bereich der sozialen Angelegenheiten kann sich selbst dann, wenn beide Betriebsparteien an einer möglichst zügigen Regelung der Angelegenheit interessiert sind, eine Verfahrensdauer von mehreren Monaten ergeben.[665] Dieses Problem wird verschärft, wenn eine Partei eine Verzögerungstaktik anstrebt.[666] Arbeitgeber meiden deshalb das Einigungsstellenverfahren und versuchen stattdessen, sich mit dem Betriebsrat zu einigen. „Allein die Tatsache, dass die Einigungsstelle als Damoklesschwert über den Dienststellen schwebt, führt oft schon im Vorfeld zu einer einvernehmlichen Regelung."[667] Das Institut der deutschen Wirtschaft in Köln hat herausgefunden, dass in den Betrieben, in denen der Betriebsrat als betriebliche Führungskraft anerkannt ist, ein Dissenz zwischen Arbeitgeber und Einigungsstelle also seltener ist, die administrativen Kosten mit 621,94 Euro um über 72 Euro niedriger sind als in anderen Betrieben.[668]

Eine weitere Motivation für den Arbeitgeber, den Forderungen des Betriebsrats entgegenzukommen oder sich diesem gegenüber jedenfalls kompromissbereit zu zeigen und zu einer Einigung zu gelangen, ergibt sich daraus, dass der Arbeitgeber auf die im Betriebsverfassungsgesetz vorgesehene „vertrauensvolle Zusammenarbeit" (§ 2 Abs. 1 BetrVG) angewiesen ist. *Jobst-Hubertus Bauer* hat darauf hingewiesen, dass ein Betriebsrat einen Arbeitgeber „an den Rande der Verzweiflung bringen" kann, wenn er die ihm nach dem Betriebsverfassungsgesetz zustehenden Rechte kompromisslos ausschöpft.[669] Er kann einen Betrieb zeitweise lahmlegen, und Koppelungsgeschäfte, ideologische Auseinandersetzungen Verzögerungen und Verhinderungen unternehmenspolitischer Entscheidungen können zu enormen Kosten führen. „Wird dem Betriebsrat positiv begegnet, fühlt sich dieser erfahrungsgemäß umso mehr dem Unternehmen verpflichtet. Mit ihm lassen sich dann leichter betriebliche Regelungen treffen, die dem Unternehmen nützen, aber bei der Belegschaft keine Begeisterung auslösen."[670] Arbeitgeber machen deshalb Zugeständnisse, um sich die Zustimmung des Betriebs-

664 *Tschoepe,* NZA 2004, 945.

665 Durchschnittlich wurden 1997 für die Einigungsstellenverfahren 17,5 Stunden benötigt, wobei die kürzeste Dauer bei 3 Sunden, die längste bei 63 Stunden lag; *Niedenhoff,* Kosten der Anwendung des Betriebsverfassungsgesetzes, 39.

666 *Bauer,* NZA 1992, 433, hat für Betriebsänderungen aufgezeigt, wie und auf welche Weise Interessenausgleichsverfahren erfolgreich über mehrere Monate hinweg verzögert werden können.

667 Aussage einer ver.di-Sekretärin (*M. Schrader-Pausewang*), taz.de 9.9.05 taz Nord Nr. 7764 vom 9.9.2005, 24.

668 *Niedenhoff,* Kosten der Anwendung des Betriebsverfassungsgesetzes, 25.

669 *Bauer,* Handelsblatt v. 17. Oktober 2003, www.handelsblatt.com/pshbfn=tt&sfn=go&id=759015, aufgerufen am 14.10.2005.

670 Ebd.

rats damit möglicherweise an anderer Stelle zu „erkaufen". Die Ergebnisse einer Unternehmensbefragung des Instituts der deutschen Wirtschaft (Köln) aus den Jahren 2003 und 2004 macht diese hervorgehobene Stellung des Betriebsrats beim Management deutlich. 72,2 % der Befragten waren überzeugt, dass nicht über das „Ob", sondern über das „Wie" bei der Zusammenarbeit mit dem Betriebsrat nachzudenken sei und dass unternehmerisches Handeln bedeute, das Organ des Betriebsrats zu akzeptieren und die konkrete Gestaltung der vertrauensvollen Zusammenarbeit voranzutreiben.[671]

Zudem ist der Betriebsrat auch die Instanz, die Maßnahmen des Arbeitgebers den Arbeitnehmern vermittelt. Schon aus diesem Grund ist dem Arbeitgeber daran gelegen, sich mit dem Betriebsrat gut zu stellen. So illustrierte der damalige Arbeitsminister *Riester* am Beispiel der Krise in der Metallindustrie in den 1990er-Jahren den Nutzen von Betriebsräten auch für die Unternehmensleitung. Sie habe nur deshalb so gut bewältigt werden können, weil sich auch die Betriebsräte gegenüber den Beschäftigten für notwendige Umstrukturierungen stark gemacht hätten.[672] Die Macht der Betriebsräte geht deshalb vor allem in Großunternehmen weit über das im Gesetz sichtbare Maß hinaus.

3. Arbeitnehmervertreter im Aufsichtsrat

Die Unternehmensmitbestimmung kennt keine kampfweise Durchsetzung von Rechten, weder im Verhältnis zwischen Aufsichtsrat und Vorstand noch zwischen der Arbeitnehmer- und der Anteilseignerbank.

Die Rechte und Pflichten der Arbeitnehmervertreter im Aufsichtsrat resultieren aus dessen Aufgaben. Wie der Vorstand ist der Aufsichtsrat zur Wahrung des Unternehmensinteresses verpflichtet.[673] Kollidieren die Interessen, denen sich das Aufsichtsratsmitglied verpflichtet fühlt, mit dem Unternehmensinteresse, so hat das Unternehmensinteresse Vorrang.[674] Zwar dürfen die Aufsichtsratsmitglieder an einem rechtmäßigem Streik gegen das Unternehmen teilnehmen,[675] jedoch

---

671 *Niedenhoff,* Kosten der Anwendung des Betriebsverfassungsgesetzes, 9.

672 Handelsblatt v. 21.11.2000, Nr. 225, 6.

673 *Eisenhardt,* Gesellschaftsrecht, § 24 II. 1) b), Rn. 12.

674 MünchKommAktG-*Wißmann*, § 380, Rn. 23. Die Definition des Unternehmensinteresses ist nicht einfach. Denn von dem Begriff werden vielfältige Interessen umfasst: Aktionärsinteressen, Interessen der Arbeitnehmer, der Allgemeinheit. Leitlinie ist das gemeinsame Interesse beider Parteien am Unternehmensbestand. Pflichtwidrig ist jedenfalls die Verfolgung von Gruppen- oder Einzelinteressen; *Eisenhardt,* Gesellschaftsrecht, § 24 II. 1) b), Rn. 12 m.w.N.

675 MünchKommAktG-*Wißmann*, § 380, Rn. 23.

steht ihnen zur Lösung von Interessenkonflikten untereinander dieses Mittel nicht zur Verfügung.

Auch bei der Unternehmensmitbestimmung gibt es jedoch Mechanismen, die sich nicht unmittelbar aus dem Gesetz ableiten lassen und welche die Überzeugungskraft des Aufsichtsrats stärken.

Zunächst begründet die Kompetenz des Aufsichtsrats zur Bestellung des Vorstands, verbunden mit der Höchstdauer von fünf Jahren (§ 84 Abs. 1 AktG), für den Aufsichtsrat eine sehr gewichtige Einflussmöglichkeit.

Weiterhin hat sich in vielen Unternehmen die Praxis herausgebildet, wichtige unternehmerische Probleme schon vor ihrer Entscheidung durch den Vorstand mit dem Aufsichtsrat zu beraten. Auch wenn es rechtlich nicht erforderlich ist, weil kein Zustimmungsvorbehalt nach § 111 Abs. 4 S. 2 AktG besteht, bemüht sich der Vorstand also im Vorfeld einer Entscheidung um das Einverständnis des Aufsichtsrats.[676]

Die Möglichkeit des Aufsichtsrats nach § 111 Abs. 4 S. 2 AktG, bestimmte Geschäfte von seiner Zustimmung abhängig zu machen und damit den Vorstand zu binden, ist ein weiterer Aspekt, der den Vorstand dazu anhält, die Zustimmung des Aufsichtsrats sicherzustellen. Denn trifft der Vorstand häufig Entscheidungen gegen den Willen des Aufsichtsrats, würde dies die Wahrscheinlichkeit erhöhen, dass der Aufsichtsrat einen Zustimmungsvorbehalt erlässt und den Vorstand damit tatsächlich rechtlich bindet. Um dies zu verhindern, ist es aus Sicht des Vorstands strategisch besser, auf freiwilliger Basis die Übereinstimmung mit dem Aufsichtsrat zu gewährleisten.

Innerhalb des Aufsichtsrats ist es allerdings für die Arbeitnehmerbank schwer, auf die Anteilseignerseite Druck auszuüben, weil jener im Verhältnis zu dieser keine dem Zustimmungsvorbehalt oder der Bestellung von Mitgliedern ähnliche Handhabe zur Verfügung steht. Drohpotenzial kann sich zum einen daraus ergeben, dass die Anteilseignerseite in einem Disput mit der Arbeitnehmerbank die Kritik der Belegschaft auf sich ziehen kann.[677] Gravierender ist das durch die personellen Verflechtungen mit Gewerkschaften und Betriebsräten bestehende Anliegen der Anteilseignerseite, es sich mit den Arbeitnehmervertretern im Aufsichtsrat nicht zu „verscherzen". Da nicht zu erwarten ist, dass Mitglieder des Betriebsrats bei der Ausübung des Aufsichtsratsmandats ihre Tätigkeit als Betriebsrat vergessen, ist es nahe liegend, dass die Arbeitnehmerseite als Aufsichtsrat Zugeständnisse der Anteilseignerseite mit Zugeständnissen in der Betriebsverfassung honoriert und umgekehrt.[678] Bei Daimler Chrysler hat zum Beispiel die

676 *Lieb*, Arbeitsrecht, Rn. 919.
677 So *Reuter*, RdA 1988, 280, 283.
678 Vgl. zu Koppelungsgeschäften ebenfalls *Reuter*, S. 53.

Arbeitnehmerbank der vorzeitigen Vertragsverlängerung des Vorstandsvorsitzenden *Schrempp* zugestimmt, weil dieser sich im Gegenzug für eine kräftige Lohnerhöhung eingesetzt hatte.[679] Dementsprechend formulierte *Thomas Schlenz*, Konzernbetriebsratsvorsitzender und Aufsichtsratsmitglied von Thyssen Krupp in einem Interview: „Unsere Stärke liegt im Zusammenspiel aller Ebenen der Mitbestimmung."[680]

II. USA

Wie im deutschen Tarifrecht wird in den USA die Möglichkeit der wirtschaftlichen Druckausübung als essenzieller Bestandteil der Kollektivvertragsverhandlungen angesehen. Die amerikanischen Gerichte geben den Tarifparteien einen weiten Spielraum bei der Wahl der Druckmittel. Wichtigstes Mittel im Rahmen des Ausgleichs der Interessenkonflikte ist auch in den USA der Arbeitskampf. Streik und Boykott sind die klassischen Mittel des Arbeitskampfes.

1. Kampfmittel der Arbeitnehmer

Das Streikrecht hat in den USA keinen verfassungsrechtlichen Rang, sondern wird einfachgesetzlich garantiert. § 7 NLRA garantiert den Arbeitnehmern u.a. das Recht, vereint Aktionen zu unternehmen, die Tarifverhandlungen unterstützen. In § 501 (2) LMRA (Labor Management Relations Act) wird der Streik als „jede gemeinsame Arbeitsverweigerung von Arbeitnehmern [...] und jede gemeinsame Arbeitsverlangsamung oder andere gemeinsame Unterbrechung der Arbeitsprozesse von Arbeitnehmern" definiert.

a. Allgemeines

Der Streik muss im Unterschied zu Deutschland nicht von der Gewerkschaft ausgerufen werden, ausreichend ist auch ein einzelner Arbeitnehmer, sofern der Streik als „gemeinsame Aktion" deklariert wird.[681]

Angestellte des öffentlichen Dienstes, die nicht vom National Labor Relations Act erfasst werden, haben im Unterschied zu Deutschland in den meisten Staaten kein Recht zum Streik. Im Staat New York spricht zum Beispiel der Public Em-

---

679 FAZ v. 4.1.2004, Nr. 258, 18.

680 *Hase/Kluge*, Mitbestimmung edition international 2004.

681 *NLRB v. City Disposal System, Inc.*, 465 U.S. 822 (1984).

ployees Fair Employment Act (bekannt als Taylor Law) allen Arbeitnehmern des öffentlichen Dienstes das Recht zum Streik ab.

§ 8 (b) (4) (i) NLRA schützt neben dem Streikrecht auch das Recht auf Streik begleitende Aktionen, auf so genannte „picketing". Ursprünglich entsprach die Funktion des „picket" der des deutschen Streikpostens.[682] Er hatte die Aufgabe, die Zugänge zum bestreikten Unternehmen zu besetzen, die Arbeitnehmer vom Streik zu unterrichten und Streikbrecher abzuwehren. Heutzutage geht die Aufgabe des „pike" weiter. Seine Aufgabe besteht darin, die Öffentlichkeit vom Bestehen eines Arbeitskonflikts zu unterrichten und sie gleichzeitig aufzufordern, die Gewerkschaft durch Boykott der Produkte zu unterstützen. Das „picketing" führt zum Beispiel dazu, dass andere Arbeitnehmer eine Linie nicht überqueren, Lastkraftwagen umdrehen und die Ladung nicht abliefern. „Picketing" liegt auch vor, wenn Arbeitnehmer nicht an einem Streik beteiligt sind und für allgemeine Ziele aus dem Bereich des kollektiven Arbeitsrechts demonstrieren,[683] also bei einem nach deutschem Recht unzulässigen politischen Streik.

b. Voraussetzungen des Streiks

Wie in Deutschland setzt die Rechtmäßigkeit der Arbeitskampfmaßnahme voraus, dass rechtmäßige Ziele mit rechtmäßigen Mitteln verfolgt werden. Ein Streik, der den Neuabschluss oder die Modifizierung eines Tarifvertrags erstrebt, ist entsprechend der relativen Friedenspflicht in Deutschland während der Laufzeit eines befristeten Tarifvertrags unzulässig. Im Hinblick auf nicht vereinbarte Gegenstände oder während eines unbefristeten Tarifvertrages ist ein Streik zulässig. Allerdings setzt ein Streik während der Laufzeit eines Tarifvertrages voraus, dass die Gewerkschaft dem Arbeitgeber Verhandlungen angeboten, über ihre Streikabsicht bekannt gegeben hat und dass eine 60 tägige Abkühlungsfrist abgelaufen ist (§ 8 (d) (4) NLRA).

Nach Ablauf des Tarifvertrages setzt ein Streik nur voraus, dass die Gewerkschaft dem Arbeitgeber die Möglichkeit zur Verhandlung einräumt, dies ergibt sich aus dem Erfordernis des „good faith bargaining". Es ist für den Streikbeginn jedoch nicht erforderlich, das Scheitern der Verhandlungen abzuwarten, denn eine dem deutschen Ultima-Ratio-Prinzip entsprechende Einschränkung des Streikrechts gibt es nicht. Streikende Arbeitnehmer, die nicht von einer Gewerkschaft vertreten werden, müssen einem Arbeitgeber weder die Möglichkeit der Verhandlung anbieten noch ihn in Kenntnis setzen, bevor zum Streik aufgerufen wird.

---

682 „Picket" leitet sich aus dem Wort „pike" ab – übersetzt: Spieß – und bedeutet „Wache".

683 *Thau/Pusch*, Arbeitsrecht in den USA, 159, Rn. 492.

In der Realität enthalten allerdings rund 85 % der Tarifverträge so genannte „no strike clauses“, durch die sichergestellt wird, dass während der Laufzeit eines Tarifvertrags überhaupt nicht gestreikt wird. Die „no strike clauses“ beziehen sich im Unterschied zu der Friedenspflicht in Deutschland auch auf Gegenstände, die nicht im Tarifvertrag geregelt sind. Diese Praxis wurde in den 1940-er-Jahren eingeführt. *Ken Margolies*[684] beschreibt sie als Sozialpakt („social compact“) zwischen Managern und Gewerkschaften zur Garantie eines friedlichen Arbeitsverhältnisses.

Die Pflicht zu Notstands- und Erhaltungsarbeiten kennt das amerikanische Streikrecht nicht. Das liegt daran, dass das Verhältnismäßigkeitsprinzip im Arbeitskampfrecht der USA anders als in Deutschland keine tragende Rolle spielt. Demnach besteht auch keine Pflicht der Gewerkschaft, sicherzustellen, dass das Eigentum des Arbeitgebers durch die Arbeitsniederlegung nicht beschädigt wird.

c. Streikziele und Konsequenzen der Differenzierung

Bei den Zielen des Streiks wird unterschieden zwischen dem Streik um Lohn, Arbeitszeit und Arbeitsbedingungen, den „economic strikes“, und den nach deutschem Recht unzulässigen Streiks wegen unrechtmäßigen Verhaltens des Arbeitgebers, den so genannten „unfair labor practice strikes“ (z.B. wegen unberechtigter Kündigungen).[685] Diese Differenzierung hat Bedeutung für das Recht der Arbeitnehmer auf Wiedereinstellung, sofern es streikbedingt zu Kündigungen kommt. Zwar verlieren streikende Arbeitnehmer grundsätzlich wie im deutschen Recht ihren Status nicht (§ 2 (3) NLRA). Dem Arbeitgeber ist es verwehrt, Arbeitnehmer wegen der Teilnahme an einem Streik zu benachteiligen (§ 8 (a) NLRA). Arbeitnehmer dürfen also nicht entlassen oder diszipliniert werden.[686] Jedoch dürfen Arbeitgeber am („economic“ = „wirtschaftlichen“) Streik beteiligte Arbeitnehmer durch Streikbrecher auf Dauer austauschen, um den Betrieb offen und die Produktion aufrechtzuerhalten.[687] 1981 hatte US-Präsident Ronald Reagan einen Streik der Fluglotsen und deren Gewerkschaft der Professional Air Traffic Controllers Organisation (PATCO) zerschlagen, indem er 11.000 strei-

684 Lehrer an der School of Industrial and Labor Relations an der Cornell University, im Gespräch mit der Verfasserin dieser Arbeit am 18. Mai 2005.

685 *Biedenkopf* weist darauf hin, dass eine Rechtsordnung ein Selbsthilferecht normalerweise nur so lange duldet, wie sie die Selbsthilfe nicht durch die Befriedung des Konflikts mittels einer hoheitlichen Entscheidung ersetzt hat. Hiervon macht die amerikanische Rechtsordnung eine Ausnahme. Vgl. *Biedenkopf*, Unternehmer und Gewerkschaft im Recht der Vereinigten Staaten, 168.

686 *Gould*, Einführung in das Arbeitsrecht der USA, 106.

687 Aber nicht, um die Arbeitnehmer für die Teilnahme am Streik zu bestrafen; *McKay*, 304 U.S. 333 (1938).

kende Fluglotsen feuerte. Diese Handlung wird allgemein als Beginn eines umfassenden Gebrauchs von diesem Recht, streikende Arbeitnehmer zu ersetzen, seitens der Arbeitgeber angesehen.[688]

Sofern der Tarifvertrag keine Wiedereinstellungsklausel enthält, steht nur den Arbeitnehmern, die wegen gesetzwidrigen Arbeitgeberverhaltens („unfair labor practice") streiken, ein Wiedereinstellungsanspruch zu. Eventuell eingestellte Ersatzarbeitskräfte werden im Fall der Wiedereinstellung entlassen. Bei ökonomischen Streiks haben die Arbeitnehmer in der Regel keinen Anspruch auf Wiedereinstellung,[689] nur ausnahmsweise wenn sie durch ihre Entlassung benachteiligt wurden oder eine als Ersatzkraft eingestellte Arbeitskraft ausscheidet.[690] Das beschriebene Entlassungsverbot von Arbeitnehmern läuft deshalb außerhalb von „unfair labor practice strikes" leer.

Entsprechend der deutschen Kategorie des (weit gehend unzulässigen) Sympathiearbeitskampfs gibt es im US-amerikanischen Recht auch den Unterfall des indirekten Arbeitskampfs. So genannte „solidarity strikes", bei denen eine Gewerkschaft einen Arbeitgeber bestreikt, um eine andere Gewerkschaft, die einen Tarifvertrag mit dem Arbeitgeber anstrebt, in ihren Forderungen zu unterstützen, sind rechtmäßig. Diese „reinen" Sympathiestreiks kommen allerdings in der Realität nicht vor.

Nicht rechtmäßig sind hingegen so genannte „secondary boycotts", die einen Arbeitgeber dazu bringen sollen, die Geschäftsbeziehungen mit einem anderen Arbeitgeber, mit dem die Gewerkschaft einen Tarifvertrag abschließen will, abzubrechen. Nachdem derlei gewerkschaftliche Kampfmaßnahmen nach dem zweiten Weltkrieg gravierende Auswirkungen hatten,[691] wurden sie im Jahre 1947 weitestgehend für unzulässig erklärt. Nach § 8 (b) (4) (B) NLRA handelt eine Gewerkschaft jetzt unlauter, wenn sie auf einen neutralen Unternehmer unmittelbar Zwang ausübt oder diesen durch Vereinbarung zu verpflichten versucht,

---

688 So *Risa Lieberwitz*, Associate Professor & Chair of the Department of Collective Bargaining, Labor Law and Labor History, School of Industrial and Labor Relations, Cornell University, Ithaca, im Gespräch mit der Verfasserin dieser Arbeit am 25. Mai 2005.

689 *Gibson Greetings v. NLRB*, 311 U.S. App. D.C. 314; 53 F.3d 385 (1995).

690 Der Versuch, dem Arbeitgeber das Kampfmittel der dauerhaften Ersetzung streikender Arbeitnehmer durch Neueinstellungen für Gesetz zu nehmen, ist gescheitert. Dies sollte mit dem Workplace Fairness Act erreicht werden, dem im Senat sechs Stimmen zum Erfolg fehlten. Siehe *Thau/Pusch*, Arbeitsrecht in den USA, 162, Rn. 507.

691 *Thau/Pusch*, Arbeitsrecht in den USA, 162, weist darauf hin, dass eine erhebliche Zahl von kleineren nichtorganisierten Milchherstellungsunternehmen dadurch in den Konkurs getrieben wurde, dass die Gewerkschaft vom Großhandel verlangte, nur Milchprodukte von organisierten Betrieben zu vertreiben.

einen anderen zu boykottieren oder einen solchen Boykott durch seine Arbeitnehmer zu dulden. Folgende Konstellationen fallen jedoch nicht unter einen unzulässigen sekundären Boykott:

Zum einen ist ein Arbeitgeber dann nicht „secondary", wenn er der unmittelbare Adressat des Streikzwecks ist. Nach der so genannten Ally Doctrine (Theorie vom Alliierten) ist ein Streik gegenüber einem Arbeitgeber dann zulässig, wenn dieser durch Produktionsübernahme seine Neutralität im Arbeitskampf verliert und zum Partner des bekämpften Unternehmens wird.[692] Die Gewerkschaft darf gegen solche Arbeiten vorgehen, die vor dem Streik von den Mitarbeitern des direkt angegriffenen Arbeitgebers ausgeführt und nun den Außenstehenden übertragen wurden. Für die Einordnung als „Alliierter" ist keine direkte Beziehung zwischen dem Bestreikten und dem Drittunternehmen erforderlich. Es reicht aus, dass das Drittunternehmen von dem Streik durch einen spürbaren Auftragszuwachs profitiert, selbst wenn es nicht durch das bestreikte Unternehmen zur Übernahme von Aufträgen veranlasst wurde.[693]

Zum anderen dürfen die Gewerkschaften ihren Appell auf alle Arbeitnehmer desjenigen Arbeitgebers erstrecken, mit dem der Disput ausgetragen wird, selbst wenn die angesprochenen Arbeitnehmer mit dem Disput unmittelbar nichts zu tun haben (section 8 (b) (4) (B)).

Nicht dem gesetzlichen Verbot des indirekten Arbeitskampfs unterfällt auch so genanntes „consumer picketing", d.h. die Aufforderung von Konsumenten, Produkte des bestreikten Unternehmens nicht zu kaufen.[694] Zulässig sind zum

---

692 *NLRB v. Business Mach., Local 450, IUE (Royal Typewriter Co.)*, 228 F.2d 553 (2d Cir. 1955), cert. denied, 351 U.S. 962 (1956).

693 Ebd.

694 *NLRB v. Fruit & Vegetable Packers, Local 760, Tree Fruits*, 377 U.S. 58 (1964). Im Fall Tree Fruits hatte die Gewerkschaft einen Streik gegen Abpacker von Früchten und Lagerhalter ausgerufen, die ihre Äpfel in Seattle und Umgebung an die Einzelhandelskette Safeway verkauften. Die Gewerkschaft veranlasste einen Boykott der Äpfel durch die Konsumenten und platzierte Streikposten vor einigen Läden der Stadt. Die Streikposten verteilten Zettel und trugen Plakate mit der Aufschrift: „An den Verbraucher: In diesem Laden werden Äpfel aus dem Staat Washington verkauft, die von nicht gewerkschaftlich organisierten Firmen stammen. Bitte kaufen Sie solche Äpfel nicht." Selbst wenn die Konsumenten nicht gewahr würden, dass sich die Plakate und Handzettel nur gegen den angegriffenen Arbeitgeber richteten, sei dort, wo der Appell der Gewerkschaft in enger Beziehung zum eigentlichen Streik stehe, das „picketing" gegen Dritte zulässig. Es sei sowohl auf dem Betriebsgelände des bestreikten Unternehmens als auch auf dem Gelände von Drittunternehmen erlaubt, soweit nicht ein Drittunternehmen deswegen in eine Notlage gebracht wird, weil der Betrieb maßgeblich auf dem Vertrieb des boykottierten Produkts beruht. *NLRB v. Retail Store Employees Union, Local 1001 (Safeco)*, 447 U.S. 607 (1980).

Beispiel Veröffentlichungen einer Gewerkschaft, mit denen sie darauf hinweist, dass ein Produkt von einem Unternehmen hergestellt wird, mit dem sie in einer Auseinandersetzung steht, und dass dieses Produkt auch von einem anderen Unternehmen vertrieben wird.[695]

Im Unterschied zum deutschen Recht sind in den USA auch politische Streiks zulässig.[696] In der Realität spielen sie jedoch kaum eine Rolle. Der bekannteste Streik richtete sich nicht gegen die amerikanische Regierung, sondern gegen die ehemalige Sowjetunion.[697]

2. Kampfmittel der Arbeitgeber

Die Abwehrmaßnahme des Arbeitgebers gegen Kampfmaßnahmen der Arbeitnehmer ist die Aussperrung. Die Aussperrung ist auch als Sympathieaussperrung, also zur Unterstützung eines anderen Arbeitgebers, zulässig. Eine Beschränkung durch eine Arbeitskampfarithmetik wie in Deutschland kennt das amerikanische Recht nicht. Neben Defensivaussperrungen sind seit 1965[698] auch Offensivaussperrungen zulässig. Grundüberlegung ist, dass bei Kollektivverhandlungen auch der Arbeitgeber so lange seine Taktik frei wählen kann, wie die Gewerkschaft in den Kollektivverhandlungen ihre Funktion noch wahrzunehmen vermag.

Im Gegensatz zum deutschen Recht ist es dem Arbeitgeber nicht erlaubt, während des Streiks zusätzliche Vergütungen über dem Gehaltsniveau für Arbeit zu zahlen, also eine Streikbruchprämie zu leisten.

Unzulässig ist auch das Ersetzen der ausgesperrten Arbeitnehmer durch Streikbrecher, um die Produktion aufrechtzuerhalten.[699] Im Fall des „economic strike" steht dem Arbeitgeber allerdings die oben erwähnte Möglichkeit zur Verfügung, die Arbeitnehmer zu ersetzen. Die Möglichkeit besteht seit 1938,[700] jedoch machen die Arbeitgeber erst seit den 1980er-Jahren regelmäßig von der Möglichkeit Gebrauch.[701]

---

695 Ebd.

696 *Jacksonville Bulk Terminals, Inc. v. International Longshoremen's Ass'n,* 457 U.S. 702 (1982).

697 Anfang der 80-er-Jahre weigerte sich die International Longshoremens Association (ILA), Fracht aus dem Gebiet der ehemaligen Sowjetunion oder solche, die von einem sowjetischen Schiff transportiert wurde, zu löschen. Zu den Einzelheiten vgl. die Darstellung bei *Westfall/Thüsing*, RdA 1999, 251, 255.

698 *American Ship Building Co. v. NLRB,* 380 U.S. 300 (1965).

699 *Inter Collegiate Press*, 199 N.L.R.B. 177, aff'd 486 F.2d 837 (8th Cir.1973).

700 *McKay*, 304 U.S. 333 (1938).

701 So *Risa Lieberwitz*, Associate Professor & Chair of the Department of Collective Bargaining, Labor Law and Labor History, School of Industrial and Labor Rela-

III. Vergleichende Betrachtung

Der Vergleich der Druckmittel der Parteien untereinander in den USA und in Deutschland legt wiederum markante Gegensätze der beiden Rechtssysteme offen.

1. Deutsche und amerikanische Gewerkschaften

Betrachtet man die Arbeitskampfmöglichkeiten der Arbeitnehmer, so kann der Eindruck entstehen, die Arbeitnehmer in den USA seien im Hinblick auf die Möglichkeit, Druck auf die andere Seite auszuüben, im Vergleich zu deutschen Arbeitnehmern im Vorteil.

Zum einen ist auf der Ebene des Tarifrechts festzustellen, dass Arbeitnehmern in den USA ein größeres „Arsenal" an Kampfmöglichkeiten als deutschen Arbeitnehmern zur Verfügung steht, weil es mehr Ziele gibt, die einen Arbeitskampf legitimieren. Während im deutschen Recht die Rechtmäßigkeit des Arbeitskampfs auf tariflich regelbare Ziele beschränkt ist, ist das amerikanische Tarifrecht in dieser Hinsicht offener. Während der politische Streik ungeachtet seiner Zulässigkeit in der US-amerikanischen Realität keine Rolle spielt, ist der Sympathiestreik bzw. -boykott ein Kampfmittel, das sehr wohl in der Praxis zum Tragen kommt: Wenn ein neutraler Arbeitnehmer in den USA zum „Ally" geworden ist, darf er uneingeschränkt bestreikt werden, wohingegen in Deutschland ein Arbeitgeber, der die Tarifforderungen selbst nicht erfüllen soll, nicht befürchten muss, unmittelbar Gegner des Arbeitskampfs zu werden. Zwar hat das Bundesarbeitsgericht in Deutschland die ganz überwiegend anerkannte Unzulässigkeit von Sympathiestreiks für bestimmte Fallkonstellationen angezweifelt. So hat es in seiner ersten Sympathiestreikentscheidung ausdrücklich offen gelassen, ob ein Sympathiestreik gerechtfertigt ist, wenn ein Arbeitgeber zuvor seine Neutralität im Arbeitskampf verletzt hat, indem er zum Beispiel Teile der Produktion übernommen hat.[702] In den USA reicht es aber für die Zulässigkeit des Arbeitskampfs schon aus, dass das Drittunternehmen von dem Streik durch einen spürbaren Auftragszuwachs profitiert, selbst wenn es nicht durch das bestreikte Unternehmen zur Übernahme von Aufträgen veranlasst wurde. Die Möglichkeiten der Arbeitnehmer, andere Arbeitgeber in den Streik mit einzubeziehen, sind damit in den USA auf jeden Fall umfangreicher als in Deutschland, selbst wenn die

---

tions, Cornell University, Ithaca, im Gespräch mit der Verfasserin dieser Arbeit am 25. Mai 2005.

702 BAG v. 5.3.1985, NZA 1985, 504, 507.

deutsche Rechtsprechung so ausgelegt wird,[703] dass ein Arbeitgeber bei Neutralitätsverletzungen bestreikt werden kann.

Ein weiterer mit dem deutschen Tarifrecht nicht vereinbarer, aber in den Vereinigten Staaten zulässiger und praktizierter Streik ist der „unfair labor practice strike". Dieser gibt den Arbeitnehmern ein zusätzliches Mittel an die Hand, den Arbeitgeber unter Druck zu setzen, wenn sein Verhalten gegen den National Labor Relations Act verstößt.

Zum anderen sind die Arbeitskampfmöglichkeiten der Arbeitnehmer in den USA auch dadurch vielfältiger, dass die Rechtmäßigkeit des Arbeitskampfs nicht vom Aufruf der Gewerkschaft zum Streik abhängt. Das Erfordernis der „concerted activity", das nur bedingt, dass der Streik als „gemeinsame Aktion" ausgerufen wird, lässt auch dem Arbeitskampf Einzelner oder einzelner Gruppen von Arbeitnehmern freien Raum.

Weiterhin fällt bei dem Rechtsvergleich auf, dass das amerikanische Arbeitskampfrecht weder das Verhältnismäßigkeitsprinzip noch das Ultima-Ratio-Prinzip kennt. Durch das Nichtvorhandensein des Verhältnismäßigkeitsprinzips entfällt für die amerikanischen Arbeitnehmer die Pflicht, während des Streiks Notstands- und Erhaltungsmaßnahmen durchzuführen. Lediglich in ein paar Fällen wurde ein Streik angesichts der Beschädigung des Arbeitgebereigentums durch den gewählten Zeitpunkt des Streiks als rechtswidrig beurteilt.[704] Das Fehlen des Ultima-Ratio-Prinzips im amerikanischen Recht bewirkt allerdings keine großen Unterschiede im Vergleich zum deutschen Recht. Da das Bundesarbeitsgericht davon ausgeht, dass trotz einer fingierten Scheiternserklärung die Verhandlungen weitergehen können, hat das Ultima-Ratio-Prinzip auch in Deutschland praktisch nur noch geringe Bedeutung. Sowohl in Deutschland als auch in den USA können demnach nach Einleitung der Kampfphase noch Verhandlungen stattfinden – in den USA schon deshalb, weil der „impasse" keine Voraussetzung für den Beginn eines Streiks ist, sondern lediglich Voraussetzung für die einseitige Umsetzung der Entscheidung durch den Arbeitgeber.

Schließlich eröffnet auch das Fehlen einer dem Tarifvertrag immanenten Friedenspflicht größere Möglichkeiten für die amerikanischen Arbeitnehmer, ihre Forderungen während der Laufzeit des Tarifvertrages nicht nur im Hinblick auf nicht geregelte (so die Rechtslage in Deutschland durch die relative Friedenspflicht), sondern auch im Hinblick auf im Tarifvertrag geregelte Aspekte durch Streik durchzusetzen, sofern es sich um einen unbefristeten Tarifvertrag handelt.[705]

---

703 Vgl. zur Diskussion *Lieb*, Arbeitsrecht, § 7 V. 2. a), Rn. 689.
704 *NLRB v. Marshall cur Wheel & Foundry Co.*, 218 F.2d 409 (5th Cir. 1955).
705 Vgl. Kapitel D.II.1. dieser Arbeit.

Dieser dargestellten Offenheit des amerikanischen Tarifrechts im Hinblick auf Streikziele und -formen steht jedoch eine Reihe von Faktoren gegenüber, welche die Arbeitskampfmöglichkeiten der Arbeitnehmer einschränken:

Zum einen ist ein die Arbeitnehmer benachteiligender Faktor das in der Realität in zahlreichen Staaten vorhandene gesetzliche Streikverbot für Arbeitnehmer des öffentlichen Dienstes. Besteht in Deutschland entsprechend dem Dienst- und Treueverhältnis nur für Beamte des öffentlichen Dienstes kein Streikrecht (Art. 33 Abs. 5 GG), trifft dieses Verbot in den USA in vielen Staaten alle öffentlichen Angestellten.

Zum anderen statuieren die erwähnten „no strike clauses", die Tarifparteien in der überwiegenden Zahl der Tarifverträge vereinbaren, in der Realität ein absolutes Streikverbot, also ein Verbot auch im Hinblick auf die im Tarifvertrag nicht geregelten Fragen. Zwar gelten „no strike clauses" in der Regel nicht für „unfair labor practice strikes", diese sind also weiterhin möglich. Ein Streik über wirtschaftliche Forderungen ist jedoch aufgrund der Klauseln in der Praxis für die überwiegende Zahl der Arbeitnehmer nur nach Ablauf eines Tarifvertrages bzw. bei Nichtbestehen eines Tarifvertrages möglich, auch wenn Forderungen gestellt werden, über die in den dem Vertrag vorausgehenden Verhandlungen nicht gesprochen wurde. Eine Ausnahme machen die „no strike clauses" häufig für Fragen der Gesundheit und Sicherheit und für Produktionsstandards.[706] Bei Arbeitnehmerforderungen, die diese Bereiche betreffen, sind Streiks also auch während der Laufzeit eines Tarifvertrages in der Regel möglich, unabhängig davon, ob die Fragen tariflich geregelt sind, allerdings mit einer Wartezeit von 60 Tagen nach Ankündigung des Streiks[707]. In der Praxis versuchen Gewerkschaften, vereinbarte „no strike clauses" dadurch zu umgehen, dass sie einen Streik als „unfair labor practice strike" deklarieren. Will eine Gewerkschaft zum Beispiel verhindern, dass ein Arbeitgeber einen Betriebsteil verlegt, soll ein von der Gewerkschaft organisierter Streik die wirtschaftliche Forderung, den Betriebsteil nicht zu verlegen, unterstützen. Da es sich weder um eine Frage der Gesundheit oder Sicherheit noch um Produktionsstandards handelt, ist die Forderung von der „no strike clause" gedeckt. Um trotzdem streiken zu können, wird die Gewerkschaft behaupten, die Betriebsverlegung verstoße gegen den Tarifvertrag, zum Beispiel weil dieser konkludent eine Klausel enthalte, die Betriebsverlegungen verbiete. Es wird damit behauptet, der Streik sei ein „unfair labor practice strike".[708]

---

706 *Harry Katz,* Dean der School of Industrial and Labor Relations, Cornell University, Ithaca, im Gespräch mit der Verfasserin dieser Arbeit am 25. Mai 2005.

707 Siehe Kapitel E.II.1. dieser Arbeit.

708 Ob das National Labor Relations Board dies im Streitfall anerkennt, ist eine andere Frage. Unabhängig von der Intention der streikenden Arbeitnehmer werden „unfair

Diese Einschränkungen der Arbeitnehmer in ihrer Arbeitskampffreiheit durch Bundesgesetze (Streikverbot für Angestellte des öffentlichen Dienstes) und Tarifvereinbarungen („no strike clauses") werden ergänzt durch das wichtige Mittel der Arbeitgeber, streikende Arbeitnehmer durch andere Arbeitnehmer zu ersetzen („right to replace economic strikers"). Das mit dem Streik verbundene Risiko, den Arbeitsplatz endgültig oder jedenfalls für eine gewisse Zeit zu verlieren, gehört zu den extrem umstrittenen Bereichen des amerikanischen Tarifrechts. *James A. Gross,* Professor of Labor and Labor Arbitration, Cornell University, ILR School, Ithaca, hat die Situation anschaulich beschrieben: „When union people talk to employees about unionization the perspective union member will say: 'I hear, if we go on strike, we will loose our jobs.'" Die potentielle Möglichkeit des permanenten Arbeitsplatzverlusts macht es für die Gewerkschaft schwer, erfolgreich zu sein – zum einen mit ihrer Überzeugungsarbeit während des Zertifizierungsverfahrens, zum anderen beim konkreten Aufruf zum Streik. Denn die Auflösung des Arbeitsverhältnisses liegt nicht im Interesse der Streikwilligen. Macht ein Arbeitgeber von dem Recht auf „replacement" Gebrauch, hat er den Tarifkonflikt häufig schon gewonnen, weil dies zum baldigen Abbruch der Streikmaßnahmen führt.[709]

Die Stärke dieses Druckmittels der Arbeitgeber ist nicht in allen Branchen gleich intensiv. Insbesondere hängt sie von der Qualifikation der streikenden Arbeitnehmer ab. Ist eine Branche betroffen, in der es leicht ist, Ersatzarbeitnehmer zu finden, und handelt es sich um gering qualifizierte Arbeitnehmer, deren Tätigkeit leicht von anderen Arbeitnehmern übernommen werden kann, so ist das Druckmittel des „replacement" streikender Arbeitnehmer groß. *Clyde Summers,* Jefferson B. Fordham Professor of Law, Emeritus, University of Pennsylvania Law School, Philadelphia, äußerte sich hierzu in einem Gespräch mit der Verfasserin am 23. Mai 2005 wie folgt: „In a case in NY newspapers, the union chose thanksgiving as the time to strike. The newspapers rely upon advertising during that time of the year. So they went on strike to especially hurt the employer. By the afternoon the employer had 300 replacements in a bus. This is a devastating thing. Strikes are not as common as they once were, because there are too many replacement workers." Sind die streikenden Arbeitnehmer dagegen solche, deren Qualifikation die aufwändige Einarbeitung eines Ersatzarbeitnehmers erfordern

---

labor strikers" als „economic strikers" behandelt, wenn das Board der Ansicht ist, wirtschaftliche Fragen seien der wahre Grund des Streiks gewesen.

709 *Cohen/Wachter*, Replacing Economic Strikers, 153 (2000). *Corbett,* 72 N.C.L. Rev. 813, 814 (1994), schlägt vor, den Arbeitgeber gesetzlich zu verpflichten, in dem konkreten Fall des Streiks das National Labor Relations Board zu informieren, damit die Arbeitnehmer sicher sein können, ob sie mit dem Verlust des Arbeitsplatzes rechnen müssen oder nicht.

würde, oder sind Ersatzarbeitnehmer in der Branche schwer zu finden, so fällt das Recht, Arbeitnehmer während des Streiks zu ersetzen, nicht ins Gewicht und hindert die Arbeitnehmer nicht daran zu streiken.

Neben dem Recht auf „replacement" der Arbeitnehmer und der beschriebenen Praxis, umfassende „no strike clauses" zu vereinbaren, ist in der Reihe der die amerikanischen Arbeitgeber favorisierenden Gesichtspunkte noch das Recht zum „lock out" zu erwähnen. Amerikanische Arbeitgeber haben im Vergleich zu deutschen Arbeitgebern größere Freiheiten, Arbeitnehmer auszusperren. Können deutsche Arbeitgeber nur in den engen Grenzen des Erfordernisses der Paritätsstörung mit Aussperrung auf Streik reagieren, können amerikanische Arbeitgeber viel weiter gehende Maßnahmen ergreifen und den Betrieb gleichzeitig durch „temporary replacements" aufrechterhalten. Noch dazu steht amerikanischen Arbeitgebern das Mittel der Angriffsaussperrung zur Verfügung, wenngleich von diesem selten Gebrauch gemacht wird.

Das fehlende Recht amerikanischer Arbeitgeber, Streikbruchprämien als Arbeitskampfmittel einzusetzen, fällt gegenüber dem Recht auf „replacement" streikender Arbeitnehmer und der umfassenden Möglichkeit zur Aussperrung nicht ins Gewicht.

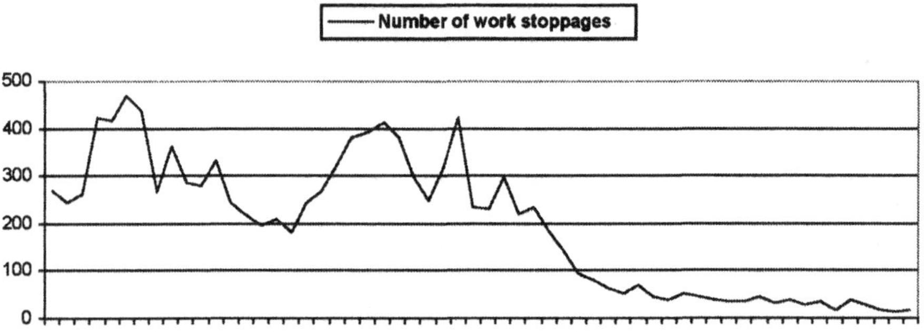

Abbildung 9: Anzahl streikender Arbeitnehmer in den USA 1947-2004[710]

710 U.S. Department of Labor, Work Stoppages 2004, 7.

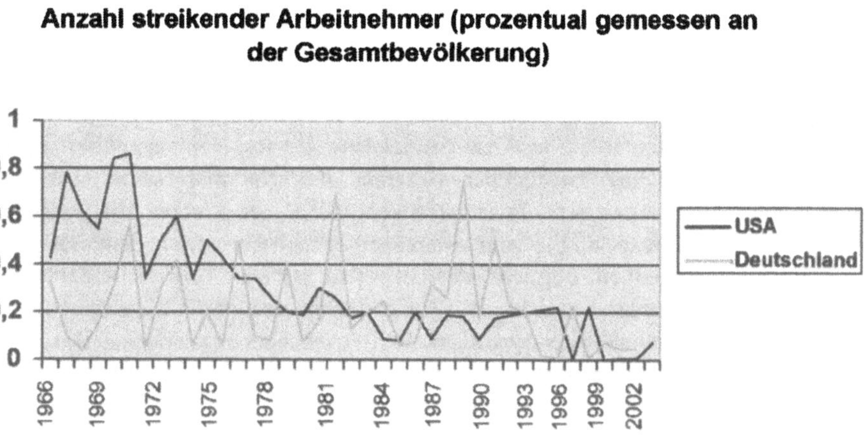

Abbildung 10: Anzahl streikender Arbeitnehmer im Vergleich Deutschland USA 1966-2001[711]

Quellen: Diese Grafik könnte ein Beleg für die den Streik hemmende Wirkung des Rechts auf „replacement" sein. Der Prozentsatz streikender Arbeitnehmer in den USA sinkt kurz nach dem Zeitpunkt (1983), zu dem US-Präsident Ronald Reagan einen Streik der Fluglotsen und deren Gewerkschaft der Professional Air Traffic Controllers Organisation (PATCO) durch „replacements" zerschlagen hat (1981), unter das Niveau des deutschen Prozentsatzes streikender Arbeitnehmer, und dies hat sich bis heute nicht mehr geändert. Diese Handlung Reagans wird allgemein als Beginn eines umfassenden Gebrauchs dieses Rechts seitens der Arbeitgeber angesehen.[712]

Angesichts dieser sehr viel größeren Freiheit bei der Wahl und dem Einsatz der Arbeitskampfmittel sowohl auf Arbeitnehmer- als auch auf Arbeitgeberseite in den USA könnte *Coester*[713] zuzustimmen sein, der die größere Flexibilität des amerikanischen Streikrechts im Vergleich zum deutschen mit einem in beiden Ländern divergierenden Streikverständnis begründet: Während der Streik in den USA als wertneutrale, notwendige Auseinandersetzungsform in einem staatsfreien Raum angesehen werde, stufe man ihn in Deutschland als wirtschaftlich und sozial unerwünschten Kollaps von Tarifverhandlungen ein. Verhältnismäßigkeitsprinzip und Ultima-Ratio-Prinzip (Letzteres jedenfalls in der Theorie)

---

711 Statistisches Taschenbuch 2004, Arbeits- und Sozialstatistik, Tabelle 3.4.

712 So *Risa Lieberwitz*, Associate Professor & Chair of the Department of Collective Bargaining, Labor Law and Labor History, School of Industrial and Labor Relations, Cornell University, Ithaca, im Gespräch mit der Verfasserin dieser Arbeit am 25. Mai 2005.

713 *Coester*, RdA 1976, 282, 294.

sorgen in Deutschland dafür, dass der Arbeitskampf in seiner Erscheinungsform und seinen Auswirkungen ein erforderliches minimales Maß nicht überschreitet. Die Möglichkeit des Streiks wird als notwendiges Mittel der Machtausübung der Arbeitnehmer angesehen, um die Übermacht der Arbeitgeber auszugleichen, nicht jedoch als akzeptable Form des Ausgleichsprozesses. Demgegenüber hat es der US Supreme Court ausdrücklich verneint, dem National Labor Relations Board eine Rolle zuzuweisen „as an arbitrator of the sort of economic weapons the parties can use in seeking to gain acceptance of their bargaining demands".[714]

Die weiter reichenden Möglichkeiten der Arbeitnehmer in den USA, Dritte in den Streik mit einzubeziehen, hängen darüber hinaus auch damit zusammen, dass Kollektivverhandlungen in der Regel auf der Betriebsebene stattfinden. Die Zahl der repräsentierten Arbeitnehmer ist häufig nur so gering, dass der Streik keinen ausreichenden Druck auf den jeweiligen Arbeitgeber ausüben könnte, wenn nicht Dritte in den Streik miteinbezogen würden.

Die weiter gehenden Arbeitskampfrechte der amerikanischen Arbeitgeber hängen damit zusammen, dass der deutsche Gedanke, den Gewerkschaften sei grundsätzlich die Angreiferrolle zu reservieren, d.h. die Möglichkeit einzuräumen, den Arbeitskampf zu der Zeit, an dem Ort und in dem Umfang zu eröffnen, in dem sie es nach ihren kampftaktischen Vorstellungen für richtig hielten,[715] dem amerikanischen Recht fremd ist.

In der Konsequenz haben also sowohl die amerikanischen Arbeitnehmer als auch die Arbeitgeber vielfältigere Arbeitskampfmöglichkeiten, als dies in Deutschland der Fall ist. Das Ergebnis ist jedoch keinesfalls immer Kampfparität. Das Damoklesschwert des Jobverlusts durch „replacement" schwächt die Macht der Gewerkschaften. Insbesondere in Zeiten höherer Arbeitslosigkeit nimmt die Bereitschaft der Arbeitnehmer ab, den Verlust ihres Jobs zu riskieren. Selbst in Branchen mit höher qualifizierten Arbeitnehmern ist es für den Einzelnen nicht vorhersehbar, für welche Arbeitnehmer es dem Arbeitgeber gelingt bzw. bei welchen er sich bemüht, während des Streiks Ersatz zu finden.

2. Amerikanische Gewerkschaften und deutsche Betriebsräte

Vergleicht man die Möglichkeiten des deutschen Betriebsrats, auf den Arbeitgeber Druck auszuüben, mit den Arbeitskampfmöglichkeiten amerikanischer Gewerkschaften, könnte der geneigte Leser mit Verweis auf das Arbeitskampfverbot auf die Unsinnigkeit dieses Vorhabens verweisen. Wie oben gezeigt wurde, ver-

---

714 *NLRB v. Insurance Agents' International Union*, 361 U.S. 477, 497 (1960).

715 BAG v. 10.6.1980, AP Nr. 64 zu Art. 9 GG Arbeitskampf, Bl. 4R.

mag der Betriebsrat jedoch durchaus, Druck auf den Arbeitgeber auszuüben, wenn auch dieser Druck nicht durch Kampfmaßnahmen erfolgt.

Das von dem Betriebsrat ausgehende Drohpotenzial hat eine andere Qualität als die Arbeitskampfmöglichkeiten der amerikanischen Gewerkschaften. Die mit den gesetzlichen Mitbestimmungsrechten verbundene Möglichkeit des Betriebsrats, dem Arbeitgeber Steine in den Weg zu legen, bietet grundsätzlich für jeden Arbeitgeber einen Anreiz, dem Betriebsrat entgegenzukommen. Denn das Damoklesschwert der Einigungsstelle und die Möglichkeit der kompromisslosen Ausschöpfung der dem Betriebsrat zustehenden Rechte sind überall dort gegeben, wo ein Betriebsrat existiert.

Demgegenüber gibt es im amerikanischen Recht keine gesetzlich geregelten Mitbestimmungsrechte, die den Effekt der Kooperationsfreudigkeit hätten. Alle Mitbestimmungsbefugnisse der Gewerkschaften kommen erst durch die Vereinbarung des Tarifvertrages zustande. Ob der Arbeitgeber geneigt ist, auf die Forderungen der Gewerkschaft einzugehen, hängt deshalb allein von deren Stärke und ihrer Kampfbereitschaft ab. Im Gegensatz zum Betriebsverfassungsgesetz, das in allen Betrieben für den Arbeitgeber einen Anreiz zur Einigung und Kooperation bietet, setzt das Eingehen auf Arbeitnehmerforderungen in den USA eine starke Gewerkschaft voraus. Ist eine amerikanische Gewerkschaft stark genug, um einen Arbeitskampf durchzustehen, so ist diese Möglichkeit der wirtschaftlichen Druckausübung stärker als der indirekte gesetzliche Druck auf den Arbeitgeber, mit dem Betriebsrat zu kooperieren.

Allerdings fehlt in den USA die in Deutschland gegebene Möglichkeit des Arbeitgebers, die Arbeitnehmervertreter zu beeinflussen. Die andere Seite der Medaille der vertrauensvollen Zusammenarbeit gemäß den Vorschriften des Betriebsverfassungsgesetzes ist die Chance des Arbeitgebers, den Betriebsrat zu manipulieren. Die Nähe des deutschen Betriebsrats zum Management und die Privilegien, die die Betriebsräte genießen, fördern eine Atmosphäre, in der Betriebsräte sich oft mehr mit der Managementseite identifizieren als mit der Arbeitnehmerseite, weil sie eng in Unternehmensentscheidungen mit eingebunden werden.[716] Dies umso mehr, wenn Betriebsratsmitglieder aufgrund der Größe des Unternehmens von ihrer beruflichen Tätigkeit freigestellt werden (§ 38 BetrVG). Damit ist die Gefahr verbunden, dass Betriebsräte leicht durch das Management beeinflusst werden können. Noch immer aktuell in dieser Hinsicht ist die VW-Affäre. Hier ließ sich der Gesamtbetriebsratsvorsitzende von VW von dem Konzern teure Flugtickets für eine brasilianische Geliebte zahlen, und eine unge-

---

716 Zu dieser Entwicklung kritisch *Summers*, 16 Comp. Lab. L. 467, 478 (1995).

nannte Zahl weiterer Betriebsräte hat sich seit Jahren durch „Lustreisen“ ihre Unabhängigkeit abkaufen lassen.[717]

Weiterhin sind Arbeitgeber versucht, dem Betriebsrat Entscheidungen durch Zugeständnisse „abzukaufen“. In einer Studie der IHK Reutlingen[718] berichteten 19 Prozent der Arbeitgeber, dass sich ihr Betriebsrat Zugeständnisse in Mitbestimmungsangelegenheiten „regelmäßig“ und 57 Prozent, dass er sich diese immerhin „vereinzelt“ abkaufen lasse.

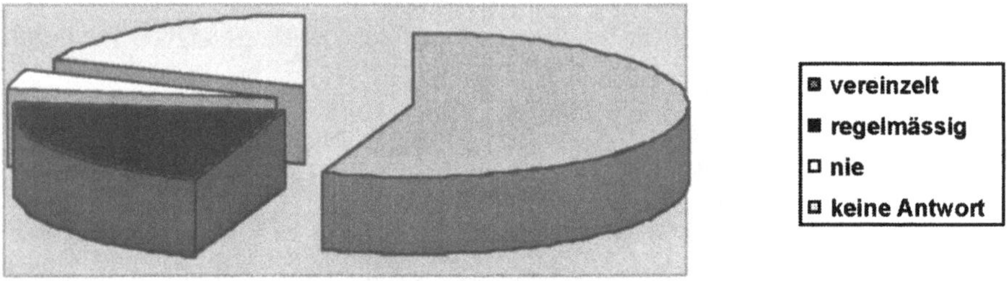

Abbildung 11: „Käuflichkeit“ des Betriebsrats[719]

Diese Möglichkeit eröffnet sich dem amerikanischen Arbeitgeber in Bezug auf die Gewerkschaften nicht. Diese haben bei der Aufstellung ihrer Forderungen ausschließlich die Interessen der Arbeitnehmer im Blick. Zwar ist das Wohl der Arbeitnehmer von der Profitabilität und Wirtschaftlichkeit des Betriebs insgesamt abhängig. Jedoch verfolgen die amerikanischen Gewerkschaften mehr einen „bread and butter approach“[720], d.h. sie haben ausschließlich die Gehälter, nicht

717 Die Zeit, 28/2005.

718 IHK Reutlingen Wirtschaft Neckar-Alb Ausgabe: 2001-06 Rubrik: Regio-Report Neckar Alb IHK-Report, IHK-Umfrage: Mittelstand gegen Ausweitung der Mitbestimmung.

719 Ebd.

720 So *Risa Lieberwitz*, Associate Professor & Chair of the Department of Collective Bargaining, Labor Law and Labor History, School of Industrial and Labor Relations, Cornell University, Ithaca, im Gespräch mit der Verfasserin dieser Arbeit am 25. Mai 2005. *Clyde Summers*, Jefferson B. Fordham Professor of Law, Emeritus, University of Pennsylvania Law School, Philadelphia, im Gespräch mit der Verfasserin dieser Arbeit am 23. Mai 2005, begründete diese Einstellung („It is up to management to worry about profit, we worry about wages only“) mit den fehlenden sozialistischen Wurzeln amerikanischer Gewerkschaften. Es habe sich eine Art „bu-

die Profitabilität des Betriebs im Blick. Zudem ist in den USA im Betrieb eine Atmosphäre der Feindseligkeit vorherrschend. *Clyde Summers*,[721] beschrieb dies im Gespräch mit der Verfasserin dieser Arbeit am 23. Mai 2005 wie folgt: „The adversial climate in the American labor situation would take the attitude 'I am not going to give it to you unless you beat it out of me.'"

3. Arbeitnehmer im Aufsichtsrat und amerikanische Gewerkschaften

Wie im Betriebsverfassungsrecht gibt es im Rahmen der Unternehmensmitbestimmung keine Druckmittel seitens der Arbeitnehmervertreter im Aufsichtsrat, die mit den Arbeitskampfmöglichkeiten der amerikanischen Gewerkschaften in ihrer Intensität vergleichbar wären.

Die Durchsetzungskraft des Aufsichtsrats gegenüber dem Vorstand ergibt sich im Wesentlichen aus dessen Befugnis, die Mitglieder des Vorstands zu bestellen und einen Zustimmungsvorbehalt bezüglich bestimmter Arten von Geschäften zu erlassen (§ 111 Abs. 4 S. 2 AktG). Maßgeblich für die Beurteilung der Einschränkung der unternehmerischen Entscheidungsfreiheit durch die Arbeitnehmervertreter ist jedoch zusätzlich die Möglichkeit der Arbeitnehmerbank, sich gegenüber der Anteilseignerbank durchzusetzen. Hier ist im Vergleich mit den USA wie beim Betriebsrat festzuhalten, dass die Möglichkeiten der Arbeitnehmervertreter im Aufsichtsrat, ihre Vorstellungen durchzusetzen, indirekter Natur sind und damit eine andere Qualität haben als der direkte wirtschaftliche Druck, der in den USA durch Arbeitskampf erreicht werden kann. Denn die Arbeitnehmervertreter haben nicht das Recht, gegen Entscheidungen der Anteilseignerseite ein Veto einzulegen.[722] Vielmehr steht als „Bedrohung" für den Arbeitgeber die Möglichkeit im Raum, dass die Arbeitnehmervertreter künftig auf anderer Ebene, auf der Betriebs- oder Arbeitsmarktebene, nicht kooperativ handeln. Demgegenüber hat die amerikanische Gewerkschaft die unmittelbare Möglichkeit des Streiks.

---

siness unionism" ausgebreitet, wodurch jedes Interesse an der Führung eines Unternehmens negiert werde. Ebenso *Summers*, 15 Comp. Lab. L. 1, 2 (1993).

721 Jefferson B. Fordham Professor of Law, Emeritus, University of Pennsylvania Law School, Philadelphia.

722 *Lesch*, Arbeitsbeziehungen im Wandel, 31, legt dar, dass die Arbeitnehmerseite im Aufsichtsrat keine wirksame Kontrollinstanz darstelle, sondern Unternehmensentscheidungen mehr oder weniger absegne.

4. Ergebnis

Stellt man die in Deutschland vorhandenen Institutionen der Arbeitnehmervertreter der amerikanischen Institution der Gewerkschaften gegenüber, so ergibt sich folgendes Gesamtbild:

In den USA ist das Verhältnis zwischen den sich gegenüberstehenden Parteien Arbeitgeber und Gewerkschaften feindselig. Es besteht ein großes Spektrum von möglichen Arbeitskampfmaßnahmen auf beiden Seiten. Sind die Gewerkschaften schwach, ist das Recht des Arbeitgebers zum „replacement of economic workers" ein wesentlicher Hemmschuh zu Ungunsten der Gewerkschaften und damit der Arbeitnehmer.

Den deutschen Tarifparteien steht der Arbeitskampf als Mittel der Druckausübung im geringeren Umfang zur Verfügung. Das Arbeitskampfrecht ist sehr stark durch das Verhältnismäßigkeitsprinzip und durch das Ultima-Ratio-Prinzip geprägt. Sowohl im Hinblick auf die Ziele, die mit einem Arbeitskampf verfolgt werden dürfen, als auch im Hinblick auf die Frage, wer einen Arbeitskampf initiieren darf, setzt die deutsche Rechtslage engere Grenzen.

Ein wesentlicher Unterschied zum amerikanischen Recht besteht auf Arbeitgeberseite. Zum einen kennt das deutsche Arbeitskampfrecht nicht die Möglichkeit, kämpfende Arbeitnehmer zu ersetzen. Sofern der Streik rechtmäßig ist, müssen deutsche Arbeitnehmer deshalb nicht zwischen dem Risiko, den Arbeitsplatz zu verlieren, und den durch den Streik entstehenden Vorteilen abwägen. Zum anderen geht das Bundesarbeitsgericht von einer in der Regel anzunehmenden Unterlegenheit der Gewerkschaften bei Tarifverhandlungen aus, weshalb der Aussperrung durch das Paritätsgebot enge Grenzen gesetzt werden.

Dem Betriebsrat und den Arbeitnehmervertretern im Aufsichtsrat steht kein Arbeitskampfmittel zur Verfügung. Der Arbeitgeber bzw. die Anteilseignerbank sind nichtsdestotrotz bemüht, sowohl dem Betriebsrat als auch der Arbeitnehmerbank im Aufsichtsrat positiv zu begegnen, um betriebliche Regelungen insgesamt leichter durchsetzen zu können und um den Arbeitnehmervertretern Zustimmungen an der ein oder anderen Stelle mit Zugeständnissen abkaufen zu können.

Die Frage, welche Rechtslage der unternehmerischen Entscheidungsfreiheit mehr Raum lässt, hängt auf amerikanischer Seite von der Macht der Gewerkschaft im Einzelfall ab. Verallgemeinernd lässt sich sagen, dass das amerikanische Arbeitskampfrecht insofern arbeitgeberfreundlicher ist als das deutsche, als die Arbeitnehmer den Arbeitsplatzverlust in die Waagschale werfen müssen, wenn sie abwägen, ob sie für bessere Arbeitsbedingungen kämpfen wollen. Damit ist eine Einschränkung der Kampfbereitschaft verbunden. Die Möglichkeit des Streiks steht damit nur den mächtigen Gewerkschaften mit Unterstützung einer breiten Arbeitnehmerschaft zur Verfügung.

Diesem „Vorteil“ für amerikanische Arbeitgeber steht allerdings der Nachteil gegenüber, dass sich das Arbeitskampfrecht der amerikanischen Arbeitnehmer auf mehr Gegenstände erstreckt. Denn die Tarifparteien sind, wie in Kapitel C dieser Arbeit festgestellt wurde, in den USA für die Regelung von Arbeitsbedingungen verantwortlich, die bei uns auf die Institutionen Gewerkschaft, Betriebsrat und Arbeitnehmervertreter aufgeteilt sind. Während das deutsche Arbeitsrecht den Arbeitnehmern in weiten Teilen, nämlich auf Betriebs- und Unternehmensebene, nicht die Möglichkeit bietet, sich kampfweise durchzusetzen, sondern die Arbeitnehmer zur vertrauensvollen Zusammenarbeit und Berücksichtigung des Unternehmensinteresses anhält, steht den amerikanischen Arbeitnehmern bezüglich aller Fragen, an denen die Gewerkschaften durch den Verhandlungsanspruch beteiligt werden, die Möglichkeit des Streiks zur Verfügung. Berücksichtigt man, dass die aus Unternehmersicht besonders sensiblen Bereiche der wirtschaftlichen Fragestellungen in Deutschland auf Betriebs- und Unternehmensebene geregelt werden,[723] so bietet das Arbeitskampfverbot auf diesen Ebenen deutschen Arbeitgebern effektiven Schutz vor einer weit gehenden Einschränkung der unternehmerischen Entscheidungsfreiheit.

723 Vgl. Kapitel B.III. dieser Arbeit.

F. Rechtsschutzmechanismen

Maßgeblich für die Einschätzung der Einschränkung der unternehmerischen Entscheidungsfreiheit sind schließlich die Rechtsschutzmechanismen, die den Arbeitnehmervertretern in beiden Ländern zur Verfügung stehen. Die Ausgestaltung der Verfahrensordnungen, die Dauer der Verfahren, die Frage, wer für die Rechtsdurchsetzung verantwortlich ist, dies alles sind Faktoren, die einen Einfluss auf das unternehmerische Handeln haben. Zum einen deshalb, weil erst die Wirksamkeit des Rechtsschutzes die Möglichkeit des Arbeitgebers begrenzt, die Regeln, an die sein Verhalten geknüpft ist, zu verletzen. Zum anderen, weil Verfahren des Rechtsschutzes Entscheidungen blockieren können, zum Beispiel dadurch, dass Ansprüche der Gewerkschaft durch einstweilige Verfügungen durchgesetzt werden. Schließlich können die vorgesehenen Rechtsschutzverfahren auch im Sinne der Verzögerung von Prozessen ausgenutzt werden.

I. Deutschland

Die kollektiven Befugnisse in Konfliktlagen sind in Deutschland relativ gering ausgeprägt. Die Rechtsprechung ist zurückhaltend im Hinblick auf eigene Klagerechte der Arbeitnehmervertreter. Die Durchsetzung der Rechte wird überwiegend den einzelnen Arbeitnehmern überantwortet.

1. Gewerkschaften

Im Tarifrecht ist es den Arbeitsvertragsparteien vorbehalten, die aus dem Tarifvertrag erwachsenen Ansprüche gerichtlich geltend zu machen. Die Tarifparteien haben keine gesetzliche Prozessstandschaft, die Arbeitnehmeransprüche einzuklagen.[724]

Lediglich bei tarifwidrigen Betriebsvereinbarungen und Regelungsabreden sowie betrieblichen Einheitsregelungen, welche die Regelungssperre des § 77 Abs. 3 BetrVG unterschreiten, steht der Gewerkschaft seit der „Burda-Entschei-

---

724 BAG v. 8. 11.1957, AP Nr. 7 zu § 256 ZPO; v. 21. 12. 1982, AP Nr. 76 zu Art. 9 GG Arbeitskampf; v. 3.12.1985, AP Nr. 3 zu § 146 KO.

dung" vom 20.4.1999[725] zur Abwehr von Eingriffen in die kollektive Koalitionsfreiheit ein Unterlassungsanspruch entsprechend § 1004 BGB i.V.m. Art. 9 Abs. 3 GG zu.[726] Voraussetzung ist eine Tarifgebundenheit des Arbeitgebers und der Arbeitnehmer. Ein Unterlassungsanspruch scheidet aus, wenn die Abweichung vom Tarifvertrag nur mit einzelnen Arbeitnehmern vereinbart wird. Insoweit wird die Ordnungsfunktion des Tarifvertrages nicht verletzt und der Gewerkschaft steht keine Prozessstandschaft für den einzelnen Arbeitnehmer zu.

Außerhalb dieser kollektiven Abweichungen von Tarifnormen[727] können die Tarifparteien im Rahmen der rechtlichen Unterstützung ihrer Mitglieder die Prozessvertretung zur Durchsetzung der tariflichen Ansprüche übernehmen. Sie können sich die bestrittenen Rechte ihrer Mitglieder auch abtreten lassen und den Prozess selbst führen, sind aber insofern von der Mitwirkung ihres Mitglieds abhängig.[728] Dem einzelnen Arbeitnehmer oder Arbeitgeber kann die jeweilige Tarifvertragspartei, deren Mitglied er ist, schließlich auch dadurch beistehen, dass sie mit der Durchführungsklage auf den sozialen Gegenspieler einwirkt, damit dieser mit verbandsrechtlichen Mitteln die Einhaltung des Tarifvertrags gewährleistet. Ein Arbeitskampf darf zu diesem Zweck nicht geführt werden.[729]

Der Betriebsrat hat grundsätzlich nicht die Funktion, Tarifrechte des Arbeitnehmers für diesen geltend zu machen.[730] Nur in personellen Angelegenheiten kann der Betriebsrat selbst die Beachtung des Tarifvertrags vorläufig sicherstellen. § 99 Abs. 2 Nr. 1 BetrVG berechtigt ihn, die Zustimmung zu einer personellen Einzelmaßnahme zu verweigern, wenn diese gegen eine Tarifnorm verstößt. Bei ordentlichen Kündigungen besteht nach dem Betriebsverfassungsgesetz die Möglichkeit, dem Arbeitgeber die Tarifwidrigkeit einer Kündigung im Anhörungsverfahren entgegenzuhalten. Darüber hinaus können die Tarifvertragsparteien selbst die Zustimmung des Betriebsrats zur Kündigung vorsehen und diesen so ermächtigen, die Tarifwidrigkeit der Kündigung geltend zu machen.

---

725 BAG v. 20.4.1999, AP Nr. 89 zu Art. 9 GG.

726 Nach früher umstrittener Meinung hatten die Tarifparteien keine Befugnis, gegen dem Tarifvertrag widersprechende Betriebsvereinbarungen vorzugehen; vgl. BAG v. 20. 8. 1991, AP Nr. 2 zu § 77 BetrVG1972 Tarifvorbehalt; v. 18.8.1987, AP Nr. 6 zu § 81 ArbGG1979. Eine Ausnahme wurde dann gemacht, wenn die Voraussetzungen von § 23 Abs. 3 BetrVG 1972 vorlagen; vgl. BAG v. 20.8.1991, AP Nr. 2 zu § 77 BetrVG 1972 Tarifvorbehalt. Von dieser Rechtsprechung ist das BAG in einer Entscheidung vom 20. 4. 1999 abgewichen.

727 ErfKomm-*Schaub*, § 1, Rn. 73 c.

728 BVerfG v. 26.6.1991, AP Nr. 117 zu Art. GG Arbeitskampf unter A II 2 d. Gr.

729 BAG v. 14.2.1978, AP Nr. 58 zu Art. 9 GG Arbeitskampf.

730 MünchArbR-*Löwisch/Rieble*, § 275, Rn. 4-6.

2. Betriebsrat

Mehr als durch den tariflichen Unterlassungsanspruch wird die Unternehmensautonomie durch das Sanktionensystem des Betriebsverfassungsgesetzes beeinflusst.

a. Individualrechtliche Klagemöglichkeit der Arbeitnehmer

Teilweise werden an ein mitbestimmungswidriges Verhalten des Arbeitgebers individualrechtliche Konsequenzen geknüpft, wie z.B. die Unwirksamkeit der ohne Anhörung des Betriebsrats ausgesprochenen Kündigung gemäß § 102 Abs. 1 Satz 3 BetrVG oder wie Abfindungs- und Ausgleichszahlungen bei mitbestimmungswidrig durchgeführten Betriebsänderungen gemäß § 113 BetrVG. Aufgrund der Theorie der Wirksamkeitsvoraussetzung[731] sind Maßnahmen, die der Arbeitgeber unter Verletzung der Mitbestimmungsrechte des § 87 Abs. 1 BetrVG durchführt, individualrechtlich unwirksam. Der durch diese Theorie erwirkte Schutz ist aber gering.[732] Denn in der Praxis riskieren es Arbeitnehmer in der Regel nicht, den mitbestimmungswidrig handelnden Arbeitgeber zu verklagen. Der schwer kündbare Betriebsrat, dem entsprechendes rechtliches Vorgehen einfacher fallen würde, kann die individualrechtlichen Ansprüche der Arbeitnehmer auch im Wege der Prozessstandschaft nicht geltend machen.[733]

b. Unterlassungsanspruch

Das Gesetz enthält einen Unterlassungsanspruch nur in der allgemeinen Vorschrift des § 23 Abs. 3 Satz 1 BetrVG, welche die enge Voraussetzung des „groben" Verstoßes des Arbeitgebers gegen Pflichten aus dem Betriebsverfassungsgesetz enthält. Die Norm ist die einzige, nicht nur auf einzelne Mitbestimmungstatbestände bezogene Sanktionsregelung. In Betracht kommen alle Pflichten im Rahmen des Betriebsverfassungsgesetzes unabhängig vom Verpflichtungsinhalt, also auch solche betriebsverfassungsrechtlichen Pflichten, die ihren Standort nicht im Betriebsverfassungsgesetz selbst, sondern in anderen Gesetzen (z.B. in 17 Abs. 2 KSchG, §§ 25 bis 29 SchwbG) oder im Tarifvertrag haben.[734] Ein Ver-

---

731 Maßnahmen, die der Arbeitgeber unter Verletzung von Mitbestimmungsrechten durchführt, sind individualrechtlich unwirksam, vgl. oben, Kapitel F.I.2.a. dieser Arbeit.

732 *Bauer/Diller*, ZIP 1995, 95, 97; *Walker*, DB 1995, 1961, 1963.

733 BAG v. 16.7.1985, AP Nr. 17 zu 87 BetrVG Lohngestaltung, unter II.2. d. Gr.

734 *Fitting/Kaiser/Engels*, § 23, Rn. 60.

schulden des Arbeitgebers ist nicht erforderlich.[735] Zwar kann ein grober Verstoß auch bei einer einmaligen Verfehlung vorliegen, jedoch greift die Vorschrift in der Regel nur im Wiederholungsfall.[736]

§ 23 Abs. 3 BetrVG bezweckt, dass der Arbeitgeber sich in Zukunft gesetzeskonform verhält, und sichert die Mitbestimmung des Betriebsrats nur in künftigen Fällen. Ein Anspruch auf Rückgängigmachung einer ohne seine Beteiligung durchgeführten Maßnahme enthält die Vorschrift nicht.[737]

§ 23 BetrVG ist nicht anwendbar auf Bestimmungen, die den Arbeitgeber zu Geld- oder Sachleistungen, zur Vorlage von Unterlagen oder zur Unterrichtung verpflichten, also dem Betriebsrat einen unmittelbaren Erfüllungsanspruch gewähren.[738] Diese sind nach allgemeinen Vorschriften des arbeitsgerichtlichen Verfahrens und nach allgemeinem Vollstreckungsrecht (§ 85 ArbGG) durchsetzbar.[739]

Antragsberechtigt im Rahmen von § 23 Abs. 3 BetrVG ist der Betriebsrat oder eine im Betrieb vertretene Gewerkschaft. Gibt das Arbeitsgericht dem Antrag statt, so verurteilt es den Arbeitgeber, ein bestimmtes Verhalten, in dem es den Verstoß erblickt, zu unterlassen, oder gibt ihm auf, eine bestimmte Handlung vorzunehmen bzw. die Vornahme einer Handlung zu dulden. Eine einstweilige Verfügung kann im Verfahren nach § 23 Abs. 3 BetrVG nicht erlassen werden.[740] Handelt der Arbeitgeber der ihm auferlegten Verpflichtung zuwider, nachdem der arbeitsgerichtliche Beschluss rechtskräftig geworden ist, so besteht das

---

735 *Richardi*, BetrVG, § 23, Rn. 93.

736 BAG v. 2.11.1955, AP Nr. 1 zu § 23 BetrVG 1952: Grobe Pflichtverletzung bedeutet handgreifliche und offensichtlich schwer wiegende objektiv erhebliche Pflichtverletzung, die geeignet ist, den Betriebsfrieden oder die Ordnung des Betriebs nachhaltig zu stören oder zu gefährden. Es ist also darauf abzustellen, ob man trotz des festgestellten Pflichtverstoßes unter Berücksichtigung der konkreten Einzelverhältnisse für die Zukunft noch auf eine pflichtgemäße Erfüllung der Amtsausübung vertrauen kann; *HSG*, BetrVG, § 23, Rn. 16. Das ist am ehesten bei einer wiederholten, beharrlichen, generellen Missachtung der Beteiligungsrechte des Betriebsrats der Fall; BAG v. 8.8.1989, NZA 1990, 320, 321.

737 *Richardi*, BetrVG, § 111, Rn. 77.

738 BAG v. 22.2.1983, EzA Nr. 9 zu § 23 BetrVG 1972: § 2 Abs. 2 (Zutrittsrecht der Gewerkschaften); § 20 Abs. 3 (Tragen der Kosten der Betriebsratswahl); § 29 Abs. 3 (Betriebsratssitzung auf Verlangen des Arbeitgebers); § 40 (Tragen der Kosten der Betriebsratstätigkeit); § 44 (Tragung der Kosten der Betriebsversammlung); § 74 Abs. 2 (Unterlassung von Verstößen gegen die Friedenspflicht o.Ä.); § 77 Abs. 1 Satz 1 (Durchsetzung von Ansprüchen aus einer Betriebsvereinbarung); § 80 Abs. 2 (Vorlage von Unterlagen); § 89 Abs. 2 (Mitteilung von Arbeitsschutzvorschriften); § 93 (Stellenausschreibung auf Verlangen des Betriebsrats).

739 BAG v. 17.5.1983, AP Nr. 19 zu § 80 BetrVG 1972.

740 LAG Hamm v. 4.2.1977, EzA Nr. 5 zu § 23 BetrVG 1972.

Zwangsmittel des Vollstreckungsverfahrens in der Verurteilung zu einem Ordnungsgeld in Höhe von maximal 10.000 Euro.

Spezialvorschriften zu § 23 Abs. 3 BetrVG, die ein gesetzmäßiges Verhalten des Arbeitgebers erzwingen sollen, enthalten § 98 Abs. 5[741] und Abs. 6; § 101[742] und § 104 BetrVG.

Angesichts der im Betriebsverfassungsgesetz nur sehr vereinzelt geregelten Sanktionen bei Missachtung von Mitbestimmungsrechten sah das Bundesarbeitsgericht § 23 BetrVG als eine abschließende Regelung an, soweit es um Mitwirkungsrechte des Betriebsrats ging und in den entsprechenden Vorschriften keine anderen, speziellen Sanktionsmöglichkeiten[743] vorgesehen oder keine ausdrückliche Regelung von Durchsetzungs- oder Erfüllungsansprüchen für den Betriebsrat enthalten waren.[744] § 23 Abs. 3 BetrVG hat sich allerdings in der Praxis als wenig effektiv erwiesen. Zur Verteidigung gegen den Vorwurf des groben Verstoßes machen Arbeitgeber häufig geltend, es habe sich um einen mitbestimmungsfreien Eil- oder Notfall gehandelt oder der Betriebsrat habe eine rechtsmissbräuchliche

---

741 § 98 Abs. 5, 6 BetrVG gewährt dem Betriebsrat einen Anspruch auf Unterlassung der Bestellung einer mit der betrieblichen Berufsbildung beauftragten Person oder auf Abberufung derselben.

742 § 101 BetrVG gibt dem Betriebsrat einen Aufhebungsanspruch, wenn der Arbeitgeber eine personelle Einzelmaßnahme unter Verletzung des Mitbestimmungsverfahrens durchführt. Der Anspruch zielt auf Beseitigung des betriebsverfassungswidrigen Zustands, BAG v. 17.3.1987, AP Nr. 7 zu § 23 BetrVG 1972. Bei Einstellungen oder Versetzungen wird dies dadurch erreicht, dass der Betriebsrat die Aufhebung der personellen Maßnahme durch den Arbeitgeber beantragt; bei der Ein- und Umgruppierung kann der Betriebsrat beantragen, ein erneutes Beteiligungsverfahren einzuleiten, dass die Einstufung in eine andere Vergütungsgruppe vorsieht, BAG v. 3.5.1994, AP Nr. 2 zu § 99 BetrVG 1972 Eingruppierung.

743 So ist die Anwendbarkeit von § 23 Abs. 3 BetrVG wegen der ausdifferenzierten Rechtsfolgen z.B. im Bereich der §§ 92 bis 105 BetrVG gering.

744 BAG v. 22.3.1983, EzA Nr. 9 zu § 23 BetrVG 1972. Ein Betriebsrat wollte dem Arbeitgeber gerichtlich untersagen lassen, Überstunden ohne die nach § 87 Abs. 1 Nr. 3 BetrVG erforderliche Zustimmung des Betriebsrats anzuordnen. Der 1. Senat verneinte einen Unterlassungsanspruch des Betriebsrats. § 23 Abs. 3 BetrVG gewähre einen Unterlassungsanspruch nur bei groben Verstößen und schließe damit jeden weitergehenden allgemeinen Unterlassungsanspruch aus. Diese Rechtsprechung bestätigte der 1. Senat wenig später mit Beschluss v. 17.5.1983, AP Nr. 19 zu § 80 BetrVG 1972, unter II.2.c. d. Gr. Anderer Ansicht war schon damals die überwiegende Anzahl der Stimmen in der Literatur, siehe Nachweise bei *Hess/Schlochauer/Glaubitz*, § 23, Rn. 80. Aus dem Sinn des Mitbestimmungsrechts wurde mit verschiedenen Begründungen gefolgert, der Betriebsrat müsse die Möglichkeit haben, eine vom Arbeitgeber einseitig mitbestimmungswidrig geschaffene Situation zu verhindern.

Blockadestrategie verfolgt.[745] Selbst wenn das Gericht dann zu dem Ergebnis kommt, dass die Einwände des Arbeitgebers haltlos sind, wird ein grober Verstoß häufig verneint, weil ein grober Verstoß des Arbeitgebers dann verneint wird, wenn er in einer schwierigen oder ungeklärten Rechtsfrage eine bestimmte Meinung vertritt.[746]

Abweichend von seiner vorherigen Rechtsprechung zur abschließenden Regelung des § 23 Abs. 3 BetrVG hat der 1. Senat in seiner Entscheidung vom 3.5.1994 im Hinblick auf gemäß § 87 BetrVG mitbestimmungspflichtige Angelegenheiten in einem Obiter Dictum klargestellt, dass es einen Unterlassungsanspruch auch außerhalb des § 23 Abs. 3 BetrVG geben kann.[747] Abgeleitet wurde der Unterlassungsanspruch aus dem zwischen Arbeitgeber und Betriebsrat bestehenden „Betriebsverhältnis".[748] Der Betriebsrat müsse zum Schutz der von ihm vertretenen Interessen die Möglichkeit haben, für die Einhaltung seines Mitbestimmungsrechts Sorge zu tragen.[749] Der Anspruch solle sich als selbstständiger Nebenleistungsanspruch aus § 87 i.V.m. § 2 BetrVG ergeben.[750] Der Senat hat den Unterlassungsanspruch allerdings unter den Vorbehalt des einzelnen Mitbestimmungstatbestandes gestellt und bejaht ihn nur, wenn sich aus dem Gesetz entnehmen lässt, dass der Arbeitgeber Maßnahmen in diesem Bereich nur mit Zustimmung des Betriebsrats sollte durchführen können.[751] Dementsprechend bejahte der Senat einen Unterlassungsanspruch bei einer Verletzung der Mitbestimmungsrechte in § 87 Abs. 1 Nr. 3[752] und Nr. 10.[753] Wirkt die belastende Maßnahme fort,[754] kann der Betriebsrat verlangen, dass sie rückgängig gemacht

---

745 *Bauer/Diller*, ZIP 1995, 95, 97.

746 BAG v. 27.11.1973, AP Nr. 4 zu § 40 BetrVG 1972, v. 8.8.1989, AP Nr. 18 zu § 95 BetrVG 1972, v. 14.11.1989, AP Nr. 76 zu § 99 BetrVG 1972.

747 Bei der Mitbestimmung in sozialen Angelegenheiten enthält das Gesetz keine Regelung über die Beseitigung eines mitbestimmungswidrigen Zustands. Auch § 23 Abs. 3 BetrVG enthält insoweit keine Sonderregelung, denn er bezieht sich auf die Sicherung künftigen Verhaltens.

748 BAG v. 3.5.1994, EzA Nr. 36 zu § 23 BetrVG 1972.

749 BAG v. 3.5.1994, EzA Nr. 36 zu § 23 BetrVG 1972.

750 Der Senat erkannte an, dass zwischen Arbeitgeber und Betriebsrat ein gesetzliches Schuldverhältnis besteht, das durch wechselseitige und aus § 2 Abs. 1 BetrVG abzuleitende Rücksichtnahmepflichten geprägt wird. Hieraus folge für den Arbeitgeber als Nebenpflicht, alles zu unterlassen, was der Wahrnehmung des konkreten Mitbestimmungsrechts entgegensteht.

751 BAG v. 3.5.1994, AP Nr. 23 zu § 23 BetrVG 1972 Bl. 4, bestätigt durch BAG v. 23.7.1996, AP Nr. 68 zu § 87 BetrVG 1972 Arbeitszeit.

752 BAG v. 23.7.1996, AP Nr. 68 zu § 87 BetrVG 1972 Arbeitszeit.

753 BAG v. 3.5.1994, AP Nr. 23 zu § 23 BetrVG 1972.

754 Instruktives Beispiel bei *Fitting/Kaiser/Engels*, § 87, Rn. 567: Durch die Aufstellung von Überwachungsapparaten.

wird.[755] Zur Sicherung des Anspruchs auf Unterlassung bzw. Beseitigung ist – anders als bei § 23 Abs. 3 BetrVG – eine einstweilige Verfügung zulässig.[756]

Mit der neuen Rechtsprechung hat der Betriebsrat nun auch die Möglichkeit, einstweilige Verfügungen gegen den Arbeitgeber zu beantragen, wenn dieser gegen Mitbestimmungsrechte verstoßen hat, selbst wenn kein grober Gesetzesverstoß vorliegt. Damit wurde der Betriebsrat insbesondere auch bei unklarer Rechtslage in die Lage versetzt, arbeitgeberseitige Maßnahmen bis zum Spruch der Einigungsstelle zu verhindern.

Ob dem Betriebsrat jetzt neben dem besonderen Aufhebungsanspruch des § 101 BetrVG[757] auch bei Verstößen gegen seine Beteiligungsrechte bei den personellen Einzelmaßnahmen ein allgemeiner Unterlassungsanspruch zusteht, lässt sich der Rechtsprechung nicht entnehmen.[758]

Umstritten ist auch, ob der Betriebsrat, um seine Mitwirkungsrechte nach §§ 111 ff. BetrVG zu sichern, dem Arbeitgeber durch einstweilige Verfügung untersagen kann, eine Betriebsänderung durchzuführen, insbesondere bei einer Betriebsstilllegung betriebsbedingte Kündigungen auszusprechen, bis das Interessenausgleichsverfahren abgeschlossen ist.[759] Für die Anerkennung eines

---

755 LAG Bremen v. 15.6.1984, DB 1984, 1935, 1936; LAG Düsseldorf v. 23.8.1983, BB 1983, 2052; LAG Hamm v. 17.12.1980, DB 1981, 1336, 1337.

756 LAG Bremen v. 15.6.1984, DB 1984, 1935; LAG Frankfurt a. M. v. 3.4.1978, NJW 1979, 783; v. 19.4.1988, DB 1989, 128.

757 Falls der Arbeitgeber eine Maßnahme nach § 99 BetrVG trotz verweigerter Zustimmung des Betriebsrats und trotz fehlender Dringlichkeit durchführt, kann der Betriebsrat nach § 101 BetrVG dem Arbeitgeber vom Arbeitsgericht die nachträgliche Aufhebung aufgeben lassen. Zu der Aufhebung kann der Arbeitgeber auch nach Rechtskräftigwerden der gerichtlichen Entscheidung durch Zwangsgeld angehalten werden (§ 101 BetrVG).

758 Obgleich es in dem Beschluss des 1. Senats vom 6.12.1994, NZA 1995, 488, um einen Anspruch des Betriebsrats auf Unterlassung von Versetzungen ging, die der Arbeitgeber regelmäßig ohne Zustimmung des Betriebsrats vornahm. Der Unterlassungsantrag wurde jedoch zurückgewiesen, weil er zu weit gefasst war. Ob ein allgemeiner Unterlassungsanspruch bestand, hat der Senat offen gelassen; siehe unter II.1. d. Gr.
Siehe zu der Frage des Unterlassungsanspruchs des Betriebsrats, wenn der Arbeitgeber diesen vor einer Einstellung nicht unterrichtet: *Derleder*, AuR 1995, 13, 16 (den Anspruch bejahend); GK-BetrVG-*Wiese-Oetker*, § 23, Rn. 151 (den Anspruch ablehnend) m.w.N.

759 Diese Frage wird in der Literatur zum Teil als für die betriebliche Praxis bedeutendste Frage des Betriebsverfassungsgesetzes angesehen; *Bauer/Diller*, ZIP 1995, 95, 98. In der Vergangenheit spielten viele Betriebsräte auf Zeit, um so lange wie möglich für die volle Belegschaft am bisherigen Standort die Gehälter zu sichern. Auf Seiten der Arbeitgeber führte dies dazu, dass vorgesehene Kündigungen oder Pro-

Unterlassungsanspruchs spricht, dass der Zweck des Beratungsrechts darin besteht, dass Arbeitnehmerinteressen bei einer Betriebsänderung zu wahren, damit diese in die Entscheidungsfindung des Unternehmers eingehen. Wird daher eine Betriebsänderung ohne vorherige Unterrichtung des Betriebsrats und Beratung mit ihm durchgeführt, würde dieser Zweck konterkariert.[760] Allerdings spricht gegen einen solchen kollektiven Unterlassungsanspruch, dass der Gesetzgeber mit dem Nachteilsausgleich gem. § 113 Abs. 3 BetrVG anders als bei der Mitbestimmung gemäß § 87 BetrVG eine ausdrückliche Sanktion für die Nichtbeachtung der Beteiligungsrechte des Betriebsrats vorgesehen hat.[761] Zudem steht dem Unternehmer nach der Konzeption des Gesetzgebers ein einseitig durchsetzbares Recht auf Durchführung der Betriebsänderung zu. Mit der Möglichkeit, durch die einstweilige Verfügung betriebsändernde Maßnahmen zu verhindern, würden dem Betriebsrat mehr Rechte eingeräumt als ihm betriebsverfassungsrechtlich zustehen.[762] Das Bundesarbeitsgericht hat 1991[763] in einem obiter dictum den Anspruch des Betriebsrats, auf Unterlassung einer Betriebsänderung hinzuwirken, vor Abschluss des Mitbestimmungsverfahrens zurückgewiesen. Die Meinungen der Instanzgerichte sind jedoch geteilt,[764] viele Landesarbeitsgerichte verweigern dem Bundesarbeitsgericht die Gefolgschaft.[765]

---

duktionsverlagerungen schon vor Abschluss der Interessenausgleichsverhandlungen oder der Unterrichtung des Betriebsrats ausgesprochen wurden.

760 So *Richardi*, BetrVG, § 111, Rn. 168.

761 So ErfKomm-*Kania*, § 111, Rn. 24.

762 So *Eich*, BB 1974, 1444. Zudem hat der Gesetzgeber davon Abstand genommen zu bestimmen, dass eine Betriebsänderung, welche der Unternehmer ohne Beachtung der aus §§ 111, 112 BetrVG folgenden Rechte des Betriebsrats durchführt, unwirksam; LAG Baden Württemberg v. 28.8.1985, DB 1986, 805.

763 BAG v. 28.8.1991, NZA 1992, 41.

764 Dafür: LAG Thüringen v. 26. 9. 2000, LAGE BetrVG 1972 § 111 Nr. 17; LAG Hamburg v. 26. 6. 1997, NZA-RR 1997, 196; LAG Berlin v. 7. 9. 1995, AuR 1996, 251; LAG Hamburg v. 13. 11. 1981, DB 1982, 1522; LAG Frankfurt v. 21.9.1982, DB 1983, 613; LAG Frankfurt v. 30.8.1984, DB 1985, 178; LAG Hamm v. 23.3.1983, AuR 1984, 54; ArbG Kaiserslautern v. 19.12.1996 AiB 1997, 178; dagegen: LAG Düsseldorf v. 19.11.1996, NZA-RR 1997, 297; LAG Düsseldorf v. 14.11.1983, DB 1984, 511; LAG Baden-Württemberg v. 28.8.1985, DB 1986, 805; LAG Schleswig-Holstein v. 13.1.1992, DB 1992, 1788; ArbG Kiel v. 13.12.1996, NZA-RR 1997, 298.

765 Nach Auffassung einzelner Instanzgerichte soll der Arbeitgeber bei geplanten Betriebsänderungen jedenfalls personelle Maßnahmen so lange nicht durchführen können, bis die Verhandlungen über einen Interessenausgleich und Sozialplan abgeschlossen sind, BAG v. 18.4.1985, DB 1985, 2511. Der Arbeitgeber soll den betroffenen Arbeitnehmern also weder kündigen noch ihnen Aufhebungsverträge anbieten dürfen. Einstweilige Verfügungen seien grundsätzlich, wenn auch im Hinblick auf die Berücksichtigung der Arbeitgeberinteressen nur unter engen Voraus-

Bei der Unternehmensmitbestimmung ist die Rechtsprechung im Hinblick auf das Klagerecht der Arbeitnehmervertreter im Vergleich mit Gewerkschaften und Betriebsräten am restriktivsten.

Der Aufsichtsrat selbst kann als gesetzliches Vertretungsorgan der Gesellschaft gemäß § 112 AktG Schadensersatzansprüche gegen die Vorstandsmitglieder verfolgen, wenn diese ihre Pflichten nach § 88; § 92; § 93 AktG verletzen, also zum Beispiel unerlaubte Zahlungen getätigt haben. Im Wege des Organstreits kann der Aufsichtsrat weiter die Auskunfts-, Einsichts- und Vorlageansprüche nach § 90; § 111 Abs. 2; § 170 AktG gerichtlich geltend machen.[766] Schließlich kann der Aufsichtsrat seine Kompetenzen im Wege der Klage verteidigen, wenn der Vorstand einen Zustimmungsvorbehalt nach § 111 Abs. 4 S. 2 AktG missachtet oder sich über die Verweigerung der Zustimmung hinwegsetzt.[767] Als nicht mit der eigenverantwortlichen Leitung der Gesellschaft gemäß § 76 Abs. 1 AktG vereinbar erachten die Gerichte das klageweise Vorgehen des Aufsichtsrats gegen rechtswidrige Geschäftsführungsmaßnahmen des Vorstands.[768] In diesem Fall stehen dem Aufsichtsrat nur die Mittel der Abberufung einzelner Vorstandsmitglieder (§ 84 Abs. 3 AktG) oder der Einberufung der Hauptversammlung nach § 111 Abs. 3 AktG zur Verfügung.

Im Hinblick auf den Gruppeninteressenkonflikt zwischen Arbeitnehmer- und Anteilseignerseite ist für die Arbeitnehmervertreter insbesondere wichtig, welche Ansprüche sie als Gruppe oder einzeln gegenüber dem Aufsichtsrat und dem Vorstand geltend machen können. Die Rechtsprechung geht davon aus, dass die Informationsansprüche, die jedem Aufsichtsratsmitglied gegenüber dem Aufsichtsrat (§§ 90 Abs. 5; 107 Abs. 2 S. 4; 170 Abs. 3 AktG) und dem Vorstand (§ 90 Abs. 2 S. 2; Abs. 5 AktG) zustehen, zur effektiven Mitwirkung im Rahmen der Willensbildung im Aufsichtsrat auf dem Wege der Klage durchgesetzt werden können.[769] Auch gegen fehlerhafte Aufsichtsratsbeschlüsse kann sich ein Aufsichtsratsmitglied mittels einer Nichtigkeitsklage zur Wehr setzen.

Darüber hinaus stehen den einzelnen Mitgliedern aber keine eigenen materiellen Rechte zu. Der Aufsichtsrat handelt als Kollegium und kann seinen Willen im Rahmen der Überwachungsfunktion (§ 111 AktG) nur in Form von gemein-

---

setzungen, möglich. Da das Landesarbeitsgericht bei dieser Verfahrensart die letzte Instanz ist, muss die Praxis sich auf die Rechtsprechung des jeweiligen Landesarbeitsgerichts einstellen.

766 BGH v. 28.11.1988, Z 106, 54, 60.

767 *Raiser*, AG 1989, 185, 188.

768 BGH v. 28.11.1988, Z 106, 54, 60.

769 BGH v. 28.11.1988, Z 106, 54, 60.

sam gefassten Beschlüssen ausdrücken.[770] Die Überwachung ist kein Recht eines einzelnen Aufsichtsratsmitglieds oder einer Gruppe. Die einzelnen Aufsichtsratsmitglieder müssen deshalb Bedenken gegen die Geschäftsführung des Vorstands zunächst im Aufsichtsrat vortragen und diesen mehrheitlich überzeugen, bevor Einwände dem Vorstand gegenüber geltend gemacht werden.[771] Die Klagebefugnis einzelner Arbeitnehmervertreter oder der Gruppe der Arbeitnehmervertreter würde dieses Verfahren und damit das Prinzip des Mehrheitsbeschlusses umgehen.[772] Auch die gesetzlich vorgesehenen Unterschiede bei der Bestimmung des zahlenmäßigen Verhältnisses zwischen Anteilseigner- und Arbeitnehmervertretern würden durch eine doppelte Berücksichtigung des Arbeitnehmerwillens – bei der Abstimmung und im Rahmen der Klagemöglichkeit – konterkariert. Das Mitwirkungsrecht des einzelnen Aufsichtsratsmitglieds beschränkt sich also grundsätzlich auf die Willensbildung im Aufsichtsrat.

II. USA

Eine besondere Rolle bei der Überwachung des Tarifgeschehens in den USA spielt die schon erwähnte Bundesarbeitsbehörde, das National Labor Relations Board. Diese Behörde kann Entscheidungen im Fall unrechtmäßiger Verhaltensweisen im Zusammenhang mit Wahlen zu Arbeitnehmervertretungen fällen. Es vermag im Rahmen seines Ermessens auch den Arbeitgeber zu zwingen, Tarifverhandlungen mit der zuständigen Gewerkschaft aufzunehmen.

Entscheidungen des National Labor Relations Boards sind nicht vollstreckbar. In dem Fall, dass der Anordnung nicht Folge geleistet wird, muss deshalb eine gerichtliche Vollstreckbarkeitserklärung der Entscheidung bewirkt werden (§ 10 (e) NLRA).

Jede durch eine endgültige Entscheidung des National Labor Relations Boards belastete Partei hat das Recht, die Entscheidung gerichtlich überprüfen zu lassen. Die gerichtliche Kontrolle findet nur sehr eingeschränkt statt, weil die Gerichte nicht bereit sind, ihr Ermessen gegen das der Behörde zu setzen.[773] Gemäß § 10 (f) NLRA sind die Gerichte an die tatsächlichen Feststellungen des Board gebunden, wenn diese durch hinreichenden Beweis gestützt werden. Auch für

---

770 *Kort*, Klagebefugnis der Arbeitnehmervertreter im Aufsichtsrat der AG, AG 1987, 193, 194.

771 *Kort*, Klagebefugnis der Arbeitnehmervertreter im Aufsichtsrat der AG, AG 1987, 193, 196.

772 BGH v. 28.11.1988, Z 106, 54, 66; *Stodolkowitz*, ZHR 1990, 1, 18.

773 Ähnlich der gerichtlichen Überprüfung von Verwaltungsentscheidungen in Deutschland.

Rechtsfragen gilt ein eingeschränkter Prüfungsmaßstab. Sofern die Entscheidung des National Labor Relations Board nicht gegen Gesetz oder Denkgesetze verstößt, wird sie vom Gericht nicht abgeändert.[774] Umstände, die nicht Gegenstand des Verfahrens vor dem National Labor Relations Board waren, darf das Gericht nicht berücksichtigen (§ 10 (e) NLRA).

1. Unfair labor practices

Jedermann ist antragsberechtigt, eine Entscheidung des National Labor Relations Board zu veranlassen, wenn er der Ansicht ist, eine Gewerkschaft, ein Arbeitgeber oder einer ihrer Vertreter habe eine „unfair labor practice" begangen. Wie weiter oben bereits dargelegt wurde, können sowohl Arbeitgeber als auch Gewerkschaften solche Verhaltensweisen an den Tag legen. § 8 (a), (e) NLRA bestimmen die unrechtmäßigen Verhaltensweisen.

„Unfair labor practice" seitens des Arbeitgebers ist es zum Beispiel, eine Arbeitnehmerorganisation bei der Entstehung oder während ihrer Existenz zu behindern, Arbeitnehmer bei der Ausübung ihrer Rechte auf positive und negative Koalitionsfreiheit zu behindern, gegen die Verhandlungspflicht zu verstoßen, einen Arbeitnehmer zu entlassen, weil er Beschwerden erhoben oder dem National Labor Relations Board Tatsachen mitgeteilt hat, zum Beispiel über den Arbeitgeber oder die Gewerkschaft, oder eine Gewerkschaft finanziell zu unterstützen.[775] Verstöße der Gewerkschaften können zum Beispiel sein, Arbeitnehmer bei der Ausübung ihrer Rechte auf positive oder negative Koalitionsfreiheit zu behindern, Verhaltensweisen zu erzwingen, unzulässige Streikformen durchzuführen oder zu veranlassen (zum Beispiel „secondary boycotts").

Die „unfair labor practices" werden auf Antrag vom National Labor Relations Board untersucht und sanktioniert. Im Jahr gehen bei der Behörde ca. 40.000 Anträge ein.[776] Das Verfahren ist sehr zeitaufwändig.[777] In der Regel werden die Fälle durch ein dreiköpfiges Gremium entschieden.

Die Anordnungen des Boards hängen von dem jeweils betroffenen gesetzwidrigen Verhalten ab. Stellt das National Labor Relations Board fest, dass eine

---

774 *National Steel Corp. v. NLRB,* 324 F.3d 928 (2003) m.w.N.

775 Dem Arbeitgeber ist es untersagt, eine Gewerkschaft zu beherrschen, da sonst die Unabhängigkeit der Gewerkschaften gefährdet wäre; § 8 (a) (2) NLRA.

776 Pressemitteilung vom 11. Juni 1997, Thirteenth Annual Alabama Governor's Labor Management Converence, www.nlrb.gov/nlrb/press/releases/r2227.asp, aufgerufen am 12.11.2005.

777 Zum Verfahren im Einzelnen wird auf die Übersicht bei *Gould,* Einführung in das Arbeitsrecht der USA, 66, verwiesen.

einseitige Entscheidung gegen das Verhandlungsgebot verstoßen hat, kann es gemäß § 10 (c) NLRA eine „cease and desist order“ erlassen, durch die dem Unternehmen aufgegeben wird, die rechtswidrige Handlung zu unterlassen und nicht zu wiederholen. Sie bewirkt keine Aufhebung der Unternehmensentscheidung, sondern verbietet es, auf der früheren Entscheidung zu beharren. Nach § 10 (c) NLRA hat das National Labor Relations Board die Möglichkeit, dem Unternehmen Auflagen zu machen, um die von der Entscheidung betroffenen Arbeitnehmer so zu stellen, wie sie ohne die Maßnahme des Arbeitgebers stehen würden.[778] Zum Beispiel kann das Board anordnen, die entlassenen Arbeitnehmer wieder an ihrem früheren oder einem gleichwertigen Arbeitsplatz zu beschäftigen, die bis zur Entlassung erworbenen Senioritätsrechte wieder einzuräumen und den entstandenen Lohnausfall unter Anrechnung des Verdienstes in der Zwischenzeit zu ersetzen.[779] Ist eine Wiedereinstellung unmöglich, kann das Board den Arbeitgeber zur Weiterzahlung des Lohns verpflichten bis der betroffene Arbeitnehmer eine gleichwertige Anstellung gefunden hat.[780]

Weigert sich der Arbeitgeber jedoch, über eine Forderung der Gewerkschaft zu verhandeln, die der Verhandlungspflicht unterliegt, so hat das National Labor Relations Board keine Möglichkeit, die Arbeitnehmer so zu stellen als sei verhandelt worden und eine Einigung über die Forderung zustande gekommen.[781] Dies widerspräche dem Prinzip der Vertragsfreiheit und wäre unvereinbar mit der Regelung, dass nur eine Verhandlungspflicht mit den Gewerkschaften und keine Einigungspflicht besteht.

2. Verstoß gegen den Tarifvertrag

Während in Deutschland den Gewerkschaften der Unterlassungsanspruch nur in den Fällen zugesprochen wird, in denen ein tarifgebundener Arbeitgeber den Tarifvertrag gegenüber einer Mehrzahl von ebenfalls tarifgebundenen Arbeitnehmern bewusst verletzt, setzen in den USA primär die Gewerkschaften den Tarifvertrag durch. Der Arbeitgeber ist nur den Gewerkschaften gegenüber verpflichtet, den Kollektivvertrag einzuhalten. Der einzelne Arbeitnehmer kann Ansprüche aus dem Tarifvertrag grundsätzlich nicht selbst vor dem Board oder den Gerichten einfordern.

---

778 *Town & Country Manufacturing Co.*, 136 N.L.R.B. 1022, 1029 (1962).
779 So in *Fibreboard Paper Products Corp.*, 138 N.L.R.B. 550, 555 (1962).
780 *Renton News Record*, 136 N.L.R.B. 1294, 1298 (1962).
781 *H.K. Porter Case*, 397 U.S. 99 (1970).

Im Vergleich zu Deutschland werden deutlich weniger arbeitsrechtliche Streitigkeiten vor den Gerichten verhandelt.[782] Überwiegend (in 94 % der Fälle[783]) sehen die Tarifverträge ein Beschwerdeverfahren im Unternehmen vor („grievance system"), das mehrere Verhandlungsebenen (drei bis fünf) im Unternehmen zur Erörterung des Falles zwischen jeweils höheren hierarchischen Funktionärsstufen der Arbeitnehmer und Arbeitgeber ohne Einschaltung eines Außenstehenden festlegt.[784] Fast alle Regelungen (99 %[785]) erlauben jeder Seite, während der Laufzeit des Vertrages ohne Zustimmung der anderen eine Entscheidung herbeizuführen. Sind diese Möglichkeiten nicht erfolgreich, erfolgt eine Entscheidung durch ein Schiedsgericht („arbitrator"). Häufig löst das „grievance system" jedoch alle Probleme, bevor die letzte Instanz angerufen werden muss. Sofern die Gewerkschaft eine Verletzung des Tarifvertrags durch den Arbeitgeber geltend macht, wird eine Beschwerde beim National Labor Relations Board zurückgewiesen, wenn nicht zuvor ein Schiedsgerichtsverfahren durchgeführt wurde.[786]

Individualklagen einzelner Arbeitnehmer sind dann möglich, wenn das Schiedsgerichtsverfahren über den Streit ausgeschöpft wurde.[787] Die Klageerhebung setzt damit voraus, dass das Beschwerdeverfahren zugunsten des Arbeitnehmers eingeleitet wurde. Eine Gewerkschaft hat jedoch weder die organisatorischen, personellen noch die finanziellen Mittel, zugunsten jedes Arbeitnehmers, der sich in seinem tariflichen Recht verletzt fühlt oder verletzt wurde, das Beschwerdeverfahren in Gang zu setzen. Hierzu ist sie auch nicht verpflichtet. Die Grenzen ergeben sich aus dem Grundsatz der „duty of fair representation". Solange das Vorgehen der Gewerkschaft nicht willkürlich, diskriminierend oder in böser Absicht erfolgt,[788] hat die Gewerkschaft das Recht zu wählen, welche Beschwerde sie verfolgt. Lehnt es die im Betrieb vertretene Gewerkschaft ab, das Beschwerdesystem zugunsten eines Arbeitnehmers in Gang zu setzen, so steht

782 Grundsätzlich gibt es in den USA eine erheblich größere Bereitschaft, sich außerhalb der Gerichte um Beilegung von Konflikten zu bemühen. Diese Tendenz wird durch die Entscheidungen des Supreme Court gefördert.

783 U.S. Bureau of Labor Statistics Dep't of Labor, Bull, No. 1425-6, Arbitration Procedures (1966).

784 Zum Beispiel muss der Arbeitnehmer zunächst Beschwerde beim Abteilungsleiter einlegen, bevor er diese auf Betriebsebene weiterverfolgen kann.

785 *Gould*, Einführung in das Arbeitsrecht der USA, 138.

786 *Collyer Insulated Wire*, 192 N.L.R.B. 837 (1971).

787 *Republic Steel Corp. v. Maddox*, 379 U.S. 650 (1965).

788 *Vaca v. Sipes*, 386 U.S. 171, 64 L.R.R.M. 2369 (1967).

ihm auch der Weg zu den Gerichten nicht offen. Zur Veranschaulichung dient der folgende Beispielfall:[789]

In einem Betrieb gibt es zwei Geschehnisse, die unrechtmäßiges Arbeitgeberverhalten vermuten lassen. In dem einen Fall wurde einem einzelnen Arbeitnehmer gegenüber die Kündigung ausgesprochen, in dem anderen Fall wurde eine „seniority rule" seitens des Arbeitgebers falsch interpretiert. Die Gewerkschaft hat nicht genug Helfer, beide Beschwerden zu verfolgen. Die Frage der Auslegung der „seniority rule" betrifft alle Arbeitnehmer des Betriebs. Deshalb wird die Gewerkschaft das Beschwerdesystem nur in dem zweiten Fall in Gang setzen. Dem gekündigten Arbeitnehmer ist der Weg zu den Gerichten versperrt.

Aus diesem Grund argumentieren manche Gegner der Gewerkschaften, das Schlimmste, was den Arbeitnehmern passieren könne, sei die Repräsentation durch eine Gewerkschaft.[790]

Die Schiedsverfahren betreffen sowohl grundsätzliche Fragen der Auslegung von Tarifverträgen in Bezug auf die Rechte und Pflichten der Gewerkschaft als auch Einzelstreitigkeiten.[791] Im Vordergrund stehen Entlassungen, Disziplinarmaßnahmen, Fragen der Seniorität bei Beförderung und Entlassung, der Eingruppierung oder ob der Arbeitgeber Tätigkeiten fremd vergeben kann. Der Arbeitgeber hat mit der Schiedsgerichtsklausel zugleich eine Garantie der Sicherheit vor Streiks über Rechtsfragen („unfair labor practice strikes"[792]), denn die Gerichte sehen in der Vereinbarung der Schiedsklausel einen Arbeitskampfverzicht bezüglich derjenigen Rechtsfragen, die durch das Schiedsgericht entschieden werden können.

Der ausgesprochene Schiedsspruch wird vom National Labor Relations Board und von den staatlichen Gerichten durchgesetzt, aber kaum inhaltlich kontrolliert. Zwar entscheiden staatliche Gerichte über die Frage, ob der Gegenstand der Schiedsabrede unterliegt. Jedoch darf das Gericht keine andere Auslegungsvariante an die Stelle der Lösung des Schiedsrichters setzen oder die Entscheidung anhand strenger juristischer Auslegungskriterien überprüfen. Denn das Schiedsgerichtsverfahren folgt nicht den strengen juristischen Regeln, die das Gericht einzuhalten hat. Zum Beispiel besteht keine Bindung an Präzedenzfälle oder an Beweisregeln.[793] Der Spruch wird nicht aufgehoben, wenn das Verfahren offen-

---

789 *James A. Gross*, Professor of Labor and Labor Arbitration, School of Industrial and Labor Relations, Cornell University, Ithaca, beschrieb diesen Fall im Gespräch mit der der Verfasserin dieser Arbeit am 25. Mai 2005.

790 Ebd.

791 Zum Beispiel Entlassungen, Disziplinarmaßnahmen, Fragen der Seniorität bei Beförderung und Entlassung, Eingruppierungen.

792 Vgl. Kapitel D.II.1.c. dieser Arbeit.

793 *Harper/Estreicher*, Labor Law, 762.

sichtlich fair ablief und der Spruch des Schiedsgerichts dem Sinn des National Labor Relations Act nicht widerspricht.[794]

Jede Partei übernimmt die Kosten für ihre eigenen Zeugen und Vertreter. Die Kosten für den Schiedsrichter und das Verfahren als solches werden geteilt. So besteht für beide Seiten ein Anreiz, Streitigkeiten, die ein Beschwerdeverfahren auslösen, zu vermeiden.[795]

Neben der Lösung von Konflikten durch das Beschwerdeverfahren gibt es eine Vielzahl anderer Regelungsmöglichkeiten. So sehen manche Tarifverträge für den Fall, dass eine Einigung nicht zustande kommt, vor, dass ein Komitee aus Gewerkschafts- und Managementvertretern entscheidet oder dass die Gewerkschaft mangels einer Einigung über den Disput streiken darf, dass die Lösung des Konflikts bei fehlender Einigung durch den Arbeitgeber erfolgt oder dass der Konflikt vor den Gerichten ausgetragen wird.

3. Tarifwidrigkeit und „unfair labor practice"

Stellt eine Maßnahme des Arbeitgebers oder der Gewerkschaften sowohl eine „unfair labor practice" als auch einen Verstoß gegen den Tarifvertrag dar, darf die ein Verfahren beantragende Partei entscheiden, ob sie die Rechtswidrigkeit des Verhaltens vor dem National Labor Relations Board geltend machen will oder das „grievance system" einleiten will. Als Beispiel dient der folgende Fall:

Ein „shop steward", also ein Arbeitnehmer, der für die Gewerkschaft tätig ist, betreibt das „Grievance-Verfahren" für einen Arbeitnehmer. Während eines Treffens mit dem involvierten Vorgesetzten verliert der „shop steward" die Geduld und beleidigt den Vorgesetzten. Der „shop steward" wird darauf hin entlassen. Die Gewerkschaft kann sich gegen die Kündigung mit dem Argument wehren, dass die Handlungen des „shop steward" „protected concerted activity" i.S.d. § 7 NLRA waren, die Kündigung also gegen § 8 (a) (1) NLRA verstößt und damit eine „unfair labor practice" ist. Die zweite Argumentationsschiene ist der Tarifvertrag, der in der Regel eine Vorschrift enthält, die eine Kündigung nur aus triftigem Grund erlaubt („just cause"). Hiergegen könnte die Kündigung des Arbeitgebers im vorliegenden Fall verstoßen.

Mit der Behauptung einer „unfair labor practice" kann die Gewerkschaft das Verfahren vor dem National Labor Relations Board einleiten; macht sie einen Verstoß gegen „just cause" geltend, kann sie eine Beschwerde innerhalb des betrieblichen Beschwerdesystems erheben. In der Regel gehen die Gewerkschaften

794 *Gould,* Einführung in das Arbeitsrecht der USA, 153.
795 *Getman/Pogrebin/Gregory*, 187.

beide Wege.[796] Das National Labor Relations Board verschiebt eine Ingangsetzung des Verfahrens bis zur Entscheidung des „arbitrator". Liegt dessen Entscheidung vor, so akzeptiert das National Labor Relations Board diese als bindend, wenn der „arbitrator" die Tätigkeit des gekündigten Arbeitnehmers als „shop steward", also die Möglichkeit des besonderen Schutzes durch die „concerted activity" (gewerkschaftliche Tätigkeit), berücksichtigt hat.

III. Vergleichende Betrachtung

Einer der am meisten ins Auge stechenden Unterschiede zwischen dem amerikanischen und deutschen Rechtsschutz liegt in der Person des Antrags- bzw. Klagebefugten.

1. Antrags- bzw. Klagebefugnis

In Deutschland ist der Arbeitnehmer grundsätzlich selbst verantwortlich, seine Rechte zu verteidigen, ihm wird dies nicht von den Arbeitnehmervertretern – Gewerkschaften, Betriebsräten oder Arbeitnehmervertretern im Aufsichtsrat – abgenommen.

a. Bestandsaufnahme

Auf Tarifebene haben die Gewerkschaften in Deutschland gegenüber dem Arbeitgeber nur einen Unterlassungsanspruch, wenn eine tarifwidrige Betriebsvereinbarung oder Regelungsabrede vorliegt. In der überwiegenden Zahl der Fälle kann also nur der Arbeitnehmer selbst ein gesetz- oder tarifwidriges Verhalten des Arbeitgebers geltend machen.

Auf Betriebsebene hat der Betriebsrat in weiterem Umfang als die Gewerkschaften die Möglichkeit, gegen rechtswidriges Verhalten des Arbeitgebers vorzugehen, weil der allgemeine Unterlassungsanspruch und die besonderen Unterlassungsansprüche eine Vielzahl von Konstellationen der möglichen Verletzung von Vorschriften erfassen. Jedoch erfordert sowohl der allgemeine Unterlassungsanspruch des § 23 Abs. 3 BetrVG als auch die besonderen Unterlassungsansprüche der §§ 98 Abs. 5 und 6; 101; 104 BetrVG sowie der von der Recht-

---

796 *James A. Gross*, Professor of Labor and Labor Arbitration, Cornell University, School of Industrial and Labor Relations, Ithaca, im Gespräch mit der Verfasserin dieser Arbeit am 25. Mai 2005.

sprechung entwickelte außergesetzliche Unterlassungsanspruch eine Verletzung *betriebsverfassungsrechtlicher* Pflichten. Verstößt zum Beispiel eine Kündigung gegen § 1 Abs. 2 KSchG, hat der Betriebsrat keine Befugnis, den Arbeitgeber auf Unterlassung zu verklagen.[797] Zudem ist der allgemeine Unterlassungsanspruch nicht im Hinblick auf alle betriebsverfassungsrechtlichen Vorschriften, sondern nur sehr vereinzelt anerkannt.[798]

Auf Unternehmensebene haben die Arbeitnehmervertreter im Aufsichtsrat ebenfalls nicht die Möglichkeit, Rechte der Arbeitnehmer vor Gericht geltend zu machen. Sofern eine Unstimmigkeit zwischen der Arbeitnehmerbank und der Anteilseignerbank im Hinblick auf eine Geschäftsführungsmaßnahme des Vorstands vorliegt, sind die Chancen der Arbeitnehmervertreter gering, eine Rückgängigmachung der Maßnahme zu bewirken. Denn rechtswidrige Geschäftsführungsmaßnahmen kann der Aufsichtsrat nicht mit gerichtlicher Hilfe unterbinden – weder als Organ insgesamt noch durch einzelne seiner Mitglieder. Eine Abberufung des Vorstands wird die Arbeitnehmerbank aufgrund des Übergewichts der Anteilseignerseite mittels eines Beschlusses nicht durchsetzen können.

In den USA hat ein Arbeitnehmer hingegen nur bei dem Verfahren vor dem National Labor Relations Board, wenn es also um eine „unfair labor practice" geht, überhaupt die Möglichkeit, seine Rechte selbst geltend zu machen. Im Rahmen des betrieblichen „grievance systems" ist der Einzelne darauf angewiesen, dass die im Betrieb vertretene Gewerkschaft für seine Rechte eintritt. Dabei besteht für den Einzelnen die Gefahr, dass die Gewerkschaft nicht genug finanzielle oder personelle Ressourcen hat oder den Fall eines bestimmten Arbeitnehmers nicht als wichtig genug erachtet, um zu seinen Gunsten das „grievance system" zu durchlaufen. Möglichkeiten, sein Recht geltend zu machen, sind für diesen Arbeitnehmer dann vollkommen abgeschnitten, weil er das gerichtliche Verfahren erst nach Durchlaufen des betrieblichen „grievance system" in Anspruch nehmen darf.

---

797 Eine Parallele zum amerikanischen Recht besteht insofern, als auch die amerikanischen Gewerkschaften – abgesehen von der Geltendmachung von „unfair labor practices" vor dem National Labor Relations Board – im Rahmen des betrieblichen Beschwerdesystems in der Regel für die Einhaltung der tariflich vereinbarten Vorschriften verantwortlich sind, also nicht für die Rechtmäßigkeit des Arbeitgeberverhaltens im Hinblick auf jegliche gesetzliche Vorschrift. Jedoch ergibt sich ein Unterschied in der Realität dadurch, dass in den USA die meisten Arbeitsbedingungen tariflich geregelt sind, wohingegen in Deutschland ein großes gesetzliches Regelwerk besteht. Deshalb ist der Bereich, in dem die amerikanischen Gewerkschaften Ansprüche für die Arbeitnehmer geltend machen können, größer als der Bereich in Deutschland, in dem der Betriebsrat wegen Verletzung betriebsverfassungsrechtlicher Pflichten gegen rechtswidrige Arbeitgebermaßnahmen vorgehen kann.

798 Vgl. Kapitel E.I.2.b. dieser Arbeit.

Aus Arbeitnehmersicht ist das amerikanische Arbeitsrecht damit einschränkender als das deutsche Recht, weil das Kollektivinteresse aller Arbeitnehmer den individuellen Arbeitnehmerinteressen vorgeht. Die Gewerkschaften greifen aus der Vielzahl möglicher rechtswidriger Maßnahmen der Arbeitgeber diejenigen heraus, durch die am meisten Arbeitnehmer tangiert werden, um sie im Rahmen des betrieblichen Beschwerdesystems anzugreifen. Der Einzelne hat sich also dem Kollektiv unterzuordnen.[799]

Zwar gibt es Parallelen zur Unterordnung des Einzelnen unter das Kollektiv auch im deutschen Recht. So können die Gewerkschaften in Deutschland einen Unterlassungsanspruch wegen Verletzung tariflicher Normen nur dann gerichtlich geltend machen, wenn eine kollektive Abweichung vom Tarifvertrag bei betrieblichen Einheitsregelungen (Burda-Entscheidung[800]) vorliegt. Hierdurch wird eine Zuständigkeit der Gewerkschaften auch für den Fall der Betroffenheit mehrerer, nicht nur einzelner Arbeitnehmer festgelegt.

Die Parallelen zum Vorrang der kollektiven Interessen gegenüber einzelnen in den USA bestehen im Betriebsverfassungsrecht zum einen darin, dass § 23 Abs. 3 BetrVG einen „groben" Verstoß voraussetzt.[801] Da dieses Merkmal bedingt, dass der Verstoß geeignet ist, die Ordnung des Betriebs nachhaltig zu stören oder zu gefährden und in der Regel eine Wiederholung des rechtswidrigen Verhaltens voraussetzt, werden wie in den USA im Ergebnis nur die für eine größere Anzahl von Arbeitnehmern bedeutenden Fragen erfasst. Zum anderen werden durch die Voraussetzung des Verstoßes gegen eine betriebsverfassungsrechtliche Pflicht nur Tatbestände erfasst, die eine Vielzahl von Arbeitnehmern betreffen, weil Betriebsvereinbarungen Sachverhalte erfassen, die „dem Wohl der Arbeitnehmer und des Betriebs" (§ 2 Abs. 1 BetrVG) dienen und nicht nur einen einzelnen Arbeitnehmer erfassen.

Trotz dieser Parallelen in den Rechtssystemen gibt es in Deutschland keine wirkliche Unterordnung der Interessen des Einzelnen unter das Kollektiv. Das Fehlen des kollektiven Tatbestandes auf Gewerkschaftsebene (Verletzung des Tarifvertrags durch betriebliche Einheitsregelung) führt nur dazu, dass die Ge-

---

799 *J.I. Case Co. v. NLRB,* 1944, 321 U.S. 332. Vgl. zu dieser Thematik *Whyle,* Labor Arbitration and the Concept of Exclusive Representation, 17 LLJ, 604 f. *While* legt dar, eine individuelle Geltendmachung tarifvertraglicher Ansprüche ohne Zustimmung der Gewerkschaft die Wirksamkeit des vertraglichen Schiedsgerichtsverfahrens in Frage stellen würde, weil die Tarifpartner bald von dem Gebrauch Abstand nehmen würden.

800 BAG v. 20.4.1999, AP Nr. 89 zu Art. 9 GG.

801 BAG v. 2.11.1955, AP Nr. 1 zu § 23 BetrVG 1952.

werkschaft selbst keinen Unterlassungsanspruch hat. Umgekehrt bleibt aber bei Bestehen einer den Tarifvertrag verletzenden Einheitsregelung das Klagerecht des einzelnen Arbeitnehmers unberührt. Dieser Unterschied zwischen beiden Ländern auf Tarifebene geht einher mit der Tatsache, dass es sich bei den amerikanischen Gewerkschaften im Vergleich zu den deutschen um einen kollektiven Zwangsverband handelt, bei dem sich der einzelne Arbeitnehmer dem Willen des Kollektivs unterordnet: Die Mehrheit der Arbeitnehmer entscheidet, welche Gewerkschaft im Betrieb vertreten ist. Diese Gewerkschaft vertritt dann alle Arbeitnehmer der jeweiligen Verhandlungseinheit. Zwar müssen nicht alle Mitglieder sein, aber es ist möglich, alle zur Leistung eines Geldbetrages in Höhe des Mitgliedsbeitrages zu veranlassen.

Auch auf Betriebsratsebene führt der Unterlassungsanspruch des Betriebsrats nicht dazu, dass der Anspruch des Einzelnen wegfällt. Nur, wenn ausschließlich eine Verletzung betriebsverfassungsrechtlicher Normen vorliegt, die keine individualrechtliche Unwirksamkeit zur Folge hat, kann der einzelne Arbeitnehmer diese nicht im Wege der Klage geltend machen.

In Deutschland existiert deshalb keine „Unterordnung der Rechte des Einzelnen unter das Kollektiv", sondern lediglich eine Zuweisung der Verantwortung der Arbeitnehmervertreter für das Kollektiv.

James A. Gross hat die Ansicht, die fehlende Klagemöglichkeit einzelner Arbeitnehmer (es sei denn, das betriebliche „grievance system" wurde durchlaufen) im U.S.-amerikanischen Arbeitsrecht wirke sich negativ für den Einzelnen aus, mit dem Argument widerlegt, dass vor Gericht klagende Arbeitnehmer ohnehin keine Chancen hätten zu gewinnen.[802] Insofern sei in der fehlenden Klagemöglichkeit keine tatsächliche Beschneidung von individuellen Rechten zu sehen. Abgesehen von diesem von *James A. Gross* vorgebrachten Argument hat die Tatsache, dass die Gewerkschaft die „Herrin des ‚grievance systems'" ist, den Vorteil, dass es den Arbeitnehmern erspart bleibt, sich zwischen der Verschlechterung des Verhältnisses zum Arbeitgeber durch eine Klage bzw. eine Beschwerde oder dem Verzicht auf Geltendmachung seines Rechts zu entscheiden. Denn individuelles Vorgehen gegen Benachteiligungen erfordert Mut und birgt in sich auch die Gefahr neuer Nachteile, nachdem ein Arbeitnehmer Rechtsschutz in Anspruch genommen hat. So zeigt die Praxis in Deutschland, dass Arbeitnehmer in der Regel erst Klage einreichen – etwa wegen nicht gezahlten Lohns, wenn das Arbeitsverhältnis bereits beendet ist.[803]

---

802 Im Gespräch mit der Verfasserin dieser Arbeit am 25. Mai 2005.

803 Vgl. Kritik am Antidiskriminierungsgesetz auf dem Prüfstand. Hintergrundpapier des DGB (Stand 22.2.2005). Einblick 04/05, www.einblick.dgb.de/archiv/0504/tx050401.htm, aufgerufen am 1.10.2005.

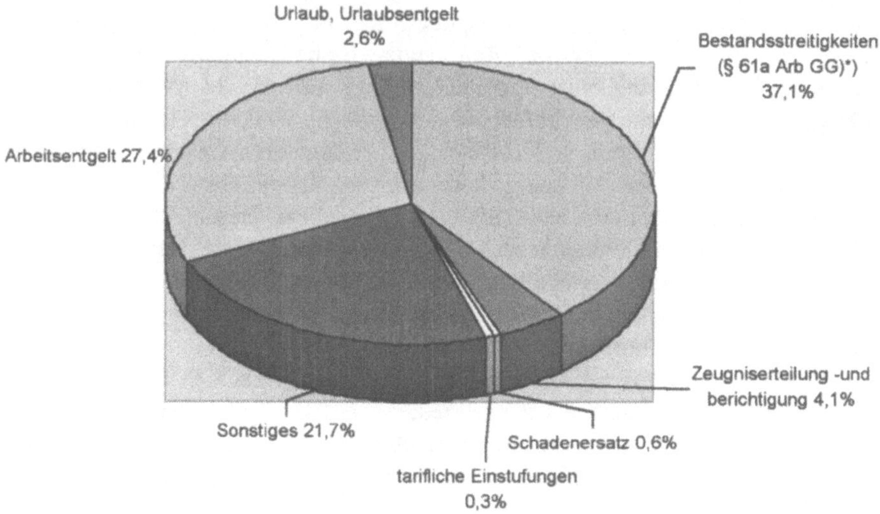

Abbildung 12: Erledigte Klagen nach Art des Streitgegenstandes in Deutschland[804]

Die größte Zahl der Klagen betrifft den Bestand des Arbeitsverhältnisses (37,1 %), nicht jedoch Fragen, die Pflichten des Arbeitgebers im Rahmen des Arbeitsverhältnisses betreffen.

Während die Arbeitnehmer in Deutschland bei der Durchsetzung ihrer Rechte mehr als die amerikanischen Arbeitnehmer auf ihre Eigeninitiative und den Mut angewiesen sind, gerichtlich gegen den Arbeitgeber vorzugehen, nimmt das amerikanische System den Arbeitnehmern die Entscheidung aus der Hand, ob sie es sich mit dem Arbeitgeber „verscherzen" möchten. Es mindert die Gefahr der Verschlechterung des Verhältnisses dadurch, dass die Gewerkschaft die Rolle des Angreifers gegenüber dem Arbeitgeber übernimmt und hat damit den positiven Effekt, dass in größerem Umfang gegen arbeitgeberseitige Verletzungen arbeitsvertraglicher Pflichten vorgegangen wird.

Diese Zusammenhänge haben unmittelbare Auswirkungen auf die Unternehmer. Sehen Arbeitnehmer in Deutschland wegen der beschriebenen Ängste häufig davon ab, gegen den Arbeitgeber vorzugehen, existieren derartige Skrupel seitens der Gewerkschaften in den USA nicht. Zum einen sehen sie in der Verteidigung der Rechte der Arbeitnehmer ihre originäre Aufgabe, zum anderen hat eine im Betrieb vertretene Gewerkschaft aufgrund der Routine auch bessere Rechts-

804 Bundesministerium für Wirtschaft und Arbeit, Tätigkeit der Arbeitsgerichte Deutschland, 2004.

kenntnisse als einzelne Arbeitnehmer. Dies hat zur Folge, dass Arbeitgeber in den USA infolge der Verletzung arbeitsvertraglicher Pflichten wesentlich häufiger in Anspruch genommen werden als in Deutschland. *Ken Margolies*, Lehrer an der School of Industrial and Labor Relations an der Cornell University, war im Rahmen seiner gewerkschaftlichen Aktivitäten eine Zeit lang für Beschwerden im öffentlichen Sektor verantwortlich. Bei einer Zahl von 3000 Arbeitnehmern wurden während eines Jahres 250 bis 300 Beschwerden im Rahmen des betrieblichen Beschwerdesystems verfolgt.[805] Geht man in einem groben Überschlag davon aus, dass pro Arbeitnehmer nur jeweils eine Beschwerde erhoben wurde, so wurde die Gewerkschaft für 8 bis 10 % der Arbeitnehmer aktiv. In der Gewerkschaft Local 100 der Transport Workers Union, die 38.000 Arbeitnehmer in New York City repräsentiert, werden rund 3000 Grievances im Jahr erhoben.[806] Dies entspricht einem Volumen von 7,9 % der Arbeitnehmer. Betrachtet man demgegenüber die Zahlen der eingereichten Klagen in Deutschland, so ergibt sich, dass im Jahr 2004 bei rund 40.800.000 Erwerbstätigen insgesamt[807] 590.442 Erwerbstätige Klage vor den Arbeitsgerichten erhoben haben.[808] Dies entspricht einem Anteil von nur 1,45 % der Arbeitnehmer insgesamt. Arbeitgeber in Deutschland sind also seltener in Rechtsschutzverfahren der Arbeitnehmer involviert als amerikanische Arbeitgeber.

Zwar könnten diese extrem voneinander abweichenden Zahlen auch darauf hindeuten, dass die Arbeitgeber in den USA die Arbeitnehmer schlechter behandeln und deshalb sehr viel mehr Beschwerden seitens der Gewerkschaften erhoben werden. Angesichts der großen Abweichungen ist es jedoch unwahrscheinlich, dass dies die alleinige Ursache ist. Vielmehr scheint der geringere Prozentsatz an Rechtsschutzverfahren in Deutschland die Hemmschwelle der Arbeitnehmer, gegen den Arbeitgeber Klage zu erheben, zu belegen und damit aufzuzeigen, dass eine Ausweitung kollektiver Befugnisse in Konfliktlagen zu einem verbesserten Arbeitnehmerschutz führt.

---

805 Im Gespräch mit der Verfasserin dieser Arbeit am 18. Mai 2005.

806 *Ken Margolies*, Lehrer an der School of Industrial and Labor Relations an der Cornell University, im Gespräch mit der Verfasserin dieser Arbeit am 18. Mai 2005.

807 Deutschland in Zahlen, 11, Tabelle 1.7, und Statistisches Taschenbuch 2004, Arbeits- und Sozialstatistik, Tabelle 2.3.

808 Bundesministerium für Wirtschaft und Arbeit, Tätigkeit der Arbeitsgerichte Deutschland, 2004.

2. *Verfahrensdauer und Kosten*

Betrachtet man die Dauer der Rechtsschutzverfahren, in die ein Unternehmer verwickelt werden kann, so ergibt der Rechtsvergleich eine größere Einschränkung der unternehmerischen Freiheit in Deutschland.

In Deutschland werden im gerichtlichen Verfahren in der Regel zunächst in mehrwöchigen Zeitabständen Schriftsätze gewechselt, die das Gericht informieren und bereits überzeugen sollen. Meistens vergehen zwischen der ersten Verhandlung und den Beweisaufnahmeterminen weitere Wochen. Danach braucht das Gericht wieder ein paar Wochen bis es seine Entscheidung schriftlich begründet und verkündet. Ein Gerichtsverfahren dauert vor den Arbeitsgerichten in knapp 50 % der Verfahren ein bis drei Monate, bei 20 % der Verfahren drei bis sechs Monate und bei 15 % der Verfahren sechs bis zwölf Monate.[809] Ein Verfahren vor den Landesarbeitsgerichten dauert bei 40 % der Verfahren drei bis sechs Monate, bei 25 % der Verfahren sechs bis zwölf Monate, bei weiteren 5 % noch länger.[810] Ein Verfahren vor dem Bundesarbeitsgericht dauert im Durchschnitt zwölf Monate, bei Kündigungssachen zehn Monate.[811] 48% der arbeitsgerichtlichen Verfahren werden durch Vergleich erledigt, 20 % der Verfahren vor den Landesarbeitsgerichten.[812] Viele Verfahren werden bis zur letzten Instanz durchgefochten, und es kann dann insgesamt zwei bis drei Jahre dauern, bis ein rechtskräftiges Urteil erwirkt wird.

Demgegenüber werden die Verfahren vor dem National Labor Relations Board in über 90 % der Fälle innerhalb der ersten drei Monate durch Vergleich erledigt. Im betrieblichen Beschwerdesystem werden sogar 95 % der Fälle auf den unteren Stufen des Beschwerdeverfahrens durch Vergleich gelöst.[813] Nur 5 % der Fälle werden durch einen Schiedsrichter („arbitrator“) entschieden. Im Rahmen des betrieblichen Beschwerdeverfahrens können sich die Parteien ganz nach Belieben binnen kurzer Zeit zu unterschiedlich langen Sitzungen zusammenfinden. Selbst in den 5 % der Fälle, in denen ein Schiedsrichter entscheidet, liegt eine Entscheidung spätestens 8 Monate nach Ingangsetzen des Beschwerdeverfahrens vor.[814]

---

809 Ebd.

810 www.bundesarbeitsgericht.de/statistik.html, aufgerufen am 12.11.2005.

811 Ebd.

812 Ebd.

813 *Clyde Summers*, Jefferson B. Fordham Professor of Law, Emeritus, University of Pennsylvania Law School, Philadelphia, im Gespräch mit der Verfasserin dieser Arbeit am 23. Mai 2005.

814 Ebd.

Nicht nur der Instanzenweg als solcher, sondern auch die geringere Vergleichsfreudigkeit der Parteien trägt damit in Deutschland zu erheblich längeren Verfahren bei. Damit geht in den USA eine erhebliche Zeit- und Kostenersparnis für Arbeitgeber einher.

Neben der unterschiedlichen Länge der Verfahren ist das Gerichtsverfahren in Deutschland auch aus einem anderen Grund in der Regel mit einem höheren Kostenaufwand für den Arbeitgeber verbunden als das betriebliche Beschwerdeverfahren in den USA: Während dem amerikanischen Arbeitgeber neben dem Arbeitsausfall der an dem Beschwerdeverfahren beteiligten Personen nur in den 5 % der Fälle, in denen der Schiedsrichter eingeschaltet wird, darüber hinausgehende Kosten entstehen, sofern nicht noch externe Anwälte eingeschaltet werden, ist der deutsche Arbeitgeber in jedem Streitfall zusätzlich durch die in allen Instanzen anfallenden Gerichtsgebühren und – im Falle des Erfolgs der Klage des Arbeitnehmers – durch die Kosten des Gegners finanziell belastet. In den USA teilen sich die Gewerkschaft und der Arbeitgeber die Kosten für den Schiedsrichter, eventuell eingeschaltete Anwälte zahlt jede Partei selbst.

Die Aussage, das „grievance"-Verfahren sei für den amerikanischen Arbeitgeber wegen geringerer Kosten mit geringeren Belastungen als für den deutschen Arbeitgeber verbunden, stimmt natürlich nicht in jedem Einzelfall. Zum einen können kleinere Unternehmen auch in den USA häufig nicht den mit dem Beschwerdeverfahren verbundenen Arbeitsausfall der beteiligten Personen verkraften. Die Arbeitgeber sind verpflichtet, die für die Gewerkschaft tätigen Arbeitnehmer („shop stewards"), die an der Beschwerde beteiligt sind, von der Arbeit freizustellen. Darüber hinaus ist der verantwortliche Vorgesetzte der Arbeitnehmer, für den das Beschwerdeverfahren in Gang gesetzt wurde, an dem Verfahren beteiligt. Möglicherweise werden noch andere Arbeitnehmer als Zeugen involviert. Selbst wenn das Verfahren innerhalb von zehn Stunden zu einer Einigung führt, können die Produktionsausfallkosten und Umsatzeinbußen anlässlich der Sitzungen mit erheblichen Verlusten für den Arbeitgeber verbunden sein.

Zum anderen können die Gewerkschaften das „grievance system" auch im Rahmen einer Blockadestrategie ausnutzen und Beschwerden in Fällen erheben, bei denen davon auszugehen ist, dass sie keinen Erfolg haben. Auf den unteren Ebenen ist das Verfahren für die Gewerkschaft nicht mit einer finanziellen Belastung verbunden, sofern sie keinen Anwalt oder sonstigen Außenstehenden einschaltet. So erzählte *Stephen Rechner*, Präsident der Gewerkschaft UCATS (New York City):

„*The member may be guilty of whatever they are charged with, and I might file a grievance*, knowing I am going to loose. *But what I am going to tell this member is: I am going to make that grievance process the most miserable experience a manager has ever had, because the next time this situation is going to come up I want the manager to think 'May be I am going to handle this differently. Some way that I do not have to go through that grievance process with the union.' So it is not always about the grievance today, it is about what you want to prevent from happening some when in the future."*[815]

Auch der Arbeitgeber hat die Möglichkeit, das Verfahren zum Nachteil der Gewerkschaft zu missbrauchen, indem er auf den unteren Stufen des Beschwerdeverfahrens Einigungen verhindert. Denn die häufige Belastung durch Kosten für den Schiedsrichter kann nur eine finanziell starke Gewerkschaft verkraften.

Die zu Beginn dieses Kapitels erörterte statistische Erhebung, die eine Einigung auf den unteren Ebenen des Beschwerdeverfahrens in 95 % der Fälle zeigt, belegt jedoch, dass weder auf Arbeitnehmer- noch auf Arbeitgeberseite ein zweckwidriges Ausnutzen des Beschwerdeverfahrens die Regel ist.

An das Verfahren vor dem National Labor Relations Board sind keine Gebühren geknüpft. Hier wird der amerikanische Arbeitgeber also wiederum ausschließlich durch den Arbeitsausfall der involvierten Personen sowie durch die Kosten eventuell eingeschalteter Anwälte finanziell belastet. Ein Ausnutzen des Systems durch die Gewerkschaft ist schwer möglich, da die Erfolgsaussichten der Beschwerde von Amts wegen in einem frühen Stadium von dritter Seite, durch das Board, geprüft wird.

3. Konfliktlösungspotenzial

Das betriebliche „grievance system“ hat ein höheres Konfliktlösungspotenzial als ein vergleichbar geführter Prozess in Deutschland. Dies ist nicht nur aus dem Ergebnis der wesentlich höheren Vergleichsbereitschaft der Parteien zu einem sehr frühen Zeitpunkt ableitbar (95% der Beschwerden im Rahmen des Beschwerdeverfahrens werden gelöst, ohne dass ein Schiedsrichter eingeschaltet werden muss; 90 % der Verfahren vor dem National Labor Relations Board werden innerhalb der ersten 15 Wochen durch Vergleich beigelegt[816]. Entschließt sich ein Arbeitnehmer in Deutschland, gegen den Arbeitgeber einen Prozess einzuleiten, so ist das Verhältnis zwischen beiden tendenziell zerrüttet. Entweder hat (in 60% der Gerichtsverfahren) der Arbeitgeber gegenüber dem Arbeitnehmer bereits die Kündigung ausgesprochen, oder es liegt der Vorwurf einer schweren Verletzung arbeitsvertraglicher Pflichten durch den Arbeitgeber vor. Wie bereits erörtert, muss ein klagender Arbeitnehmer nach Beendigung des Rechtsstreits mit Nach-

---

815 Gespräch mit der Verfasserin dieser Arbeit am 17. Mai 2005.

816 Vgl. Kapitel F.II.1. dieser Arbeit.

teilen durch eine „klimatische Verschlechterung“ des Arbeitsverhältnisses rechnen, die in die Abwägung, Klage zu erheben oder das beklagte Arbeitgeberverhalten zu ertragen, mit einfließen. Bei Bestandsstreitigkeiten endet die überwiegende Zahl der Urteile nicht mit einem die Sozialwidrigkeit der Kündigung feststellenden Urteil, sondern mit einem zum Verlust des Arbeitsplatzes führenden Abfindungsvergleich.[817]

Demgegenüber ist das Einleiten des betrieblichen „grievance system“ in den USA ein Bestandteil des Geschäftsablaufs, der zum Arbeitsalltag dazugehört. Häufig besteht das Beschwerdeverfahren nur in einer zwanglosen Aussprache zwischen dem zuständigen „shop steward“ und dem Arbeitgeber. Das „grievance system“ dient – neben der Lösung von Rechtsstreitigkeiten – auch der Kontrolle des Arbeitgebers durch die Gewerkschaft.[818] Denn gleichzeitig mit der Beilegung der Rechtsstreitigkeit wird die Vereinbarkeit der Maßnahmen des Arbeitgebers mit den Vorschriften des Tarifvertrages geprüft, so dass dieser in der Konsequenz gegebenenfalls angepasst oder geändert werden kann. Der im Betrieb vertretenen Gewerkschaft bietet sich also die Möglichkeit, die betrieblichen Verhältnisse in zunehmendem Maße zu gestalten. Da sich auf der ersten Stufe des Systems die unmittelbar Betroffenen (zum Beispiel Arbeitnehmer X und der Vorgesetzte) auseinander setzen und die Entscheidung nicht gleich an einen Dritten – in Deutschland an den Richter – abgegeben wird, motiviert die streitenden Parteien, selbst im Sinne einer Problemlösung aktiv und kreativ zu werden.

Ein weiterer Vorteil des „grievance systems“ für den Arbeitgeber ist, dass das Verfahren nicht öffentlich ist und grundsätzlich auch nicht Gegenstand öffentlicher Berichterstattung. So wird die Vertraulichkeit auch gegenüber Konkurrenzunternehmen gewahrt, und Betriebsgeheimnisse bleiben geschützt. Die beteiligten Unternehmensträger müssen nicht in gleichem Maß wie vor Gericht auf die Außenwirkung ihrer Aussagen im Rahmen des Verfahrens achten.

Schließlich genießt das betriebliche Beschwerdeverfahren ein größeres Vertrauen als das staatliche Gerichtsverfahren, weil auf jeder Ebene die Besonderheiten des Betriebes berücksichtigt werden können. Auf den unteren Stufen ist dies schon deshalb gewährleistet, weil nur Personen der Betriebs- und Gewerkschaftsführung beteiligt sind, also Personen, die mit den Interna des Betriebs vertraut sind. Kommt es zur Entscheidung durch den Schiedsrichter, so berücksichtigt dieser häufig das „Recht des Betriebs“,[819] d.h. für den Betrieb früher zustande gekommene Vergleiche oder Schiedssprüche. Die für amerikanische Gerichtsentscheidungen geltende Präzedenzwirkung gilt nicht für Schiedsgerichts-

817 GK-KSchG-*Spilger*, § 9, Rn. 9.
818 Siehe *McClure*, Betriebliche Mitbestimmung der Arbeitnehmer in den USA, 200.
819 Siehe hierzu *Gould*, Einführung in das Arbeitsrecht der USA, 141.

verfahren,[820] so dass jeder Schiedsrichter vollen Ermessensspielraum hat, unabhängig von in ähnlichen Fällen ergangenen Gerichtsentscheidungen.

4. Möglichkeit der Einflussnahme auf den Rechtsschutz durch den Arbeitgeber

Aufgrund der Tatsache, dass das „grievance system" ausschließlich auf dem vereinbarten Tarifvertrag beruht und keinerlei gesetzliche festgeschriebenen Mindeststandards unterliegt, hat der amerikanische Arbeitgeber mehr Möglichkeiten als ein deutscher, die Rechtsschutzmöglichkeiten der Arbeitnehmer zu beeinflussen. Ausschlaggebende Bedeutung für die Reichweite des betrieblichen Beschwerdeverfahrens kommt der Definition des Begriffs „grievance" zu. In manchen Tarifverträgen umfasst der Begriff nur Streitigkeiten über Auslegung und Anwendung einzelvertraglicher tariflicher Bestimmungen,[821] häufig bezeichnet er jede Streitigkeit zwischen Arbeitgeber und Gewerkschaft bzw. Arbeitnehmer, die aus dem Tarifverhältnis für die Dauer des Tarifvertrages im Betrieb erwächst.[822]

Ist die Reichweite des betrieblichen Beschwerdesystems auf bestimmte Streitpunkte begrenzt, sind die Arbeitnehmer bezüglich der nicht erfassten Streitpunkte auf gerichtlichen Rechtsschutz angewiesen. Dieser ist in den USA in der Regel mit größeren finanziellen Belastungen verbunden als für einen deutschen Arbeitnehmer. Zwar sind die Gerichtskosten in den USA relativ gering. Sie belaufen sich in der Regel auf 100 $ bis 200 $. Jedoch sind die Honorare für Rechtsanwälte vergleichsweise sehr hoch. Die Vergütung richtet sich nach dem nach Stunden berechneten Arbeitsaufwand oder ist auf den Erfolg bezogen. Das Honorar pro Stunde schwankt zwischen 100 $ und 500 $. Erfolgshonorare können ein Drittel des erstrittenen Wertes, evtl. zuzüglich der Kosten des Verfahrens, betragen. Eine Kostenerstattung durch die unterliegende Partei ist, anders als in Deutschland, im amerikanischen Rechtssystem nicht vorgesehen. Jede Partei trägt die außergerichtlichen Kosten selbst, bei Gerichtskosten kann dies im Einzelfall anders sein. Neben der Angst vor Nachteilen am Arbeitsplatz infolge der Klageerhebung ist der amerikanische Arbeitnehmer also mit einer erheblichen finanziellen Last konfrontiert. Noch weniger als in Deutschland ist deshalb in den USA damit zu rechnen, dass ein Arbeitnehmer Klage erhebt. Durch eine Beschränkung der Reichweite des betrieblichen Beschwerdesystems durch hartes

820 *Metropolitan Edison Co. v. NLRB,* U.S. 103 S.Cl. 1467 (1983).

821 American Millenery Manufacturers Ass'n Inc. and United Hatters, Cap and Millinery Worker International Union, 1969, Art. 24.

822 Tarifvertrag zwischen Barr Laboratories und Local 8-149 Oil, Chemical and Atomic Workers International Union, 1. April 1996, Art. XIII.

Verhandeln mit den Gewerkschaften kann ein Arbeitgeber in den USA also die Zahl der gegen ihn angestrengten Rechtsschutzverfahren erheblich minimieren.

Neben unterschiedlichen Ausgestaltungsmöglichkeiten des betrieblichen Beschwerdesystems kann der Arbeitgeber das System auch missbrauchen, um die Gewerkschaft zu schwächen. Insbesondere in großen Unternehmen mit schwachen Gewerkschaften kommt es vor, dass die Vertreter des Unternehmens auf jeder Ebene des Beschwerdesystems vorgeben, sich einigen zu wollen, in Wirklichkeit aber einen Spruch des Schiedsrichters anstreben, um die Gewerkschaft finanziell stetig zu schwächen.[823]

5. Ergebnis

Der Rechtsschutz ist im Vergleich mit Deutschland in den USA insofern arbeitnehmerfreundlicher als den Arbeitnehmern die Anfechtung rechtswidrigen Arbeitgeberverhaltens aus der Hand genommen wird und sie das Verfahren auch nicht selber führen müssen (außer im Falle der gerichtlichen Klage, der nur eintritt, wenn die Möglichkeiten des Beschwerdeverfahrens ausgeschöpft wurden). Für den Arbeitgeber wirkt sich dies in einer erhöhten Inanspruchnahme der rechtlichen Möglichkeiten von Arbeitnehmer- bzw. Gewerkschaftsseite und in einer starken Kontrolle durch die Gewerkschaften aus. Gleichzeitig sind beide Rechtsschutzmechanismen – sowohl das Verfahren vor dem National Labor Relations Board als auch das betriebliche Beschwerdesystem – sehr viel mehr als das deutsche Gerichtsverfahren auf Konfliktlösung ausgerichtet. Dies schlägt sich in einer verstärkten Vergleichsfreudigkeit der Parteien nieder. Insbesondere das betriebliche Beschwerdesystem nimmt die Belange des konkreten Betriebs in den Blick.

Sofern die im Betrieb vertretene Gewerkschaft das Beschwerdesystem nicht dadurch missbraucht, dass sie offensichtlich unbegründete Beschwerden erhebt, und nicht in jedem Fall Anwälte eingeschaltet werden, sind die Rechtsschutzmechanismen in den USA kostengünstiger. Hohe Kosten entstehen erst bei Inanspruchnahme eines Schiedsrichters oder bei häufiger Inanspruchnahme externer Anwälte.

Aufgrund der Tatsache, dass das betriebliche Beschwerdesystem rein auf Vereinbarung beruht, bietet die Ausgestaltung des Rechtsschutzes in den USA mehr Spielraum für beide Seiten als das in seinen Regeln streng festgelegte Gerichtsverfahren in Deutschland. Dies hat zum einen den Vorteil, dass es sich um

---

823 *Ken Margolies*, Lehrer an der School of Industrial and Labor Relations an der Cornell University, im Gespräch mit der Verfasserin dieser Arbeit am 18. Mai 2005.

ein von den Parteien selbst entwickeltes, zur spezifischen Problemlösung geeignetes Verfahren handelt.[824] Zum anderen gewährt es dem Arbeitgeber die Möglichkeit der Machtverschiebung zu seinen Gunsten, sofern die im Betrieb repräsentierte Gewerkschaft nicht stark genug ist, im Rahmen von Verhandlungen ihre Interessen bei der Ausgestaltung des Beschwerdesystems durchzusetzen. Ist die Gewerkschaft – auch in finanzieller Hinsicht – stark, kann sie eine Vielzahl von Beschwerden erheben und damit ein effektives Kontrollsystem unternehmerischen Handelns im Betrieb installieren. Da die Gewerkschaften in gegenständlicher Hinsicht für Bereiche verantwortlich sind, die in Deutschland auf Tarif-, Betriebs- und Unternehmensebene geregelt werden, besteht eine intensive Kontrolle im Hinblick auf in allen drei Bereichen anfallende Fragestellungen.

Ob der amerikanische Arbeitgeber durch die Ausgestaltung der Rechtsschutzmechanismen in den USA im Vergleich zu Deutschland weiter eingeschränkt wird, hängt also wiederum von Machtpotenzial der jeweiligen Gewerkschaft ab.

824 Siehe hierzu *Gould*, Einführung in das Arbeitsrecht der USA, 140.

G. Inhaltliche Gegenüberstellung der Kollektivverträge

In den vorherigen Kapiteln wurde wiederholt darauf hingewiesen, dass es sehr stark von der Verhandlungsmacht einer Gewerkschaft abhängt, ob sie es schafft, über einen Gegenstand, welcher der Verhandlungspflicht nach § 8 (a) (5) NLRA unterliegt, eine tarifliche Einigung zu erzielen. Da es vor allem die reale Ausgestaltung eines Kollektivertrags ist, die einen Arbeitgeber in seiner Entscheidungsfreiheit einschränkt, sollen im Folgenden einige amerikanische Tarifvorschriften näher betrachtet, typische Wesensmerkmale herausgearbeitet und mit denen deutscher Kollektivverträge, insbesondere mit Tarifverträgen, verglichen werden.

I. „Job control unionism" in den USA

Der gegenständliche Verantwortungsbereich amerikanischer Gewerkschaften ist nicht nur weiter als derjenige der deutschen, sondern selbst die Fragestellungen, die in beiden Ländern gleichermaßen dem Mitwirkungsrecht der Gewerkschaft („tariflich regelbar" in Deutschland bzw. „verhandlungspflichtig" in den USA) unterliegen, erfahren in den Tarifverträgen eine sehr unterschiedliche Ausgestaltung. „Job control unionism"[825] ist das Stichwort, das den amerikanischen im Unterschied zu einem deutschen Tarifvertrag charakterisiert, der mehr durch ein gesetzesähnliches Regelwerk geprägt ist.

Kennzeichnend hierfür ist, dass die amerikanischen Gewerkschaften durch die ausgehandelten Vorschriften sowohl in die Umsetzung als auch in die Überwachung der Einhaltung der Regelungen eingebunden werden, wohingegen die deutschen Tarifverträge Arbeitsbedingungen regeln, ohne dass die Gewerkschaften an der Umsetzung beteiligt werden. Ersteres, die Beteiligung an der Umsetzung, wird dadurch erreicht, dass amerikanische Tarifvereinbarungen ähnlich den Mitbestimmungsvorschriften (im weiteren Sinn) des Betriebsverfassungsgesetzes direkt eine Beteiligung an der Einzelfallmaßnahme des Arbeitgebers vorsehen. Letzteres, die Überwachung, wird zum einen durch das „grievance system" garantiert, zum anderen durch das in den tariflichen Vereinbarungen statuierte Kontrollrechte der Gewerkschaften.

825 *Harry Katz*, Dean der School of Industrial and Labor Relations, Cornell University, Ithaca, im Gespräch mit der Verfasserin dieser Arbeit am 25. Mai 2005.

1. Einrichtung von „committees"

Ein hervorstechender Unterschied zu deutschen Tarifverträgen ist zunächst, dass häufig die Einrichtung von so genannten „shop committees" im Tarifvertrag vorgesehen ist. In einem solchen Ausschuss werden die Gewerkschaften durch einzelne gewählte Repräsentanten im Betrieb vertreten. Die „committees" gewährleisten die Beteiligung der Gewerkschaft in den jeweiligen Einzelfällen.

(11) The Shop Committees in the plants covered hereby shall be as follows, except in plants up to 5000 employees the Union has the option of selecting plan A or plan B where applicable:

Employment in Plant		Number Districts In Plant	Shop Committee Consists of		
			District Committeemen	Shop Committeemen at Large	Total Shop Committeemen
Up to 51		2	2	0	2
51 to 500	Plan A	3	3	0	3
	Plan B	2	2	1	3
500 to 1000	Plan A	5	5	0	5
	Plan B	4	4	1	5
1000 to 1500	Plan A	7	7	0	7
	Plan B	6	6	1	7
1500 to 2500	Plan A	6 to 10	7	0	7
	Plan B	6 to 10	5	2	7
2500 to 3500	Plan A	10 to 14	5	2	7
	Plan B	10 to 14	4	3	7
3500 to 5000	Plan A	14 to 20	4	3	7
	Plan B	14 to 20	3	4	7
5000 to 7000		20 to 28	0	7	7
7001 to 9250		29 to 37	0	8	8
9251 to 10,500		38 to 42	0	9	9
10,501 to 11,750		43 to 47	0	10	10
11,751 to 13,000		48 to 52	0	11	11
13,001 and up		53 & over	0	12	12

Wie viele „committees" gebildet werden, auf welche Bereiche sie spezialisiert sind und welchen Grad der Mitbestimmung sie haben, ist in jedem Tarifvertrag individuell geregelt. Die Vorschriften sind denen des Betriebsverfassungsgesetzes zum Teil sehr ähnlich. Als Beispiel mögen die folgenden Vorschriften aus dem zwischen General Motors und der Gewerkschaft UAW (United Auto Workers) am 8. Oktober 1987 geschlossenen Tarifvertrag dienen:

In §§ 10 und 11 des Tarifvertrages werden – ähnlich der Regelung des § 9 BetrVG – die Anzahl der so genannten „committeemen" festgelegt, die eine Verhandlungseinheit repräsentieren:

Diesen „committeemen" unterstehen weitere Unterkommittees, so genannte „shop committees", die für kleinere Bereiche innerhalb der Verhandlungseinheit zuständig sind. Ähnlich der deutschen Vorschrift des § 74 Abs. 1 Satz 1 BetrVG sieht § 15 des Tarifvertrages vo1r, dass das „local management" und das jeweilig zuständige „shop comittee" einmal wöchentlich zu einer Besprechung zusammenkommen. Wie in der deutschen Vorschrift des § 37 Abs. 2 BetrVG werden die „committeemen" nach § 16 zur Wahrnehmung ihrer Repräsentationsfunktion zeitweise von ihrer Arbeit freigestellt. Ähnlich der deutschen Vorschrift des § 15 KSchG genießen „committeemen" bei General Motors einen verstärkten Kündigungsschutz; nach § 21c des Tarifvertrags zwischen General Motors und UAW soll ihnen trotz eines Stellenabbaus ein Arbeitsplatz in ihrem Distrikt garantiert werden. § 22 b des Tarifvertrages regelt, dass die Freistellung von der Arbeit unter Fortzahlung der Bezüge erfolgt. Wie bei den deutschen Betriebsratsmitgliedern (§ 37 Abs. 4 BetrVG) soll das Arbeitsentgelt von „committeemen" nicht geringer bemessen werden als das Arbeitsentgelt vergleichbarer Arbeitnehmer mit betriebsüblicher beruflicher Entwicklung (§ 22b Abs. 3 und 4 des Tarifvertrages zwischen General Motors und UAW). Der Tarifvertrag zwischen General Motors und UAW sieht also eine Organisation der Gewerkschaft auf Betriebsebene vor, die den Strukturen des Betriebsverfassungsrechts in vieler Hinsicht gleicht.

2. Beteiligung an individuellen unternehmerischen Maßnahmen

Die „committees" ermöglichen den Gewerkschaften eine Beteiligung in Angelegenheiten auf Betriebsebene, die sich von derjenigen deutscher Gewerkschaften durch die nach Abschluss des Tarifvertrags anhaltende enge Zusammenarbeit mit dem Arbeitgeber wesentlich unterscheidet. Entsprechend enthalten die Tarifvorschriften in den USA im Gegensatz zu deutschen Tarifverträgen nicht nur abstrakte Rechtsvorschriften, sondern häufig eine Beteiligung der Gewerkschaft an Einzelmaßnahmen.

Die Beendigung des Arbeitsverhältnisses ist zum Beispiel ein Thema, das sowohl in den USA als auch in Deutschland dem Verantwortungsbereich der Gewerkschaften unterliegt (in Deutschland tariflich regelbar, in den USA verhandlungspflichtig). In Deutschland enthalten tarifliche Vorschriften üblicherweise eine den gesetzlichen Kündigungsvorschriften in ihrer Abstraktheit ähnliche Regelung, die sich mit Grund, Form und Frist der Kündigung auseinander setzt. So enthält der Manteltarifvertrag für Arbeiterinnen und Arbeiter des Bundes und der Länder (MTArb) in der Form des Änderungstarifvertrages Nr. 4 vom 31. Januar 2003 Regelungen über die Beendigung des Arbeitsverhältnisses durch Auflösungsvertrag und Fristablauf (§ 56), über die Voraussetzungen der ordentlichen Kündigung (§ 57), über den Ausschluss der ordentlichen Kündigung (§ 58), über die Voraussetzungen der außerordentlichen Kündigung (§ 59), über die Änderungskündigung (§ 60), über die Schriftform der Kündigung (§ 61), über die Beendigung des Arbeitsverhältnisses infolge verminderter Erwerbsfähigkeit (§ 62) und durch Erreichen der Altergrenze (§ 63).

Demgegenüber enthalten amerikanische Tarifverträge eine detaillierte Beteiligung der Gewerkschaft am Verfahren der Kündigung. So sieht § 76 des Tarifvertrags zwischen General Motors und UAW vom 8. Oktober 1987 vor, dass jeder Arbeitnehmer, gegenüber dem eine Kündigung ausgesprochen wird, im innerbetrieblichen Schiedsgerichtsverfahren das Recht auf Repräsentation durch die Gewerkschaft hat. Der Arbeitnehmer hat dann die Möglichkeit, den Fall mit einer Person des innerbetrieblichen Ausschusses, mit einem „committeeman", in einem abgeschotteten Raum, der vom Arbeitgeber zur Verfügung gestellt wird, zu besprechen (ähnlich § 102 Abs. 2 Satz 4 BetrVG). Unabhängig davon, ob der Arbeitnehmer von dieser Möglichkeit Gebrauch macht, ist der gewerkschaftlich gewählte Ausschuss, das „shop committee", ähnlich der Vorschrift des § 102 Abs. 4 BetrVG innerhalb von 24 Stunden nach der Kündigung seitens des Arbeitgebers schriftlich über die Kündigung und die zugrunde liegenden Tatsachen zu informieren. Der Arbeitnehmer hat zudem ein Recht auf Stellungnahme zu den die Kündigung begründenden Tatsachen gegenüber dem Arbeitgeber, wobei er die Anwesenheit einer Person des Ausschusses verlangen kann (§ 76a). Die Gewerkschaft ist also direkt an der Einzelmaßnahme beteiligt.

Ein anderes Beispiel für die unterschiedliche Einbindung der Gewerkschaften auf Betriebsebene ist die Thematik des Arbeitsschutzes. In deutschen Tarifverträgen werden lediglich abstrakt die Anforderungen geregelt. So heißt es in § 14 (Arbeitssicherheit und Gesundheitsschutz) des Bundesrahmentarifvertrags für das Baugewerbe vom 4. Juli 2002 in der Fassung vom 17. Dezember 2003:

„Der Arbeitgeber ist verpflichtet, die Arbeitnehmer über alle einschlägigen Vorschriften zur Arbeitssicherheit und zum Gesundheitsschutz zu unterrichten."

Demgegenüber sehen US-amerikanische Tarifverträge ähnlich der Vorschrift des § 91 Abs. 1 Satz 2 BetrVG vor, dass eine Person des gewerkschaftlich gewählten Betriebsausschusses ein Überprüfungsrecht im Hinblick auf die Einhaltung der Sicherheitsstandards hat:

„The committeeman for that district shall [..] examine the job to determine the merits of the complaint.“[826]

Die Gewerkschaft kann also im Unternehmen die Einhaltung der geregelten Standards direkt überprüfen.

Im Hinblick auf die Arbeitszeit regeln deutsche Tarifverträge üblicherweise die Vollzeit, die Voraussetzungen der Teilzeitbeschäftigung, die Arbeitszeit an Samstagen und Feiertagen oder Nacht-, Sonn- und Feiertagsarbeit.[827] Ist eine Abweichung von den Tarifvorschriften vorgesehen, so werden für diese abstrakt die Voraussetzungen festgelegt,[828] die Gewerkschaft ist im jeweiligen Einzelfall jedoch nicht involviert. Demgegenüber sehen amerikanische Tarifverträge häufig – wie § 87 Abs. 1 Nr. 2 BetrVG – eine Beteiligung der Gewerkschaft bei einer Änderung der Verteilung der Arbeitszeit vor. § 88 des Tarifvertrages zwischen General Motors und UAW vom 8. Oktober 1987 legt zum Beispiel fest, dass jede Änderung der Arbeitsschichten mit dem gewerkschaftlich gewählten Betriebsausschuss diskutiert werden soll.

Ein weiteres Beispiel für die direkte Beteiligung der Gewerkschaft an einer Einzelmaßnahme ist im Falle von General Motors, dass ein gewerkschaftlich gewählter Ausschuss bezüglich der gehaltsbezogenen Klassifizierung eines neu eingestellten Arbeitnehmers mitentscheidet (§ 102a des Tarifvertrages vom 8. Oktober 1987):

„Within 30 calendar days after a production employee has been placed on the job, the Shop Committee and Management shall negotiate the rate and classification, and when negotiations are completed, such classifications and rate shall become a part of the local wage agreement [..].“

Ferner werden die Zertifikate, die Auszubildende im Anschluss an ihre Ausbildung erhalten, vom Arbeitgeber und von einem Gewerkschaftsvertreter unter-

---

826 Vgl. zum Beispiel § 79 des Tarifvertrages zwischen General Motors und UAW vom 8. Oktober 1987.

827 Siehe zum Beispiel §§ 15-20 des Manteltarifvertrags für Arbeiterinnen und Arbeiter des Bundes und der Länder (MTArb) vom 6. Dezember 1995 i.d.F. des Änderungstarifvertrages Nr. 4 vom 31. Januar 2003 – gültig ab 1. Januar 2003.

828 Vgl. z.B. § 15 Abs. 2-4 des Manteltarifvertrags für Arbeiterinnen und Arbeiter des Bundes und der Länder (MTArb) vom 6. Dezember 1995 i.d.F. des Änderungstarifvertrages Nr. 4 vom 31. Januar 2003 – gültig ab 1. Januar 2003.

schrieben (§ 150 des Tarifvertrages vom 8. Oktober 1987). Ebenso unterliegt die Festlegung der Betriebsferien dem Erfordernis der Einigung mit der Gewerkschaft (§ 202a Abs. 1 des Tarifvertrags):

„A plant shutdown for vacation purposes may be scheduled upon mutual agreement and approval of the International Union and the Corporation."

3. Betriebsnähe der Regelungen

Mit dem sog. „job control unionism" geht neben der Beteiligung der amerikanischen Gewerkschaften an individuellen Maßnahmen die Besonderheit einher, dass amerikanische Vorschriften mehr auf den konkreten Betrieb bezogen und insofern detaillierter sind, als dies in deutschen Tarifverträgen der Fall ist.

Als Beispiel sollen wiederum Vorschriften über die Arbeitszeit verglichen werden. Bei diesen wird in Deutschland üblicherweise die regelmäßige Arbeitszeit (z.B. 38 Stunden) festgelegt. Einzelheiten werden selbst in Firmentarifverträgen der Regelung durch Betriebsvereinbarung oder, wenn ein Betriebsrat nicht besteht, der einzelvertraglichen Vereinbarung überlassen. Typisch ist zum Beispiel folgender Auszug aus einem Tarifvertrag:[829]

§ 2 Arbeitszeit

1. Regelmäßige Arbeitszeit
Die regelmäßige wöchentliche Arbeitszeit beträgt 38 Stunden. Sie ist an den Tagen Montag bis Freitag zu leisten. Dies gilt für alle Schichten.
Die regelmäßige wöchentliche Arbeitszeit kann mit Zustimmung des Betriebsrats *für das für die Wartung und Pflege der Maschinen [...]* abweichend *von der vorstehenden Regelung unter Einbeziehung des Wochenendes erteilt werden [...]. [Hervorhebungen stets durch Verfasserin]*

2. Tägliche Lage der Arbeitszeit
Beginn und Ende der täglichen Arbeitszeit und der Pausen werden durch Betriebsvereinbarung *geregelt.*

4. Abweichende Arbeitszeitregelung
Durch Betriebsvereinbarung *können abweichende Regelungen getroffen werden.*

829 Haustarifvertrag Studio Hamburg – Manteltarifvertrag zwischen Studio Hamburg GmbH und Studio Hamburg Atelierbetriebs GmbH sowie ver.di Landesbezirk Nord, Fachbereich 8 Medien, Kunst, Industrie 2002/2003. Ebenso § 3 des Bundesrahmentarifvertrages für das Baugewerbe (BRTV) vom 4. Juli 2002 in der Fassung vom 17. Dezember 2003.

4.1 Tägliche Arbeitszeit
Durch eine Betriebsvereinbarung *kann zugelassen werden, dass die werktägliche Arbeitszeit produktionsbedingt in Ausnahmefällen über 10 Stunden hinaus verlängert werden kann.[..]*

4.2 Arbeitszeitmodelle
Durch Betriebsvereinbarungen *können Arbeitszeitmodelle zugelassen werden, in denen von der regelmäßigen Arbeitszeit nach § 2 Abs. 1 Satz 1 abgewichen werden kann. [...]*

§ 3 Mehr-, Sonnabend-, Sonntags- und Feiertagsarbeit sowie Pausen

5. Pausen
Beginn und Ende der regelmäßigen Pausen werden durch Betriebsvereinbarung *festgelegt.*

Von der Ausgestaltung im Detail sehen die Tarifparteien also ab. Demgegenüber sind in amerikanischen Tarifverträgen umfassendere Regelungen üblich, die wenig Fragen offen lassen, im Fall der Arbeitszeit also etwa die Lage der einzelnen Schichten und mögliche Abweichungen davon festlegen. Repräsentativ ist zum Beispiel die folgende Regelung:[830]

„Normale Arbeitsschichten von Montag bis Freitag bestehen aus 5 aufeinander folgenden Stunden, im einzelnen wie folgt:

1. *Arbeitsschichten:*
   Tagschicht – 6 Uhr bis 17 Uhr
   Nachmittagsschicht – 15 Uhr bis 23 Uhr
   Nachtschicht – 23 Uhr bis 7 Uhr
2. *Während öffentlicher Schulferien arbeiten die Mitarbeiter der Nachmittagsschicht während der Tagschicht.*
3. *C.U.P.E. Arbeitnehmer können in den Monaten Juli und August wählen, 10 Stunden pro Tag an 4 Tagen oder 8 Stunden pro Tag an 5 Tagen zu arbeiten. Der gewählte Plan muss während der beiden Monate durchgehend eingehalten werden.*
4. *Busfahrer auf Teilzeitbasis werden als für 4 Stunden pro Tag eingestellt angesehen, unabhängig davon, ob sie diese Arbeitsleistung tatsächlich erbracht haben.*
5. *Kaffeepausen*
   Ein Arbeitnehmer, dessen Schicht zwischen 3 und 5 ½ Stunden lang ist, hat ein Recht auf eine 15-minütige bezahlte Kaffeepause. Ein Arbeitnehmer, dessen Schicht zwischen 5 ½ und 8 Stunden lang ist, hat ein Recht auf 2 bezahlte 15-minütige Kaffeepausen, eine in jeder Hälfte der Schicht.

830 Tarifvertrag zwischen: The Board of School Trustees School District No. 8 (Kootenay Lake) und: The Canadian Union of Public Employees – Local 748, gültig: 1. Januar 1999 bis 30. Juni 2003.

6. *Mittagspausen*
   Arbeitnehmer, die für mehr als 4 Stunden Arbeit am Tag eingeteilt sind, haben ein Recht auf eine unbezahlte Mittagspause von mindestens 30 Minuten. Es wird jede Anstrengung unternommen, eine pflichtenfreie Mittagspause zu gewährleisten.

Es werden in amerikanischen Tarifverträgen also Regelungen vereinbart, die in Deutschland in den Tarifverträgen ausdrücklich der Betriebsvereinbarung oder, sofern ein Betriebsrat nicht gewählt ist, der individualvertraglichen Abrede überlassen werden.

Ein weiteres Beispiel für die Bezogenheit amerikanischer Tarifvorschriften auf den einzelnen Betrieb ist die Festsetzung von Prämiensätzen oder Erschwerniszuschlägen. Während diese in Deutschland in den Tarifverträgen abstrakt geregelt werden, enthalten amerikanische Tarifverträge häufig detaillierte Vorschriften, in denen die Zuschläge für verschiedene Arbeitnehmergruppen in konkreten Zahlen geregelt werden. So heißt es zum Beispiel in § 29 des Manteltarifvertrages für Arbeiterinnen und Arbeiter des Bundes und der Länder:[831]

„§ 29 Schmutz-, Gefahren- und Erschwerniszuschläge
(1) Für außergewöhnliche Arbeiten wird je nach dem Grad der Erschwernis ein Lohnzuschlag gezahlt, wenn die Arbeit
   a) den Arbeiter einer außergewöhnlichen Beschmutzung des Körpers oder der eigenen Arbeitskleidung aussetzt oder
   b) außergewöhnlich gefährlich, gesundheitsschädigend oder ekelerregend ist oder
   c) unter besonders erschwerenden Umständen ausgeführt werden muss.
(2) Ob eine Arbeit als zuschlagsberechtigt anzusehen ist, soll vor ihrer Inangriffnahme festgestellt werden.
(3) Lohnzuschläge nach Absatz 1 werden nicht gewährt, soweit das Verrichten außergewöhnlicher Arbeiten ausdrücklich durch die Einreihung in eine höhere Lohngruppe oder durch Gewährung von Schutzkleidung ausreichend abgegolten ist.

§ 29a Wechselschicht- und Schichtzulagen
(1) Der Arbeiter, der ständig nach einem Schichtplan (Dienstplan) eingesetzt ist, der einen regelmäßigen Wechsel der täglichen Arbeitszeit in Wechselschichten (§ 15 Abs. 8 Unterabs. 6 Satz 2) vorsieht und der dabei in je fünf Wochen durchschnittlich mindestens 40 Arbeitsstunden in der dienstplanmäßigen oder betriebsüblichen Nachtschicht leistet, erhält eine Wechselschichtzulage von 102,26 € monatlich.
(2) Der Arbeiter, der ständig Schichtarbeit (§ 15 Abs. 8 Unterabs. 7) zu leisten hat, erhält eine Schichtzulage, wenn

831 Tarifvertrag vom 6. Dezember 1995, i.d.F. des Änderungstarifvertrages Nr. 4 vom 31. Januar 2003, gültig ab 1. Januar 2003, zwischen der Bundesrepublik Deutschland, vertreten durch das Bundesministerium des Innern, der Tarifgemeinschaft deutscher Länder, vertreten durch den Vorsitzenden des Vorstandes, einerseits und den vertragsschließenden Gewerkschaften andererseits.

a) er nur deshalb die Voraussetzungen des Absatzes 1 nicht erfüllt,
aa) weil nach dem Schichtplan eine Unterbrechung der Arbeit am Wochenende von höchstens 48 Stunden vorgesehen ist oder
bb) weil er durchschnittlich mindestens 40 Arbeitsstunden in der dienstplanmäßigen oder
betriebsüblichen Nachtschicht nur in je sieben Wochen leistet,
b) die Schichtarbeit innerhalb einer Zeitspanne von mindestens
aa) 18 Stunden
bb) 13 Stunden
geleistet wird."

Demgegenüber ist eine typische amerikanische Vorschrift eines Tarifvertrags bezüglich Erschwerniszulagen und Prämiensätzen viel einzelfallbezogener, die einzelnen Tätigkeitsfelder berücksichtigend, ausgestaltet. Zum Beispiel lautet eine Passage wie folgt:[832]

„10.06 Spritzlackieren
Es wird ein Unterschied im Gehalt von 0,50 $ pro Stunde für die Ausführung von Spritzlackierungen festgelegt.

10.07 Asbest
(a) Es wird ein Lohnunterschied von 2 $ pro Stunde für Arbeitnehmer vereinbart, die in der Nähe von Asbest auf Level 1 und 2 arbeiten.
(b) Es wird ein Lohnunterschied von 50% des regulären Lohns für Arbeitnehmer vereinbart, die mit Asbest auf Level 3 arbeiten.
(c) Diese Vorschriften sind nur auf Stunden anwendbar, während deren der Arbeitnehmer einen schützenden Atemapparat benutzen muss.

10.08 Busfahrer-/Trainingsprogramm
Es wird vereinbart, dass ein zertifizierter Busfahrer/Trainer einen Bonus von 1 $ und 50 Cent pro Stunde für die Zeit des Lehrens erhält.

10.10 Handwerkszeug Zuschuss für vorübergehend/gelegentlich Beschäftigte
(a) Ein Arbeitnehmer, der sein eigenes Handwerkszeug (ohne Strom) benutzen muss, um Arbeit an Gebäuden oder dem Boden zu verrichten, erhält einen Zuschuss von 25 $ pro Woche.

10.18 Aufseher
Aufseher, die die Verantwortung für eine Einmannschule haben, erhalten 0,21 $ pro Stunde zusätzlich zu ihrem regulären Gehalt.

10.19 Chef Aufseher
Chefaufseher, verantwortlich für einen oder mehrere Arbeitnehmer in einer Schule, erhalten 21 Cents (0,21 $) pro Stunde und 9 Cents (0,9 $) pro Stunde für jeden Arbeitnehmer unter ihrer Verantwortung zusätzlich zu ihrem regulären Gehalt.

---

832 Tarifvertrag zwischen: The Board of School Trustees School District No. 8 (Kootenay Lake) und: The Canadian Union of Public Employees – Local 748, gültig: 1. Januar 1999 bis 30. Juni 2003.

10.20 Betrag für Leitung
Die Leitung einer Einheit soll nicht weniger als zehn Prozent (10%) über der höchsten Klassifizierung unter ihrer Leitung erhalten.

10.21 Vorarbeiter/Transportkoordinator
Ein Vorarbeiter soll nicht weniger als elf Komma sechs Prozent (11,6%) über der höchsten Klassifizierung unter seiner Leitung erhalten.

10.22. Abfertiger
Das Board kann Arbeitnehmer bestimmen, die Busfahrer auf regelmäßigen, planmäßigen und außerplanmäßigen Busfahrten abfertigen. Der Arbeitnehmer muss als Abfertiger ausgewiesen werden. Der Arbeitnehmer erhält eine Bonus von fünfundzwanzig Cents (0,25 $) pro Stunde für seine regelmäßigen Arbeitsstunden als Anerkennung für seine Verantwortung.

10.23 Auftragnehmer/Jährliche Genehmigungen
a) *Gesellen, von denen das Board fordert, dass sie eine jährliche Genehmigung für den Schulbezirk abzeichnen, erhalten eine Summe von 0,25 $ pro Stunde zusätzlich zu ihrem regulären Gehalt.*
b) *Wenn eine Sanierung oder ein Bauprojekt, das vom Board in Auftrag gegeben wird und auf dem Arbeitnehmer des Board tätig werden, eine weitergehende Genehmigung als die jährlich erteilte Genehmigung erfordert, erhalten Gesellen, bei denen erforderlich ist, dass sie ihre Lizenz als Auftragnehmer benutzen, 0.50 $ pro Stunde zusätzlich zu ihrem regulären Gehalt.*
c) *Ein Geselle, der ein anerkanntes Technologie-Diplom auf seinem Gebiet hat, erhält 10% über dem Gehalt eines regulär bezahlten Gesellen.“*

Die Feststellung, dass die deutschen Tarifvorschriften abstrakter als amerikanische Tarifvorschriften sind, trifft nicht ausnahmslos auf alle Tarifverträge zu, sondern bezeichnet eine Tendenz. Im Hinblick auf deutsche Tarifverträge ist allerdings damit zu rechnen, dass sich das Charakteristikum der im Vergleich zu amerikanischen Normen betriebsfernen Regelungen langfristig weiter verstärkt. Denn selbst wenn es unter der großen Koalition nicht zu den angekündigten Änderungen des Tarifrechts kommen sollte (d.h. vom Flächentarifvertrag abweichende Betriebsvereinbarungen zuzulassen, wenn diesen der Betriebsrat und zwei Drittel der Belegschaft (CDU/CSU) bzw. der Betriebsrat oder drei Viertel der Belegschaft (FDP) zustimmen) so ist die Überzeugung der Notwendigkeit größerer Betriebsnähe auf Arbeitgeber- und Arbeitnehmerseite weit verbreitet.[833] Aktuell gibt es in jedem vierten Betrieb mit mehr als zwanzig Beschäftigten betriebliche Bündnisse zur Beschäftigungssicherung. Die Bündnisse beschränken sich

833 *Kannegiesser,* Wir brauchen betriebliche Bündnisse, www.gesamtmetall.de/gesamtmetall/meonline.nsf/0/C795720E8B1F65BAC125706D0021A400?open&ccm=080030, aufgerufen am 12.11.2005.

nicht auf Unternehmen, die in akuten wirtschaftlichen Schwierigkeiten stecken.[834] Es ist eine Tendenz in Richtung einer fortschreitenden Reduzierung detaillierter Regelungen zu Gunsten der Festlegung von Rahmenbedingungen zu verzeichnen.

4. Ergebnis

Die festgestellten Unterschiede zwischen deutschen und amerikanischen Tarifverträgen reihen sich folgerichtig ein in die Aufteilung der Aufgaben zwischen den institutionellen Ebenen der Arbeitnehmervertretung, insbesondere in die zwischen Arbeitsmarkt- und Betriebsebene, die in den USA nicht existiert.

In Deutschland obliegt die Wahrnehmung der Arbeitnehmerinteressen auf dem Gebiet des Arbeitsmarktes (Außenbereich des Arbeitsverhältnisses) den Gewerkschaften, während den Betriebsräten die Gewährleistung der partiellen Selbstentfaltung innerhalb des betrieblichen Arbeitsverbundes (Innenbereich des Arbeitsverhältnisses) zugewiesen ist. Die Tarifparteien regeln demzufolge die Rahmenbedingungen für ihre Mitglieder und sind bei der betrieblichen Umsetzung nicht beteiligt – die Normen sind also nicht auf konkrete betriebliche Situationen bezogen – während der Betriebsrat für die Ausgestaltung und Anpassung an die jeweilige betriebliche Situation verantwortlich ist.

In den USA obliegt den Tarifparteien die Regelung sowohl der Arbeitsmarktbedingungen als auch der betrieblichen Binnenordnung. Dementsprechend sind die tariflichen Normen wesentlich detaillierter auf die konkrete Situation im Betrieb abgestimmt, und die Gewerkschaften sind bei der Umsetzung der Tarifvorschriften beteiligt.

Mit ihrer umfassenden Beteiligung an der Umsetzung der Tarifnormen ähneln die amerikanischen Gewerkschaften in funktioneller Hinsicht sehr dem deutschen Betriebsrat. Zwar hat der deutsche Betriebsrat weder den Auftrag noch die Möglichkeit, die Einhaltung der Tarifnormen zu überprüfen. Jedoch kann er gegen die Missachtung der sich aus dem Betriebsverfassungsgesetz ergebenden Pflichten durch den Arbeitgeber gerichtlich vorgehen (§ 23 Abs. 3 BetrVG).

---

834 Das ist das Ergebnis einer Analyse des Wirtschafts- und Sozialwissenschaftlichen Instituts (WSI) in der Hans-Böckler-Stiftung. Die Daten stammen aus einer aktuellen Umfrage unter mehr als 2000 Betriebsrätinnen und Betriebsräten. Wenn die geltenden Tarifverträge keine entsprechenden Öffnungsklauseln enthalten, befinden sich betriebliche Bündnisse für Arbeit aufgrund der Rechtsprechung des Bundesarbeitsgerichts häufig in einer rechtlichen Grauzone. Das Bundesarbeitsgericht lässt aufgrund des „Sachgruppenvergleichs" nicht zu, dass Entlohnung oder Arbeitszeit mit Arbeitsplatzsicherheit in einen einheitlichen Günstigkeitsvergleich einbezogen werden.

Im Hinblick auf die unternehmerische Entscheidungsfreiheit bedeutet dies, dass der amerikanische Arbeitgeber in quantitativer Hinsicht bei mehr Entscheidungen als der deutsche Arbeitgeber durch die Existenz der Arbeitnehmervertreter tangiert wird. Der amerikanische „job control unionism" erfordert es häufiger, mit der Gewerkschaft zu unteragieren, weil die Gewerkschaft aktiv in das tägliche betriebliche Geschehen eingebunden ist.

II. Amerikanische Tarifnormen als Surrogat arbeitsrechtlicher Gesetze

Amerikanische Tarifnormen unterscheiden sich nicht nur in qualitativer Hinsicht von deutschen Tarifnormen, nämlich dadurch, dass sie einzelfallbezogene Regelungen enthalten und eine größere Mitwirkung der Gewerkschaften auf Betriebsebene ermöglichen, sondern auch in quantitativer Hinsicht: Es werden mehr Fragestellungen geregelt. Dies verdeutlicht schon ein Vergleich des üblichen Umfangs der Tarifverträge. Ist in Deutschland ein Manteltarifvertrag mit 100 Seiten sehr umfangreich, ist in den USA ein Tarifvertrag mit über 500 Seiten keine Seltenheit.[835]

Das liegt vor allem daran, dass arbeitsrechtliche Schutzgesetze in den USA nur in sehr geringer Zahl vorhanden sind. Fragen, die in Deutschland (selbstverständlich) durch Gesetz geregelt sind, finden sich in den USA (wenn überhaupt) in Tarifverträgen wieder. Zwar gibt es einige Fragen, die in Deutschland trotz gesetzlicher Regelung in tariflichen Vereinbarungen zu finden sind, weil von der gesetzlichen Regelung zugunsten der Arbeitnehmer abgewichen wird. Jedoch gibt es ebenso viele Details, die in Deutschland – aufgrund ihrer gesetzlichen Regelung – in Tarifverträgen üblicherweise keine Erwähnung finden. Ein Beispiel hierfür ist die Frage der Konsequenzen des Auftretens einer Krankheit während des Urlaubs oder der Überschneidung des Urlaubs mit einem gesetzlichen Feiertag. Diesbezüglich bedürfen die Vorschriften des Bundesurlaubgsgesetzes keiner tariflichen Ergänzung, während solche Fragen in den USA ausschließlich auf Tarifebene vereinbart werden. In den USA existiert kein durch Bundesgesetz vorgeschriebener Mindesturlaub für Arbeitnehmer des privaten Sektors. Der 1993 erlassene Family and Medical Leave Act[836] erfordert nur die unbezahlte Freistellung durch den Arbeitgeber im Falle von Schwangerschaft und Krankheit.

Aufgrund der den amerikanischen Tarifvorschriften eigentümlichen detaillierten Ausgestaltung der Tarifregelungen sind die Tarifvorschriften umfangrei-

---

835 So zum Beispiel der Tarifvertrag zwischen General Motors und UAW vom 7. Oktober 1987.

836 Publ.L. 103-3, 107 Stat. 6 (1993).

cher als deutsche Gesetze. Ein Beispiel hierfür, wiederum im Bereich des Urlaubsrechts, ist das Urlaubsentgelt. Dieses wird für verschiedene Einzelfälle sehr unterschiedlich ausgestaltet. Repräsentativ sind die §§ 184 bis 202a im Tarifvertrag zwischen General Motors und UAW vom 8. Oktober 1987.

§ 189a Ein qualifizierter Arbeitnehmer, der mindestens 26 Lohnbezugsperioden in einem Jahr gearbeitet hat, hat einen Anspruch auf Urlaub und Urlaubsentgelt:

Für einen qualifizierten Arbeitnehmer mit folgender Seniorität	*Urlaubsentgelt in vollen Stunden*
1 bis 3 Jahre	*40*
3 bis 5 Jahre	*60*
5 bis 10 Jahre	*80*
10 bis 15 Jahre	*100*
15 bis 20 Jahre	*120*
20 oder mehr Jahre	*160*

§ 189b Abhängig von der Anzahl der Lohnbezugsperioden ist ein qualifizierter Arbeitnehmer berechtigt, einen prozentualen Anteil des vollen Urlaubsentgelts, wie in § 189a dargelegt, in Anspruch zu nehmen.

Lohnbezugszeiträume in einem Jahr gearbeitet	*Prozentualer Anteil an Urlaubsentgelt*
26	*100%*
25	*96*
24	*92*
23	*88*
22	*84*
21	*80*
20	*76*
19	*73*
18	*69*
17	*65*
16	*61*
15	*57*
14	*53*
13	*50*

Ein weiteres Beispiel für gesetzlich nicht vorhandene Regelungen in den USA ist die Lohnfortzahlung im Krankheitsfall. Ist diese in Deutschland ausführlich im Entgeltfortzahlungsgesetz geregelt, gibt es in den USA neben dem „Workers Compensation Act", der die Ansprüche eines Arbeitnehmers lediglich für den Fall von Arbeitsunfällen regelt, keine solche Regelung. Ansprüche des Arbeitnehmers können allenfalls aufgrund von Tarifverträgen entstehen, wo sie in den überwiegenden Fällen eine ausführliche Regelung erfahren.

Ferner ist ein prominentes Beispiel für eine fehlende gesetzliche Regelung in den USA der Kündigungsschutz des Arbeitnehmers. Dieser wird in Tarifverträgen durch Antidiskriminierungsregeln und eine Vielzahl von aufgezählten Einzelfällen arbeitnehmerischen Verhaltens festgeschrieben. Es ist üblich, dass alle möglichen Gründe der Abwesenheit vom Arbeitsplatz einzeln aufgezählt werden, z.B. Abwesenheit wegen der Erfüllung gesetzlicher Pflichten wie der Ableistung des Militärdienstes, der Wahrnehmung politischer Ämter, der Zeugenstellung vor Gericht oder auch aus Gründen der Schwangerschaft, des Erziehungsurlaubs, der Krankheit, um daran anknüpfend darzulegen, ob sich kündigungsrechtliche Folgen ergeben können. Zudem wird die Arbeitsverteilung im Betrieb durch Tarifverträge genau reglementiert. Aufgrund umfassender Rangfolgen der Arbeitsplatzverteilung im Betrieb nach Dauer der Betriebszugehörigkeit („seniority") kann es im Extremfall passieren, dass ein Arbeitgeber alle Mitarbeiter umsetzen muss, wenn er einen entlässt.

Ein ganz entscheidender Unterschied zwischen der deutschen und der amerikanischen Gesetzeslage mit Auswirkungen auf die Inhalte der Tarifverträge in beiden Ländern ist das Sozialversicherungsrecht. Vereinbarungen über Gesundheitsaufwendungen, Pensionen und andere Sozialleistungen nehmen in amerikanischen Tarifverträgen groβen Raum ein, denn in den USA gibt es keine gesetzliche Kranken- oder Rentenversicherung. Einen rudimentären Versicherungsschutz gibt es lediglich für über 65-Jährige, für Invalide (Medicare) und für Bedürftige (Medicaid). Andere öffentliche Systeme bestehen nicht. Die Krankenversicherung ist daher Teil des Lohns und vom ausgehandelten Tarifvertrag abhängig. Auch General Motors finanziert in den USA die Sozialversicherung seiner Beschäftigten, die Krankenversicherung über Gruppenversicherungen mit privaten Gesundheitsdienstleistern und die Renten mittels privater großer Pensionsfonds. Allein die Aufwendungen für den Gesundheitsschutz belasten die Fertigung jedes Autos mit 1500 \$.[837] Derzeit versucht General Motors, den Gewerkschaften Zugeständnisse abzuringen; der nächste Tarifvertrag steht erst für 2007 an.

---

837 FAZ v. 8. Juni 2005, 18: General Motors baut in Amerika 25000 Stellen ab. Am 29.10.2002 war im Manager Magazin zu lesen: „Der Autobauer hat 460.000 hungrige Rentnermäuler zu stopfen – das sind 2,5 Ruheständler pro Mitarbeiter. Die Rentenzahlungen steuert General Motors wie die meisten anderen Unternehmen durch einen ausgelagerten Pensionsfonds. Die Obligationen des Fonds, inklusive zukünftiger Ansprüche, belaufen sich auf rund 80 Milliarden Dollar. Eine gewaltige Summe, die der Fonds im Moment nicht hat: Auf Grund des Bärenmarktes ist er um 22 Milliarden Dollar unterfinanziert. Das Milliardenloch zwingt GM dazu, kostbare Einnahmen aus der Unternehmenskasse in den Pensionsfonds zu lenken. Pro ver-

Die Tatsache, dass viele der Themen, die in Deutschland in Gesetzen geregelt werden, in den USA von der Macht der Gewerkschaften abhängig sind, hat eine erheblich größere Ungleichheit der Arbeitsbedingungen als in Deutschland zur Folge. Vergleicht man zum Beispiel die Regelungen über Lohnfortzahlung im Krankheitsfall, so fallen diese in verschiedenen Tarifverträgen ganz unterschiedlich aus.

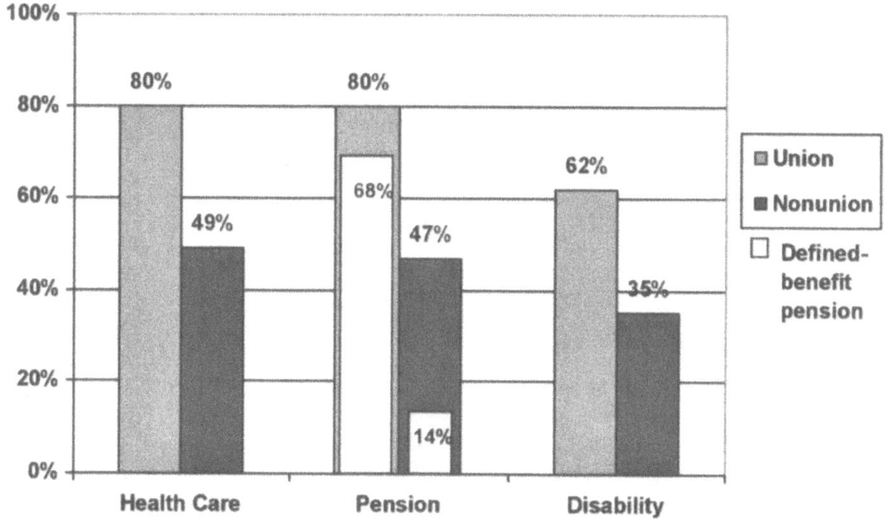

Abbildung 13: Ungleichheit der Arbeitsbedingungen in den USA[838]

kauftem Auto werden dieses Jahr bereits 900 Dollar in den Fonds fließen. In den nächsten fünf Jahren könnten die unerwarteten Zahlungen laut UBS Warburg sogar den Cash-Flow übersteigen – ein Horrorszenario für GM-Aktionäre" (*Volkery*, Manager Magazin, 29.10.2002).

838 Bureau of Labor Statistics, Employee Benefits in Private Industry, March 2004-Nov. 2004. www.bls.gov, aufgerufen am 12.11.2005.

Union Advantage by the Numbers	
Union workers earn higher wages and get more benefits than workers who don't have a voice on the job with a union.	
Union workers' median weekly earnings	$ 781
Nonunion workers' median weekly earnings	$ 612
Union wage advantage	**28%**
Union women's median weekly earnings	$ 723
Nonunion women's median weekly earnings	$ 541
Union wage advantage for women	**34%**
African American union workers' median weekly earnings	$ 656
African American non-union workers' median weekly earnings	$ 507
Union wage advantage for African Americans	**29%**
Latino union workers' median weekly earnings	$ 679
Latino non-union workers' median weekly earnings	$ 428
Union wage advantage for Latinos	**59%**
Asian American union workers' median weekly earnings	$ 765
Asian American non-union workers' median weekly earnings	$ 691
Union wage advantage for African Americans	**11%**
Union workers with access to guaranteed (defined-benefit) pension	73%
Nonunion workers with access to guaranteed (defined-benefit) pension	16%
Union pension advantage	**356%**
Union workers whose jobs provide access to health insurance	92%
Nonunion workers whose jobs provide access to health insurance	68%
Union health insurance advantage	**35%**
Union workers without health insurance coverage	2,5%
Nonunion workers without health insurance coverage	15%
Union advantage	**500%**
Union workers' average days of paid vacation	15 days
Nonunion workers' average days of paid vacation	11,75 days
Union paid vacation advantage	**28%**
Sources: U.S. Department of Labor, Bureau of Labor Statistics, Union Members in 2004, Jan. 27, 2005; U.S. Department of Labor, Bureau of Labor Statistics, National Compensation Survey: Employee Benefits in Private Industry in the United States, March 2005; Economic Policy Institute; Employee Benefits Research Institute, May 2005.	

Abbildung 14: Vorteile durch Gewerkschaften in den USA[839]

839 Homepage der Gewerkschaft BCTGM (Bakery, Confectionary, Tobacco Workers and Grain Millers International Union: http://www.bctgm.org, aufgerufen am 12.11.2005.

Während die Arbeitnehmer, auf die der Tarifvertrag zwischen Barr Laboratories und Local 8-149, Oil, Chemical and Atomic Workers International Union vom 1. April 1996 anwendbar war, Art. XXII. zufolge nach 8-monatigem Bestehen des Arbeitsverhältnisses fünf Tage Lohnfortzahlung im Kalenderjahr erhalten, können Arbeitnehmer, auf die der Tarifvertrag zwischen Trustees of Columbia University, City of New York, Health Science University und Supporting Staff Association of the Health Sciences Division of Columbia University[840] anwendbar ist, nach einjährigem Bestehen des Arbeitsverhältnisses einen Tag Lohnfortzahlung im Krankheitsfall pro Monat (also 12 Tage Lohnfortzahlung am Ende des Jahres) akkumulieren. Die Ungleichheit der Arbeitsbedingungen verdeutlichen auch die Schaubilder (siehe Schaubilder S. 257-258).

III. Amerikanische Tarifverträge im Vergleich untereinander

Anders als im Betriebsverfassungsgesetz gibt es im amerikanischen Tarifrecht keine gesetzlichen Normen, die eine Mitbestimmung der Gewerkschaften bei bestimmten Fragen zwingend vorsehen. Ob der Arbeitgeber eine Entscheidung trotz des entgegenstehenden Willens der Gewerkschaft durchsetzen kann – jedenfalls im Rahmen dessen, was er während der Verhandlungen angeboten hat[841] – oder ob er nicht ohne die Zustimmung der Gewerkschaft handeln kann, hängt vom konkreten Tarifvertrag ab. Dieser kann die Rechte der Gewerkschaften gegenüber der gesetzlichen Lage entweder erweitern, indem der Gewerkschaft ein über die Verhandlungspflicht hinausgehendes Mitbestimmungsrecht eingeräumt wird, oder verengen.

1. „Management rights clauses“

Eine Minderung der Rechte der Gewerkschaften gegenüber der gesetzlich vorgesehenen Verhandlungspflicht erfolgt durch „managements rights clauses“, die bestimmte Angelegenheiten dem alleinigen Bestimmungsrechts des Arbeitgebers zuordnen. Zur Veranschaulichung der Abstufungen, die es in verschiedenen Tarifverträgen im Hinblick auf den Schutz der unternehmerischen Freiheit vor ge-

840 Übersetzt: Verwalter der Columbia Universität, Stadt New York, Departement für Wissenschaft und Gesundheit und Verband für die Unterstützung der Angestellten, Abteilung Columbia Universität.

841 Nach einem Scheitern der Verhandlungen muss der Arbeitgeber bei der Umsetzung der Entscheidung im Rahmen dessen bleiben, was er der Gewerkschaft während der Verhandlung angeboten hat, siehe Kapitel D.II.1. dieser Arbeit.

werkschaftlicher Einflussnahme gibt, sollen einige amerikanische Tarifverträge miteinander verglichen werden.

Im Zusammenhang mit Arbeitszeitregelungen wurde weiter oben im Rahmen dieser Arbeit (Kapitel G.I.3.) der Tarifvertrag zwischen The Board of School Trustees School District No. 8 (Kootenay Lake) und The Canadian Union of Public Employees – Local 748, gültig: 1. Januar 1999 bis 30. Juni 2003 dargestellt, der eine detaillierte Regelung der Arbeitszeit enthält. Demgegenüber enthält ein anderer Tarifvertrag zwischen Servomation Corporation und Pennsylvania Federation of Teachers im Hinblick auf die Arbeitszeit die schlichte Klausel:

> „*Das Unternehmen behält das Recht, die üblichen gewöhnlichen Aufgaben des Managements in dem Unternehmen wahrzunehmen, dieses Recht umfasst, aber ist nicht limitiert auf das Recht der Einstellung, der Beförderung, der Übertragung und Arbeitsanweisung, das Recht, die Stärke der Belegschaft zu vergrößern oder zu verkleinern, den Umgang mit Produkten,* die Veränderung von Arbeitszeitplänen und der Arbeitszeit *[...].*"

Während das Board of School Trustees School District No. 8 als Arbeitgeber also genau an die mit der Gewerkschaft ausgehandelten Arbeitszeitvorschriften gebunden ist und bei Abänderung der Zustimmung der Gewerkschaft bedarf, ist die Servomation Corporation als Arbeitgeber trotz der im Betrieb vertretenen Gewerkschaft dank einer weiten „management rights clause" im Hinblick auf die Festsetzung der Arbeitszeit vollkommen uneingeschränkt.

Ein anderes Beispiel ist die Entscheidung des Arbeitgebers, einen Betriebsteil auszugliedern („subcontracting"). Für alle Arbeitgeber gleichermaßen gilt, dass eine Pflicht zur Verhandlung mit dem Ziel der Einigung mit der die betroffene Verhandlungseinheit vertretende Gewerkschaft über die Entscheidung des „subcontracting" existiert (nach den Grundsätzen der *Fibreboard*-Entscheidung, siehe oben). Liegt eine tarifliche Vereinbarung über die Frage des „subcontracting" vor, kann diese die Entscheidungsmöglichkeiten des Arbeitgebers ganz unterschiedlich erweitern oder verengen. So kann das „subcontracting" sich im Vertrag als Bestandteil einer weiten „managements rights clause" wieder finden. Zum Beispiel heißt es im Tarifvertrag zwischen Presbyterian University Hospital und International Union, United Plant Guard Workers of America (UPGWA):

> „*Der Arbeitgeber behält das Recht, die Arbeitsabläufe zu beenden, zu übertragen,* auszugliedern *[Hervorhebung durch Verfasserin].*"

Die in § 8 (a) (5) NLRA gesetzlich vorgesehene Pflicht des Arbeitgebers, mit der Gewerkschaft über die Entscheidung der Ausgliederung zu verhandeln, wird mit dieser Klausel für die Laufzeit des Tarifvertrages aufgehoben. Demgegenüber hieß es in einem zwischen Charlie's Oil Company und Teamsters Local No. 526 vereinbarten Vertrag:[842]

„Der Arbeitgeber darf zu keiner Zeit Arbeit der Verhandlungseinheit ausgliedern."

Durch diesen Tarifvertrag wird die gesetzliche Verhandlungspflicht über Ausgliederungen für die Laufzeit des Tarifvertrags auf das Verbot der Ausgliederung erweitert. Ebenso wurde in dem am 8. Oktober 1987 zwischen General Motors und UAW vereinbarten Tarifvertrag festgelegt,

„dass Arbeitnehmer eines anderen Unternehmers nicht in der Produktion oder Herstellung tätige Arbeitnehmer von General Motors ersetzen dürfen, sofern die Arbeit herkömmlich von GM Arbeitnehmern durchgeführt wird, wenn die Vollbringung der Tätigkeit mithilfe von General Motors eigenen Maschinen, Werkzeugen oder Ausrüstung durchgeführt wird".

Auch in dem zwischen Atlantic Services Inc. und South Jersey Regional Council of Carpenters, Local 623[843] am 18. Oktober 1983[844] geschlossenen Tarifvertrag ist vereinbart,

„dass der Arbeitgeber keine Arbeiten ausgliedert, sofern Ausstellungen oder normale Erhaltungsarbeiten betroffen sind, die traditionell von den Arbeitnehmern am Convention Center durchgeführt wurden. Diese Arbeit verbleibt bei den Tischlern in Übereinstimmung mit der Praxis in der Vergangenheit. Die Arbeit wird ausschließlich von Arbeitnehmern des Arbeitgebers durchgeführt und wird nicht an außenstehende Vertragspartner des Arbeitgebers ausgegliedert."

Ein drittes Beispiel, das die großen Unterschiede bei der Einschränkung der unternehmerischen Entscheidungsfreiheit durch Tarifverträge veranschaulicht, ist die Regelung der Standortverlegung. In dem zwischen General Motors und UAW am 8. Oktober 1987 vereinbarten Tarifvertrag (Section 96) wurde diesbezüglich vereinbart, dass

„jede Veränderung des Produktionsortes mit der Gewerkschaft in dem Bemühen um eine faire Lösung abgestimmt wird".

Demgegenüber wird in dem zwischen Elliot Turbomachinery Co., Inc. und der Gewerkschaft Local Lodge 225, District Lodge 34 of the International Asso-

842 Ablauf am 31.10.1981.

843 Angeschlossen an United Brotherhood of Carpenters and Joiners of America, AFL-CIO.

844 Nach dem Ablauf des Vertrages am 30. April 1986 wurde er bis heute jährlich verlängert.

ciation of Machinists and Aerospace Workers, AFL-CIO-CLC 1991 vereinbarten Tarifvertrag die Standortverlegung als Teil der Rechte des Arbeitgebers in der „management rights clause“ aufgeführt.[845] Ebenso heißt es in der zwischen Barr Laboratories und Local 8-149 Oil, Chemical and Atomic Workers International

Union vereinbarten umfassenden „management rights clause“ (Tarifvertrag vom 1. April 1996):

„Das Unternehmen hat das exklusive Recht: [...] die Betriebsabläufe als ganzes oder teilweise zu beenden, die Produktion zu verteilen oder zu übertragen, neue oder verbesserte Methoden oder Einrichtungen einzuführen.“

Ist bezüglich der Standortverlegung gar nichts im Tarifvertrag gar nichts vereinbart, bleibt es bei der Pflicht zur Verhandlung mit der Gewerkschaft nach den Grundsätzen des *Dubuque*-Standards.[846]

In Deutschland ist diese Entäußerung von Befugnissen der Kollektivpartner im Wege von standardisierten Klauseln, die den Arbeitgebern einseitige Entscheidungsbefugnis einräumen, weit gehend unbekannt. Zwar bleiben Themen in Tarifverträgen oder Betriebsvereinbarungen ungeregelt, weil keine Einigung gewollt ist oder zustande kommt, aber selten werden Themen ausdrücklich der alleinigen Entscheidungsbefugnis des Arbeitgebers unterstellt. Ein Verzicht des Betriebsrats auf betriebsverfassungsrechtliche Rechte ist nicht zulässig.[847]

2. Beteiligung an unternehmerischen Fragen

Einer Erweiterung der Rechte der Gewerkschaften gegenüber dem gesetzlichen Verhandlungsanspruch durch tarifliche Vereinbarung sind nach oben keine Grenzen gesetzt. Wie die Darstellung unterschiedlicher Tarifverträge im vorigen Abschnitt („management rights clauses“) verdeutlicht hat, gelingt es durchsetzungsstarken Gewerkschaften, im Hinblick auf verhandlungspflichtige Gegenstände ein Mitbestimmungsrecht auszuhandeln. Insbesondere bei den aus Unternehmersicht sensiblen Themen, die in Deutschland auf Betriebs- und Unternehmensebene ge-

845 „Subject to the provisions of this Agreement, the Union hereby recognizes that the management of the plant and the direction of the working forces, including the right to direct, plan, control plant operations, [...] is exclusively vested in the Company. To decide location of its plant, and to relocate the same.“

846 Vgl. Kapitel B.II.2.b.bb.(3) dieser Arbeit.

847 Vgl. zu diesem Thema *Schmidt*, Verzicht auf betriebsverfassungsrechtliche Befugnisse.

regelt werden, wird die unternehmerische Entscheidungsfreiheit in den USA in diesen Fällen mehr als in Deutschland eingeschränkt.

Weiterhin ist es bei mächtigen Gewerkschaften keine Seltenheit, dass ein umfangreiches Regelwerk im Hinblick auf nicht verhandlungspflichtige Themen im Tarifvertrag vereinbart wird. So gibt es in dem zwischen General Motors und UAW am 8. Oktober 1987 vereinbarten Tarifvertrag Regelungen, die eine sehr weit gehende Beteiligung der Gewerkschaft bei Produktionsstandards ermöglichen – ein Thema, das nach den in Kapitel B.II. dieser Arbeit dargestellten Grundsätzen nicht der Verhandlungspflicht gemäß § 8 (a) (5) NLRA unterliegt.

Zum Beispiel ist festgelegt, dass die Gewerkschaft UAW innerhalb von Komitees an Lösungen zum Rückgang des Umsatz- und Produktionsvolumens beteiligt wird.[848] An anderer Stelle ist eine Beteiligung der Gewerkschaft bei der Erstellung von neuen Geschäftskonzepten und -projekten zur Ausschöpfung unternehmerischer Ressourcen vorgesehen.[849] Dabei sind die Gewerkschaftsvertreter in einem paritätisch besetzten Gremium tätig. An diesen Themen sind Arbeitnehmervertreter in Deutschland nur im Aufsichtsrat, nicht aber auf Betriebs- oder Tarifebene beteiligt. Zwar hat die Gewerkschaft UAW kein Zustimmungsrecht ausgehandelt, aufgrund der paritätischen Gremienbesetzung ist die Beteiligung jedoch selbst im Vergleich zur deutschen Unternehmensmitbestimmung weitergehend. Denn auch im Bereich der Montanmitbestimmung besteht dadurch ein leichtes Übergewicht zugunsten der Anteilseignerseite, dass sich, falls sich die Aufsichtsratsfraktionen nicht auf einen „Neutralen" einigen können, die Hauptversammlung (bzw. die Gesellschafterversammlung bei der GmbH) den elften Mann frei wählt.[850]

3. Ergebnis

Der in den USA weitergehende Verhandlungsanspruch der Gewerkschaften bei wirtschaftlichen Fragen führt also nur dann zu einer größeren Einschränkung der unternehmerischen Entscheidungsfreiheit, wenn das Recht auf Verhandlung oder Mitbestimmung nicht im Rahmen einer „management rights clause" ausgeschlossen wird.

Sofern im Hinblick auf den Vergleich der amerikanischen Gewerkschaften mit deutschen Betriebsräten und Arbeitnehmervertretern im Aufsichtsrat festgestellt wurde, dass deren Art der Beteiligung hinter dem Beteiligungsrecht der

848 Dokument 10 auf Seite 305 des Tarifvertrags.
849 Dokument 12 auf Seite 315 des Tarifvertrags.
850 Vgl. *Reuter*, RdA 1988, 280, 283.

amerikanischen Gewerkschaften zurückbleibt, so trifft dies nicht bei schwachen Gewerkschaften zu, welche die Verhandlungspflicht über bestimmte Fragen durch eine „management rights clause“ im Tarifvertrag ausgeschlossen haben.

Festzuhalten ist, dass das amerikanische Tarifrecht den Gewerkschaften das Potenzial bietet, den Arbeitgeber intensiver in seiner Entscheidungsfreiheit einzuschränken, dass es jedoch nicht sicher ist, dass sie dieses im Einzelfall ausschöpfen können.

H. Ergebnisse

Das Kapitel über die tatsächliche Ausgestaltung amerikanischer Tarifverträge ist ein guter Anknüpfungspunkt, um die Ergebnisse dieser Arbeit festzuhalten. Denn insbesondere die Darstellung einzelner Vorschriften hat deutlich gemacht, dass die Gewerkschaften in den USA eine Funktion wahrnehmen, die über die der deutschen Gewerkschaften weit hinausgeht.

I. Unterschiedliche Institutionen mit gleichen Funktionen

Die Arbeitnehmer in den Vereinigten Staaten und in Deutschland werden durch unterschiedliche Institutionen vertreten, welche die gleichen Funktionen erfüllen. In Deutschland ist die Vertretung der Arbeitnehmer auf die Ebenen Arbeitsmarkt (Gewerkschaften), Betrieb (Betriebsrat) und Unternehmen (Arbeitnehmervertreter im Aufsichtsrat) aufgeteilt. Die Gewerkschaften in den USA nehmen die Vertretung der Arbeitnehmer auf allen drei Ebenen wahr. Dies wird anhand aller Aspekte, die im Rahmen der Untersuchung verglichen wurden – Begründung des Kollektivpartnerschaft, gegenständlicher Verantwortungsbereich („Ob" der Beteiligung) der Arbeitnehmervertreter, Art („Wie") der Beteiligung, Druckmittel und Rechtsschutz, deutlich.

Zum einen überschneidet sich der gegenständliche Verantwortungsbereich der Arbeitnehmervertreter in Deutschland und den USA weit gehend. In den Kapiteln C und F wurde gezeigt, dass die Verhandlungspflicht der Gewerkschaften in den USA sich sowohl auf die Bereiche erstreckt, die in Deutschland tariflich regelbar sind, als auch auf Bereiche, die der Mitbestimmung des Betriebsrats und der Arbeitnehmervertreter im Aufsichtsrat unterliegen.

Die Ähnlichkeit der Funktion amerikanischer Gewerkschaften mit der deutscher Betriebsräte wird insbesondere auch dadurch deutlich, dass amerikanische Gewerkschaften wie ein deutscher Betriebsrat im Betrieb vertreten sind. Das vorherige Kapitel hat gezeigt, dass Gewerkschaften häufig „shop comittees" errichten, durch die sie ständig im Betrieb präsent sind, dass sie an Einzelmaßnahmen des Betriebsalltags teilhaben und dass sie über Verhandlungen die Tarifverträge sehr betriebsnah – ähnlich also einer deutschen Betriebsvereinbarung – ausgestalten.[851]

Zum anderen lassen sich die meisten Unterschiede zwischen dem deutschen und dem amerikanischen System der kollektiven Arbeitnehmervertretung auf die nicht vorhandene Teilung der Arbeitnehmervertretung in den USA zurückführen.

1. Begründung der Kollektivpartnerschaft

In Deutschland ist die Begründung der Kollektivpartnerschaft auf den drei Ebenen der Arbeitnehmervertretung unterschiedlich ausgestaltet. Auf der Tarif- und Betriebsebene haben die Arbeitnehmer die Wahl, sich eine Vertretung zu wünschen oder dies zu unterlassen. Auf der Arbeitsmarktebene kann diese Entscheidung jeder Einzelne für sich treffen, denn durch den Tarifvertrag werden nur die Mitglieder der Gewerkschaft gebunden (§ 3 Abs. 1 TVG). Auf Betriebsebene werden die Interessen des Einzelnen den Interessen des Kollektivs insofern untergeordnet, als bei einer Wahl des Betriebsrats alle Arbeitnehmer des Betriebs von diesem vertreten werden (§ 2 Abs. 1 BetrVG). Nur auf Unternehmensebene wird den Arbeitnehmern bei Vorliegen der Voraussetzung das System der Mitbestimmung aufgestülpt, ohne dass sie sich dafür entscheiden könnten.

In den USA werden die Interessen des Einzelnen im Wege der Gesamtvertretung aller Arbeitnehmer einer Verhandlungseinheit durch die Gewerkschaft denen des Kollektivs untergeordnet.

Die Unterordnung des Einzelnen unter das Kollektiv lässt sich aus deutscher Sicht aus der Notwendigkeit erklären, den Innenbereich des Arbeitsverhältnisses für alle Arbeitnehmer gleichermaßen schützend zu regeln (Gleichbehandlungsgrundsatz, vgl. § 75 Abs. 1 BetrVG). Gibt es, wie in den USA, nur eine Institution, welche die Vertretung der Arbeitnehmer auf Markt- und Betriebsebene übernimmt, so muss diese für alle Arbeitnehmer ein zwingendes Regelungssystem schaffen. In Deutschland ist dies auf Tarifebene nicht nötig, weil die Betriebsverfassung auf betrieblicher Ebene ein für alle Arbeitnehmer zwingendes Regelungssystem schafft, das gleichen Schutz für alle innerhalb des Arbeitsverhältnisses gewährleistet. Es kann deshalb den Arbeitnehmern selbst überlassen werden, ob sie sich dem Tarifvertragssystem zur Regelung der Arbeitsmarktbedingungen unterwerfen. Die Betriebsverfassung ist damit ein Institut, das die

851 Demgegenüber sind deutsche Gewerkschaften hauptsächlich aufgrund ihrer personellen Verflechtungen mit dem Betriebsrat im Betrieb vertreten, die Tarifverträge sind abstrakter, d. h. vom konkreten Fall im Betrieb losgelöst, und sie sind an Einzelmaßnahmen des Betriebsalltags in der Regel nicht beteiligt.

Freiwilligkeit des Zusammenschlusses in Gewerkschaften und Arbeitgeberverbänden gewährleistet. Sie ist ein faktischer Garant der negativen Koalitionsfreiheit i.S.d. Art. 9 Abs. 3 GG.

Die Unterordnung des Einzelnen unter das Kollektiv im amerikanischen Tarifrecht erklärt sich also aus der nicht vorhandenen Teilung der Arbeitnehmervertretung in den USA und der Notwendigkeit, jedenfalls auf Betriebsebene für alle Arbeitnehmer ein einheitliches Regelungssystem zu schaffen.

2. *„Wie" der Beteiligung*

Die durch den National Labor Relations Act statuierten Verhandlungsmodalitäten sind eine Mischung der in Deutschland vorhandenen Eigenheiten der jeweiligen Institution und beruhen ebenfalls auf der nichtvorhandenen Teilung der Arbeitnehmervertretung in den USA.

a. Bestandsaufnahme

In Deutschland gibt es auf der Tarifebene im Hinblick auf die Verhandlungsmodalitäten zwischen den Parteien keine Vorgaben durch den Gesetzgeber, weder einen Verhandlungsanspruch noch einen Informationsanspruch. Das liegt daran, dass die Gewerkschaften die Arbeitnehmer ausschließlich auf der Ebene des Arbeitsmarktes vertreten. Das zur Herbeiführung vertretbarer Kompromisse in der Auseinandersetzung um angemessene Arbeits- und Wirtschaftsbedingungen erforderliche annähernde Kräftegleichgewicht wird auf der Ebene der Tarifautonomie dadurch gewährleistet, dass sich die Tarifparteien als freie Vertragskontrahenten selbstbestimmt am Markt gegenüberstehen.[852] Der Staat enthält sich deshalb jeder Einmischung, um in die Kräfteparität nicht einzugreifen. Dies wird anhand der fehlenden Reglementierung der Verhandlungsmodalitäten zwischen den Tarifparteien deutlich.

Die Betriebsverfassung ist dagegen eine „Staatsveranstaltung".[853] Die Kontrahenten – der Betriebsrat und der Arbeitgeber – stehen sich nicht gleichberechtigt gegenüber. Betriebsrat und Arbeitgeber sind zur kooperativen Zusammenarbeit zum Wohl des Unternehmens verpflichtet, und es besteht ein Arbeitskampfverbot (§ 74 Abs. 2 S. 1 BetrVG). Der Staat schafft zum Ausgleich durch das Betriebsverfassungsgesetz eine Schutzvorrichtung für die Arbeitnehmer. Es sind

852 *Kempen*, Der verfassungsrechtliche Vorrang der Tarifautonomie im arbeitsrechtlichen Regelungsgefüge, AuR 1996, 336, 343.
853 *Rieble*, RdA 1996, 151, 152.

sowohl die Pflicht zur Verhandlung als auch unterschiedliche Grade der Mitbestimmung (Informationsrechte, Beratungsrechte, Zustimmungsrechte) bei spezifisch definierten Fragen festgelegt. Hinzu kommt ein allgemeiner Unterrichtungsanspruch (§ 80 Abs. 2 BetrVG).

Auch die Unternehmensverfassung ist ein staatlich angeordnetes Kompetenzgefüge, das nicht dem freien Spiel der Kräfte überlassen, sondern durch gesetzliche Vorgaben gesteuert wird. Wie im Rahmen der Betriebsverfassung sind die Arbeitnehmervertreter zur Interessenvertretung dazu verpflichtet, sich im Zusammenwirken mit der Arbeitgeberseite kooperativ zu verhalten. Die Arbeitnehmervertreter im Aufsichtsrat haben einen Anspruch auf Berichterstattung aller für die Geschäftspolitik und Unternehmensplanung bedeutenden Vorgänge (§ 90 AktG); auf die Notwendigkeit der Geheimhaltung kann sich der Vorstand nicht berufen. Die Teilhabe der Arbeitnehmervertreter sowohl in dem Beratungsverhältnis zwischen Vorstand und Aufsichtsrat als auch an dem weit reichenden Informationsanspruch des Aufsichtsrats erklärt sich daraus, dass die Unternehmensmitbestimmung die einzige Institution ist, bei der die Arbeitnehmer innerhalb eines Unternehmensorgans und nicht von außen, durch eine eigene Institution der Arbeitnehmervertretung, an Unternehmensentscheidungen mitwirken. Da die Arbeitnehmerbank der Anteilseignerbank in Rechten und Pflichten gleichgestellt ist, kommt ein Ausschluss von Informationen, die für den Aufsichtsrat bestimmt sind, nicht in Betracht.

In den durch den National Labor Relations Act statuierten Verhandlungsmodalitäten der amerikanischen Gewerkschaften mischen sich die für Deutschland beschriebenen Eigenheiten der verschiedenen Institutionen. Sie bewegen sich zwischen staatlicher Reglementierung der Verhandlungen und freiem Kräftemessen der Parteien.

Der US-amerikanische Verhandlungsanspruch ist eine weitergehende Regulierung des Tarifrechts als in Deutschland, wo sich ein Äquivalent auf Betriebs- und Unternehmensebene findet. Der amerikanische Verhandlungsanspruch bleibt aber zum Teil in seiner Intensität hinter der Regelung der Beteiligungsrechte durch die Betriebsverfassung und die Mitbestimmungsgesetze zurück. Weder gibt es mit der Betriebsverfassung vergleichbare Zustimmungsrechte (z.B. wie in § 87 BetrVG) noch die Möglichkeit der Einräumung von Zustimmungsvorbehalten entsprechend § 111 Abs. 4 S. 2 AktG. Lediglich im Vergleich zu den einfachen Beteiligungsrechten des Betriebsrats (Anhörungs-, Beratungsrecht) und der Arbeitnehmervertreter im Aufsichtsrat (Beratung des Vorstands) ist der Verhandlungsanspruch wegen der Grundsätze des „good faith bargaining" und der „exclusivity" weiter gehend.

Jenseits des Verhandlungsanspruchs nach § 8 (a) (5) NLRA stehen sich die Tarifparteien auch als freie Vertragskontrahenten ohne gesetzliche Einmischung, etwa durch die Statuierung von Zustimmungsvorbehalten, gegenüber. Die Verhandlungen zwischen den amerikanischen Gewerkschaften und dem Arbeitgeber sind also minimal reguliert und bilden damit, verglichen mit den deutschen Gewerkschaften, ein Konglomerat aus den Vorgaben des Betriebsverfassungsgesetzes, des Mitbestimmungsrechts und des unregulierten Tarifrechts in Deutschland. Ebenso verhält es sich im Hinblick auf die Informationsrechte. Die Informationsrechte der amerikanischen Gewerkschaften reichen weiter als im deutschen Tarifrecht, sie bleiben aber weit hinter denen des Betriebsrats und des Aufsichtsrats zurück.[854]

Das amerikanische Tarifrecht ist im Hinblick auf das „Wie" der Beteiligung der Gewerkschaften und das Arbeitskampfrecht also ein Gemenge aus staatlicher Reglementierung (Verhandlungsanspruch), wie es in Deutschland auf Betriebs- und Unternehmensebene gegeben ist, und freiem Kräftemessen der Parteien (keine über den Verhandlungsanspruch hinausgehenden gesetzlichen Zustimmungsrechte der Gewerkschaften, vielfältige Arbeitskampfmöglichkeiten), wie es in Deutschland auf Tarifebene gegeben ist. In Deutschland werden die Prinzipien der staatlichen Reglementierung und des freien Spiels der Kräfte strikt getrennt und auf verschiedene Institutionen aufgeteilt.

b. Erklärung

Die Tatsache, dass den amerikanischen Gewerkschaften im Vergleich zu den deutschen Arbeitnehmervertretern des Betriebsrats und im Aufsichtsrat weniger Beteiligungsrechte von staatlicher Seite durch Gesetz zugestanden werden, obgleich sich die Verantwortungsbereiche weit gehend decken, ergibt sich aus deutscher Sicht aufgrund der fehlenden Aufteilung der amerikanischen Arbeitnehmervertretung in verschiedene Institutionen. Denn erst die Schwäche der Institutionen Betriebsrat und Mitbestimmung im Aufsichtsrat ermöglicht es, diesen Institutionen weit reichende Beteiligungsrechte durch Gesetz einzuräumen.

Die staatliche Regulierung der Zusammenarbeit zwischen Arbeitnehmervertretern und Arbeitgebern bzw. Geschäftsführungsorgan auf Betriebs- und Unternehmensebene wirkt sich in Deutschland so aus, dass den Arbeitnehmervertretern Macht in erheblichem Umfang gewährt wird. Durch das abgestufte System von mehr oder weniger intensiven Beteiligungsrechten – auf Betriebsebene den Anhörungs-, Informations-, Beratungs-, Zustimmungsrechten, auf Unternehmensebene dem Recht zur Bestellung des Vorstands, dem Informationsanspruch und dem Recht, einen Zustimmungsvorbehalt zu statuieren – werden die Arbeitnehmervertreter mit Rechten ausgestattet, die eine gravierende Beeinträchtigung der

854 Vgl. Kapitel C.III.2. dieser Arbeit.

unternehmerischen Entscheidungsfreiheit darstellen können.[855] Dieser Machtvorschuss wird dadurch ermöglicht, dass es sich bei den Arbeitnehmervertretern auf Betriebs- und Unternehmensebene in Deutschland um Institutionen handelt, die nicht allein dem Wohl der Arbeitnehmer verpflichtet sind.

Das Vertrauen in den verantwortungsvollen Umgang des Betriebsrats mit den ihm gewährten Zustimmungsrechten und den für das Unternehmen zum Teil sensiblen Informationen, mit denen er kraft der Informations- und Unterrichtungsrechte in Berührung gebracht wird, ergibt sich aus der Tatsache, dass der Betriebsrat eine Institution ist, die auf einen Ausgleich der Arbeitnehmer- und Arbeitgeberinteressen gerichtet ist (§ 2 Abs. 1 BetrVG). Den Betriebspartnern kommt eine gemeinsame Gestaltungsfunktion für den Betrieb zu, der Betriebsrat darf sich bei der Zusammenarbeit nicht ausschließlich von Arbeitnehmerinteressen leiten lassen.[856] Die Betriebsratsmitglieder unterliegen zudem nach § 79 BetrVG der Geheimhaltungspflicht.[857] Die umfangreiche Versorgung des Wirtschaftsausschusses mit finanziellen Informationen wird ebenfalls durch dessen Geheimhaltungspflicht ermöglicht (§ 106 BetrVG).

Auf Unternehmensebene ergibt sich das Vertrauen des Gesetzgebers in den sachgerechten Umgang mit den gesetzlich zugestandenen Informationen und Zustimmungsrechten (im Falle des Zustimmungsvorbehalts, § 111 Abs. 4 S. 2 AktG) wie im Falle des Betriebsrats aus der Tatsache, dass alle Aufsichtsratsmitglieder auf das Wohl des Unternehmens verpflichtet sind und nicht einseitig Arbeitnehmerinteressen verfolgen können.

Auf Tarifebene kann es ein vergleichbares Vertrauen nicht geben, weil die Gewerkschaften in ihrer Funktion als Vertreter zum Verhandeln der Arbeitsmarktbedingungen, insbesondere der Löhne, dem Arbeitgeber selbstbestimmt gegenüberstehen müssen, um nicht nur „kollektiv zu betteln". Mit diesem Prinzip verträgt sich die Verpflichtung zur gleichzeitigen Wahrnehmung der Interessen der Arbeitgeberseite, wie es auf Betriebs- und Unternehmensebene der Fall ist, nicht. Die Gewerkschaften sind auf Arbeitsmarktebene ausschließlich den Arbeitnehmerinteressen verpflichtet. Sensible wirtschaftliche Informationen, wie sie der Wirtschaftsausschuss im Rahmen des § 106 BetrVG erfährt, würden die Gewerkschaften nicht nur auf Betriebsebene verwerten, sondern auch im Rahmen der Verhandlung der Löhne ausnutzen. Ein Mitbestimmungsrecht i.S.d. § 87 BetrVG würden die Gewerkschaften auch beim Verhandeln der Löhne als Druckmittel nutzen.

---

855 Vgl. Kapitel B dieser Arbeit.

856 MünchArbR-*Hoyningen-Huene*, § 293, Rn. 9.

857 Sofern der Arbeitgeber eine Angelegenheit als geheimhaltungsbedürftig ausweist, siehe z.B. BAG v. 5.2.1991, AP Nr. 10 zu § 106 BetrVG 1972.

Gäbe es die Aufteilung der Ebenen Arbeitsmarkt, Betrieb, Unternehmen auf verschiedene Institutionen in Deutschland nicht, wären also die Gewerkschaften auch für die Regelung der Angelegenheiten auf Betriebsebene verantwortlich und wollte man gleichzeitig das Konzept der Gewerkschaften als Institution, die die wirtschaftlichen Interessen der Arbeitnehmer durch Unabhängigkeit und Möglichkeit der Druckausübung verteidigt (also gerade nicht die Interessen des Arbeitgebers im Blick hat) aufrechterhalten, so stünden den Gewerkschaften als einziger Institution der Arbeitnehmervertretung keine Beteiligungs- und Informationsrechte zur Verfügung. Es wäre nicht nur nicht garantiert, dass sie mit den Rechten auch im Sinne des Unternehmers verantwortlich umgehen. Es wäre ebenfalls, aufgrund des Konzepts der Gewerkschaften als gleichwertiger und gegnerunabhängiger Partner, nicht gewünscht. Erst die Schaffung einer Institution der Arbeitnehmervertretung, die nicht am Ziel des gleichwertigen Aushandelns der Löhne und Arbeitsbedingungen orientiert ist, sondern die Interessen des Unternehmens wahrt, ermöglicht eine weit reichende Integration in Angelegenheiten des Unternehmers, wie sie das Betriebsverfassungsgesetz vorsieht. Damit ermöglicht es die Trennung der Arbeitnehmervertretungsinstitutionen in Deutschland, dass den Arbeitnehmervertretern auf Betriebs- und Unternehmensebene durch Gesetz Beteiligungs- und Informationsrechte zugestanden werden. Die Friedenspflicht und die Pflicht zur Kooperation auf Betriebs- und Unternehmensebene sind der Preis für die Beteiligungsrechte.

In den USA materialisieren sich diese Zusammenhänge zwischen der Art der Mitwirkung der Arbeitnehmervertreter und der Ebene der Arbeitnehmervertretung. Die Vereinigung der Vertretung auf den drei Ebenen führt dazu, dass die Arbeitnehmervertreter (Gewerkschaften) auch auf der Arbeitsmarkt- und der Unternehmensebene ausschließlich die Arbeitnehmerinteressen im Blick haben und dass im Vergleich zum deutschen Betriebsrat und der Mitbestimmung im Aufsichtsrat ein eher feindseliges Verhältnis zwischen Arbeitnehmervertretern und dem Arbeitgeber herrscht. Dementsprechend ist es auch bei betrieblichen oder unternehmerischen Fragen nicht möglich, den Gewerkschaften gesetzliche Beteiligungsrechte zuzuweisen. Gewährte man den amerikanischen Gewerkschaften zum Beispiel weit gehende Informationsrechte, um eine Beteiligung an der Errichtung eines betrieblichen Kontrollsystems zu ermöglichen, so könnte man nicht verhindern, dass sie diese Informationen auch nutzen, wenn es um Lohnverhandlungen geht.

Der Verhandlungsanspruch der Gewerkschaften in den USA, der eine stärkere Einbindung durch den Unternehmer garantiert als bei deutschen Gewerkschaften, aber nicht in einen Mitbestimmungstatbestand übergeht und insofern teilweise hinter den Rechten des Betriebsrats zurückbleibt, sowie der begrenzte Informationsanspruch, der ebenfalls die Rechte deutscher Gewerkschaften übertrifft, aber hinter den Informationsrechten des Betriebsrats zurückbleibt, genügen somit den Anforderungen an eine Institution, die sowohl für die Marktebene verantwortlich ist, als auch für die Betriebs- und Unternehmensebene.

3. Druckmittel

Die Unterschiede im Arbeitskampfrecht zwischen Deutschland und den USA lassen sich zum Teil ebenfalls auf die Tätigkeit amerikanischer Gewerkschaften auf Arbeitsmarkt-, Betriebs- und Unternehmensebene zurückführen.

In Deutschland steht den Arbeitnehmervertretern auf Arbeitsmarktebene (Gewerkschaften) der Arbeitskampf als wirtschaftliches Druckmittel gegen die Arbeitgeber zur Verfügung. Auf Betriebs- (Betriebsräte) und Unternehmensebene (Arbeitnehmervertreter im Aufsichtsrat) sind die Arbeitnehmervertreter dagegen zur Interessenvertretung im Rahmen des kooperativen Zusammenwirkens mit der Arbeitgeberseite verpflichtet. Es fehlt die Möglichkeit des Arbeitskampfs. Wie im vorigen Abschnitt gezeigt wurde, wird den Arbeitnehmervertretern zum Ausgleich ein Arsenal an verschieden ausgestalteten Beteiligungsrechten zugestanden, die eine Beteiligung durch den Arbeitgeber garantieren. Möglichkeiten, den Arbeitgeber auf Betriebs- und Unternehmensebene unter Druck zu setzen, ergeben sich aus den Beteiligungsrechten selbst, die den Arbeitgeber motivieren, dem Betriebsrat durch Entgegenkommen an einer Stelle Zugeständnisse an anderer Stelle abzuringen. Insbesondere in Großunternehmen geht die faktische Macht des Betriebsrats weit über das im Gesetz sichtbare Maß hinaus.

In den USA steht den Gewerkschaften auf allen Ebenen der Vertretung das Instrument des Arbeitskampfs zur Verfügung, da es keine institutionelle Aufteilung der verschiedenen Ebenen der Arbeitnehmervertretung gibt. Dabei korreliert die – in Deutschland nicht vorhandene – Möglichkeit der „unfair labor practice strikes“ in den USA mit der Stellung der amerikanischen Gewerkschaften als Repräsentanten der Arbeitnehmer sowohl auf der Marktebene als auch auf der Betriebsebene. Denn auf der Betriebsebene erfordert die Vertretung der Arbeitnehmer die Schaffung eines rechtlichen Verfahrens für einen angemessenen Ausgleich beider Berufsfreiheitsinteressen, derjenigen des Arbeitgebers und derjenige der Arbeitnehmer, und damit die Möglichkeit, sich gegen rechtswidriges Verhalten des Arbeitgebers zur Wehr zu setzen. Dieses ist neben dem „grievance system“ mit der Legitimation von „unfair labor practice strikes“ gegeben. In Deutschland wird diese Funktion der Verteidigung von Arbeitnehmern gegenüber unrechtmäßigem Arbeitgeberverhalten neben den vorgesehenen Gerichtsverfahren vom Betriebsrat übernommen (§ 23 Abs. 3 BetrVG).

Trotz der breit gefächerten Möglichkeit des Arbeitskampfs in den USA ist es gängige Praxis, umfassende „no strike clauses“ zu vereinbaren. Durch diese tritt während der Laufzeit eines Tarifvertrags ein totaler Befriedungseffekt dadurch ein, dass sie im Gegensatz zu deutschen Tarifverträgen eine absolute Friedenspflicht statuieren, die der in § 74 Abs. 2 Satz 1 BetrVG normierten Friedensordnung oder der Pflicht zur Zusammenarbeit zum Wohl des Unternehmens innerhalb des Aufsichtsrats gleicht. Außerhalb der Laufzeit eines Tarifvertrages sind es die Rechte der Arbeitgeber, auf einen Streik im beliebigen Umfang mit einer Aussperrung zu reagieren, und die Möglichkeit, streikende Arbeitnehmer zu ersetzen, die im Vergleich zu Deutschland einen Effekt der Befriedung haben. Beide Verteidigungsmöglichkeiten erhöhen die Hemmschwelle für einen Streik sehr stark. Sowohl aufgrund von Rechtsprechung (Recht auf „Replacement“ und auf Aussperrung) als auch aufgrund der tatsächlichen Gegebenheiten (Vereinbarung von „no strike-clauses“) enthält das amerikanische Arbeitskampfrecht also Charakteristika sowohl des deutschen Tarifrechts als auch des deutschen Betriebsverfassungs- und Unternehmensverfassungsrechts.

Diese Beschränkung des Streikrechts amerikanischer Arbeitnehmer ist aus deutscher Sicht eine logische Konsequenz der Tatsache, dass amerikanische Gewerkschaften gleichzeitig die Vertretung der Arbeitnehmer auf der Ebene des Arbeitsmarktes als auch auf der Ebene des Betriebes und des Unternehmens übernehmen. Unter dem Blickwinkel der Tarifvertragsparteien als Instrumenten des Arbeitsmarktes ist zwar eine marktförmig-kämpferische Konfliktlösung zur Durchsetzung der Interessen der Arbeitnehmer erforderlich. Auf Betriebsebene, im Rahmen der Beteiligung an personellen, sozialen und wirtschaftlichen Folgeproblemen, die sich aus unternehmerischen Entscheidungen ergeben, würde das regelmäßige kämpferische Vorgehen der Arbeitnehmervertreter aber eine Störung der Kontinuität des Produktionsprozesses bedeuten. Auf der Betriebsebene ist eine Kooperation zwischen Arbeitgeber und Arbeitnehmervertretern erforderlich, um den Betriebsfrieden zu gewährleisten (§ 2 Abs. 1 BetrVG) und damit betriebliche Abläufe nicht zu stören. Ebenso wäre bei der Beteiligung der Gewerkschaften auf Unternehmensebene das Unterdrucksetzen des Arbeitgebers durch Arbeitskampf ein sehr weit gehender Eingriff in die Unternehmensautonomie.

Mit anderen Worten wird die Macht der Gewerkschaften auf der Ebene des Arbeitsmarktes dem Interesse des Erhalts des Betriebsfriedens und des nicht zu weit gehenden Eingriffs bei der Entscheidung in unternehmerischen Fragen geopfert. Das Opfer der absoluten Friedenspflicht auf Arbeitsmarktebene während der Laufzeit eines Tarifvertrags ist in Deutschland nicht nötig, weil der Betriebsrat und die Mitbestimmung der Arbeitnehmer im Aufsichtsrat ein „friedliches“ Zusammenwirken von Arbeitgeber und Arbeitnehmern ermöglichen.

4. Rechtsschutzmechanismen

Das Charakteristikum der US-amerikanischen Rechtsschutzmechanismen zur Durchsetzung der Ansprüche der Arbeitnehmer ausschließlich durch die Gewerkschaften im Rahmen des betrieblichen Beschwerdesystems ist der einzige Bereich, in dem die amerikanischen Gewerkschaften eine Funktion wahrnehmen, die weder die deutschen Gewerkschaften noch die deutschen Betriebsräte oder Arbeitnehmervertreter im Aufsichtsrat innehaben. Die Arbeitnehmer in Deutschland sind grundsätzlich selbst berufen, ihre Rechte durchzusetzen, und zwar nicht nur die durch Gesetz geregelten, sondern auch die auf einem Kollektivvertrag (Tarifvertrag oder Betriebsvereinbarung) beruhenden. In den seltenen Fällen, in denen die Gewerkschaften, Betriebsräte oder Arbeitnehmervertreter im Aufsichtsrat ein Klagerecht in Form eines Unterlassungsanspruchs gegenüber dem Arbeitgeber bzw. dem Vertretungsorgan der Gesellschaft haben,[858] handelt es sich um die Durchsetzung der Rechte nicht der Arbeitnehmer, sondern der jeweiligen Institution, also der kollektiven Koalitionsfreiheit i.S.d. Art. 9 Abs. 3 GG seitens der Gewerkschaft oder des jeweilig verletzten Rechts des Betriebsrats bzw. des Aufsichtsrats.

Die Unterschiede in den Rechtsschutzmechanismen sind deshalb keine notwendige Konsequenz der nichtvorhandenen Teilung der institutionellen Vertretung der Arbeitnehmer auf den verschiedenen Ebenen des Arbeitsschutzes. Sie belegen, dass der kollektive Gedanke in den USA insofern stärker ausgeprägt ist als in Deutschland, als Rechte des Einzelnen in der Regel nur geltend gemacht werden, wenn sie dem Kollektivinteresse entsprechen.[859] Unter Berücksichtigung der vorherrschenden Ideologie des Individualismus in den USA[860] ist dies ein bemerkenswerter Umstand.

5. Ergebnis

Die Unterschiede, die sich aufgrund der fehlenden Aufteilung der Arbeitnehmervertretung in verschiedene Institutionen in den USA zwischen dem deutschen und dem amerikanischen Arbeitsrecht ergeben, sind für unser eigenes System sehr aufschlussreich.

Die Erkenntnis, dass es auch in Deutschland einen „closed shop“ gibt, allerdings nicht auf Tarif-, sondern nur auf Betriebs- und Unternehmensebene, ver-

---

858 Vgl. hierzu Kapitel E.I. diese Arbeit.
859 Vgl. Kapitel E.II.2. dieser Arbeit.
860 Siehe Kapitel B.III.1.a. dieser Arbeit.

hindert, dass die Bedeutung der negativen Koalitionsfreiheit überbetont wird, und eine Arroganz gegenüber Ländern, die dieses Grundrecht nicht haben, an den Tag gelegt wird.

Die Unterschiede zwischen dem deutschen und dem amerikanischen Recht bei den Verhandlungsmodalitäten und im Arbeitskampfrecht belegen Zusammenhänge zwischen gesetzlich eingeräumten Beteiligungsrechten, Arbeitskampfmöglichkeiten und dem Verhältnis zwischen den Arbeitnehmervertretern und dem Arbeitgeber.

Erfolgt die Vertretung der Arbeitnehmer durch nur eine Institution, muss jedenfalls im Hinblick auf die Vertretung auf der Arbeitsmarktebene die Gegnerunabhängigkeit garantiert sein. Ein kooperatives Zusammenwirken zwischen Arbeitgeber und Arbeitnehmervertretern ist deshalb auf keiner der drei Ebenen der Arbeitnehmervertretung möglich. Denn gibt es nur eine Institution, ist es aufgrund der Personenidentität nicht möglich, die Prinzipien der Zusammenarbeit bei unterschiedlichen Fragestellungen abzuändern.

Das Mittel der Auseinandersetzung zwischen den Parteien bei nur einer Institution der Arbeitnehmervertretung ist der Arbeitskampf, der eine annähernde Parität zwischen den Parteien gewährleistet.[861] Die Möglichkeit, bei künftigen Entscheidungen durch Beteiligungsrechte Einfluss zu nehmen, müssen sich die Arbeitnehmervertreter erkämpfen. Ihnen werden keine Beteiligungsrechte durch Gesetz eingeräumt. Mangels kooperativen Zusammenwirkens wäre nicht gesichert, dass sie diese im Sinne des Unternehmers nutzen. Zudem wäre durch die zusätzliche Möglichkeit des Arbeitskampfs ein Ungleichgewicht zu Ungunsten des Arbeitgebers hergestellt. Aufgrund der Störung, die der Arbeitskampf auf der Ebene des betrieblichen Produktionsprozesses verursacht, ist es wahrscheinlich, dass das Recht zum Arbeitskampf in tatsächlicher oder rechtlicher Hinsicht eingeschränkt wird.

Die institutionelle Aufteilung auf verschiedene Arbeitnehmervertreter ermöglicht die Statuierung einer im Interesse des Betriebsfriedens und des störungsfreien Ablaufs des Produktionsprozesses liegenden Friedenspflicht sowohl auf Betriebs- als auch auf Unternehmensebene. Damit gehen gesetzliche Beteiligungsrechte einher, weil die Arbeitnehmerseite ohne das Mittel des Arbeitskampfs ihre Interessen nicht gegen die Arbeitgeberseite durchsetzen kann. Aus Arbeitgebersicht sind die Mitbestimmungsrechte auf Betriebs- und Unternehmensebene der Preis für die Friedenspflicht, aus Arbeitnehmersicht ist die Friedenspflicht der Preis für die Beteiligungsrechte.

---

861 BVerfG v. 26. 6. 1991, AP GG Art. 9 Arbeitskampf Nr. 117 unter C I 1a); BVerfG v. 4. 7. 1995, AP AFG § 116 Nr. 4 unter C I 1 a).

Ob diese beschriebene Machtbalance durch Friedenspflicht auf Betriebs- und Unternehmensebene[862] und kämpferischer Konfliktlösung auf Arbeitsmarktebene[863] in Deutschland tatsächlich durchweg gegeben ist, kann in Einzelfällen angezweifelt werden:

Aufgrund der personellen Verflechtungen sind es häufig dieselben Personen, denen auf der Ebene des Arbeitsmarktes der Arbeitskampf als Mittel des Interessenausgleichs zur Verfügung steht und die auf der Ebene der betrieblichen und unternehmerischen Mitbestimmung das Verhalten der Gegenseite im Rahmen des kooperativen Zusammenwirkens beeinflussen.[864] So wurden zum Beispiel die Tarifstreitigkeiten bei Opel[865] und Daimler Chrysler im Jahr 2004 hauptsächlich vom Betriebsrat geführt. Während die Gewerkschaft wegen der tariflichen Friedenspflicht nicht kämpfen konnte, streikte der Betriebsrat de facto, indem er durch in hohen Abständen einberufene Betriebsversammlungen und Informationsveranstaltungen die Produktion lahm legte. Die Arbeitnehmer erzwangen eine Übereinkunft zwischen Konzernspitze und Gesamtbetriebsrat. Dabei bestand bei Daimler Chrysler Personenidentität zwischen dem Gesamtbetriebsratsvorsitzenden und dem stellvertretenden Vorsitzenden des Aufsichtsrats (Erich Klemm). Ziel der Maßnahmen war die Verhinderung einer Standortverlegung. Ob die Auseinandersetzungen wegen aufgrund des faktischen Arbeitskampfs des Betriebsrats als Verstoß gegen das Gebot der Friedenspflicht (§ 74 Abs. 2 BetrVG) rechtswidrig waren, wurde gerichtlich nicht überprüft. *Rieble* sieht darin ein Anzeichen für die Macht der Arbeitnehmer: „Jedes Unternehmens weiß, dass Wehrhaftigkeit gegen den Rechtsbruch des Betriebsrats abgestraft wird – mit fehlender Kooperation bei mitbestimmungspflichtigen Angelegenheiten.“[866] Die Entwicklung ist jedenfalls ein starkes Indiz dafür, dass das Modell der Machtbalance sich nicht bewährt, wenn die Personenidentität bei den drei Institutionen die Einflussmöglichkeiten der Arbeitnehmervertreter über das im Tarif- und Arbeitskampfrecht vorgesehene Maß hinaus erhöht.

Weiterhin bleibt abzuwarten, inwiefern die neue Strategie des Erstreikens von Sozialplantarifverträgen[867] die Balance von Friedenspflicht auf Betriebs- und Unternehmensebene und kämpferischer Konfliktlösung auf der Arbeitsmarktebene stört. Bemerkenswert ist, dass nach den bisherigen Entscheidungen in der Rechtsprechung die Gewerkschaften nicht an die Schranke der wirtschaftlichen Vertretbarkeit nach § 112 Abs. 5 Satz 1 und 2 Nr. 3 BetrVG sowie an das So-

---

862 Bei gleichzeitiger Gewährung von gesetzlichen Beteiligungsrechten.
863 Bei Abwesenheit von gesetzlichen Beteiligungsrechten.
864 Vgl. hierzu insb. *Reichold*, NZA 2004, 247, 249.
865 *Peizmeier*, FAZ v. 28.2.2005, 11.
866 *Rieble*, RdA 2005, 200, 201.
867 Siehe Kapitel C. I. 1. b. bb. (2) (c) dieser Arbeit.

zialplanprivileg nach § 112a Abs. 2 BetrVG gebunden sind, die dem Schutz der unternehmerischen Entscheidungsfreiheit der Unternehmer dienen.[868] Bislang fand diese Strategie nur bei einigen ausgesuchten Großunternehmen statt, bei denen der Streik um den Sozialplantarifverträge versprach, öffentlichkeitswirksam zu sein.

II. Macht & Ideologie

Nehmen die verschiedenen Institutionen der Arbeitnehmervertretung in beiden Ländern die gleichen Funktionen wahr, so unterscheiden sie sich doch in einem Punkt sehr stark, nämlich im Hinblick auf die Bedeutung der Mächtigkeit der Arbeitnehmervertreter für den kollektiven Arbeitnehmerschutz.

Dieses Ergebnis resultiert zunächst unmittelbar aus den soeben beschriebenen Zusammenhängen zwischen der Aufteilung der Ebenen der Arbeitnehmervertretung auf verschiedene Institutionen und ihren Auswirkungen auf die Art und Weise des Zusammenwirkens der Parteien.

Für die Arbeitnehmer bietet das Modell der institutionellen Teilung, wie es in Deutschland vorgesehen ist, mit einer Friedenspflicht auf Betriebs- und Unternehmensebene und gesetzlich festgelegten Beteiligungsrechten den Vorteil, dass sie auf Betriebs- und Unternehmensebene angesichts der festgelegten Beteiligungsrechte nicht von der Durchsetzungskraft der jeweiligen Arbeitnehmervertreter abhängig sind. Auf der Ebene des Betriebs und des Unternehmens im Rahmen der Mitbestimmung gibt es in allen Betrieben, in denen ein Betriebsrat gewählt ist bzw. Mitbestimmung im Aufsichtsrat besteht, einen gleichen Standard an Beteiligungsrechten der Arbeitnehmervertreter, weil diese die Beteiligungsrechte nicht erkämpfen müssen.

Ist dagegen nur die gewerkschaftliche Institution zur Vertretung der Arbeitnehmer befugt, wie dies in den USA der Fall ist, muss sich die Arbeitnehmerseite auf allen Ebenen – Arbeitsmarkt, Betrieb, Unternehmen – mit dem Mittel des Arbeitskampfs durchsetzen. Die Rechte der Arbeitnehmer hängen folglich sehr viel stärker von der Durchsetzungskraft der Arbeitnehmervertreter ab. Die Auswirkungen zeigt die obige Darstellung (Kapitel G.III. dieser Arbeit) der Unterschiede zwischen Tarifverträgen, die von einer starken Gewerkschaft ausgehandelt wurden, und solchen, die von einer schwachen Gewerkschaft ausgehandelt wurden. Es kann sein, dass im Hinblick auf das gleiche Thema die eine Gewerk-

868 *Bauer/Krieger*, NZA 2004, S. 1019, 1024 sprechen sich für eine entsprechende Anwendbarkeit aus.

schaft ein zwingendes Mitbestimmungsrecht aushandelt, während es einer anderen Gewerkschaft nicht einmal gelingt, ein Mitspracherecht durchzusetzen.

Nicht nur auf der Betriebs- und Unternehmensebene, sondern auch auf der Arbeitsmarktebene, auf der sich die Parteien als freie Vertragskontrahenten selbstbestimmt gegenüberstehen, erfolgt in Deutschland eine intensivere staatliche Regulierung des Systems der Arbeitnehmervertretung als in den USA. Es wird ein Mindestschutz für die Arbeitnehmer dadurch hergestellt, dass die Parität durch objektive Anforderungen an die Gewerkschaft gewährleistet wird. Verglichen mit deutschen Gewerkschaften spielt also das Machtpotenzial der Gewerkschaften in den USA eine größere Rolle.

Dies ist zum einen beim Arbeitskampfrecht der Fall, welches in den USA wesentlich weniger reguliert ist als das deutsche. In Deutschland soll das richterliche Arbeitskampfrecht dadurch für gleiche Durchsetzungschancen im Arbeitskampf sorgen, dass den Gewerkschaften grundsätzlich die Angreiferrolle reserviert wird. Es wird den Tarifparteien die Möglichkeit eingeräumt, den Arbeitskampf zu der Zeit, an dem Ort und in dem Umfang, in dem sie es nach den kampftaktischen Vorstellungen für richtig halten, zu eröffnen, weil Tarifverhandlungen ansonsten bloß kollektives Betteln darstellten.[869] Arbeitgeber haben nur in den Fällen die Möglichkeit, sich aktiv durch Aussperrung zur Wehr zu setzen, in denen ausnahmsweise eine Paritätsstörung vorliegt.

Demgegenüber ist das amerikanische Arbeitsrecht sehr liberal und nicht darauf ausgerichtet, von staatlicher Seite eine Paritätsstörung auszugleichen. Beide Seiten haben weitergehende Arbeitskampfmöglichkeiten als die deutschen Tarifparteien. Auf Arbeitgeberseite führt das dazu, dass den Arbeitgebern das mächtige Mittel des „replacements“ zur Verfügung steht, welches ein faktischer Hemmschuh für den Streik ist, weil die Arbeitnehmer ihren Arbeitsplatz riskieren, wenn sie streiken. Hat eine Gewerkschaft eine breite Unterstützung aufgrund hoher Mitgliederzahlen, so werden die Arbeitnehmer eher geneigt sein zu streiken, als wenn es sich um eine schwache Gewerkschaft handelt, die es gerade so geschafft hat, die 50 %-Hürde zu überspringen. Die Möglichkeit wirtschaftlicher Druckausübung steht *de facto* nur den mächtigen Gewerkschaften zur Verfügung.

Zum anderen kommt es auch im Rahmen des betrieblichen „grievance systems“ sehr auf das Machtpotenzial der Gewerkschaft an. Dem beschriebenen positiven Effekt der Geltendmachung der Rechte der Arbeitnehmer steht nämlich der Nachteil gegenüber, dass die Finanzkraft der Gewerkschaft eine entscheidende Rolle in dem System einnimmt. Ist sie in finanzieller Hinsicht nicht stark, kann der Arbeitgeber das System für seine Interessen ausnutzen, indem er alle Beschwerden bis zur Ebene des Schiedsrichters „treibt“, auf der das Verfahren dann

869 BAG v. 10.6.1980, AP Nr. 64 zu Art. 9 GG Arbeitskampf.

viel Geld kostet. Durch das Kostensplitting zwischen Arbeitgeber und Gewerkschaft kann eine ohnehin schwache Gewerkschaft in den Bankrott getrieben werden. Zudem vermag eine Gewerkschaft umso weniger Beschwerden erheben, je weniger finanzielle Mittel sie hat.[870] Demgegenüber sieht das deutsche Recht an den Stellen, an denen die Durchsetzung der Rechte der Arbeitnehmer von einer Arbeitnehmervertretung abhängig ist, also bei der betrieblichen Einigungsstelle, eine Kostenübernahme durch den Arbeitgeber vor (§ 76a Abs. 1 BetrVG). Die Durchsetzung der Arbeitnehmerrechte hängt nicht von dem Machtpotenzial der Arbeitnehmervertreter ab, weil die Arbeitnehmer selbst berufen sind, ihre Rechte durchzusetzen.

Kommt es im amerikanischen System der Arbeitnehmervertretung mehr auf die Durchsetzungskraft der Arbeitnehmer an als im deutschen System, so gewährleistet das amerikanische System zugleich weniger als das deutsche, dass die Arbeitnehmer durch starke Gewerkschaften vertreten werden. In den USA erfolgt die Auslese der Gewerkschaften, welche die Arbeitnehmer vertreten können, allein durch das betriebliche Zertifizierungsverfahren. Eine Gewerkschaft muss es schaffen, zunächst die Unterstützung von 30% der Arbeitnehmer der Verhandlungseinheit nachzuweisen, um in der anschließenden Wahl 50% der Stimmen der beteiligten Arbeitnehmer zu erhalten. Dann ist sie in der Position, mit einem Arbeitgeber in Verhandlungen treten zu können. Die Mehrheitsfähigkeit innerhalb des relativ kleinen Kreises der zu vertretenden Arbeitnehmer ist also das ausschlaggebende Kriterium, das es einer Gewerkschaft erlaubt, Arbeitnehmer zu vertreten.

Deutsche Gewerkschaften können mit dem Arbeitgeber in Verhandlungen eintreten und diesen bestreiken, sofern nur ein Mitglied dieser Gewerkschaft im Betrieb arbeitet, eine andere „Eingangshürde" gibt es auf der Verhandlungsebene nicht. Die Ausgliederung der Gewerkschaften, die das Prinzip des Gegengewichtserfordernisses nicht erfüllen, erfolgt jedoch auf einer anderen Ebene, die dem Bemühen der Gewerkschaften um Verhandlungen mit dem Arbeitgeber vorgelagert ist, nämlich bei der Frage der Tariffähigkeit. Dabei werden von der Rechtsprechung mehr Kriterien[871] verlangt als die aktuelle Fähigkeit, eine bestimmte Anzahl von Arbeitnehmern für sich zu gewinnen. Im Rahmen einer Einzelfallbetrachtung werden die demokratische Organisation, Mächtigkeit, Druckfähigkeit, Bereitschaft zum Arbeitskampf, Überbetrieblichkeit, Gegnerunabhängigkeit und Tarifwilligkeit einer Gewerkschaft geprüft. Es soll gewährleistet werden, dass die Koalitionen in der Lage sind, mit der Gegenseite zu verhandeln,

870 *Garofalo*, 75 N.Y.U.L. Rev. 775 (2000) schlägt aus diesem Grund vor, dem Arbeitgeber finanzielle Belastungen der Gewerkschaften aufzubürden.
871 Siehe hierzu im Einzelnen MünchArbR-*Löwisch*, § 248, Rn. 7.

weil das Vertragsverfahren nur dann sachgerechte Lösungen garantiert, wenn die Vertragsparteien einander gleich stark gegenüberstehen.[872] Ob die Kriterien zum Erreichen dieses Ziels immer ausreichen, sei dahingestellt. Jedenfalls garantieren die objektiven und im Rahmen einer Einzelfallbetrachtung zu prüfenden Voraussetzungen eher die hinreichende Stärke einer Vereinigung, als die schematische Schranke der Mehrheitswahl im amerikanischen Recht. Denn der Wahlkampf, der im Rahmen des Zertifizierungsverfahrens von Gewerkschafts- und Arbeitgeberseite (als Abwehrkampf) initiiert wird, hat nichts mit einer objektiven Feststellung der Tariffähigkeit zu tun. Mithilfe einer guten Wahlkampfstrategie kann es eine Gewerkschaft zwar schaffen, das Zertifizierungsverfahren zu gewinnen. Die Tatsache, dass es 50% der Gewerkschaften nach dem Wahlverfahren nicht schaffen, einen Tarifvertrag abzuschließen, zeigt jedoch, dass ein Sieg bei der Wahl noch nicht die Tariffähigkeit im Sinne des Potenzials, eine Parität zwischen Arbeitgeber- und Arbeitnehmerseite herzustellen, belegt. In den USA ist deshalb nicht gewährleistet, dass sich gleich starke Partner gegenüberstehen.

Das deutsche und das amerikanische Recht gehen also unterschiedliche Wege beim Umgang mit schwachen Gewerkschaften. Das deutsche System spricht den Gewerkschaften die Tariffähigkeit ab, weil davon ausgegangen wird, dass das Vertragsverfahren keine sachgerechten Regelungen garantiert, wenn sich die Parteien nicht gleich stark gegenüberstehen. Im amerikanischen System scheitern schwache Gewerkschaften einfach, weil sie es nicht schaffen, die Interessen der Arbeitnehmer sachgerecht zu vertreten. Damit liegt dem amerikanischen Tarifvertragsrecht die Konzeption zugrunde, dass der freie Wettbewerb und nicht – wie im deutschen Recht – abstrakte Kriterien des Machtpotenzials über die Durchsetzungskraft der Gewerkschaften entscheiden. Es erfolgt kein korrigierender Eingriff von staatlicher Seite, vielmehr sorgt das System selbst dafür, dass schwache Gewerkschaften durch Erfolglosigkeit ausscheiden. Das „Recht des Stärkeren“ regiert das amerikanische kollektive Arbeitsrecht. Dabei geht der amerikanische Weg zum Teil auf Kosten der Arbeitnehmer. Erreichen es schwache Gewerkschaften, als Vertreter der Arbeitnehmer im Betrieb gewählt zu werden, blockieren sie die Vertretung durch eine starke Gewerkschaft, weil die Vertretung durch eine andere Gewerkschaft das Abwählen der einen und die Neuwahl einer anderen Gewerkschaft voraussetzt.

Beide Wege passen sich in das Wirtschaftssystem des jeweiligen Landes ein: Gilt die USA als die mit am stärksten deregulierte Volkswirtschaft der Welt, in der staatliche Maßnahmen, mit denen versucht wird, *Marktversagen* zu korrigieren, vermieden werden, ist in Deutschland eine soziale Marktwirtschaft vorherr-

872 Ebd.

schend, bei der dem Staat die Aufgabe zukommt, sozial unerwünschte Auswirkungen der Marktwirtschaft zu korrigieren.

Passend zur freien Marktwirtschaft in den USA, die staatliche Eingriffe weit gehend vermeidet, herrscht hier eine vom Individualismus geprägte Denkweise vor. Der Erfolgsmythos „Vom Tellerwäscher zum Millionär" ist noch immer sehr stark in den amerikanischen Köpfen verankert. Amerika gilt als das Land für Ambitionierte, in dem „es jeder schaffen kann", und das Prinzip der Eigenverantwortung wird hoch geschätzt. Demgegenüber ist in Deutschland, dem Land, das nach dem Zweiten Weltkrieg nach den Grundsätzen der sozialen Marktwirtschaft aufgebaut wurde, die Vorstellung präsent, dass es Situationen gibt, in denen die freie Marktwirtschaft versagt und von staatlicher Seite helfend eingegriffen werden muss. Daraus ergibt sich, dass es für amerikanische Gewerkschaften schwerer ist, Arbeitnehmer von der Notwendigkeit, sich vertreten zu lassen, zu überzeugen. Gleichzeitig ist die Gegenwehr der Arbeitgeber wesentlich stärker als in Deutschland ausgeprägt. Der Erfolg amerikanischer Gewerkschaften hängt deshalb nicht nur in größerem Umfang von ihrer Mächtigkeit ab, sondern gleichzeitig ist die Mächtigkeit schwerer zu erreichen.

III. Einschränkung der unternehmerischen Entscheidungsfreiheit

Die Feststellung, dass der durch Tarifvertrag garantierte Arbeitnehmerschutz in den USA sehr stark von der Macht und damit dem Durchsetzungsvermögen der jeweils im Betrieb vertretenen Gewerkschaft abhängt, ist der Angelpunkt für die Beantwortung der Eingangsfrage, wie weit die Arbeitgeberfreiheit in beiden Ländern durch die Arbeitnehmervertreter wirklich beschränkt wird. Wäre es befriedigend, als Antwort ein klares Ergebnis zu präsentieren, so ist als eindeutige Bilanz zunächst festzuhalten, dass die Arbeitgeberfreiheit in den Vereinigten Staaten sehr viel weiter einschränkt werden *kann*, als dies gemeinhin angenommen wird, und die gesetzlichen Vorschriften in dieser Hinsicht ein Potenzial bieten, das im Hinblick auf die unternehmerische Entscheidungsfreiheit zum Teil über das deutsche Recht hinausgeht. Zur weiteren Beantwortung der Frage muss jedoch die klassische Antwort eines Juristen gegeben werden: „Es kommt darauf an", nämlich auf die Macht der einzelnen Gewerkschaft. Eine klare Antwort kann man nach der vorliegenden Untersuchung allerdings im Hinblick auf die Unternehmerschaft als Ganzes geben, und damit soll begonnen werden.

Richtet man den Blick auf die Unternehmerschaft als Ganzes im Wege einer quantitativen Betrachtung, so kann festgestellt werden, dass in Deutschland mehr Arbeitgeber durch die Existenz und Aktion von Gewerkschaften und Betriebsräten in ihrer Freiheit eingeschränkt werden als in den USA, dass die Unternehmerschaft „als solche“ in den USA also freier ist.

Der Grund dafür ist nicht hauptsächlich der geringere Organisationsgrad in den USA. Denn der Unterschied im Hinblick auf die Anzahl der Arbeitnehmer, die von einer kollektiven Regelung in Deutschland und in den USA erfasst werden – 67% der Arbeitnehmer in Deutschland durch Tarifverträge bzw. 48% durch Betriebsvereinbarungen gegenüber 13,8% der Arbeitnehmer durch Tarifverträge in den USA[873], ist wesentlich höher als der Unterschied des Organisationsgrads in beiden Ländern, welcher nur knapp 10% beträgt (22% in Deutschland, 12,9% in den USA). Der Unterschied der Tarifbindung in beiden Ländern ist auf den ersten Blick umso frappierender wenn man bedenkt, dass in Deutschland per Gesetz nur die Mitglieder der Gewerkschaften an den Tarifvertrag gebunden werden, während dies in den USA immer gleich bei allen Arbeitnehmern einer Verhandlungseinheit der Fall ist. Es ist jedoch zu berücksichtigen, dass ein Tarifvertrag in den USA nur für eine Verhandlungseinheit eines Betriebs gilt, wohingegen in Deutschland das Prinzip des Flächentarifs vorherrschend ist. In Deutschland werden also durch den Abschluss eines Tarifvertrags Gewerkschaftsmitglieder in unterschiedlichen Betrieben und Unternehmen erfasst. Hinzu kommt eine hohe Zahl von einzelvertraglichen Bezugnahmen auf die jeweils geltenden Tarifverträge, welche zum einen in der Angst der Arbeitgeber begründet ist, die Arbeitnehmer in die Gewerkschaften zu drängen, zum anderen in der Tatsache, dass die Arbeitgeber gar nicht wissen, welche Arbeitnehmer organisiert sind. Die Kombination dieser beiden Faktoren ist die Ursache für die große Differenz zwischen der gewerkschaftlichen Organisation und der Bindung an einen Tarifvertrag (22% der Arbeitnehmer sind organisiert, 68% an einen Tarifvertrag gebunden, davon 7% an einen Firmentarifvertrag). *Fantasia/Voss*[874] fassen dies wie folgt zusammen: „In the United States unions have tended to be institutions representing their members, while in Europe they have tended to be institutions representing the working class in society as a whole."

Man mag zwar einwenden, dass im Hinblick auf die Anwendung von Tarifnormen auf Nichtorganisierte keine Einschränkung der unternehmerischen Entscheidungsfreiheit *durch* die Gewerkschaften vorliegt. Jedoch ist hier wohl eher

873 Siehe Ausführungen in Kapitel B. dieser Arbeit.

874 *Fantasia/Voss*, Hard Work, 25.

die Unterscheidung zwischen mittelbar und unmittelbar zu treffen: Die Einschränkung durch die Anwendung von Tarifnormen wird nicht unmittelbar durch die Gewerkschaften verursacht, weil der Zwischenschritt, die einzelvertragliche Bezugnahme, durch den Arbeitgeber erfolgt. Mittelbar ist die mit der Anwendung der Tarifnormen verbundene Einschränkung jedoch durch die Gewerkschaften veranlasst. Der einzelne Unternehmer kann es sich aus Gründen des Betriebsfriedens in der Regel nicht leisten, die Arbeitnehmer unterschiedlich zu behandeln. Mit der unterschiedslosen Anwendung der Tarifnormen auch auf Nichtorganisierte stellen die Arbeitgeber in Deutschland einen Zustand her, der in den USA per Gesetz vorgesehen ist: die Anwendung der Betriebsnormen auf eine ganze Einheit von Arbeitnehmern. Da in Deutschland das Industrieverbandsprinzip vorherrschend ist, nach welchem unabhängig von der ausgeübten Tätigkeit alle Arbeitnehmer eines Betriebs vom selben Tarifvertrag erfasst werden, ist die Einheit größer als eine Verhandlungseinheit in den USA.

2. Der einzelne Unternehmer

Der einzelne Unternehmer in den USA kann wesentlich weniger oder auch sehr viel mehr als ein deutscher Unternehmer in seiner Entscheidungsfreiheit beschränkt werden, abhängig von der Durchsetzungskraft der jeweiligen Gewerkschaft, die auf amerikanischer Seite mit in den Vergleich miteinbezogen wird.

a. Szenario „Schwache Gewerkschaft"

Hat eine Gewerkschaft in den USA nur eine geringe Unterstützung durch die Arbeitnehmer der Verhandlungseinheit, so kann es sein, dass sie entweder schon die notwendige Hürde des Zuspruchs von 30% der Arbeitnehmer der Verhandlungseinheit nicht überwindet oder es ihr im anschließenden Zertifizierungsverfahren nicht gelingt, 50% der Stimmen der Arbeitnehmer auf sich zu vereinen. In beiden Fällen findet gar keine Einschränkung der unternehmerischen Entscheidungsfreiheit statt. Gleiches gilt selbstverständlich für einen deutschen Unternehmer, der weder tarifgebunden ist (§ 3 Abs. 1 TVG) noch einen Betriebsrat in seinem Betrieb hat. Allerdings ist der deutsche Arbeitgeber in diesem Fall intensiver durch arbeitsrechtliche Schutzgesetze eingeschränkt als der amerikanische.[875]

Ist die Wahl der Gewerkschaft in den USA gescheitert, weil sie die Mehrheit der Stimmen nicht erhalten hat, so kann eine erneute Wahl für die konkrete Verhandlungseinheit oder einen Teil davon erst nach Ablauf eines Jahres durchge-

875 Siehe Kapitel G.II. dieser Arbeit.

führt werden (29 U.S.C. § 159 (c) (3) NLRA). Eine derartige Schonfrist vor Organisationsbestrebungen und Tarifverhandlungen in dem Fall, dass die Arbeitnehmer sich gegen eine Repräsentation entscheiden, hat der deutsche Arbeitgeber nicht.

Schafft es in den USA eine schwache Gewerkschaft, das Zertifizierungsverfahren zu durchlaufen und die Arbeitnehmer im Betrieb zu repräsentieren, so kann es sein, dass sie nicht genug Verhandlungsmacht hat, um mit dem Arbeitgeber einen Tarifvertrag abzuschließen, zum Beispiel weil sich die Arbeitnehmer aus der Angst um den Verlust des Arbeitsplatzes nicht zum Streik bereit erklären und die Gewerkschaft den Arbeitgeber nicht genug unter Druck setzen kann. In diesem Fall wird der Arbeitgeber ausschließlich durch die in § 8 (a) (5) i.V.m. 9 (a) NLRA statuierte Verhandlungspflicht über „rates of pay, wages, hours of employment or other conditions of employment" in seiner Entscheidungsfreiheit beschränkt.[876]

Schließt ein Arbeitgeber mit einer schwachen Gewerkschaft einen Tarifvertrag ab, so enthält dieser jedoch in der Regel umfangreiche „management rights clauses", welche die Entscheidungsfreiheit des Arbeitgebers auch in Bereichen garantieren, bezüglich deren das Gesetz eine Verhandlungspflicht vorsieht. Das Verhandlungsrecht entfällt dann.

In seltenen Fällen wird der Gewerkschaft ein Mitbestimmungsrecht eingeräumt, bei dem die Durchsetzung der Entscheidung von der Zustimmung der Gewerkschaft abhängt.

Die Arbeitsbedingungen, die für die Arbeitnehmer ausgehandelt werden, zum Beispiel Urlaub, Krankengeld etc., sind mehr arbeitgeber- als arbeitnehmerfreundlich und bleiben häufig hinter dem gesetzlichen Mindestschutz in Deutschland zurück.

Im Hinblick auf den Nutzen des betrieblichen „grievance systems" ist eine schwache und damit finanziell schlecht situierte Gewerkschaft mit dem Problem konfrontiert, dass sie sich nur wenige Beschwerden leisten kann.[877]

In Deutschland ist eine Gewerkschaft selten so schwach, dass sie keinen Tarifvertrag abschließen kann; dann würde ihr in der Regel aufgrund des Mächtigkeitskriteriums die Tariffähigkeit abgesprochen. Auch würde eine Gewerkschaft

---

876 Denn kommt kein Tarifvertrag zustande, der im Rahmen von „management prerogative clauses" bestimmte Gegenstände der unternehmerischen Freiheit zuordnet, so bleibt es bei dem in § 8 (a) (5) NLRA statuierten Minimum der Verhandlungspflicht über die genannten Gegenstände.

877 Der Arbeitgeber kann das „grievance system" für die Gewerkschaft finanziell aufwändig machen, indem er sich weigert, sich mit der Gewerkschaft auf einer der unteren Ebenen zu einigen, so dass über alle Beschwerden der Schiedsrichter entscheidet. Siehe Kapitel E.III.2. dieser Arbeit.

wohl kaum im Rahmen eines Tarifvertrages Rechte auf den Arbeitgeber übertragen, wie es in den amerikanischen „management rights clauses“ der Fall ist. Allerdings kann es in Deutschland im Einzelfall sein, dass eine Gewerkschaft nicht stark genug ist, um ihre Forderungen durchzusetzen. Jedoch sinken die Arbeitsbedingungen in diesem Fall nicht unter den gesetzlichen Mindestschutz, den es in den USA in vielen Fragen nicht gibt.

Ein entscheidender Unterschied zwischen beiden Ländern im Rahmen unseres Szenarios ist die Existenz des Betriebsrats und der Mitbestimmung auf Unternehmensebene in Deutschland. Diese sind durch die gesetzlichen Bestimmungen über die Art und das Ausmaß der Beteiligung im Gegensatz zu den Gewerkschaften von Paritätsfaktoren losgelöst. Unabhängig von der Marktlage oder der Durchsetzungsfähigkeit einzelner Mitglieder steht zum Beispiel kraft Gesetz fest, dass der Arbeitgeber bei einer Verlegung des Betriebs mit dem Betriebsrat beraten muss (§ 111 S. 3 Nr. 2 BetrVG). Diese konstante Rechtslage ist zwar für den Arbeitgeber weniger einschränkend als das in Section 8 (a) (5) NLRA statuierte Verhandlungsrecht der Arbeitgebers mit der Gewerkschaft.[878] Allerdings wird eine schwache amerikanische Gewerkschaft gezwungen sein, dieses Verhandlungsrecht durch eine „management rights clause“ im Tarifvertrag aufzugeben.

Bei der Vertretung der Arbeitnehmer in den USA durch eine schwache Gewerkschaft kann davon ausgegangen werden, dass ein vergleichbarer Arbeitgeber in Deutschland durch Gewerkschaften, Betriebsräte und Arbeitnehmervertreter im Aufsichtsrat weiter eingeschränkt würde. Selbst bei einer Schwäche der Gewerkschaften ist in Deutschland ein Mindestlevel an Vertretungsbefugnissen auf Betriebs- und Unternehmensebene gewährleistet.

b. Szenario „Starke Gewerkschaft“

Die Einschränkung der unternehmerischen Entscheidungsfreiheit stellt sich anders dar, wenn eine starke Gewerkschaft die Arbeitnehmer einer Verhandlungseinheit vertritt.

Eine starke Gewerkschaft – d.h. eine solche, die eine breite Unterstützung unter den Arbeitnehmern erfährt, also viele Mitglieder hat und finanziell gut ausgestattet ist – schafft es nicht nur, mit dem Arbeitgeber einen Tarifvertrag abzuschließen, sondern auch, zahlreiche Rechte für die Arbeitnehmer auszuhandeln. Es bleibt dann nicht bei der im Gesetz vorgesehenen Verhandlungspflicht, sondern es gelingt der Gewerkschaft bei vielen Themen, ein i.S.d. Betriebsverfassungsgesetzes „echtes“ Mitbestimmungsrecht auszuhandeln.

---

878 Siehe Kapitel H.I.4. dieser Arbeit.

Da die Verhandlungspflicht nach § 8 (a) (a) NLRA sich nicht nur auf Themen bezieht, die in Deutschland tariflich verhandelt werden, sondern auch auf solche, die in Deutschland auf Betriebs- und Unternehmensebene zu regeln sind, wird der Unternehmer in dem Fall weiter in seiner Entscheidungsfreiheit eingeschränkt. Denn die Verhandlungspflicht bezieht sich damit auch auf die für den Unternehmer wichtigen wirtschaftlich-unternehmerischen Fragen. An diese Entscheidungen ist in Deutschland auf Betriebsebene nur hinsichtlich ihrer betrieblichen Folgen ein Mitbestimmungsrecht des Betriebsrats geknüpft, nicht jedoch hinsichtlich des „Ob" der Entscheidung als solcher. Auf Unternehmensebene unterliegt zwar das „Ob" der Entscheidung dem Beratungsrecht des Aufsichtsrats, jedoch haben es die Arbeitnehmervertreter – außer in den seltenen Fällen der Montanmitbestimmung – schwer, ihre Interessen und Vorstellungen gegenüber denen der Anteilseigner durchzusetzen.

In den USA dagegen kann es eine starke Gewerkschaft erreichen, auch bei Fragenkomplexen, die in Deutschland der eingeschränkten Mitbestimmung des Betriebsrats oder der Arbeitnehmervertreter des Aufsichtsrats unterliegen, ein echtes Mitbestimmungsrecht im Sinne eines Zustimmungsrechts auszuhandeln. Während ein deutscher Arbeitgeber bei der Frage der Standortverlegung eines Betriebs zum Beispiel durch die Arbeitnehmervertreter im Aufsichtsrat nur durch das ihnen zukommende Beratungsrecht oder, im Falle des Zustimmungsvorbehalts nach § 111 Abs. 4 S. 2 AktG, durch das Stimmrecht bei der Ausübung des Zustimmungsvorbehalts eingeschränkt wird und durch den Betriebsrat durch das Beratungsrecht nach § 111 S. 3 Nr. 2 BetrVG eingeschränkt wird, kann die Entscheidung des amerikanischen Arbeitgebers von der Zustimmung der amerikanischen Gewerkschaft abhängen.

Eine starke amerikanische Gewerkschaft hat nicht nur die Möglichkeit, an den Stellen ein Zustimmungsrecht auszuhandeln, an denen deutsche Arbeitnehmervertreter nur ein eingeschränktes Beteiligungsrecht haben, sondern eine amerikanische Gewerkschaft vermag generell ein wesentlich breiteres Spektrum an Rechten für die Arbeitnehmer auszuhandeln, als dies in deutschen Kollektivverträgen der Fall ist. Zum einen, weil die Regelungen betriebsnäher und damit detaillierter sind, zum anderen, weil es weniger gesetzlichen Arbeitnehmerschutz gibt. Da es einer starken Gewerkschaft angesichts ausreichender Finanzkraft gleichzeitig möglich ist, von dem betrieblichen Beschwerdesystem regen Gebrauch zu machen, sieht sich der amerikanische Arbeitgeber stärker durch Arbeitnehmervertreter kontrolliert als ein deutscher Arbeitgeber, bei dem sich die Arbeitnehmer gegen rechtswidriges Verhalten überwiegend selbst zur Wehr setzen müssen.

Hinzu kommt, dass die amerikanische Gewerkschaft als Institution, die ausschließlich die Interessen der Arbeitnehmer vertritt und nicht die Interessen des

Unternehmens im Blick hat, in Komitees ständig im Betrieb vertreten ist. Demgegenüber ist der deutsche Arbeitgeber auf Betriebs- und Unternehmensebene mit zur Kooperation und Wahrung des Unternehmensinteresses verpflichteten und leichter beeinflussbaren[879] Arbeitnehmervertretern konfrontiert.

Schließlich wird eine starke Gewerkschaft, die eine breite Unterstützung der Arbeitnehmer genießt, auch durch das Recht des Arbeitgebers auf „replacement" streikender Arbeitnehmer nicht am Streik gehindert. Dies ist für den Arbeitgeber umso gravierender als eine amerikanische Gewerkschaft in wesentlich mehr Konstellationen („unfair labor practice strikes", Sympathiestreik, politischer Streik) als eine deutsche Gewerkschaft das Recht hat zu streiken. Darüber hinaus besteht das Streikrecht auch hinsichtlich der Fragestellungen, bei denen sich der deutsche Arbeitgeber in der Sicherheit der auf Betriebs- und Unternehmensebene herrschenden Friedenspflicht wiegt.

IV. Schluss

Der Rechtsvergleich zeigt, dass die unternehmerische Entscheidungsfreiheit in Deutschland durch die Beteiligung von Arbeitnehmervertretern nicht grundsätzlich stärker eingeschränkt wird als in den USA.

Die Rechtssysteme gehen unterschiedliche Wege bei der Ausgestaltung der Beteiligung von Gewerkschaften, Betriebsräten und Arbeitnehmervertretern im Aufsichtsrat. Das Stichwort „Regulierung" beschreibt treffend den Bereich, in dem sich die Rechtssysteme am meisten unterscheiden.

In Deutschland gibt es eine relativ konstante Einschränkung der unternehmerischen Entscheidungsfreiheit, zum einen durch gesetzlich festgelegte Beteiligungsrechte auf Betriebs- und Unternehmensebene, zum anderen durch strenge Anforderungen an die Tariffähigkeit der Gewerkschaften. Die Beteiligungsrechte sind der Preis für die Friedenspflicht auf den zuerst genannten Ebenen. In den USA wird die Ausgestaltung der Beteiligungsrechte durchweg der Durchsetzungskraft der Gewerkschaften überlassen, die gesetzliche Regulierung ist minimal.

In Deutschland werden die Themen, welche die unternehmerische Initiative und Entfaltungsfreiheit besonders tangieren, nämlich die wirtschaftlichen Fragestellungen (Betriebsänderungen, Unternehmensplanung, -koordinierung und -kontrolle), den Arbeitnehmervertretern auf Betriebs- und Unternehmensebene und nicht den Gewerkschaften zugeordnet. Eine echte Mitbestimmung wird dabei, jedenfalls bei wirtschaftlichen Themen, nicht erreicht. Im Rahmen der Be-

879 Vgl. Kapitel E.I.2.c. dieser Arbeit.

triebsverfassung erschöpft sich die Beteiligung an wirtschaftlichen Fragestellungen in der Beratung und Anhörung; etwas anderes gilt nur für den Sozialplan. Zudem verbleibt das „Ob" der Entscheidung zumeist beim Unternehmer (§§ 111 ff. BetrVG). Der Unternehmer soll selbst entscheiden können, ob, was, wann, wie und in welchem Umfang produziert wird. Bei der Unternehmensmitbestimmung erreicht die Beteiligung der Arbeitnehmer nicht das Gewicht echter Mitbestimmung, weil die Arbeitnehmer infolge des Übergewichts der Anteilseignerseite nicht die Möglichkeit haben, ein Veto einzulegen.

Das Beteiligungsrecht der amerikanischen Gewerkschaften kann hinter den gesetzlichen Beteiligungsrechten zurückbleiben, wenn es sich um eine schwache Gewerkschaft handelt, und damit den Arbeitgeber im Vergleich zu einem deutschen Arbeitgeber weniger in seiner Freiheit einschränken. Ist eine Gewerkschaft allerdings stark, gibt es hinsichtlich der Beteiligung nach oben keine Grenze. Sie kann sehr viel intensivere Rechte aushandeln, als dies in Deutschland auf Betriebs- und Unternehmensebene für Betriebsrat und Arbeitnehmervertreter im Aufsichtsrat vorgesehen ist.

Wollte man die Unternehmensmitbestimmung oder die Betriebsverfassung in Deutschland weiter einschränken, wie dies in der öffentlichen Diskussion immer wieder gewünscht wird, lassen die Ergebnisse dieser Arbeit vermuten, dass das gewünschte Resultat einer geringeren Einschränkung der unternehmerischen Entscheidungsfreiheit nicht erzielt würde. Nicht nur weil die Gewerkschaften in den USA in gegenständlicher Hinsicht für alle Bereiche verantwortlich sind, die in Deutschland auf Gewerkschaften, Betriebsräte und Arbeitnehmervertreter im Aufsichtsrat verteilt sind, ist zu vermuten, dass sich der Bereich der tariflichen Regelbarkeit der Gewerkschaften in Deutschland um die Bereiche erweitern würde, die den Betriebsräten oder Arbeitnehmervertretern im Aufsichtsrat genommen würden.

Fragen, die zu den Aufgaben des Betriebsrats gehören, sind schon heute solche, die den Inhalt, den Abschluss und die Beendigung von Arbeitsverhältnissen i.S.d. § 1 Abs. 1 TVG betreffen; sie werden von den Gewerkschaften nur der betriebsnäheren Regelung wegen dem Betriebsrat überlassen. Die Themen, mit denen der Aufsichtsrat und damit die Arbeitnehmervertreter im Aufsichtsrat befasst sind, zum Beispiel die Standortfrage oder die Ausgliederung von Betrieben, werden zwar heute mit Verweis auf die Notwendigkeit der freien Gründung und Führung des Unternehmens durch den Unternehmer nicht unter den Begriff der Arbeits- und Wirtschaftsbedingungen i.S.d. Art. 9 Abs. 3 GG und damit unter § 1 Abs. 1 TVG subsumiert.[880] Jedoch weist die Rechtsprechung stets darauf hin, dass die historische Auslegung des Art. 9 Abs. 3 GG nicht der Bewältigung neuer

880 Vgl. die Ausführungen in Kapitel C.I.1.b.bb.(2) dieser Arbeit.

sozialer Probleme im Weg stehen darf und die Koalitionsfreiheit auf sich wandelnde Bedingungen bezogen ist.[881] Es ist deshalb nicht ausgeschlossen, dass die Rechtsprechung die Subsumtion von unternehmerischen Fragen unter den Begriff der Arbeits- und Wirtschaftsbedingungen i.S.d. Art. 9 Abs. 3 GG als notwendige Modifikation der Interpretation der Koalitionsfreiheit ansehen würde, wenn es zu einer Einschränkung oder Abschaffung der Unternehmensmitbestimmung käme.

Im Hinblick auf alle Fragestellungen, für die derzeit auf Betriebs- und Unternehmensebene die Friedenspflicht besteht, wäre die Möglichkeit des Arbeitskampfs eröffnet. Anders als in den USA könnte man in Deutschland nicht von einer Einschränkung der unternehmerischen Entscheidungsfreiheit „abhängig von der Stärke der jeweiligen Gewerkschaft" sprechen. Denn deutsche Gewerkschaften sind aufgrund der Anforderungen an die Tariffähigkeit in ihrer Gesamtheit stärker als amerikanische Gewerkschaften. Die Beschwerden über den „Standortnachteil" Deutschlands wären nicht gemindert, sondern der Fokus der Beschwerden würde sich stärker auf die Gewerkschaften richten.

Dieses Ergebnis widerspricht nicht nur der üblich gewordenen Annahme, das kollektive Arbeitsrecht Deutschlands sei einer der Hauptfaktoren für die Krise am Arbeitsmarkt. Es verdeutlicht sogar, im Gegenteil, dass die Rechte der Arbeitnehmervertreter auf Betriebs- und Unternehmensebene die unternehmerische Entscheidungsfreiheit schützen, indem sie einerseits ein Mindestmaß an Beteiligung ermöglichen, aber andererseits verhindern, dass das Mitspracherecht der Arbeitnehmervertreter eine Blockade bei für den Unternehmer wichtigen Fragen ermöglicht. Gegnern dieser Ansicht sollte zumindest deutlich geworden sein, dass der Systemvergleich mit den USA keinen Beweis für eine stärkere Einschränkung der unternehmerischen Freiheit in Deutschland erbringt und als solcher in der Debatte auch nicht als Argument herangezogen werden kann.

881 BVerfG v. 1.3.1979, E 50, 290, 368.

Literaturverzeichnis

Kommentare, Handbücher

Deutschland in Zahlen: Statistisches Taschenbuch 2004, Arbeits- und Sozialstatistik. Hrsg. von Institut der deutschen Wirtschaft. Köln, 2004 (zit.: Deutschland in Zahlen, Seite, Tabelle).

Hess, Harald/Schlochauer, Ursula/Glaubitz, Werner: Kommentar zum Betriebsverfassungsgesetz. 6. Aufl., Neuwied, 2003 (zit.: *Hess/Schlochauer/Glaubitz*, §, Randnummer).

Erfurter Kommentar Arbeitsrecht: Hrsg. von Thomas Dieterich, Rudi Müller-Glöge, zum Ulrich Preis, Günter Schaub. 7. Aufl., München, 2007 (zit.: Erf-Komm-*Bearbeiter*, Kapitel, Randnummer).

Fitting, Karl/Auffarth, Fritz/Engels, Gerd: Betriebsverfassungsgesetz: Handkommentar. 23. Aufl., München, 2006 (zit.: *Fitting/Auffarth/Engels*, §, Randnummer).

Gemeinschaftskommentar BetrVG: Gemeinschaftskommentar. Band 1. §§ 1-73b mit Wahlordnungen. Hrsg. von Alfons Kraft, Fritz Fabricius, Günther Wiese, Peter Kreutz, Hartmut Oetker. 7. Aufl., Neuwied 2002. (zit.: GK-BetrVG/ *Autor*, §, Randnummer).

Hueck, Alfred/ Nipperdey, Hans Carl/ Stahlhacke, Eugen: Tarifvertragsgesetz mit Durchführungs- und Nebenvorschriften: Kommentar. 4. Aufl., München, 1964 (zit.: *Hueck/Nipperdey/Stahlhacke*, TVG, §, Randnummer).

Kasseler Handbuch zum Arbeitsrecht: Band 2. Besondere Arbeitsverhältnisse und Arbeitsverhältnisse mit besonderem Schutz, kollektives Arbeitsrecht, arbeitsgerichtliche Verfahren, neue Bundesländer, Europarecht. Hrsg. von Wolfgang Leinemann. 2. Aufl., Neuwied, 2000 (zit.: KassHdb-*Bearbeiter*, Kapitel, Randnummer).

Kempen, Otto Ernst/ Zachert, Ulrich:Tarifvertragsgesetz: Kommentar für die Praxis. 3. Aufl., Köln, 1997 (zit.: Kempen/Zachert-*Bearbeiter*, Kapitel, Randnummer).

Maunz, Theodor/Dürig, Günter/Herzog, Roman:Grundgesetz: Kommentar. Band I. Art. 1-5. Loseblatt, Lfg. 1-45. München, August 2005 (zit.: Maunz/Dürig/ Herzog-*Bearbeiter*, Artikel, Randnummer).

Münchener Handbuch zum Arbeitsrecht: Band 3. Kollektives Arbeitsrecht. Hrsg. von Reinhard Richardi, Otfried Wlotzke. 2. Aufl., München, 2000 (zit.: MünchArbR-*Bearbeiter*, Kapitel, Randnummer).

Münchener Kommentar zum Aktiengesetz: Band 3. §§ 76-117 AktG. MitbestG, § 76 BetrVG 1952. Hrsg. von Bruno Kropff, Johannes Semler. 2. Aufl., München, 2004 (zit.: MünchKommAktG-*Bearbeiter*, §, Randnummer).

Nipperdey, Hans-Carl: Die Grundrechte und Grundpflichten der Reichsverfassung: Kommentar zum zweiten Teil der Reichsverfassung. Dritter Band, Artikel 143-165 und „Zur Ideengeschichte der Grund- rechte". Berlin, 1930 (zit.: *Nipperdey*, Reichsverfassung, Seite).

Richardi, Reinhard: Betriebsverfassungsgesetz: mit Wahlordnung. 10. Aufl., München, 2005 (zit.: *Richardi*, BetrVG, §, Randnummer).

Schaub, Günter: Arbeitsrecht von A-Z: rund 650 Stichwörter zum aktuellen Recht mit den Arbeitsmarktreformen. 17. Aufl., München, 2004 (zit.: *Schaub*, Kapitel).

Statistisches Taschenbuch: Hrsg. von Bundesministerium für Gesundheit und soziale Sicherung. Bonn, 2004 (zit.: Statistisches Taschenbuch, Statistik, Tabelle).

Weiss, Manfred/Weyand, Joachim: Betriebsverfassungsgesetz. 3. Aufl., Baden-Baden, 1994 (zit.: *Weiss/Weyand*, BetrVG, §, Randnummer).

Wiedemann, Herbert: Tarifvertragsgesetz: mit Durchführungs- und Stumpf Nebenvorschriften. Kommentar. Hrsg. von Herbert Wiedemann (zit.: *Wiedemann/Stumpf*, TVG, Kapitel, Randnummer).

Monographien, Lehrbücher

Biedenkopf, Kurt H.: Unternehmer und Gewerkschaft im Recht der Vereinigten Staaten von Amerika. Wiesbaden, 1961 (*Biedenkopf*, Unternehmer und Gewerkschaft im Recht der Vereinigten Staaten von Amerika, Seite).

– Grenzen der Tarifautonomie. Karlsruhe, 1964 (*Biedenkopf*, Grenzen der Tarifautonomie, Seite).

Däubler, Wolfgang: Das Grundrecht auf Mitbestimmung und seine Realisierung durch tarifvertragliche Begründung von Beteiligungsrechten.Frankfurt a.M., 1973 (zit.: *Däubler*, Grundrecht auf Mitbestimmung, Seite).

Doemming, Klaus B./Füsslein, Rudolf W./Matz, Werner: Entstehungsgeschichte der Artikel des Grundgesetzes im Auftrage der Abwicklungsstelle des Parlamentarischen Rates und des Bundesministers des Innern auf Grund der Verhandlungen des Parlamen-tarischen Rates. In: Jahrbuch des öffentlichen

Rechts der Gegenwart, Neue Folge, Band 1, 1951 (zit.: *Doemming/Füsslein/Matz*, JöR Bd. 1 n.F. [1951], Seite).

Douglas, L. Leslie: Labor Law. 4. Aufl., St. Paul, Minn., 2000 (zit.: *Douglas*, Labor Law, Seite).

Eisenhardt, Ulrich: Gesellschaftsrecht. 11. Aufl., München, 2003 (zit.: *Eisenhardt*, Gesellschaftsrecht, Kapitel, Randnummer).

Europäisches Gewerkschaftsinstitut: Gewerkschaften und Arbeitsbeziehungen in den USAund Kanada. Eine vergleichende Studie der gegenwärtigen Situation. Brüssel, 1992 (zit.: *Europäisches Gewerkschaftsinstitut*, Gewerkschaften und Arbeitsbeziehungen in den USA und Kanada, Seite).

Fantasia, Rick/Voss, Kim: Hard Work. Remaking the American Labor Movement. Berkeley, 2004 (zit.: *Fantasia/Voss*, Hard Work, Seite).

Gamillscheg, Franz: Die Grundrechte im Arbeitsrecht. Berlin, 1989 (zit.: *Gamillscheg*, Grundrechte, Seite).

– Kollektives Arbeitsrecht: ein Lehrbuch. München, 1997 (zit.: *Gamillscheg*, Kollektives Arbeitsrecht, Seite).

Getman, Julius/Pogrebin, Bertrand/Gregory, David: Labor Management Relations and the Law. 2nd. ed., New York, 1999 (zit.: *Getman/Pogrebin/Gregory*, Seite).

Goebel, Ulrich: Gewerkschaftliche Mitwirkungs- und Regelungsbefugnisse bei Betriebsänderungen im Recht der Vereinigten Staaten von Amerika. In: Rechtswissenschaftliche Forschung und Entwicklung, Band 171. Trier, 1988 (zit.: *Goebel*, Betriebsänderungen, Seite).

Gould, William B.: Einführung in das Arbeitsrecht der USA., 2. Aufl., Frankfurt a.M., 1988 (zit.: *Gould,* Einführung in das Arbeitsrecht der USA, Seite).

Harper, Michael C./ Estreicher, Samuel: Cases and Materials on Employment Discriminations and Employment Law. St. Paul, Minn., 2000 (zit.: *Harper/Estreicher*, Labor Law, Seite).

Hinz, Manfred O.: Tarifhoheit und Verfassungsrecht: Eine Untersuchung über die tarifvertragliche Vereinbarungsgewalt. In: Schriften zum öffentlichen Recht, Band 137. Berlin, 1971 (zit.: *Hinz*, Tarifhoheit, Seite).

Hromadka, Wolfgang/Maschmann, Frank: Arbeitsrecht Band 2. 3. Aufl., Berlin, Heidelberg, New York, 2004 (zit.: *Hromadka/Maschmann*, Arbeitsrecht Bd. 2, Kapitel, Randnummer).

Hueck, Alfred/ Nipperdey, Carl: Lehrbuch des Arbeitsrechts. Zweiter Band. Kollektives Arbeitsrecht. Zweiter Halbband (II/1). Berlin, 1970 (zit.: *Hueck/Nipperdey*, Arbeitsrecht, Kapitel, Seite).

Jürgens, Ulrich/Lippert, Inge: Kommunikation und Wissen im Aufsichtsrat. Voraussetzungen und Kriterien guter Aufsichtsratsarbeit aus der Perspektive leitender Angestellter. Studie in Kooperation mit dem Deutschen Führungskräfteverband (ULA), 9.1.2005, S. 26. Veröffentlicht: www.dcgn.de/new_papers/Bull1/j%FCrgens_2005_ULA-Bericht.pdf, aufgerufen am: 11.11.2005 (zit.: *Jürgen/Lippert*, Kommunikation und Wissen im Aufsichtsrat, Seite).

Küchenhoff, Günther: In: Festschrift für H. C. Nipperdey, Bd. II, 317-348 (zit.: *Küchenhoff*, FS für Nipperdey, Bd. II., Seite).

Krüger, Herbert: Der Regierungsentwurf eines Betriebsverfassungsgesetzes vom 29.1.1971 und das Grundgesetz. Berlin, Frankfurt a.M., 1971 (zit.: *Krüger*, Regierungsentwurf, Seite).

Lesch, Hagen: Arbeitsbeziehungen im Wandel. In: Beiträge zur Ordnungspolitik. Hrsg. vom Institut der deutschen Wirtschaft Köln. Köln, 2004 (zit.: *Lesch*, Arbeitsbeziehungen im Wandel, Seite).

Levitt, Martin Jay: Confessions of a Union Buster. New York, 1993 (zit.: *Levitt*, Confessions of a Union Buster, Seite).

Lieb, Manfred: Arbeitsrecht. 8. Aufl., Heidelberg, 2003 (zit.: *Lieb*, Arbeitsrecht, Kapitel, Randnummer, Seite).

Löwisch, Manfred: Arbeitskampf- und Schlichtungsrecht. Schriften zur Arbeitsrecht-Blattei, Band 4. Heidelberg, 1997 (zit.: *Löwisch*, Arbeitskampf- und Schlichtungsrecht, Seite).

Loritz, Karl-Georg: Tarifautonomie und Gestaltungsfreiheit des Arbeitgebers: dargestellt anhand der gewerkschaftlichen Forderungen nach tarifvertraglicher Regelung der Bemessungsvorgaben bei der Deutschen Bundespost. In: Schriften zum Sozial- und Arbeitsrecht, Band 105. Berlin, 1990 (zit.: *Loritz*, Tarifautonomie, Seite).

McClure, Christa: Die betriebliche Mitbestimmung der Arbeitnehmer in den USA. Bonn, 1975 (zit.: *McClure*, Betriebliche Mitbestimmung der Arbeitnehmer in den USA, Seite).

Miscimarra, Philip A.: The NLRB and Managerial Discretion: Plant Closings, Relocations, Subcontracting and Automation. In: Labor Relations and Public Policies Series, No. 24. Philadelphia, 1983 (zit.: *Miscimarra*, The NLRB and Managerial Discretion, Seite).

Müller, Christoph: Die Berufsfreiheit des Arbeitgebers: Einwirkungen des Art. 12 Abs. I GG auf das Individual- und Kollektivarbeitsrecht. In: Rechtsfragen der Wirtschaft, Band 14. Köln, 1996 (zit.: *Müller*, Berufsfreiheit, Seite).

Müller-Peddinghaus, Hartmut: Die Arbeitnehmerbeteiligung an wirtschaftlichen Entscheidungen im Unternehmen nach deutschem und amerikanischem Recht. Münster, 1968 (zit.: *Müller-Peddinghaus*, Arbeitnehmerbeteiligung, Seite).

National Labor – Board (Hrsg.): Basic Guide to the National Labor Relations Act. General Relations Principles of Law under the Statute and Procedures of the National Labor Relations Board. 2. Aufl., Washington, 1997. Veröffentlicht: www.nlrb.gov/nlrb/shared_files/brochures/basicguide.pdf, aufgerufen

am 11.11.2005 (zit.: Basic Guide to the National Labor Relations Board, Seite).
- Sixty-ninth annual report of the National Labor Relations Board for the fiscal year ended September 30 2004. Veröffentlicht: http://www.nlrb.gov/nlrb/shared_files/brochures/Annual%20Reports/2004%20WholeAnnualReduced.pdf, aufgerufen am 12.11.2005 (zit.: Sixty-Ninth Annual Report of the NLRB, Seite).

Niedenhoff, Horst-Udo: Die direkten Kosten der Anwendung des Betriebsverfassungsgesetzes, Ergebnisse einer Unternehmensbefragung aus den Jahren 2003/2004. In: Forschungsberichte des Instituts der Deutschen Wirtschaft Köln. Köln, 2004 (zit.: *Niedenhoff*, Kosten der Anwendung des Betriebsverfassungsgesetzes, Seite).

Raiser, Thomas: Recht der Kapitalgesellschaften: ein Handbuch für Praxis und Wissenschaft; Aktiengesellschaft, Kommanditgesellschaft auf Aktion, Gesellschaft mit beschränkter Haftung, Kapitalgesellschaft & Co., Umwandlungsrecht, Konzernrecht, internationales Gesellschaftsrecht. 3. Aufl., München, 2001 (zit.: *Raiser*, Recht der Kapitalgesellschaften, §, Randnummer, Seite).

Rüthers, Bernd: Tarifmacht und Mitbestimmung in der Presse. In: Berliner Abhandlungen zum Presserecht, Band 21. Berlin, 1975 (zit.: *Rüthers*, Tarifmacht, Seite).

Säcker, Franz Jürgen/Oetker, Hartmut: Grundlagen und Grenzen der Tarifautonomie: erläutert anhand aktueller tarifpolitischer Fragen. München, 1992 (zit.: *Säcker/Oetker*, Tarifautonomie, Seite).

Schmidt, Esther: Der Verzicht auf Betriebsverfassungsrechtliche Befugnisse. In: Mannheimer Beiträge zum Arbeitsrecht, Band 7. Frankfurt am Main, 1995 (zit.: *Schmidt*, Verzicht auf Betriebsverfassungsrechtliche Befugnisse, Seite).

Scholz, Rupert: Die Koalitionsfreiheit als Verfassungsproblem. In: Münchner Universitätsschriften, Band 18. München, 1971 (zit.: *Scholz*, Koalitionsfreiheit, Seite).

Seiter, Hugo: Streikrecht und Aussperrungsrecht: ein Arbeitskampfrechtssystem auf der Grundlage subjektiv-privater Kampfrechte. In: Tübinger rechtswissenschaftliche Abhandlungen, Band 39. Tübingen, 1975 (zit.: *Seiter*, Streikrecht und Aussperrungsrecht, Seite).

Stern, Klaus: Das Staatsrecht der Bundesrepublik Deutschland, Band 3, Allgemeine Lehren der Grundrechte, Halbband 2, Grundrechtstatbestand, Grundrechtsbeeinträch-tigungen und Grundrechtsbegrenzungen, Grundrechtsverluste und Grundpflichten, Schutz der Grundrechte, Grundrechtskonkurrenzen, Grundrechtssystem. München, 1994 (zit.: *Stern*, Staatsrecht, III/2. Kapitel).

Thau, Jens Thomas/Pusch, Tobias: Arbeitsrecht in den USA: Leitfaden. 1. Aufl., München, Berlin, 1998 (zit.: *Thau/Pusch*, Arbeitsrecht in den USA, Seite, Randnummer).

Weber, Werner: Koalitionsfreiheit und Tarifautonomie als Verfassungsproblem. Berlin, 1965 (zit.: *Weber*, Koalitionsfreiheit und Tarifautonomie, Seite).

Weingart, Joachim: Betriebliche Mitbestimmung und unternehmerische Entscheidungsfreiheit. Eine Untersuchung zu der Interessenkollision zwischen Unternehmer-Leitungsinteressen und den Mitbestimmungsrechten des Betriebsrats. In: Europäische Hochschulschriften, Reihe II, Rechtswissenschaft, Band 1166. Frankfurt, 1992 (zit.: *Weingart*, Betriebliche Mitbestimmung, Seite).

Weiss, Manfred/ Schmidt, Marlene: Labour Law and Industrial Relations in Germany. 3. Aufl., Den Haag, 2000. (zit.: *Weiss/Schmidt*, Labour Law, Seite).

Weyand, Joachim: Die tarifvertragliche Mitbestimmung unternehmerischer Personal- und Sachentscheidungen: eine Studie über die Zulässigkeit und die Möglichkeit der Mitbestimmung durch Tarifvertrag unter besonderer Berücksichtigung ihrer historischen Entwicklung. Baden-Baden, 1989 (zit.: *Weyand*, Tarifvertragliche Mitbestimmung, Seite).

Wiedemann, Anton: Die Bindung der Tarifnormen an Grundrechte, insbesondere an Art. 12 GG. In: Abhandlungen zum Arbeits- und Wirtschaftsrecht, Band 74 (zit.: *Wiedemann*, Bindung der Tarifnormen an Grundrechte, Seite).

Wiese, Günther: Das Initiativrecht nach dem Betriebsverfassungsgesetz. Neuwied, Darmstadt, 1977 (zit.: *Wiese*, Initiativrecht, Seite).

Wilhelm, Jan: Kapitalgesellschaftsrecht. 2. Aufl., Berlin, 2005 (zit.: *Wilhelm*, Kapitalgesellschaftsrecht, Randnummer).

Wohlgemuth, Hans H.: Staatseingriff und Arbeitskampf: zur Kritik der herrschenden Arbeitskampfdoktrin. Köln, 1977 (zit.: *Wohlgemuth*, Staatseingriff und Arbeitskampf, Seite).

Zöllner, Karl-Georg/Loritz, Wolfgang: Arbeitsrecht. 5. Aufl., München, 1998 (zit.: *Zöllner/Loritz*, Kapitel).

Aufsätze, Beiträge in Festschriften, Anmerkungen

Ake, Stephen D.: Comment: Evolving Concepts in Management Prerogatives: Plan Closures, Relocations and Mass Layoffs. In: Stetson Law Review, Band 24, Seiten 241-266 (zit.: *Ake,* Stetson L. Rev. Seite [1994]).

Allen, Robert E.: Advice Memorandum des National Labor Relations Board, 26. Juni 1991, Subject: Ideal Electric Company, Inc., Case 8-CA-23510. Veröffentlicht: www.nlrb.gov, aufgerufen am 11.11.2005 (zit.: *Allen*, Advice Memorandum des National Labor Relations Board, 26. Juni 1991).

Bauer, Jobst-Hubertus: Einigungsstellen – Ein ständiges Ärgernis! In: NZA 1992, Seiten 433-436 (zit.: *Bauer*, NZA 1992, Anfangsseite, zitierte Seite).

Bauer, Jobst-Hubertus/Diller, Martin: Der allgemeine Unterlassungsanspruch des Betriebsrats. Richtungskorrektur oder Revolution? Zum Beschluss des Bundesarbeitsgerichts vom 3. Mai 1994, ZIP 1995, 146. In: ZIP 1995, Seiten 95-100 (zit.: *Bauer/Diller*, ZIP 1995, Anfangsseite, zitierte Seite).

Bauer, Jobst-Hubertus/Krieger, Steffen: „Firmensozialplan" als zulässiges Ziel eines Arbeitskampfs? In: NZA 2004, Seiten 1019-1025 (zit.: *Bauer/Krieger*, NZA 2004, Anfangsseite, zitierte Seite).

Bertelsmann Stiftung: Mitbestimmung und neue Unternehmenskulturen, Bilanz und Hans-Böckler-Stiftung Perspektiven. Bericht der Kommission Mitbestimmung, 1998. Veröffentlicht: http://www.bertelsmann-stiftung.de/cps/rde/xbcr/SID-0A000F0A-A9CBC1F2/stiftung/Abschlussbericht1. pdf., aufgerufen am 11.11.2005 (zit.: *Bertelsmann Stiftung/Hans-Böckler-Stiftung*, Mitbestimmung und neue Unternehmenskulturen, Bilanz und Perspektiven, Anfangsseite, zitierte Seite).

Beuthien, Volker: Die Unternehmensautonomie im Zugriff des Arbeitsrechts. In: ZfA 1988, Seiten 1-30 (zit.: *Beuthien*, ZfA 1988, Anfangsseite, zitierte Seite).

Biedenkopf, Kurt H.: Arbeitsrechtliches Gutachten. In: Verhandlungen des sechsundvierzigsten Deutschen Juristentages. Hrsg. von der ständigen Deputation des deutschen Juristentages, Band I (Gutachten), Teil 1. Sinn und Grenzen der Vereinbarungsbefugnis der Tarifvertragsparteien. Gutachten für den 46. Deutschen Juristentag, Seiten 97-167 (zit.: *Biedenkopf*, Verhandlungen 46. DJT, Anfangsseite, zitierte Seite).

Bronfenbrenner, Kate: What Do Workers Want: Reflections on the Implications of the Freeman and Rogers Study. In: Journal of Labor and Employment Law, University of Pennsylvania, Band 3, 2001, Seiten 385-390 (zit.: *Bronfenbrenner*, 3 U. Pa. J. Lab. & Emp. L. Anfangsseite, zitierte Seite).

– The role of union strategies in NLRB certification elections. In: Industrial & Labor Relations Review, Band 50, Seiten 195-212 (zit.: *Bronfenbrenner*, 50 Ind. & Lab. Rel. Rev., Seite (1997).

Bronfenbrenner, Kate/Hickey, Robert: Changing to organize. A national assessment of union strategies. In: Rebuilding Labor. Organizing and organizers in the new union movement. Hrsg. von Ruth Milkman, Kim Voss. Ithaca, 2004 (zit.: *Bronfenbrenner/Hickey*, Changing to Organize, Anfangsseite, zitierte Seite).

Buchner, Herbert: Anmerkung zu BAG, v. 10.2.1988, in: SAE 1991, Seiten 356-364 (zit.: *Buchner*, Anm. zu BAG v. 10.2.1988, SAE 1991, Anfangsseite, zitierte Seite).

– Unternehmensbezogene Tarifverträge – tarif-, verbands- und arbeitskampfrechtlicher Spielraum. In: DB 2001, Beilage Nr. 9, Seiten 1-15 (zit.: *Buchner*, DB 2001, Beil. Nr. 9, Anfangsseite, zitierte Seite).

Bundesanstalt für Arbeit: IAB, Ergebnisse aus dem Betriebspanel. Betriebsrat und Tarifbindung: Wie ist es um die quantitative Basis des dualen Systems der Interessenvertretung bestellt? Veröffentlicht: http://doku.iab.de/betriebspanel/ ergebnisse/2003_09_01_05_betriebsrat_und_tarifbindung.pdf (aufgerufen am 11.11.2005, zit.: IAB, Ergebnisse aus dem Betriebspanel: Betriebsrat und Tarifbindung)

Bundesministerium für Wirtschaft und Arbeit: Tätigkeit der Arbeitsgerichte (Deutschland) 2004. Bundesministerium für Wirtschaft und Arbeit. Veröffentlicht: www.bmwa.bund.de/Redaktion/ Inhalte/Pdf/S-T/statistik-arbeitsgerichtsbarkeit-2004,property=pdf.pdf, aufgerufen am 12.11.2005 (zit.: Bundesministerium für Wirtschaft und Arbeit, Tätigkeit der Arbeitsgerichte Deutschland, 2004).

Bundesvereinigung der Deutschen Arbeitgeberverbände: Ergebnisse der Unternehmensbefragung zum Thema „Kosten der Einigungsstelle". In: Arbeitsrecht II/145. Köln, 9.10.1997 (Hrsg.) (zit.: *Bundesvereinigung der Deutschen Arbeitgeberverbände,* Ergebnisse der Unternehmensbefragung zum Thema „Kosten der Einigungsstelle", Arbeitsrecht II/145. Köln, 9.10.1997)

Coester, Michael: Drittbezogene Arbeitskampfmaßnahmen in den USA, Frankreich und der Bundesrepublik. In: RdA 1976, Seiten 282-296 (zit.: *Coester*, RdA 1976, Anfangsseite, zitierte Seite).

Cohen, George M./Wachter, Michael L.: Replacing Economic Strikers: The Law and Economics Approach. In: Foundations of Labor and Employment Law, Seiten 151-153. Hrsg. von Samuel Estreicher and Stewart J. Schwab. New York, 2000 (zit.: *Cohen/Wachter*, Replacing Economic Strikers, Anfangsseite, zitierte Seite [2000]).

Corbett, William R.: A proposal for procedural limitations on hiring permanent striker replacements: „A far, far better thing" than the Workplace Fairness Act. In: North Carolina Law Review, Band 72, 1994, Seiten 813-903 (zit.: *Corbett,* 72 N.C.L. Rev. Seite [1994].

Cox, Dunlop: Regulation of Collective Bargaining by the National Labor Relations Board. In: Harvard Law Review, Band 71, Seiten 1401-1407 (1958). (zit.: *Cox/Dunlop*, 71 Harvard L.R. Anfangsseite, zitierte Seite [1958]).

Datz, Harold J.: Advice Memorandum des National Labor Relations Board, 7. August 1990, Subject: Volvo GM Heavy Truck Corp., Case 9-CA-27205-2. Veröffentlicht: www.nlrb.gov, aufgerufen am 11.11.2005 (zit.: *Datz*, Advice Memorandum des National Labor Relations Board, 7. August 1990).

Derleder, Peter: Die Wiederkehr des Unterlassungsanspruchs? In: AuR 1995, Seiten 13-19 (zit.: *Derleder*, AuR 1995, Anfangsseite, zitierte Seite).

DGB: Kritik am Antidiskriminierungsgesetz auf dem Prüfstand. Hintergrundpapier des DGB (Stand 22.2.2005). In: Einblick 04/05. Veröffentlicht: www. einblick.dgb.de/archiv /0504/tx050401.htm, aufgerufen am 1.10.2005.

Dieterich, Thomas: Grundrechtsbindung von Tarifverträgen. In: Festschrift für Günter Schaub. Hrsg. von Monika Schlachter, Reiner Ascheid, Hans-Wolf Friedrich. München, 1998. Seiten 117-135 (zit.: *Dieterich*, FS für Günter Schaub, Anfangsseite, zitierte Seite).

Eich, Rolf-Achim: Freizeitausgleich für Betriebsratstätigkeit außerhalb der Arbeitszeit. In: BB 1974, Seiten 1443-1445 (zit.: *Eich*, BB 1974, Anfangsseite, zitierte Seite).

Ellguth, Peter: Quantitative Reichweite der betrieblichen Mitbestimmung. In: WSI-Mitteilungen, 56. Jg., Heft 3, 2003, Seiten 194-199 (zit.: *Ellguth*, WSI-Mitteilungen 2003, Anfangsseite, zitierte Seite).

Fahlbeck, Reinhold: The demise of collective bargaining in the USA: Reflections on the Un-American Character of American Labor Law. In: Berkeley Journal of Employment and Labor Law, Band 15, 1994, Seiten 307-334 (zit.: *Fahlbeck*, 15 Berkeley J. Emp. & Lab. L. Seite [1994]).

Findling/Colby: Regulation of Collective Bargaining. In: Columbia Law Review, Band 51, Seiten 170-185 (zit.: *Findling/Colby*, 51 Colum. L. Rev. Seite).

Forsthoff, Ernst: Der Entwurf eines zweiten Vermögens-bildungsgesetzes. In: BB 1965, Seiten 381-386 (zit.: *Forsthoff*, BB 1965, Anfangsseite, zitierte Seite).

Galperin, Hans: Die Autonome Rechtsetzung im Arbeitsrecht. In: Festschrift für Erich Molitor zum 75. Geburtstag, 3. Oktober. Hrsg. von Hans Carl Nipperdey. München, 1962, Seiten 143-160 (zit.: *Galperin*, FS für Molitor, Anfangsseite, zitierte Seite).

Garofalo, Christopher: Section 302 of the LMRA: Make way for the employer-paid union representative. In: New York University Law Review, Band 75, 2000, Seiten 775-808 (zit.: *Garofalo*, 75 N.Y.U.L. Rev. Seite [2000]).

Gentz, Manfred: Werden die Tarifverträge der betrieblichen Praxis gerecht? In: Festschrift für Günter Schaub. Hrsg. von Monika Schlachter, Reiner Ascheid, Hans-Wolf Friedrich. München, 1998. Seiten 205-219 (zit.: *Gentz*, FS für Günter Schaub, Anfangsseite, zitierte Seite).

George, Glenn B.: To Bargain or Not to Bargain: A New Chapter in Work Relocations Decisions. In: 69 Minn. L. Rev. 667-692 (1985) (zit.: *George,* 69 Minn. L. Rev. Seite [1985]).

Hanau, Peter/Thüsing, Gregor: Tarifverträge zur Beschäftigungssicherung. In: ZTR 2001, Seiten 1-6, 49-53 (zit.: *Hanau/Thüsing*, ZTR 2001, Anfangsseite, zitierte Seite).

Hank, Rainer: Der Irrtum. Die Reform der Mitbestimmung. In: FAZ v. 25.8.2005, Seite 11 (zit.: *Hank*, FAZ v. 25.8.2005, Seite).

Hasel, Margarete/Kluge, Norbert: Nein sagen ist einfach. In: Magazin Mitbestimmung, Mitbestimmung international edition, 2004, www.boeckler.de/cps/rde/xchg/SID-3D0AB75DE36869D5/hbs/hs.xsl/164_30888.html, aufgerufen am 12.11.2005 (zit.: *Hasel/Kluge*, Mitbestimmung international edition 2004).

Henschel, Detlef: Tarifvertrag und Unternehmenspolitik. Von der Unantastbarkeit der Unternehmerfreiheit. In: AuR 2004, Seiten 443-450 (zit.: *Henschel*, AuR 2004, Anfangsseite, zitierte Seite).

Henssler, Martin/Frik, Roman: Arbeitnehmerbeteiligung in den USA durch Betriebsräte? In: NZA 2003, Seiten 586-593 (zit.: *Henssler*, NZA 2003, Anfangsseite, zitierte Seite).

Henze, Hartwig: Prüfungs- und Kontrollaufgaben in der Aktiengesellschaft – Die Entscheidungspraxis des Bundesgerichtshofs. In: NJW 1998, Seiten 3309-3312 (zit.: *Henze*, NJW 1998, Anfangsseite, zitierte Seite).

Herr, Joachim: Infineon und IG Metall einigen sich auf Schließung des Münchner Werks. In: FAZ v. 1.11.2005, Seite 13 (zit.: *Herr*, FAZ v. 1.11.2005, Seite).

Hofmann, Peter B.: Advice Memorandum des National Labor Relations Board, 25. August 1988, Subject: Sikorsky Aircraft, United Technologies Corp., Case 39-CA-3853. Veröffentlicht: www.nlrb.gov/nlrb/shared_files/ admemo/admemo/e082588_sikorsky.asp, aufgerufen am 11.11.2005 (zit.: *Hofmann*, Advice Memorandum des National Labor Relations Board, 25. August 1988).

Hohenstatt, Klaus-S./Schramm, Nils E.: Erstreikbarkeit von „tariflichen Sozialplänen"? – Zur Rechtmäßigkeit von Arbeitskampfmaßnahmen im Zusammenhang mit Betriebsänderungen. In: DB 2004, Seiten 2214-2218 (zit.: *Hohenstatt/Schramm*, DB 2004, Anfangsseite, zitierte Seite).

Hoss: Runder Tisch für die Umwelt. In: Die Zeit 1990, Nr. 45, S. 28 (zit.: *Hoss*, Runder Tisch für die Umwelt, Die Zeit 1990, Anfangsseite, zitierte Seite).

IHK Reutlingen: IHK-Umfrage: Mittelstand gegen Ausweitung der Mitbestimmung. In: IHK-Report „Wirtschaft Neckar-Alb" Ausgabe: 2001-06, Rubrik: Regio-Report Neckar Alb. Veröffentlicht: http://info.reutlingen.ihk.net/ihk/wna.nsf/ 0/4796d794a2680f62c1256a640037a160? OpenDocument (auf-

gerufen am 11.11.2005, zit.: IHK-Umfrage: Mittelstand gegen Ausweitung der Mitbestimmung).
Janssen, Hans/Lang Klaus: Tarifpolitik und Strukturreform. In: Arbeit 2000 – Über die Zukunft der Arbeitsgesellschaft. Hrsg. von Elmar Altvater, Martin Baethge. Hamburg, 1985. Seiten 196-216 (zit.: *Janssen/Lang*, Arbeit 2000, Anfangsseite, zitierte Seite).
Joost, Detlev: Betriebsverfassungsrechtliche Mitbestimmung bei Arbeitszeiten und betrieblichen Öffnungszeiten. In: DB 1983, Seiten 1818-1821 (zit.: *Joost*, DB 1983, Anfangsseite, zitierte Seite).
Joyce, Charles T.: Union busters and front-line supervisors: Restricting and regulating the use of supervisory employees by management consultants during union representation election campaigns. In: University of Pennsylvania Law Review, Band 135, 1987, Seiten 453-492 (zit.: *Joyce*, 135 U. Pa. L. Rev. Seite [1987]).
Käppler, Renate: Tarifvertragliche Regelungsmacht. In: NZA 1991, Seiten 745-754 (zit.: *Käppler*, NZA 1991, Anfangsseite, zitierte Seite).
Kannegiesser, Martin: Wir brauchen betriebliche Bündnisse. Veröffentlicht: www.gesamtmetall.de, aufgerufen am 30.8.2005.
Kearney, Barry J.: Advice Memorandum des National Labor Relations Board, 9. April 1998, Subject: Rotorex Co., Inc. and Fedders Corp., Case 5-CA-27338. Veröffentlicht: www.nlrb.gov, aufgerufen am 11.11.2005 (zit.: *Kearney*, Advice Memorandum des National Labor Relations Board, 9. April 1998).
– Advice Memorandum des National Labor Relations Board, 19. September 2000, Subject: Tower Automative Products Company, Inc., Case 30-CA-15152. Veröffentlicht: www.nlrb.gov, aufgerufen am: 11.11.2005 (zit.: *Kearney*, Advice Memorandum des National Labor Relations Board, 19. September 2000).
– Advice Memorandum des National Labor Relations Board, 6. November 2002, Subject: Westinghouse Electric Company, LLP, Case 6-CA-32131. Veröffentlicht: www.nlrb.gov, aufgerufen am 11.11.2005 (zit.: *Kearney*, Advice Memorandum des National Labor Relations Board, 6. November 2002).
Kempen, Otto Ernst: Betriebsverfassung und Tarifvertrag. In: RdA 1994, Seiten 140-152 (zit.: *Kempen*, RdA 1994, Anfangsseite, zitierte Seite).
– Der verfassungsrechtliche Vorrang der Tarifautonomie im arbeitsrechtlichen Regelungsgefüge. AuR 1996, Seiten 336-343 (zit.: *Kempen*, AuR 1996, Anfangsseite, zitierte Seite).
Knight, Joseph R.: Decision-Bargaining and the NLRA – A Plea for the Resurrection of First National Maintenance Corp.. In: 68 Tex. L. Rev. Seiten 625-646 (1990)(zit.: Knight, 68 Tex. L. Rev. Seite [1990]).

Kort, Michael: Klagebefugnis der Arbeitnehmervertreter im Aufsichtsrat der AG. In: AG 1987, Seiten 193-200 (zit.: *Kort*, AG 1987, Anfangsseite, zitierte Seite).

Krüger, Herbert: Verfassungsrechtliches Gutachten. In: Verhandlungen des sechsundvierzigsten Deutschen Juristentages. Hrsg. von der ständigen Deputation des deutschen Juristentages. Band I (Gutachten). Teil 1. Sinn und Grenzen der Vereinbarungsbefugnis der Tarifvertragsparteien. Gutachten für den 46. Deutschen Juristentag, Seiten 7-96 (zit.: *Krüger*, Verhandlungen 46. DJT, Seite).

Lieb, Manfred: Die Mitbestimmung des Betriebsrats bei der Festsetzung der Arbeits- und Öffnungszeiten in Betrieben des Handels. In: DB 1981, Beilage Nr. 17 zu Heft Nr. 31 vom 31. Juli 1981 (zit.: *Lieb*, DB 1981, Beil. 17, Seite).

Lamparter, Dietmar H.: Wolfsburger Schleuderfahrt. Wie aus Co-Management Kumpanei wird: Die Korruptionsaffäre bei VW schafft Misstrauen auf allen Ebenen – und erschwert die Lösung der Qualitätsprobleme. In: Die Zeit, 28/2005, http://zeus.zeit.de/text/2005/28/ VW-Skandal (zit.: *Lamparter*, Die Zeit, 28/2005).

Loritz, Karl-Georg: Tarifautonomie und Gestaltungsfreiheit des Arbeitgebers (I) – dargestellt anhand der gewerkschaftlichen Forderungen nach tarifvertraglicher Regelung der Bemessungsvorgaben bei der Deutschen Bundespost. In: ZTR 1990, Seiten 455-462 (zit.: *Loritz*, ZTR 1990, Anfangsseite, zitierte Seite).

– Anmerkung zu BAG v. 26.4.1990, AP Nr. 57 zu Art. 9 GG. In: SAE 1991, Seiten 245-256 (zit.: *Loritz*, Anm. BAG v. 26.4.1990, SAE 1991, Anfangsseite, zitierte Seite).

Martens, Klaus Peter: Die leitenden Angestellten im Spannungsfeld von unternehmerischer Organisationsautonomie und Arbeitnehmerschutz. In: RdA 1988, Seiten 202-211 (zit.: *Martens*, RdA 1989, Anfangsseite, zitierte Seite).

– Unternehmerische Mitbestimmung mit den Mitteln des Betriebsverfassungsrechts ? In: RdA 1989, Seiten 164-172 (zit.: *Martens*, RdA 1989, Anfangsseite, zitierte Seite).

Mayer, Gerald: Union Membership Trends in the United States. Cornell University, 2004, S. 19. Veröffentlicht: http://digitalcommons. ilr.cornell.edu/cgi/ viewcontent.cgi?article=1176&context=key_workplace, aufgerufen am 12.11. 2005 (zit.: *Mayer,* Union Membership Trends in the United States, 2004).

Morris, Charles J.: A blueprint for reform of the National Labor Relations Act. In: Administrative Law Journal of American University, Band 8, Seiten 517-565 (zit.: *Morris,* 8 Admin. L. J. Am. U. Seite).

National Labor Relations Board: Pressemitteilung vom 11. Juni 1997, Thirteenth Annual Alabama Governor's Labor Management Conference. Veröffentlicht: www.nlrb.gov/nlrb/press/releases/ r2227.asp, aufgerufen am 11.11.2005.

Nicolai, Andrea: Zur Zulässigkeit tariflicher Sozialpläne – zugleich ein Beitrag zu den Grenzen der Tarifmacht. In: RdA 2006, Seiten 33-39 (zit.: *Nicolai*, RdA 2006, Seite).

Nielebock, Helga/Ralf-Peter: Bessere demokratische Teilhabe im Betrieb. Hayen, Bedingungen der Betriebsratsarbeit und erste Erfahrungen mit den Betriebsratswahlen 2002 nach der Novellierung des Betriebsverfassungsgesetzes. In: Jahrbuch des Arbeitsrechts. Gesetzgebung – Rechtsprechung – Literatur. Nachschlagewerk für Wissenschaft und Praxis. Hrsg. von Hellmut Wissmann. Band 40 – Dokumentation für das Jahr 2002 (2003) (zit.: *Nielebock/Hayen*, JbArbR 2003, Anfangsseite, zitierte Seite).

Obermeyer, Klaus: Verfassungsrechtliche Bedenken gegen den Regierungsentwurf eines Betriebsverfassungsgesetzes. In: DB 1971, Seiten 1715- 1724 (zit.: *Obermeyer*, DB 1971, Anfangsseite, zitierte Seite).

Peizmeier, Henning: Opel-Stammwerk langfristig gesichert. In: FAZ, 28.2.2005, S. 11 (zit.: *Peizmeier*, FAZ, 28.2.2005, Seite).

Penney, Robert A.: Workers against unions. Union organizing and anti-union countermobilizations. In: Rebuilding Labor. Organizing and organizers in the new union movement. Hrsg. von Ruth Milkman, Kim Voss. Ithaca, 2004, Seiten 88-114 (zit.: *Penney*, Workers agains unions, Seite).

Raiser, Thomas: Organklagen zwischen Aufsichtsrat und Vorstand. Bemerkungen zum Opel-Urteil des BGH. In: AG 1989, Seiten 185-190 (zit.: *Raiser*, AG 1989, Anfangsseite, zitierte Seite).

Rath-Glawatz, M.: Anmerkung zu BAG v. 31.8.1982, AP Nr. 8 zu § 87 BetrVG 1972 Arbeitszeit, Bl. 1018-1030 (zit.: *Rath-Glawatz*, Anm. zu BAG v. 31.8.1982, AP Nr. 8 zu § 87 BetrVG 1972 Arbeitszeit, Blatt).

Rebhahn, Robert: Das kollektive Arbeitsrecht im Rechtsvergleich. In: NZA 2001, Seiten 763-774 (*Rebhahn*, NZA 2001, Anfangsseite, zitierte Seite).

Reichold, Hermann: Der Betriebsrat – ein „Trojanisches Pferd“ im Arbeitskampf? In: NZA 2004, Seiten 247-250 (zit.: *Reichold*, NZA 2004, Anfangsseite, zitierte Seite).

– Zulässigkeitsgrenzen eines Arbeitskampfs zur Standortsicherung. In: BB 2004, Seiten 2814-2818. (zit.: *Reichold*, BB 2004, Anfangsseite, zitierte Seite).

Reuter, Dieter: Zulässigkeit und Grenzen tarifvertraglicher Besetzungsregeln. In: ZfA 1978, Seiten 1-44 (zit.: *Reuter*, ZfA 1978, Anfangsseite, zitierte Seite).

– Anm. zu BAG v. 3.4.1990, EzA Nr. 49 zu Art. 9 GG.

In: EzA Nr. 49 zu Art. 9 GG, Blätter 13-20 (zit.: *Reuter*, Anm. zu BAG v. 3.4.1990, EzA Nr. 49 zu Art. 9 GG, Blatt).
– Die Mitbestimmung des Betriebsrats über die Lage der Arbeitszeit von Ladenangestellten. In: ZfA 1981, Seiten 165-204 (zit.: *Reuter*, ZfA 1981, Anfangsseite, zitierte Seite).
– Anmerkung zu BAG v. 14.11.1974, SAE 1976, 14-15. In: SAE 1976, Seiten 15-18 (zit.: *Reuter*, SAE 1976, Anfangsseite, zitierte Seite).
– Das Verhältnis der unternehmerischen Mitbestimmung zum Arbeitsrecht. In: RdA 1988, Seiten 280-286 (zit.: *Reuter*, RdA 1988, Anfangsseite, zitierte Seite).
– Anmerkung zu BAG v. 3.4.1990, EzA Nr. 49 zu Art. 9 GG. In: EzA Nr. 49 zu Art. 9 GG, Blätter 13-20 (zit.: *Reuter*, Anm. zu BAG v. 3.4.1990, EzA Nr. 49 zu Art. 9 GG, Blatt).
Richardi, Reinhard: Anmerkung zur Entscheidung des Bundesarbeitsgerichts vom 31.8.1982, AP Nr. 8 zu § 87 BetrVG 1972 Arbeitszeit. In: EzA Nr. 13 zu § 87 BetrVG 1972 Arbeitszeit, Blätter 102 a-n (zit.: *Richardi*, Anm. zu BAG v. 31.8.1982, EzA Nr. 13 zu § 87 BetrVG 1972 Arbeitszeit, Blatt).
Rieble, Volker: Krise des Flächentarifvertrags? In: RdA 1996, Seiten 151-158 (zit.: *Rieble*, RdA 1996, Anfangsseite, zitierte Seite).
– Beschäftigungspolitik durch Tarifvertrag. In: ZTR 1993, Seiten 54-61 (zit.: *Rieble*, ZTR 1993, Anfangsseite, zitierte Seite).
– Arbeitsniederlegung zur Standorterhaltung. In: RdA 2005, Seiten 200-212 (zit.: *Rieble*, RdA 2005, Anfangsseite, zitierte Seite).
– Alle Macht den Betriebsräten. In: FAZ v. 19.2.2005, S. 13 (Zit.: *Rieble*, FAZ 19.2.2005, Seite).
Robbins, Brent: Rethinking financial information disclosure under the National Labor Relations Act. In: 47 Vand. L. Rev. Seiten 1905-1935 (1994) (zit.: *Robbins*, 47 Vand. L. Rev. 1905, Seite [1994]).
Säcker, Franz-Jürgen: Institutions- und Betätigungsgarantie der Koalitionen im Rahmen der Grundrechtsordnung. In: Arbeitsrecht der Gegenwart, Band. 12, S. 17 -67 (zit.: *Säcker*, Arbeitsrecht der Gegenwart, Band 12, Seite).
Schiefer, Bernd/Worzalla, Michael: Unzulässige Streiks um Tarifsozialpläne. In: DB 2006, S. 46-52 (zit.: *Schiefer/Worzalla*, DB 2006, Seite).
Scholz, Rupert: Verfassungsrechtliche Grundlagen des Arbeitskampfrechts. In: ZfA 1990, Seiten 377-406 (zit.: *Scholz,* ZfA 1990, Anfangsseite, zitierte Seite).
Schwarze, Ronald: Die Grundrechtsbindung der Tarifnormen aus der Sicht grundrechtlicher Schutzpflichten. In: ZTR 1996, Seiten 1-8 (zit.: *Schwarze*, ZTR 1996, Anfangsseite, zitierte Seite).

Schwerdtner, Peter: Anmerkung zu LAG Baden-Württemberg, Beschl. v. 28.2.1980, EzA Nr. 4 zu § 87 BetrVG 1972 Initiativrecht, Blätter 53-67 (zit.: *Schwerdtner*, Anm. zu LAG Baden Württemberg v. 28.2.1980, EzA Nr. 4 zu § 87 BetrVG 1972 Initiativrecht, Blatt).

Simitis, Spiros: Mitbestimmung – Wandel oder Ende? Anmerkungen zu einer scheinbaren endlosen Auseinandersetzung. In: Arbeitnehmermitwirkung in einer sich globalisierenden Arbeitswelt. Employee Involvement in a Globalising World. Liber Amicorum Manfred Weiss. Hrsg. Armind Höland, Christine Hohmann-Dennhardt, Marlene Schmidt, Achim Seifert. Berlin, 2005 (zit.: *Simitis*, Mitbestimmung, Seite).

Simitis, Spiros/Weiss, Manfred: Zur Mitbestimmung des Betriebsrats bei Kurzarbeit. In: DB 1973, Seiten 1240-1252 (zit.: *Simitis/Weiss*, DB 1973, Anfangsseite, zitierte Seite).

Singer, Reinhard: Tarifvertragliche Normenkontrolle am Maßstab der Grundrechte? In: ZfA 1995, Seiten 611-638 (zit.: *Singer*, ZfA 1995, Anfangsseite, zitierte Seite).

Statistisches Bundesamt: Umsatzsteuer Fachserie 14 Reihe 8 – 2003. Veröffentlicht: www.destatis.de, Tabelle 4.2, aufgerufen am: 11.11.2005 (zit.: *Statistischen Bundesamt*, Umsatzsteuer Fachserie 14 Reihe 8 [2003]).

Stodolkowitz, Heinz: Gerichtliche Durchsetzung von Organpflichten in der Aktiengesellschaft. In: ZHR 1990, Seiten 1-23 (zit.: *Stodolkowitz*, ZHR 1990, Anfangsseite, zitierte Seite).

Sturner, Jan W.: An analysis of the NLRB's „Runaway Shop" Doctrine in the context of midterm work relocations based on union labor costs. In: Hofstra Labor & Employment Law Journal 17 no2 Spr 2000, Seiten 289-322 (zit.: *Sturner*, Hofstra Labor & Employment Law Journal 17 no2 2000, Seite).

Summers, Clyde: Worker Participation in the United States and the Federal Republic – A Comparative Study from an American Perspektive. In: RdA 1979, Seiten 257-266 (zit.: *Summers,* RdA 1979, Anfangsseite, zitierte Seite).

– Eason-Weinmann Center for Comparative Law Symposium on American Labor Relations Law in Comparative Perspective: The Usefulness of unions in industrial society – a comparative sketch. In: Tulane Law Review, Band 58, 1984, Seiten 1409-1440 (zit.: *Summers*, 58 Tul. L. Rev. Seite [1984]).

– The Kenneth M. Piper Lecture: Unions without majority – a black hole? In: Chicago-Kent Law Review, Band 66, 1990, Seiten 531-548 (zit.: *Summers*, 66 Chi.-Kent. L. Rev. Seite [1990]).

– Employee Voice and Employer Choice: A structured exception to section 8 (a) (2). In: Chicago-Kent Law Review, Band 69, 1993, Seiten 129-148 (zit.: *Summers*, 69 Chi.-Kent. L. Rev. Seite [1993]).

– Introduction and Overview: Models of Employee Representational Participation. In: Comparative Labor Law Journal, Band, 15, 1993, Seiten 1-3 (zit.: *Summers,* 15 Comp. Lab. L. Seite [1993]).
– Comparison of collective bargaining systems: The shaping of plant relationships and national economic policy. In: Comparative Labor Law Journal, Band 16, 1995, Seiten 467-490 (zit.: *Summers,* 16 Comp. Lab. L. Seite [1995]).
– Taft-Hartley Symposium: The first fifty years: Questioning the unquestioned in collective labor law. In: Catholic University Law Review, Band 47, 1998, Seiten 791-823 (zit.: *Summers*, 47 Cath. U.L. Rev. Seite [1998]).
– An American Perspective of the German Model of Worker Participation. In: Comparative Labor Law Journal, Band 8, 1987, Seiten 333-345 (zit.: *Summers*, 8 Comp. Lab. L. Seite [1987]).

Tschoepe, Ulrich: Die Bestellung der Einigungsstelle – Rechtliche und taktische Fragen. In: NZA 2004, Seiten 945-950 (zit.: *Tschoepe*, NZA 2004, Anfangsseite, zitierte Seite).

Tigges, Claus: Schwindende Macht. In: FAZ, 26. Juli 2005, Seite 11 (zit.: *Tigges*, Schwindende Macht, FAZ, Datum, Seite).

United States Department of Labor: News. Major Workstoppages in 2004. Veröffentlicht: www.bls.gov/news.release/pdf/wkstp.pdf, aufgerufen am 12.11. 2005 (zit.: *U.S. Department of Labor*, Work Stoppages 2004, Seite).

Volkery, Carsten: Das böse Erwachen. In: Manager Magazin, 29.10.2002 (zit.: *Volkery*, Manager Magazin, 29.10.2002).

Vollmer, Lothar: Einflussnahme auf die unternehmerische Sachentscheidung durch Mitbestimmung und/oder Tarifvertrag? In: JA 1978, Seiten 53-57 (zit.: *Vollmer*, JA 1978, Anfangsseite, zitierte Seite).

Waldmann, Cara: The Future of German Labor Relations: Lessons German Unions can learn from American Failures. In: Connecticut Journal of International Law, Band 19, Seiten 689-726 (2004)(zit.: *Waldmann*, 19 Conn. J. Int'L. Seite, [2004]).

Walker, Wolf-Dietrich: Zum Unterlassungsanspruch des Betriebsrats bei mitbestimmungswidrigen Maßnahmen des Arbeitgebers. In: DB 1995, Seiten 1961-1966 (zit.: *Walker*, DB 1995, Anfangsseite, zitierte Seite).

Weiss, Manfred: Anmerkung zu BAG, Urt. v. 24.11.1984, EzA Nr. 7 zu § 87 Betriebliche Ordnung (zit.: *Weiss*, Anm. zu BAG, Urt. v. 24.11.1984, EzA Nr. 7 zu § 87 Betriebliche Ordnung).
– Zur aktuellen Bedeutung des Mitbestimmungsurteils (BVerfGE 50, 290 ff.). In: KritV 2000, Seiten 405-418 (zit.: *Weiss*, KritV 2000, Seite).

Wertenbruch, Johannes: Anmerkung zu BAG v. 15.1.1964, AP Nr. 87 zu Art. 3 GG (zit.: *Wertenbruch*, Anm. zu BAG v. 15.1.1964, AP Nr. 87 zu Art. 3 GG).

Westfall, David/Thüsing, Gregor: Das Arbeitskampfrecht der Vereinigten Staaten und der Bundesrepublik in vergleichendem Überblick. In: RdA 1999, Seiten 251-260 (zit.: *Westfall/Thüsing*, RdA 1999, Anfangsseite, zitierte Seite).

Weyand, Joachim: Die tarifvertragliche Mitbestimmung im Bereich der Arbeitsorganisation. In: AuR 1991, Seiten 65-76 (zit.: *Weyand*, AuR 1991, Anfangsseite, zitierte Seite).

Whyle, James: Labor Arbitration and the Concept of Exclusive Representation. In: Labor Law Journal, Band 17, Seiten 604-615 (2003) (zit.: *Whyle*, 17 Lab. L. J. Seite [2003]).

Wiedemann, Herbert: Unternehmensautonomie und Tarifvertrag. In: RdA 1986, Seiten 231-241 (zit.: *Wiedemann*, RdA 1986, Anfangsseite, zitierte Seite).

Willemsen/Stamer: Erstreikbarkeit tariflicher Sozialpläne: Die Wiederherstellung der Arbeitskampfparität. In: NZA 2007, Seiten 413-418 (zit.: *Willemsen/Stamer*, NZA 2007, Anfangsseite, zitierte Seite).

Zachert, Ulrich: Beschäftigungssicherung durch Tarifvertrag als Prüfstein für Umfang und Grenzen der Tarifautonomie. In: DB 2001, Seiten 1198-1202 (zit.: *Zachert*, DB 2001, Anfangsseite, zitierte Seite).

Studien zum Arbeitsrecht und zur Arbeitsrechtsvergleichung

Herausgegeben von Manfred Weiss und Spiros Simitis

Band 1 Sebastian Fritzsche: Die Vereinbarkeit des Arbeitnehmer-Entsendegesetzes sowie der erfassten Tarifverträge mit höherrangigem Recht. 2001.

Band 2 Arnd Hermann: Outplacement. Eine Untersuchung der individualvertraglichen Gestaltung und kollektivarbeitsrechtlichen Aspekte eines neuen Instruments des Personalabbaus. 2001.

Band 3 Christoph Schmid: Das Personalrecht der Europäischen Zentralbank. Grundlagen und Grenzen der rechtlichen Bindungen der Europäischen Zentralbank unter besonderer Berücksichtigung der Bereiche Arbeitnehmervertretung, Kündigungsschutz und Datenschutz. 2002.

Band 4 Charis Chaldoupis: Auswirkungen neuer Technologien auf die Tarifautonomie. Funktionsfähigkeit und Legitimität qualitativer Tarifpolitik anhand der Rationalisierungsentwicklungen im industriellen Produktionsbereich. 2003.

Band 5 Robert Kretzschmar: Die Rolle der Koalitionsfreiheit für Beschäftigungsverhältnisse jenseits des Arbeitnehmerbegriffs. Zur Abgrenzung abhängiger von selbständiger Beschäftigung und zur Eröffnung kollektiver Handlungsformen für selbständig Beschäftigte durch Art. 9 Abs. 3 GG. 2003.

Band 6 Thilo Mahnhold: Compliance und Arbeitsrecht. Insiderrechtliche Verhaltenskonzepte im nationalen und multinationalen Unternehmen. 2004.

Band 7 Nicole Löblich: Transformation des kollektiven Arbeitsrechts in der Tschechischen Republik. 2004.

Band 8 Lena Huth: Voraussetzungen und Grenzen nachträglicher Sozialplanänderungen. 2004.

Band 9 Nisha Biswas: Vertrauensarbeitszeit und Arbeitszeitfreiheit im arbeitszeitrechtlichen und betriebsverfassungsrechtlichen Kontext. 2004.

Band 10 Dirk Schäfer: Der europäische Rahmen für Arbeitnehmermitwirkung. 2005.

Band 11 Jochen A. Keilich: *Die Auswirkungen der Grundrechte / Menschenrechte für das Arbeitsrecht in Deutschland und England. 2004.*

Band 12 Boris Kaehler: Rechtsprobleme betrieblicher Personalauswahl. Die Zulässigkeit eignungsdiagnostischer Maßnahmen im arbeitsvertraglichen Anbahnungsverhältnis. 2005.

Band 13 Natascha Ahmad: Rechtsschutz für und durch Gewerkschaften bei tarifwidrigem Arbeitgeberverhalten in Deutschland und Frankreich. 2005.

Band 14 Volker Güntzel: Die Richtlinie über die Arbeitnehmerbeteiligung in der Europäischen Aktiengesellschaft (SE) und ihre Umsetzung in das deutsche Recht. 2006.

Band 15 Peter Gumnior: Die Rechtmäßigkeit des Sympathiestreiks. 2007.

Band 16 Elena Benz: Auf dem Weg zum lebenslangen Lernen? Die Berufsbildungspolitik der Europäischen Union und die tatsächliche und rechtliche Situation der beruflichen Weiterbildung in der Bundesrepublik Deutschland. 2007.

Band 17 Cessy Kühl: Flexibilisierung von Arbeitsbedingungen. Vergleich ausgewählter arbeitsrechtlicher Gestaltungsmittel zwischen dem deutschen und dem tschechischen Individualarbeitsrecht. 2007.

Band 18 Carolin Siegrist: Einschränkung der unternehmerischen Entscheidungsfreiheit durch Arbeitnehmervertreter im deutsch-amerikanischen Vergleich. 2008.

www.peterlang.de

Kolibri 360 GmbH
Ferdinand-Jühlke-Straße 7
99095 Erfurt, Deutschland
produktsicherheit@kolibri360.de

Druck:
CPI Druckdienstleistungen GmbH
im Auftrag der
Kolibri 360 GmbH
Ferdinand-Jühlke-Str. 7
99095 Erfurt